Kurt Lüthi · Gottes neue Eva

Kurt Lüthi

GOTTES NEUE EVA

Wandlungen
des Weiblichen

Kreuz Verlag

CIP-Kurztitelaufnahme der Deutschen Bibliothek

Lüthi, Kurt:
Gottes neue Eva: Wandlungen d. Weibl. – 1. Aufl.,
(1.–6. Tsd.). – Stuttgart, Berlin: Kreuz Verlag,
1978.
ISBN 3-7831-0558-7

1. Auflage (1.–6. Tausend)

Gestaltung: Hans Hug
Umschlagfoto: Hartmut Noeller
Gesamtherstellung: Ernst Kieser GmbH., Augsburg
ISBN 3 7831 0558 7

Inhalt

Vorwort

Ich lege hier dialogisch-theologische Studien zum Problem der Frauenbefreiung vor. Einmal mehr versuche ich im Dialog eine Herausforderung unserer Zeit ernst zu nehmen, die von Theologien und Kirchen vernachlässigt wird (vgl. mein programmatisches Buch: Theologie als Dialog mit der Welt von heute, Freiburg–Wien 1971). Ich stelle fest, daß die Frau in ihrem Selbstverständnis und in ihren Bedürfnissen für christliche Traditionen, für das heutige Theologengespräch und für die Kirchen aller Konfessionen weithin das »unbekannte Wesen« ist.

Theologie wird hier vom »Ruf der Stunde« her, als »antwortende Theologie« betrieben. Dabei geht es mir nicht um Anpassungen an unsere Zeit und ihre Moden; mein Interesse liegt vielmehr im Versuch, den Freiheitsimpuls der biblischen Botschaft so zu vermitteln, daß er Menschen von heute motiviert, sich für aktuelle Befreiungsbewegungen einzusetzen.

Eine dialogische Theologie bemüht sich um ein offenes und kritisches – auch selbstkritisches – Gespräch mit dem jeweiligen Partner. Im Dialog wird der Partner in seinem Selbstverständnis ernst genommen. Auf einem gemeinsamen Weg suchen Gesprächspartner die Wahrheit, die vorn liegt. Und schließlich führt der echte Dialog zur Parteinahme. Vom Dialog zu unterscheiden ist der Dialogismus; im Dialogismus akzeptiert man unkritisch das Heutige und das Faktische und weicht der Wahrheitsfrage aus.

Der dialogische Ansatz bewährt sich auch darin, daß er die unfruchtbar gewordene Polarisierung zwischen progressiven und konservativen Standpunkten vermeidet. Indem ich säkulare Fragestellungen und Phänomene ebenso aufnehme wie biblische und mystische Aussagen, ist es für mich klar, daß ich den einen zu »progressiv« und den andern zu »konservativ« bin. Wer auf Kosten einer differenzierten, theoretischen Bemühung um Wahrheitsfindung und Vermittlung mehr Aktionismus will, wird ebenso enttäuscht sein wie der, dem es um bloße Verteidigung der bestehenden Zustände geht.

Um dem nichttheologischen Leser einen raschen Zugang zu meinen Antworten auf die Herausforderung des Feminismus zu ermöglichen, weise ich darauf hin, daß der Leser das zweite Kapitel – die theologische Standortbestimmung – allenfalls auch überspringen kann. Vom theologischen Leser könnte ich allerdings nur dann Kritik entgegennehmen, wenn er sich gerade mit diesem Kapitel auseinandersetzt.

Die Herausforderung, die durch die heutige Frauenbewegung gegeben ist, schildere ich im ersten Kapitel. Die Nötigung, den Frauen endlich die ihnen zustehenden Menschenrechte zu verschaffen, ist für mich auch deswegen so dringend, weil sie im Zusammenhang steht mit der Nötigung, sich für alle Diskriminierten, für Minderheiten, für politisch Gefangene, für strafrechtlich Bedrängte, für alle Opfer von Vorurteilen einzusetzen. Hier sind Situationsanalysen ebenso nötig wie Phantasie für eine neue Welt, hier geht es um kleine Lernschritte, um geduldige Öffentlichkeitsarbeit, um Mut zu konkreter Veränderung. Daß Kirchen und Christen diese menschenrechtlichen Nötigungen weithin nicht einsehen und damit ein »falsches Bewußtsein« mit entsprechenden Konsequenzen für ihre Institutionen vertreten, deutet meines Erachtens auf Defizite und Defekte, die mit andern Ursachen die Zukunft des Menschen bedrohen.

Weil die letzten Jahre den Universitäten und Kirchen viele Spannungen und Auseinandersetzungen brachten, denen ich nicht ausweichen wollte, war ein kontinuierliches Arbeiten an meinem Buch nicht möglich. Zudem habe ich auch mit diesem Buch versucht, eine Tendenzwende, in der wir im Vergleich mit den endsechziger Jahren stehen, zu verarbeiten. Die Umorientierung von mehr ideologisch und utopisch geprägten Standorten zu einem einerseits kühleren, hermeneutischen und wissenschaftstheoretischen Analysieren und andererseits zur Neuinthronisation von Subjektivität, Erfahrung und Religiosität ergab Schwierigkeiten. Diese Schwierigkeiten sind aber klein im Vergleich zu Belastungen, die jetzt entstehen, wo dem emanzipatorischen Denken immer weniger Spielraum gewährt wird.

Ich hätte die jahrelange Arbeit nicht bewältigen können, wenn mir nicht Auskünfte von Spezialkennern zugekommen wären; Exegeten, Kenner der Mystik, Psychoanalytiker haben mir wesentlich geholfen, um wirklich interdisziplinär zu argumentieren. Am meisten habe ich für das Thema von den Feministinnen gelernt, und zwar sowohl aus Gesprächen wie aus der Lektüre ihrer Zeitschriften und ihrer theoretischen Werke; allerdings stehe ich einigen Vorschlägen des Feminismus kritisch gegenüber.

Selbstverständlich ist meine Argumentation auch von den »Lektionen des Lebens« geprägt. Ich denke an die vielen Gespräche über das Thema mann-weiblicher Beziehungen, und ich denke an Begegnungen mit Frauen. Weiter ist zu berücksichtigen, daß ich unter den Bedingungen einer mitteleuropäischen, urbanen Kultur argumentiere. Erfahrungen, Prägungen und der gesellschaftliche Kontext gestalten ein bestimmtes »Sprachspiel«, das nicht überall ansprechen wird. Trotzdem liegt mein Interesse an einer Gesprächseröffnung mit vielen: mit Männern und Frauen, mit Vertretern verschiedener Generationen, mit Christen und säkular orientierten Zeitgenossen.

Um das Manuskript hat sich Herr Dr. Max Suda bemüht; als erster Leser meiner Darlegungen hat er auch inhaltliche Vorschläge gemacht. Ich danke ihm und anderen, die sich um das Manuskript bemühten, herzlich.

Wien, im Januar 1978 Kurt Lüthi

1. KAPITEL

Die Herausforderung

Eine Collage

Das andere Geschlecht

Die Frau in der Welt des Mannes

Der wache und kritische Zeitgenosse – das Gegenbild zum schlafenden, angepaßten, privatisierenden Zeitgenossen – wird heute durch die Unruhe verschiedener Befreiungsbewegungen herausgefordert. Diese Bewegungen verstehen sich oft als Vorläufer einer neuen Welt, der Welt von morgen. Sie entstehen in der Regel als Solidarisierungen von Gruppen gegen Diskriminierung, gegen Ausübung von »Macht von oben«, gegen »falsches Bewußtsein«. Dabei geht es um Befreiung sowohl von unterdrückten oder diskriminierten Gruppen wie auch – wenn bestimmte historische und sozio-kulturelle Voraussetzungen gegeben sind – um die Selbstfindung von Individuen, die sich dabei Rechte und Chancen zu einem eigenen, ihnen gemäßen Lebensentwurf erkämpfen möchten. Die durch solche Bewegungen ausgelösten Prozesse orientieren sich an bestimmten Zielvorstellungen wie Emanzipation oder emanzipatorisches Denken, Identitätsfindung, Menschenrechte, Demokratisierung, Prinzip Hoffnung usw. Diese Zielvorstellungen und die ihnen entsprechenden Haltungen und Aktionen geraten in eine kritische Spannung zu heutigen Gesellschaften und zu heutiger Wirklichkeit, so daß es dann zu Gegenbewegungen kommt, die sich institutionell und individuell dafür einsetzen, daß der »Status quo« erhalten bleibt.

Im Kontext dieser Befreiungsbewegungen gestalten sich heute auch Frauenbewegungen mit einem neuen, herausfordernden Selbstbewußtsein. Sie empfinden sich als Testfall und Ernstfall von Emanzipation[1]. Dabei liegt die Herausforderung nicht nur in den sich organisierenden Frauengruppen. Ein emanzipatorisches Denken findet das Problem der Frau auf Grund vieler Anstöße zu einer neuen Bewußtseinsbildung in den verschiedensten Zusammenhängen: in Zusammenhängen der Geschichte und Geschichtsbewältigung, in Zusammenhängen des heutigen Lebens mit seinen Erfahrungen, in Zusammenhängen verschiedener Wissensgebiete. Ich deute hier zunächst nur an. Die Frauenfrage ist etwa mit der Epoche der Industrialisierung ebenso gestellt wie mit der französischen und russischen Revolution; aber auch geschichtswirksame Strömungen wie Aufklärung, Romantik, Idealismus, Liberalismus, Marxismus, wie auch Restauration, Faschismus, Stalinismus implizieren in sehr verschiedener Ausformung die Frauenproblematik. In den Erfahrungen des heutigen Lebens ist das Problem beispielsweise gegeben, wenn sich Moralvorstellungen der Ordnung auflösen und an ihre Stelle autonome ethische Werte etwa des Personalen oder der Situation treten. Ebenso stellt sich das Problem mit dem Stichwort der Sozialisation – ein Stichwort, zu dem Pädagogik, Tiefenpsychologie, Humanmedizin, aber auch Soziologie, Politologie, Architektur usw. Beiträge leisten. Weiter gibt es Beiträge zum Problem der Geschlechter, wenn Kunst, Literatur und Tanz als Erkenntnisprozesse gedeutet werden. Und weiter gibt es Symbolforschung und Symboldeutung, die sich auf mann-weibliche Probleme beziehen. Und schließlich gibt es in verschiedenen Bereichen ein utopisches Denken, das die bestehenden Verhältnisse kritisch überschreitet zugunsten einer neuen Welt. Ich meine, hier überall sei auch das Problem der Frau gegeben, und zwar so gegeben, daß ein emanzipatorisches Interesse sich nicht in einem kühlen Analysieren erschöpfen kann, sondern so, daß solches Interesse bereit ist zur Parteinahme, und zwar gerade auch angesichts der Kräfte und Mächte, denen es in diesem Zusammenhang nur um den »Status quo« geht.

Eine einleitende Collage soll thesenartig die Herausforderung, die die aktuelle Problematik des Weiblichen bedeutet, skizzieren.

Eine wachsende Zahl von Frauen, aber auch von Männern, steht in einem Sensibilisierungsprozeß, der ihnen das Bewußtsein vermittelt, daß Frauen in Strukturen und unter Bedingungen existieren, die einseitig männlich geprägt sind. Immer noch gilt für die Frau: Das Geschlecht als solches, Geschlechtszugehörigkeit determiniert und begrenzt. So steht die Frau bis heute in der Welt des Mannes und nicht in der ihr gemäßen Welt. Und so ist die Frau bis heute einem Patriarchalismus ausgeliefert, der sich zwar unter verschiedenen historischen und soziokulturellen Bedingungen ausformt und der auch – unter der Voraussetzung bestimmter gesellschaftlicher Entwicklungen – abgebaut und gemildert wurde, der aber doch nach wie vor die Wirklichkeit der Frau bestimmt. Der Patriarchalismus bestimmt diese Wirklichkeit auch dann, wenn er sich Haltungen der Fürsorge und Ritterlichkeit zulegt – Haltungen, die die Frauen zu mehr oder weniger unkreativen Empfängern degradieren.

Allerdings gibt es nun doch eine wachsende Anzahl von Menschen, die nicht mehr bereit sind, patriarchalische Bedingungen der Frau unkritisch zu akzeptieren und sich ihnen unkritisch anzupassen. Vor allem Frauen sind entschlossen, ihre Selbsterfahrungen so einzubringen, daß sich ihre Welt – die vom Manne geprägte Welt – verändert. Vor allem Frauen sind entschlossen, die ihnen zustehenden Rechte zu fordern und Chancen der Selbstfindung wahrzunehmen, zunächst indem sie gegen eine männerbestimmte Wirklichkeit Strategien der Verweigerung entwickeln. In einem weiteren Horizont gibt es aber nicht nur die Haltungen und Aktionen der Frauen, sondern es gibt Auswirkungen eines allgemeinen emanzipatorischen Denkens, das Begegnungen zwischen Mann und Frau bestimmt. Jedenfalls wächst die Einsicht, daß die Frau den ihr gemäßen Weg in die Zukunft suchen und daß die der weiblichen Selbstfindung entsprechende Wirklichkeitsstruktur geschaffen werden soll.

Im Rahmen eines emanzipatorischen Denkens gibt es Analysen, die zeigen, daß die Frau ökonomischen, sexuellen und herrschahtsbedingten Zwängen ausgeliefurt ist, die es ihr erschweren, zu sich selber zu kommen. Diese Zwänge werden wirksam gestaltet durch Erziehung, durch gesellschaftliche Erwartungen und durch Legitimationsinteressen der Institutionen wie Staat, Kirche, Schulen[2]. Zugleich zeigen Analysen, wenn immer ihre Kritik konsequent zu Ende geführt wird, daß es Interessen, Kräfte und Mächte gibt, die diese entfremdenden Zwänge, denen die Frau ausgeliefert ist, verschleiern und ideologisch umdeuten. Solcher Verschleierung dienen schon sprachliche Klischees, weil Sprache oft Herrschaftsinstrument ist. Solcher Verschleierung dienen beispielsweise abschließende Definitionen zum »Wesen« und zum »Schicksal« der Frau; ich erinnere an überaus wirksame Definitionen zu ihrem »biologischen Schicksal«. Solcher Verschleierung dienen dann Vorurteile und Legitimationszwänge. Dieses Definieren und Ideologisieren ist deshalb so gefährlich, weil es sich von irrationalen Voraussetzungen aus der rationalen Nachkontrolle entzieht und weil solch irrationale Voraussetzungen geschichtliche Veränderungen und die Humanisierung der Verhältnisse erschweren.

Um die Vielzahl der Aspekte in eben schon angesprochenen Zusammenhängen anzudeuten, zitiere ich programmatische Äußerungen aus der aktuellen Frauenbefreiungsliteratur. Kate Millett spricht in einer Analyse zu Texten von Genet von den »großen Käfigen«, in denen die heutige Frau gefangen sei; der erste Käfig seien die großen mythischen Figuren des Klerikers, des Richters und des Kriegers; der zweite Käfig bestehe in der Allgewalt des heutigen Polizeistaates, und der dritte Käfig sei der Sexkäfig[3]. Alice Schwarzer formuliert: »Nicht dieser biologische Unterschied (zwischen Mann und Frau), aber seine ideologischen Folgen müßten restlos abgeschafft werden! Denn Biologie ist nicht Schicksal, sondern wird erst dazu gemacht. Männlichkeit und Weiblichkeit sind nicht Natur, sondern Kultur. Sie sind die in jeder Generation neu erzwungene Identifikation mit Herrschaft und Unterwerfung. Nicht Penis und Uterus machen uns zu Männern und Frauen, sondern Macht und Ohnmacht.«[4] Erica Fischer formuliert: »Der gesellschaftliche Status der Frau definiert sich über ihren Mann. Kommt jener abhanden, sinkt dieser Status rasant.«[5] In diesen Zusammenhang gehören dann Appelle an die Frauen, sich als Berufstätige doch – wenn auch oft gegen Widerstände und objektiv ungünstige Verhältnisse – einen gesellschaftlich einigermaßen anerkannten Status zu schaffen.

Aus der Analyse der Situation der Frau in der Welt des Mannes ergeben sich in heutigen Frauenbewegungen aggressive Anklagen. Ich zitiere – um dafür wenigstens ein Beispiel zu geben – aus einem USA-Manifest der »Redstockings«: »Frauen sind eine unterdrückte Klasse... Wir sind ausgebeutet als Sexualobjekte, als Zuchttiere, Hauskulis und billige Lohnarbeiter. Wir werden als Untermenschen betrachtet, deren einzige Bestimmung es ist, das Leben der Männer zu erhöhen... Weil wir so intim mit unsern Unterdrückern zusammengelebt haben, isoliert voneinander, wurde verhindert, daß wir unsere persönlichen Leiden als einen politischen Tatbestand erkannt haben... Wir haben die Männer als die treibende Kraft unserer Unterdrükkung erkannt. Männliche Oberherrschaft ist die älteste und ursprünglichste Form der Herrschaft. Alle andern Formen der Ausbeutung (Rassismus, Kapitalismus, Imperialismus) sind Ausweitungen der männlichen Herrschaft... Alle Männer profitieren ökonomisch, sexuell und psychologisch von dieser männlichen Herrschaft...«.[6] Anmerkend sei hier darauf hingewiesen, daß dieser Text eine Diskussion im Rahmen der heutigen Frauenrechtstheorien widerspiegelt: Die marxistische Analyse vom Hauptwiderspruch zwischen den Klassen der ökonomisch Ausbeutenden und der ökonomisch Ausgebeuteten wird von radikalen Feministinnen ersetzt durch die programmatische Aussage, der Widerspruch zwischen den Geschlechtern sei der Hauptwiderspruch, und die ökonomischen Gegensätze seien sekundär.

Um den Rahmen dieser Collage nicht zu sprengen, muß ich darauf verzichten, darzulegen, welche Strategien diesen theoretischen Analysen entsprechen. Jedenfalls entsteht ein Kampf um die Partizipation der Frauen an Machtträgern und Leitungsgremien, aber auch um den Einfluß der Frauen auf Erziehungsvorstellungen und Sozialisationsprozesse. Zu beachten ist, daß die heutigen Frauenbewegungen immer mehr Gebiete in ihre Aktivitäten einbeziehen bzw. in immer mehr Gebieten Alternativen zu einer männlich geprägten Welt entwickeln. Ich nenne hier nur ausgewählte Beispiele: Eine sogenannte Frauenkunst versucht – teilweise mit Hilfe neuer und unkonventioneller Medien – Alternativen zur bestehenden Kunst und zum Kunstbetrieb zu entwikkeln. Frauentheater wird mit weiblichen Schauspielerinnen gespielt, und zugleich werden nur Stücke von Frauen inszeniert. Frauenverlage betreuen Literatur, die Frauen für Frauen schreiben. Eine weibliche Publizistik bewirkt auch in Mitteleuropa, daß die Frauenbewegung zur Massenbewegung wird; so liefert die Zeitschrift »Emma« jeden Monat ca. 200 000 Exemplare aus. In Anknüpfung an die Auseinandersetzungen um Abtreibungsparagraphen entstehen neue medizinische Selbsthilfeversuche der Frauen, die eine männlich strukturierte Medizin in Frage stellen; mit Speculum und Spiegeln ausgerüstet, beobachten die Frauen ihre Vagina und vermögen erste diagnostische Aussagen selber zu formulieren. Weiter informieren sich Frauen über modernere Abtreibungsmethoden. Und schließlich: Frauen dringen in immer neue Gebiete der männlichen Arbeitswelt ein; sie verlassen Küche und Kochtöpfe und setzen sich an die Werkbank oder ins Fotolabor usw.

Die zunehmende Sensibilisierung für die autonomen Bedürfnisse des Weiblichen in einer männlich geprägten Welt führen schließlich zu Einsichten, die der oberflächliche Beobachter nicht erwartet hat. Es entsteht in theoretischen Bemühungen und in den daraus resultierenden Lernprozessen die Einsicht, daß die Anpassung der Frauen an Strukturen der männlich geprägten Umwelt und an institutionelle Erwartungen so weit geht, daß sich die Frau selber zur Hüterin ihres Gefängnisses und zur Verteidigerin patriarchalischer Verhältnisse macht. Hierher gehört beispielsweise die bekannte Erklärung vieler Frauen, sie seien ja selber gegen die Frauenemanzipation. Und hierher gehört vor allem das so auffallende Phänomen des Frauenhasses von Frauen, manchmal auch des Selbsthasses[7]. Diese Selbstdiskriminierung der Frau beruht auf der Nichteinsicht in einen bestimmten Zirkel, der das Leben der Frau – sofern sie nicht einen Reifungsweg betritt – bestimmt. Nämlich: Einerseits wird durch Erziehung, durch gesellschaftliche Erwartungen und durch Ansprüche der Institutionen das heranwachsende Mädchen einem Prozeß unterworfen, in dem es diskriminierende Rollenvorstellungen zum Wesen und zur Aufgabe der Frau verinnerlicht. Umgekehrt werden durch erfolgreiche Anpassung Institutionen, Systeme, Mächte und Interessen legitimiert und gestärkt, so daß Einsicht in den eben skizzierten Sozialisationsprozeß nicht erwünscht ist und verschleiert wird. Auf Grund dieses wirkenden Zirkels geht dann die Frau den Weg der Anpassung an Erwartungen der Umgebung, an Ideologien der Gesellschaft, an verinnerlichte Identifikationen, die sie unreif bleiben lassen (z. B. Vater-Imagines). Wenn die Frau auf Grund von Erfahrungen oder Einsicht negativ-kritische Haltungen zu ihrer Umgebung und zu den entsprechenden Ideologien einnimmt, macht solche Opposition sie heute – wenn die Kritik nicht bewußt aufgearbeitet wird – leicht zur Neurotikerin, das heißt zur unangenehm Unangepaßten, die oft in Selbsthaß verfällt und die die Begegnung mit dem Mann verfehlt[8].

Gegen die Abhängigkeit von Frauen in der Welt des Mannes, gegen die Tatsache, daß ihr In-der-Welt-Sein vom Mann her definiert wird, stehen immer intensivere Versuche, eine Neudefinition des Weiblichen zu finden und zu gestalten. Ich sehe hier eine bedeutsame Leistung der Epoche der Romantik. Erstmals haben im Rahmen abendländischer Traditionen Frauen den Mut gehabt und entsprechende Erfahrungen realisiert, daß die Frau ihren Weg nicht nur in Bezügen zum Mann gehen kann, sondern daß sie ihren Weg nach dem ihr eigenen, immanenten Gesetz gehen soll; dabei hatten diese romantischen Frauen durchaus ein Bewußtsein davon, daß eine Frau, die sich als Subjekt setzt und als Subjekt erlebt, dem Manne gerade jenes Gegenüber bedeutet, das er für seine Selbstfindung nötig hat. Diese Leistung der Romantik darf nicht vergessen werden!

Frauen definieren sich heute selber

Weiter sind hier die bis heute bedeutsamen Analysen der Simone de Beauvoir zu einer neuen Selbstdefinition der Frau zu nennen[9]. Sie weist mit überzeugenden Kommentaren zu historischen, religiös-mythischen und philosophischen Traditionen darauf hin, daß die Frau immer als »die andere« (l'autre) definiert wird; die Frau vermittelt wie der Jude, der Neger, der Gastarbeiter usw. der jeweiligen Umgebung den Schock des anderen. Ebenso weist sie überzeugend nach, daß sich anthropologisch-definitionsmäßig der Mann als Mensch setzt und versteht und damit die Frau grundsätzlich negativ oder negativer bzw. als »die Unheimliche« sieht. Simone de Beauvoir setzt dagegen ihre existentialphilosophische Perspektive. Das heißt: »Tout sujet se pose concrètement à travers des projets comme une transcendance; il n'accomplit sa liberté que par son perpétuel dépassement vers d'autres libertés; il n'y a d'autre justification de l'existence présente que son expansion vers un avenir indéfiniment ouvert...« (Jedes Subjekt setzt sich konkret durch Entwürfe hindurch als eine Transzendenz; es erfüllt seine Freiheit nur in einem unaufhörlichen Übersteigen zu anderen Freiheiten; es gibt keine andere Rechtfertigung der gegenwärtigen Existenz als ihre Ausweitung in eine unendlich geöffnete Zukunft[10].) Der Verzicht auf dieses Sich-selber-Überschreiten bedeutet »Absturz der Existenz in ein Ansichsein«, ein Absturz, der als »moralisches Vergehen« zu qualifizieren ist, »wenn er vom Subjekt bejaht wird«[11]. Es ist nun nach Simone de Beauvoir Tendenz eines Mannes, die Frau »zu einem Ding erstarren zu lassen«, sie »zur Immanenz zu verurteilen«, sie Anforderungen der Situation auszusetzen, die sie »als unwesentlich konstituiert«[12]. So steht die Frau in der Auseinandersetzung, ob sie eine für sie offene Zukunft gewinnen und erkämpfen kann, oder ob sie in Faktizitäten erstarrt. Solche Faktizitäten sieht dann die Autorin wesentlich im biologischen Schicksal der Frau als »Mutter« bzw. als »Weibchen«, ein Schicksal, das der Mann seinerseits benutzt, um über sich hinauszuschreiten und Transzendenz zu gewinnen. So ergibt sich der Schluß: Nachdem die Frau bisher das war, was man aus ihr gemacht hat, soll sie in Zukunft die sein, die sich selber entwirft!

Die Ansätze der Simone de Beauvoir werden von der heutigen Ideologiedebatte legitimiert; ein Zurückfallen hinter diese

Ansätze erweist sich als ideologieverdächtig. Auf einen allgemeinen Nenner gebracht, geht es darum, ein Denken und Argumentieren einzuüben, das sichteröffnend strukturiert ist. Diese Sicht wird mit Worten wie »Offenheit« und »Horizont« umschrieben. Für das Problem der Frau heißt das: Eine Bewußtseinslage, die vom »Wesen der Frau« gesprochen hat, wird entlarvt und überwunden zugunsten der Frage nach der offenen Zukunft der Frau; ein perspektivisches Denken ist Denken als Horizontreflexion, und dieses Denken vergewaltigt nicht mehr mit Definitionen und entzieht sich dem Mißbrauch durch Interessen[13].

Sprache als Herrschaftssprache

Die zunehmende Sensibilisierung für die weibliche Problematik läßt sich in einer kritischen Auseinandersetzung mit dem Problem der Sprache belegen. Es zeigt sich, daß Sprache als Herrschaftsinstrument, daß falsches Sprachbewußtsein, daß Sprachklischees die Frau nicht zu der ihr gemäßen Sprache kommen lassen und so ihre Selbstfindung verhindern. Die Frau wird auch durch sprachliche Bedingungen in ihrer Abhängigkeit fixiert und am Weg in eine offene Zukunft gehindert. Damit ergibt sich das grundlegende Postulat, eine neue Sprache der Frau zu suchen, eine Sprache, die ihren Erfahrungen entspricht, und eine Sprache, die ihre Abhängigkeiten und ihre Ohnmacht kritisch überwindet.

Für die angesprochene Thematik verweise ich zunächst auf einfache Beobachtungen zur Umgangssprache. Schon Sätze wie »Sie ist eine Frau« oder »Sie ist eben eine Frau« signalisieren gesellschaftliche Vorurteile. Und weiter deuten sich Rollenklischees zu Eigenschaften des Männlichen und des Weiblichen an, wenn sich gegenüberstehen:

aktiv – passiv
rational – irrational
logisch – unlogisch
weltbezogen – innenbezogen
hart – weich
kämpferisch – sensibel
usw.

Die sich gegenüberstehenden Eigenschaften, die bei entsprechender Bewußtseinslage das aktiv-rationale Prinzip als männlich und das passiv-irrationale Prinzip als weiblich definieren, lassen sich symbolistisch überhöhen; es steht dann ein männliches Ordnungsprinzip, ein Lichtprinzip dem Prinzip des weiblichen Chaos und der Finsternis gegenüber. Das Frausein steht von vornherein unter der Macht von Negativsymbolen. Und solche Symbolik ist wesentlich Sprache der Mythen und Religionen.

Die eben gemachten Andeutungen zeigen, daß sich sprachliche Vorurteilsforschung heute mit Recht der verschiedenen Gebiete annimmt: Rollenbilder der Frau in der Arbeitswelt, das Bild der Frau in den Massenmedien, die Frau im Witz, die Frau im Brauchtum, die Frau in Philosophie und Theologie usw. Hier überall gibt es Sprache und Sprachklischees, die die Wirklichkeit der Frau entstellen[14]. Die Sprachproblematik der Frau ergibt sich vor allem, wenn sich Ohnmachtserfahrungen der Frau der Verbalisierung entziehen. Für gewisse Extremsituationen steht der Frau zunächst überhaupt keine Sprache zur Verfügung, hier ist sie im wahren Sinn des Wortes »sprachlos«. Ich nenne als Beispiel sexuelle Entwürdigungen und Notstände. Verena Stefan sagt mit Recht, daß die heutige Sprache der Sexualität frauenverachtend ist (eine Frau aufreißen, bumsen, reinjagen, Möse usw.). Und sie formuliert: »Die sprache versagt, sobald ich über neue erfahrungen berichten will... bücher, die zum thema sexualität verfaßt werden, ohne daß das problem sprache behandelt wird, taugen nichts. sie erhalten den gegenwärtigen zustand...«[15] Erst recht sind gesellschaftlich tieferstehende Schichten, die wenig Bildungschancen haben, einem verbalen Reduktionsprozeß ausgesetzt, der entwürdigt und diskriminiert. Ich erinnere hier an ein Theaterbeispiel, an das Stück »Stallerhof« von Krötz[16]. In dem allem, das muß gesagt werden, deutet die Sprache auf gesellschaftliche Vorurteile und damit auf Herrschaftsansprüche hin.

Um in diesem Zusammenhang wenigstens einen Problemkreis auch empirisch zu beleuchten, weise ich auf Sprachuntersuchungen zu Lesebüchern der Volksschüler hin. Solche Untersuchungen zeigen, daß die »Sozialisationsinstanz Schule« mit Hilfe von Sprachklischees die Rolle der Frau anachronistisch beeinflußt, daß die Schule oft Illusionen vermittelt, daß sie Vorurteile eher unterstützt als bekämpft und so mit dazu beiträgt, daß die

Frau gesellschaftlich angepaßt wird[17]. Die untersuchten Lesebücher zeigen die Frau faktisch noch im vorindustriellen Zeitalter, in einer hauptsächlich dörflichen Gesellschaft, deren Wertvorstellungen die einer »heilen Welt« sind; jede Kritik an bestehenden Zuständen fehlt. Thematisch kann man das Wort verwenden: »Die Jungen erobern die Welt, die Mädchen den Haushalt.«[18] Das heißt im einzelnen: Die Frau ist beinahe ausschließlich Hausfrau und Mutter, und entsprechend sind ihre Tätigkeiten und Interessen. Der Mann dagegen steht in Bezügen zur Welt der verschiedenen Berufsfelder. Vom Mann wird beispielsweise folgendermaßen gesprochen: »Vater kommt nach Hause. Die Familie steht zum Empfang bereit.« Und: »Das Geld ist von unserem Vater.« Der Bezug des kleinen Mädchens zum Vater und zum Bruder zeigt sich in folgenden Sätzen: »Mimi darf dem Vater Werkzeuge zum Basteln bringen, während der Bruder basteln darf.« Und: »Sissi sitzt neben Otto im Spielzeugauto. Während er fährt, schaut sie ihn bewundernd an.« Die Repräsentanten einer weiteren Umgebung – wie schon gesagt: einer dörflichen! – sind in der Mehrzahl Männer: der Herr Bürgermeister, der Herr Pfarrer, der Herr Doktor, der Herr Förster, der Herr Schuldirektor, der Mesner, der Gendarm usw. Die Frau erscheint als einkaufende Hausfrau, als Standlerin auf dem Mark, als Lehrerin[19].

Die neue Sprache des Weiblichen

Versuche, eine neue, der Frau entsprechende Sprache zu finden, gibt es auf verschiedenen Ebenen. Da ist vor allem einmal ganz grundsätzlich das »Frau-Sein als Sprache« zu verstehen. Das würde auch heißen: Erfahrungen der Frau werden nicht mehr verschwiegen oder als minderwertig erklärt, sondern sie werden in den allgemeinen Kommunikationsprozeß eingebracht. Ein Verstummen oder Zurücktreten der Frau angesichts männlicher »Überlegenheit« und männlicher Vorurteile oder gar männlicher Imponierhaltungen soll es nicht mehr geben. So ist manchmal schon die Wortmeldung der Frau in Gruppen, in denen Männer und Frau sprechen, wichtig für die Kommunikation und das Gruppengeschehen. In der spannungsvollen Kommunikation zwischen Mann und Frau versucht vor allem der verunsicherte Mann oft mit einer sogenannten sachlichen Argumentation dem Argumentieren der Frau in der personalen Dimension oder in gefühlsbestimmten Primäraussagen zu entgehen. Es gibt dann ein Aneinandervorbeireden, das sich unter den Bedingungen der heutigen Geschlechterbeziehung leicht gegen die Frau wendet: Sie gilt dann als emotional, unsachlich, hysterisch! Dabei könnte der Versuch der Frau, den Beziehungsaspekt in Gespräche einzubringen, durchaus eine Bereicherung der Kommunikation bedeuten[20].

Die Sprache als bewußtes Instrument der Frau vermag zu entlarven, zu ironisieren, zu verfremden, zu provozieren und in dem allem kritisch zuzurüsten. Ich gebe hier ein ausgewähltes Beispiel, nämlich einen Text der Annegret O., den Alice Schwarzer abdruckt[21]. Der Text »Kneipengespräche« benutzt zahlreiche männliche Sprach- und Denkklischees, die hier aber von einer Frau, eben der Frau in der Männerkneipe, ausgesprochen und verwendet werden. Schon der Eintritt der Frau in die Kneipe wird vom männlichen Publikum gespannt beobachtet, ebenso ihre Bestellung eines Korns. Sie mustert dann die anwesenden Männer provokativ und taxiert sie. Eine Einladung eines Mannes, verbunden mit einem vor sie hingestellten, aber von ihr nicht gewünschten Glas, lehnt sie schroff ab. Sie läßt nun ihrerseits dem Mann ihrer Wahl ein Glas Bier hinstellen. Der so Eingeladene ist völlig konsterniert: »Stille ringsum. Ich sehe die Gedanken, was will die Ziege überhaupt?« Die Frau reißt nun das Wort an sich und macht Angebote, weil sie einen Mann suche, der ihr, als einer Berufstätigen, den Haushalt führe (»Gute Behandlung hat er bei mir auch«). Und in den Ferien könne er im Camping das bißchen Haushalt gleich weitermachen. Vor allem aber: »Ach ja, jünger müßte er auch sein, so bis 10 Jahre, man hat doch Anspruch auf etwas Knackiges! Ich habe keine Lust, Geld für einen extra Freund auszugeben, ich bin treu! Also bitte, ich biete doch sehr viel – aber wo ist der Mann? Keine Antwort. Totenstille im Raum … Es ist Zeit, daß ich gehe. Jammerschade, daß ich den nachfolgenden Kommentar nicht hören kann … Gute Nacht, die Herren!«[22]

Sprachkritik, ironische Verwendung von Sprache stellt das Problem der neuen Sprache und neuer Sprachsymbole. Verena Stefans autobiographische Aufzeichnungen zeigen, daß das Problembewußtsein für solche Übergänge wächst: »Ich zerstöre vertraute zusammenhänge. ich stelle begriffe, mit denen nichts mehr geklärt werden kann, in frage oder sortiere sie aus … jetzt kann ich anfangen, systematisch über sexismus in der sprache, über eine weibliche sprache, eine weibliche literatur zu arbeiten und genauer über das leben unter frauen zu berichten.«[23] Ort der neuen Sprache ist heute oft die Gruppengemeinschaft, wie sie vor allem im Rahmen der neuen Frauenbewegungen entstanden ist. Hier fühlt sich die Frau von den Mechanismen des Haushalts, der Kindererziehung, der gesellschaftlichen Anforderungen freier, oder sie steht in Lernprozessen, um sich von diesen Mechanismen frei zu machen. Darum findet sie dann auch besser die ihr gemäße Sprache. Ebenso überwindet sie hier Männerfixierungen und spricht nun nicht mehr die Sprache des Ehemannes, des Chefs, des Freundes. Weiter macht sie Erfahrungen im Bereich nonverbaler Sprache. Ihre Gefühle sprechen und dürfen sprechen; ihr Körper spricht und kommuniziert mit Partnerinnen; ihre Sexualität ist nicht mehr tabuisiert, sondern »kommt zur Sprache«. Natürlich sind solche Sensibilisierungen zuerst fremd und nur in Lernprozessen erreichbar, und vor allem sind sie für eine heuchlerische Gesellschaft zunächst provokativ. Aber es ist damit doch der Ort beschrieben, der wesentlich ist für die Selbstfindung der Frau in der Dimension der Sprache.

Wie Frauen ihre Sprache erst noch finden sollen, so suchen Frauen auch ihre Geschichte. Die Anklage lautet, daß Geschichte über Jahrtausende nur und einseitig Männergeschichte war. Alice Schwarzer sagt: »Über Jahrtausende wurde Menschengeschichte systematisch zur Männergeschichte verfälscht.« Und: »Das Freischaufeln unserer verschütteten Frauengeschichte ist mühsam ...«[24] Im besonderen ist darauf hinzuweisen, daß weibliche Ohnmachtserfahrungen bisher kaum je ihre geschichtliche Darstellung erfahren haben. Die Frau teilt das Schicksal von diskriminierten Minderheiten: Wie es kaum eine Geschichte des Sklaven oder des Schwarzen oder des Fremdarbeiters gibt, so gibt es wenig Geschichtsschreibung, die das Los der Frau berücksichtigt.

Frauen suchen ihre Geschichte

Die Anklage wird in ideologischen Bemühungen heutiger Frauenbewegungen noch verschärft mit der These, Spuren weiblicher Haltungen würden in der Geschichtsschreibung verwischt und ausgelöscht. Weil Herrschende bekanntlich immer die ihnen genehme Geschichtsschreibung haben, gebe es – so argumentiert Mathilde Vaerting – vor allem einen »Kampf gegen die historischen Spuren der Frauenherrschaft«[25]. Nach der Argumentation von Mathilde Vaerting versucht die eingeschlechtliche Vorherrschaft auf der Höhe ihrer Macht immer nachzuweisen, daß sie ewig und unveränderlich sei, und sie verdrängt andersartige Erinnerungen und versucht sie auszulöschen[26]. Weiter weist die Autorin darauf hin, wie sehr oft Schlüsse aus den Gegenwartsverhältnissen Historie konstruieren und beeinflussen; so werde auch die Überlegenheit und Herrschaft des Mannes in der Gegenwart unkritisch auf Epochen der Vergangenheit übertragen.

Indem Frauen heute ihre Geschichte suchen, bekommt auch das Phänomen des Matriarchats neue Aktualität. In der Literatur der Frauenbewegungen wird das Phänomen allerdings nicht eindeutig definiert und hat damit auch keinen eindeutigen Stellenwert. Vaerting sieht das Matriarchat als Frauenherrschaft und darin als exakte Umkehrung der Männerherrschaft; Bornemann dagegen sieht im sogenannten Matrismus die ideale Utopie der Urzeit, die die Gegenwart beeinflussen sollte. Das heißt in Einzelheiten folgendes: Nach Vaerting sind – nach dem Gesetz der Umkehrung von Herrschaftsverhältnissen – zunächst biologische Veränderungen gegeben; in einer Epoche der Frauenherrschaft sind die Männer kleiner als die Frauen und neigen zu Fettansatz. Für den gesellschaftlichen Bereich gilt: Die Männer besorgen die Arbeit im Hause und versorgen die Kinder. Sie benehmen sich kokett und ängstlich, sie sind keusch bis zum Eheschluß und dann treu. Die Frauen dagegen umwerben die Männer aggressiv und mit Imponierhaltungen, sie bestimmen die Sexualmoral und entscheiden über Abtreibung oder Verhütung. Sie nehmen sich sexuelle Freiheiten. Sie führen Geschäfte und Regierung. Sie entscheiden über Krieg und Frieden. Sie nehmen sich das Recht der Scheidung, und sie geben – in der Ehe – dem Manne ihren Namen. Im Bereich der Religion sind dann die Hauptgottheiten weiblich, usw.[27]. Das Ende des Matriarchats erfolgt nach Vaerting auf Grund einer geschichtlichen Pendelbewegung: Der Verlust der eingeschlechtlichen Vorherrschaft liegt in der Überspannung von Macht[28]. Die Macht wird stärker als ihr Träger, weil die Machtträger niemandem mehr Rechenschaft schuldig sind. Aus ihrer Philosophie der Macht zieht Vaerting aber auch die Konsequenz, daß die Frau heute nur frei werden kann, wenn sie wieder Macht erlangt, womit sie allerdings zugleich die Tragik, die den Machtträger bestimmt, miterben wird. Vielleicht könnte heute – so meint die Autorin – durch Einsicht das tragische Gesetz der Geschichte überwunden werden, und es hätte das Ideal der Gleichberechtigung der Geschlechter nun endlich eine Chance[29].

Das Geschichtsbild von Mathilde Vaerting wird kontrastiert durch das Geschichtsbild von Bornemann; das bei beiden Autoren vorhandene historische Material, das bei Bornemann wahrscheinlich fundierter ist, steht hier nicht zur Diskussion. Bornemann spricht vom Matrismus, weil nach seiner Argumentation Mütter*herrschaft* nicht nachzuweisen ist oder weil die Mütter jener Epochen ihre Macht nicht zur Herrschaft verwendeten. Die von Müttern bestimmten Epochen waren Epochen, die noch keine Rechtsordnung kannten; Recht ist Produkt der Männerherrschaft[30]. Die Epoche der Mütter ist nach Bornemann charakterisiert von paradiesischen Zuständen, von Haltungen einer amorphen Zärtlichkeit, von Gemeinschaftsbesitz und Gleichberechtigung aller. Trägerinnen der Macht und Erfinderinnen waren vor allem die Frauen. Wenn im Bereich der Religion der Phallus verehrt wurde, war das eher ein Spiel- als ein Machtgeschehen. Jede Form einer kriegerischen Auseinandersetzung widerspricht nach Bornemann dem Wesen des Matrismus[31]. In einem vielfältigen historischen Prozeß hat dann das Patriarchat den Matrismus besiegt; diese Niederlage muß im Blick auf den Gang der Menschheit als Katastrophe gewertet werden, und sie bedeutete für viele Gebiete, etwa für Partnerbeziehungen und Erotik, aber auch für die Arbeitsproblematik, einen eindeutigen Rückschritt[32].

Ich breche hier ab mit dem Hinweis darauf, daß das Postulat einer Geschichtsschreibung, Geschichtsbetrachtung und Geschichtsphilosophie aus der Sicht der Frau eine erste beeindrukkende Erfüllung im Werk der Simone de Beauvoir gefunden hat; sie beschreibt im zweiten Hauptteil von »Le deuxième sexe« die Situation der Frau im abendländischen Altertum, im Mittelalter und in der Neuzeit, wobei vor allem die Auswirkungen der Französischen Revolution berücksichtigt werden[33].

Frauen suchen heute die ihnen gemäße Sexualität

Identitätsfindung der Frau ist wesentlich auch Identitätsfindung im Körperbezug. Für die Analyse des Problems und für das Selbstverständnis heutiger weiblicher Sexualität muß nachdrücklich auf das Werk von Kate Millett hingewiesen werden. Ihre Hauptthese lautet, daß Sexualität unter den Bedingungen der heutigen Gesellschaft darin entfremdet ist, daß sie wesentlich der Machtausübung des Mannes gegenüber der Frau dient und im Gefüge der Geschlechter die Macht des Mannes stabilisiert. Das heißt mit anderen Worten, daß Sexualität einen politischen Aspekt hat und daß es in der sexuellen Begegnung um Macht und Ohnmacht geht[34]. Dieses Verständnis von Sexualität, das das beeindruckende Buch von Kate Millett beherrscht, wird im Rahmen der Frauenbefreiungsbewegungen mit dem Schlagwort des »Sexismus« diskutiert. Unter Sexismus wäre eine bewußte oder unbewußte Ausübung von Macht und Herrschaft zu verstehen, die durch bloße Geschlechtszugehörigkeit begründet und ausgeübt wird und damit nicht mehr ohne weiteres hinterfragbar und kontrollierbar ist. Das Problem des Sexismus stellt sich in verschiedenen Dimensionen: in bestimmten Haltungen, Einstellungen und Praktiken, mit denen sich Mann und Frau gegenübertreten, aber auch in Verhältnissen, Strukturen und Institutionen. Begrifflich parallel zum Sexismus steht beispielsweise der Rassismus, der auf Grund von Zugehörigkeit zu einer Rasse bewußt oder unbewußt Herrschaft ausübt, ohne daß solche Machtsetzung kontrollierbar ist. Das Stichwort erweist sich heute vor allem in den USA als gesellschaftlich überaus virulent.

In der mitteleuropäischen Diskussion vertritt Alice Schwarzer ähnliche Positionen wie Kate Millett. Sie formuliert folgendermaßen: »Sexualität ist zugleich Spiegel und Instrument der Unterdrückung der Frauen in allen Lebensbereichen... Hier steht das Fundament der männlichen Macht und der weiblichen Ohnmacht...«[35] Alice Schwarzer zitiert auch einen populärgrausamen Kommentar zu dieser Einsicht; sie verweist auf einen Satz aus dem deutschen Film »Der Kumpel läßt das Jucken nicht«: »Höchste Zeit, daß ich meine Frau mal wieder bummse – damit sie weiß, wer der Herr im Hause ist.«[36] Schwarzer gibt dann zahlreiche Stimmen von Frauen wieder, die sich durch das sexistische System instrumentalisiert fühlen, wobei dieses System mit zur Folge hat, daß die Männer in Intimbeziehungen die seelischen und körperlichen Bedürfnisse der Frau nicht kennen[37]. Der gefährlichste Aspekt des Sexismus ist, daß Frauen durch Männerfixierungen in seelischen Tiefenbereichen ihre Identität verlieren. Ein besonders beeindruckender Text zur Gefahr des Identitätsverlustes ist in Verena Stefans Buch enthalten: »Der eine küßte leidenschaftlich und wild, so daß ich zähne spürte, nichts als zähne – Und ich küßte leidenschaftlich und wild. Der andere küßte sanft und fand alles andere unreif und unerwachsen – Und ich küßte sanft und erwachsen. Der eine mochte die beine geschlossen, der andere offen und flach, der nächste offen und um seinen rücken – Und ich hielt die beine geschlossen oder offen und flach oder offen und um seinen rücken. Der eine wollte die ganze nacht durchmachen, der andere konnte nur einmal – Und ich machte die ganze nacht durch oder konnte nur einmal. Der eine wollte sich immer genital vereinigen, der andere fand es nicht so wichtig – Und ich vereinigte mich immer genital oder fand es nicht so wichtig. Der eine konnte nur in seinem bett einschlafen, der andere mußte sich wegdrehen, der nächste wollte dicht beisammen liegen – Und ich schlief nur in meinem bett ein oder drehte mich weg oder blieb dicht beisammen liegen.«[38] Diese Instrumentalisierungen, denen Frauen ausgesetzt sind, führen zu den bekannten Symptomen: spezifisch weibliche Ängste, Frigidität, Verunsicherung, Freud- und Lustlosigkeit in der sexuellen Begegnung.

Millett entwickelte auf Grund der eben skizzierten Analyse eine »Theorie der Sexualpolitik«[39]. Dafür ist auszugehen von einer Charakterisierung des Koitus als Modellfall von Sexualpolitik auf intimster Grundlage. Das männlich geprägte Verhalten gehört in einen umfassenden gesellschaftlichen Prozeß. Nämlich: Es ist festzustellen, daß in geschichtlichen Demokratisierungsprozessen, die die Gegenwart bestimmen, jene Gruppen, die durch Geburt Privilegien besaßen, aussterben und ihre Legitimation erlischt; Macht durch Zugehörigkeit zu einer bestimmten Gesellschaftsschicht, in die man hineingeboren wird, gibt es immer weniger. Die eine und bis heute bleibende Ausnahme ist – nach Millett – die Herrschaft durch bloße Geschlechtszugehörigkeit, konkret die Herrschaft des Mannes. Darum gibt es bis heute einen Patriarchalismus, dessen Legitimation nur durch eine revolutionär-neue Bewußtseinslage in Frage gestellt werden kann. Dieser herrschende Patriarchalismus erfährt ideologische Unterstützung durch biologische, ökonomische, mythologisch-religiöse Vorurteile. Hauptstütze und Hauptinstitution des Patriarchats ist – nach Millett – bis heute die Familie und die die Familie unterstützende Ideologie des »Familiarismus«: Im Raume der Familie wird ein Sozialisierungsprozeß des Kindes durchgeführt, der das Kind zum Angepaßten an Vorstellungen von Staat und Gesellschaft macht; dieser Prozeß trifft besonders das Mädchen mit bestimmten Erwartungen, so daß das Mädchen so zur »Frau gemacht« wird, wie die Erwartungen der Institutionen sich die Frau vorstellen[40].

Millett ist in ihrer Sicht stark von Engels beeinflußt. Dieser nahm einen grundsätzlichen Zusammenhang zwischen der patriarchalischen Familie, der Arbeitsteilung (auch zwischen Mann und Frau) und dem Besitz an, ja für ihn löste sich die Frage nach dem Ursprung des Besitzes mit Aussagen zur Unterwerfung der Frau, die damit ihre Rolle als Eigentum des Mannes auferlegt erhält. Die Stellung der Frau ist nach Engels von einer ersten, grundlegenden Repression bestimmt, die andere Repressionen im Gefolge hat; die Differenz zwischen Mann und Frau ist die erste Klassendifferenz. Engels entwickelte dann auch Überlegungen zum Zusammenhang zwischen »Vaterschaft« und Mythologie und Religion; diese Überlegungen spielen heute sowohl in der neuen Linken wie auch in der Frauenbefreiung eine wichtige Rolle[41].

Im Suchen nach der der Frau gemäßen Sexualität und beeinflußt von eben skizzierten Positionen, entstehen nun Vorschläge zu einem neuen Sexualverhalten der Frau. Hier muß über das schon Gesagte hinaus noch auf ein Ereignis hingewiesen werden, das die Diskussion über Sexualität ganz entscheidend beeinflußt hat, nämlich auf die Erfindung der Pille. Die antikonzeptionellen Mittel im ganzen und heute die Pille vermitteln der Frau in unserer Epoche die Freiheit von der Angst einer unerwünschten Schwangerschaft; die Entwicklung enthält das Angebot einer Freiheit, die bisher nur der Mann hatte. Diese Entwicklung muß allerdings für die Ebene der Einstellungen gegenüber der Sexualität noch eingeholt werden, und zwar für Mann und Frau! Aber die Entwicklung gehört jedenfalls mit dazu, wenn es um neue Wege geht.

Neue Wege der Frau im Bereich der sexuellen Begegnungen! Was ist damit gemeint? Zunächst: Gegen traditionelle Vollzüge der Sexualität, die bis heute wesentlich unter männlicher Führung und Prägung stehen, entstehen durch Frauen mit einer entsprechenden Bewußtseinslage »Verweigerungsstrategien«[42]. Diese Strategien versuchen der Frau in der Begegnungssituation ein neues Selbstbewußtsein zu vermitteln. Weiter soll der Koitus von einem unwürdigen Leistungsdruck entlastet werden, etwa von der Vorstellung, geglückte sexuelle Begegnung bestehe im geglückten Orgasmus. Diese Strategien wenden sich auch gegen klischeehafte Vorstellungen von der »befriedigten Frau«. Weiter stellen sie ein mann-weibliches Rivalitätsprinzip in Frage, das leicht in einen sadomasochistischen Zirkel hineinführt. Und schließlich wendet sich Alice Schwarzer speziell gegen die männliche »Penetrationswut«, indem der Wille des Mannes, in die Vagina der Frau einzudringen, oft auch Ausdruck einer aggressiven Herrschaftshaltung ist, einer Haltung, die – nach Schwarzer – das traditionelle Sexualverhalten zwischen Mann und Frau stark bestimmt[43]. Die Verweigerungsstrategien führen zu neuen, positiven Zielvorstellungen. Das Leitbild einer neuen, ganzheitlichen Zärtlichkeit zwischen Mann und Frau wird hier wichtig. Dazu nur einige Aspekte. Einmal erhalten die emotionellen Gehalte der sexuellen Begegnung eine Aufwertung, und der Koitus wird vom Vorrang der Genitalität entlastet. Es entsteht ein zärtliches Verhältnis zum ganzen Körper des Partners durch Möglichkeiten des Berührens, Streichelns, Schmusens usw.; traditionell erogene Zonen werden einbezogen in eine umfassende Erotisierung des ganzen Körpers. In diesem Zusammenhang kommt es zur Aufwertung jener sexuellen Möglichkeiten, die von den Partialtrieben her beeinflußt sind; hier kann beispielsweise das Voyeurtum spielerisch einbezogen werden[44].

Das Leitbild einer neuen Zärtlichkeit beruht auch auf einer neuen Wertung der Kindheitssexualität. Mit Recht formuliert ein Arbeitskreis die folgende These: »... an Kindern kann man Zärtlichkeit lernen, die nicht final gerichtet ist, also Zärtlichkeit nicht nur als Auftakt fürs Bett.«[45] Mit dem neuen Leitbild verbinden sich programmatische Überlegungen der Frau zu einer Sexualität, die als Organ besonders auch die Klitoris empfindet. Die neue Frauenbewegung wendet sich mit Recht vehement gegen die auch von Freud formulierte Behauptung vom Vorrang des vaginalen Orgasmus; man vermutet in dieser Behauptung einen ideologischen Versuch, Männerherrschaft zu stabilisieren. Jedenfalls erweist sich die Klitoris als Organ einer intensiven sexuellen Empfindung, und Partnerschaftsbeziehungen können mit dem Wissen um diese Empfindung eine Bereicherung erfahren. Das Leitbild einer neuen Zärtlichkeit führt schließlich zum Postulat einer umfassenden erotischen Kultur[46]. In mann-weiblichen Begegnungen sollen die verborgenen Möglichkeiten der Erotik gesucht werden, es sollen Möglichkeiten einer spielerischen Lust und ein Fest der Sinne und Sinnlichkeit gefunden werden, es sollen echt erotische Sprache und Kunst die ihr zukommende Rolle spielen.

Die eben skizzierten Argumente zeigen, daß heute eine neue sexuelle Kultur entsteht, die dem Leitbild der mann-weiblichen Gleichberechtigung entspricht. Eine neue Bewußtseinslage kann hier zunächst allerdings nur den »Beginn einer Befreiung« (Schwarzer) einleiten; eine wirkliche Befreiung ist von einer Vielzahl von Bedingungen – unter anderem besonders auch von ökonomischen – abhängig. Ein Arbeitskreis zur Sexualität formuliert mit Recht das folgende Postulat: »Die freiere Erlebnisfähigkeit von Gefühl und Sexualität hängt mit der Erfahrung des einzelnen am Arbeitsplatz zusammen. Sie ist nur im Zusammenhang einer weiteren Humanisierung der Arbeitswelt möglich. Daher ist es wichtig, Alternativmodelle der Gestaltung der Arbeitswelt zu erproben und gegebenenfalls einzuführen.«[47] Derselbe Arbeitskreis fordert weiter, die spezifischen Unterschichtenprobleme für den Zusammenhang zwischen Arbeitswelt und nichtrepressiver Sexualität zu untersuchen und zu berücksichtigen[48]. Solche Postulate zeigen einmal mehr den unauflöslichen Zusammenhang zwischen ökonomischen Bedingungen und Sexualverhalten.

Die von mir skizzierten Sensibilisierungsprozesse zur Situation der Frau in der Welt des Mannes, zur Selbstdefinition der Frau, zur Sprache, Geschichte und Sexualität der Frau, haben einen umfassenden mann-weiblichen Horizont. Wie begegnen sich Mann und Frau heute? Wie begegnen sie sich in einer Epoche zunehmender Sensibilisierung für die spezifisch weiblichen Probleme? Welche mann-weiblichen Bezüge ermöglichen angstfreie, nichtrepressive Begegnungen? Und schließlich: Können Verhältnisse – auch ökonomischer Art – so humanisiert werden, daß diese angstfreien, nichtrepressiven Begegnungen möglich sind?

Lernprozesse

Gibt es nicht-repressive Begegnungen zwischen Mann und Frau?

Die eben formulierten Fragen stellen auch das Problem des Mannes! Die Herausforderung, die in den heutigen Versuchen der Frau zu ihrer Selbstfindung liegen, dürfen vom Manne weder als Unbeteiligter noch als bloß Angeklagter erlebt werden. Hier entsteht das Problem der Selbstkritik. Hier entsteht das Problem des Abbaus des »Männlichkeitswahns« (sogenannter Machismo). Wenn der Mann an den Problemen der heutigen Frau unbeteiligt vorbeigeht und eine Welt gestaltet, in der es diese Probleme scheinbar nicht gibt, lehnt er eine unaufgebbare Verantwortung der Geschlechter füreinander ab; angesichts mutiger Experimente heutiger Frauen bleibt er damit in der Phase einer unreifen, unbewußten Existenz stecken. Wenn der Mann als Angeklagter und Verwundeter reagiert, entsteht eine vielfältige Skala von Verhaltenstypologien, die Ratlosigkeit signalisieren[49]. Folgende Verhaltensweisen können – auch hin- und herschwankend – vom Mann durchlaufen werden. Einmal: Der Mann nörgelt an einer selbstbewußter werdenden Frau herum und flüchtet sich vielleicht in eine undurchschaubare Kränklichkeit. Das deutet auf ein eher depressives Verarbeiten der Beziehung mit einer emanzipierten Frau. Oder: Der Mann wählt die Flucht vor der sich emanzipierenden Frau. Er sucht andere Frauen, wohl wieder einen »Puppentyp« – Frauen, die ihm in seinen Schwierigkeiten entgegenkommen, etwa indem sie erklären, sie seien ja auch gegen die Emanzipation der Frau. Oder: Der Mann wird in seinem Sexualverhalten gegenüber einer selbstbewußteren Partnerin gestört; jetzt flüchtet er sich in die Welt der Arbeit und Sachzwänge und geht darin auf. Oder: Der Mann greift zu aggressiven Mitteln, um die bewußter werdende Frau zu zwingen, das Bild, das er sich von der Frau macht, zu bestätigen. Zum Aggressionsverhalten gehört heute wohl weithin noch das Ausnutzen der finanziellen Abhängigkeit der Frau. So wählt der Mann einmal mehr ein unreifes Hierarchiegehabe. All diese Verhaltensweisen haben darin einen gemeinsamen Nenner, daß vom Manne die anthropologischen Chancen, die in neuen Versuchen und Erfahrungen der Frau liegen, abgelehnt werden; so werden nicht nur neue Möglichkeiten der Begegnung von Mann und Frau verfehlt, sondern es kommt damit auch zu einer Selbstschädigung und Selbstentfremdung des Mannes.

In diesem Zusammenhang ist nachdrücklich das Postulat von Richter aufzunehmen, nach dem die heutige Begegnung von Mann und Frau von einem umfassenden »Lernprozeß Solidarität« geprägt sein müßte[50]. Es geht um solidarische Lernschritte von Mann und Frau zur Befreiung, Menschenwürde und Mündigkeit der Geschlechter. Es geht darum, daß im Sinne der personalen Philosophie das Ich am Du und das Du am Ich werde. Das Wissen um die anthropologische Zusammenordnung von Mann und Frau hat grundlegende Konsequenzen für die heutige Geschlechterproblematik. Die Chancen der Frau, die neue Wege geht und neue Erfahrungen der Selbstfindung macht, sind zugleich Chancen des Mannes. Der Mann muß und wird einsehen, daß die identitätslose und gedemütigte Frau ihm nicht echte Partnerin sein kann. Er wird einsehen, daß nur die selbstbewußte, mit sich identische Frau zur männlichen Selbstfindung und Identität beiträgt[51]. Und umgekehrt: Der in seinen traditionellen, ihm anerzogenen und von der Gesellschaft erwarteten, »männischen« Rollen verharrende Mann vermag seine eigene, wahrhaft humane Rolle nicht zu finden, und darum nimmt er dann die mann-weiblich übergreifende Verantwortung auch nicht wahr. Heidi Pataki sagt mit Recht: »Die Lösung für die Emanzipation der Frau könnte darum nur die der Emanzipation des Mannes von einer ihn selbst erniedrigenden und entwürdigenden Rolle als Haustyrann, Ehekrüppel, Rabenvater und Weiberfeind sein...«[52]

Was ein neues Rollenverhalten beider Geschlechter in ihrer Begegnung bedeuten könnte, lege ich, in Anknüpfung an schon Gesagtes, in einigen Anmerkungen zur Sexualität dar: Mann und Frau wählen jetzt Lernprozesse, die eine angstfreie, authentische, wirklich lustvolle Sexualität und Zärtlichkeit anstreben. Sie helfen sich gegenseitig, traditionelle Rollenklischees im sexuellen Verhalten zu überwinden. Der Mann lernt den ganzen Körper der Frau kennen und lieben und die Frau den ganzen Körper des Mannes, nachdem bisher – nach einer Argumentation von Böckelmann – für die Frau der Mann nur »aus Kopf und Penis« (!) bestand[53]. Ein Lernverhalten beider Geschlechter ergibt sich weiter in folgenden Erfahrungen: Die Frau soll den

Mann nicht nur als »Aktiven« und in Zuständen der Leistung und des Sich-Anstrengens erleben, sondern durchaus auch als passiven Partner. Und: Der Mann soll der Frau durchaus nicht mehr nur in der eigentlich entwürdigenden Rolle des Eroberers, der die Frau zur Besiegten und zum Opfer macht, begegnen; auch die Frau kann und soll erobern...! Und weiter: Der Mann vermag endlich seine Penisfixierung abzubauen, er darf Gefühle haben, er bekommt ein neues Bewußtsein des ganzen Körpers. Und die Frau wird eine kindlich-passive Rolle im Sexualverhalten aufgeben, sie wird sich am Lernspiel sexueller Verhaltensweisen aktiv beteiligen. Schließlich deutet sich im mann-weiblichen Spiel der Sexualität ein Rollentausch an; ich werde darüber später schreiben. In diesem Rollentausch wird der Mann weiblicher und die Frau männlicher werden! Man wird jedenfalls für die Gesamtproblematik formulieren dürfen: Indem sich Mann und Frau in Lernprozessen neu selber finden, finden sie auch den anderen. Und: Hingabe an den anderen ist dann in einem echten, lustvollen, humanen Sinn möglich, wenn man sich selber findet!

Abschließend muß allerdings einmal mehr auch für die eben skizzierte Mann-Frau-Begegnung betont werden, daß bloß personale Appelle zu einem neuen Verhalten die skizzierten Ziele nicht erreichen werden, weil ökonomische und ideologische Bedingungen Freiheit in der personalen Begegnung nicht oder nur eingeschränkt zulassen. Das Suchen nach neuen und humaneren Rollenbildern fordert darum zugleich die kritische Besinnung über ökonomische und ideologische Bedingungen heutiger Existenz und dann den Mut und die Phantasie, Änderungen solcher Bedingungen in Angriff zu nehmen. In einer demokratischen Gesellschaft sehe ich Möglichkeiten, Schritte auf dem Wege zur Befreiung vor allem in folgenden konkreten Zusammenhängen zu unternehmen: Es könnte Arbeitsteilung als Herrschaftsinstrument kritisch analysiert und teilweise verändert werden; im Rahmen heutiger Frauenbewegungen wird mit Recht über die Rolle des Mannes im Haushalt und in der Kindererziehung gesprochen. Ökonomisch ließe sich der Mann nur dann ins Haus zurückholen, wenn vermehrt gut bezahlte Teilzeitarbeit für Männer und Frauen angeboten würde. Es ist ferner unter heutigen Bedingungen nicht mehr einzusehen, warum Hausfrauen eine unerhörte Kraftanstrengung im Haushalt unbezahlt machen müssen. Und es ist unter heutigen Bedingungen nicht einzusehen, warum Wohlstandsgesellschaften das Freizeitangebot für

Männer großzügiger lösen als für Frauen. Der Mann soll endlich die hausfrauliche Last kennenlernen, aber die Frau soll auch Erfahrungen in der Arbeitswelt des Mannes machen, übrigens verbunden auch hier mit spezifischen Entfremdungen, die so die im Haus »behütete« Frau sonst nicht kennenlernt. Und schließlich muß die Problematik der Dienstleistungsangebote in unseren Gesellschaften kritisch aufgerollt werden. Es ist – wenn entsprechende ökonomische Voraussetzungen gegeben sind – nicht mehr einzusehen, warum vor allem die Frauen im Bereich der Dienstleistungen einer Gesellschaft arbeiten sollen. Es ist nicht mehr einzusehen, warum Institutionen wie Staat, Schule, Kirche den Frauen einreden, sie gehörten eher als die Männer in den Dienstleistungsbereich. Hier entsteht ein ideologischer Legitimationsdruck, der kritisch hinterfragt werden muß. Ich bin der Meinung, daß solche Überlegungen im ökonomischen Bereich, die vielleicht zunächst nur kleine Veränderungen herbeiführen, heute doch echte Chancen haben und die Gleichberechtigung konkret werden lassen[54].

Frauenbefreiung – Testfall des emanzipatorischen Denkens

Die Herausforderung, die heute mit dem Problem der Frau gegeben ist und die die Frauenbefreiungsbewegung schafft, wird teilweise unterstützt und beeinflußt von einem allgemeinen, emanzipatorischen Interesse, wie umgekehrt dieses Interesse auch die Frauenfrage virulent macht. Ohne ein solches Interesse hätte die Frauenbefreiung – wie auch andere Freiheitsbewegungen – viel geringere Chancen. Aber auch umgekehrt: Testfall eines emanzipatorischen Denkens in seinem Praxisbezug ist gerade auch die Frauenemanzipation!

Das emanzipatorische Denken der Gegenwart wird von verschiedenen Traditionen beeinflußt, die alle auch schon die Frauenproblematik – wie natürlich auch die allgemeine Geschlechtsproblematik – implizieren. So gibt es den von der Aufklärung, vom deutschen Idealismus und vom Liberalismus und Bürgertum geprägten Hintergrund, dessen Entsprechung heute weithin die bürgerliche Demokratie ist. Hier geht die Macht vom Volke aus. Hier orientiert man sich an den Menschenrechten. Damit wird der Versuch unternommen, durchschaubare Öffentlichkeitsverhältnisse zu schaffen. Darum geht es um die Forderung der freien

Information und der Bildungs- und Aufstiegschancen für alle.

Opposition und Minderheiten sollen Anerkennung und Rechte finden. Entschlüsse der Leitungsgremien sollen überprüfbar sein, und Leitungsgremien können, wenn sie versagen, abberufen werden. Dieses bürgerlich-demokratische Denken hat, auch wenn es, etwa unter ökonomischen Einflüssen, oft mißbraucht wird, einen wichtigen Beitrag für ältere Frauenrechtsbewegungen geleistet. Es ist bis heute eine wichtige Voraussetzung für das Leitbild der Gleichberechtigung der Geschlechter. Zahlreiche Postulate dieses Denkens sind bis heute auch in der Frauenrechtsproblematik aktuell; ich erinnere an das Postulat der Chancengleichheit für Mann und Frau in allen Bereichen. Man wird auch sagen dürfen, daß die heutige Frauenbefreiung auf das Funktionieren einer demokratischen Gesellschaft angewiesen ist. Dabei wäre allerdings Demokratie immer auch als Demokratisierungsprozeß in vielen Bereichen zu verstehen, und zwar mit dem Ziel, formale Demokratie hinüberzuführen in materiale Demokratie. Jedenfalls: In der Sensibilisierung heutiger Demokratievorstellungen liegt eine echte Chance der Frauenbefreiung.

Weiter gibt es ein marxistisches Emanzipationsverständnis und darum wichtige Beiträge des Marxismus zur Frauenbefreiung. Hier ist die Einsicht in den kritischen Vorrang der ökonomischen Basis gegeben, und das bedeutet, daß kapitalistische Produktionsprozesse menschliche Entfremdung implizieren, so daß es zur Herrschaft der einen Klasse über die andern kommt. Ich habe oben schon mit den Thesen von Kate Millett dargelegt, was das für die Frau bedeutet. Die Emanzipation der Frau hat traditionellerweise in der marxistischen Theorie und Praxis eine bedeutende Rolle gespielt[55]. Die marxistische Sicht bringt insofern einen entscheidenden Fortschritt gegenüber andern Theorien zum Problem und zur Lage der Frau, als diese Sicht grundsätzlich und unauflöslich mit der Dimension des Geschichtlichen verbunden ist; eine ideologisierte Betrachtung zum »Wesen« und zur »Natur« der Frau ist jetzt nicht mehr möglich. Indem das Problem der Frau von ökonomischen Verhältnissen bedingt ist, indem beispielsweise die Arbeitsteilung wesentlich herrschaftsbedingt und sie der Grund dafür ist, daß die Frau immer neu an Heim, Küche und Herd gefesselt wird, zeigt es sich, daß Entfremdungen ihre historische Ursache haben. Solche bedingenden Ursachen sind aber nach marxistischer Auffassung veränderbar, humanisierbar; der Mensch ist ja der »Macher« der Geschichte! Wenn nach Marx die Aufhebung des Privateigentums und die Vergesellschaftung der Produktionsmittel Entfremdungen aufhebt und Unterdrückte befreit, wird mit diesen Zielvorstellungen einmal auch die Frau frei werden und wird endlich unter den Bedingungen ihrer eigenen Bedürfnisse leben. Diese von mir eben skizzierten Ausführungen zu einem »orthodoxen Marxismus« haben sich – auch in ihren Bezügen zur Frauenrechtsfrage – mannigfach gewandelt. Eine erste Wandlung ist wohl schon darin gegeben, daß Engels die Frauenfrage mit Hilfe von Mutterrechtstheorien des amerikanischen Ethnologen Morgan ethnologisch fundierte; die ökonomische Betrachtung wurde hier mit Geschichtsphilosophie verbunden[56].

Heute erfolgen weitere Wandlungen, indem der Marxismus sich in verschiedenen Marxismen ausformt. Es ist beachtenswert, daß die Frauenfrage in der Sowjetunion und in den Oststaaten als gelöst dargestellt wird, weil die Frau Zugang zu allen Bereichen der Bildung, der Berufe und der Produktion hat. Günstig an der Entwicklung in diesen Staaten ist das grundsätzliche Bestreben, alle gesellschaftlichen Benachteiligungen der Frau aufzuheben und das mit der leitenden Ideologie zu verbinden. Es wird nun – wenigstens theoretisch – nicht mehr das weibliche Leitbild der Mutter und Hausfrau ausgegeben, sondern die Frau wird primär als die mit dem Manne gleichberechtigt Arbeitende angesehen. Trotzdem weisen diese Staaten faktisch überall stark patriarchalische Züge auf. Nämlich: In den Bereichen der Produktion sind die Frauen unterrepräsentiert, in den Bereichen der Dienstleistungen überrepräsentiert. In den Leitungsgremien – vor allem in den hohen politischen Hierarchien – nimmt die Zahl der Frauen so stark ab, daß auch die Oststaaten in diesen Gremien die »Alibifrau« haben. Im privaten Bereich schließlich, nämlich im Bereich der individuellen Bedürfnisse – etwa der Sexualität –, ist die Gleichberechtigung nicht erreicht; schon im Bereich der Haushaltarbeit und Freizeit behalten die Männer ihre Privilegien. Auffallend ist dann auch, daß die Frauen in diesen Staaten ihre Rechte, die sie theoretisch haben, in den eben angesprochenen Bereichen nicht verlangen und dafür keinen Druck ausüben. Auffallend ist weiter, daß Alternativen für die Kleinfamilie weder diskutiert noch praktiziert werden. Charlotte Maack formuliert – auch in Würdigung des Emanzipationsprogramms der Alexandra Kollontaj, das durch Lenin und seine

Nachfolger unwirksam gemacht wurde – das folgende zusammenfassende Urteil: »Die Enttäuschungen der konsequentesten Frau der Sowjetunion... dokumentieren im – hier relevanten – Kern: daß der Machismo – ob ontologisch, biologistisch, ideologisch-doktrinär oder primitiv verteidigt – seinen Herrschaftsanspruch bislang noch in keinem politischen Gesellschaftssystem aufgegeben hat.«[57] Vielleicht darf man sagen, daß für die Menschenrechte der Frau ein demokratisches System im Sinne mitteleuropäischer und angloamerikanischer Möglichkeiten doch die größeren Chancen hat. Schließlich sind auch die Informationen über die Frauenbefreiung in China weithin nicht leicht zu deuten, auch wenn die chinesischen Lösungen eine gewisse Faszination ausüben[58].

Wichtig ist weiter, daß das heutige emanzipatorische Denken, auf das ich mich hier beziehe, Verbindungen von Marx und Freud, Marxismus und Psychoanalyse herstellt (Wilhelm Reich, Freudsche Linke). Reich setzte ein mit der Erkenntnis, daß das Denken und Handeln des Menschen einer objektiven Wirkung der Basis auf den Überbau widerspricht. Hier sieht er grundlegende psychologische Probleme, die er mit Hilfe der Sicht Freuds lösen will. Sein Programm, das ich später genauer berücksichtige, ist das einer Sexualpolitik. Dieses Programm hat vor allem kritische Konsequenzen für Probleme der Autorität, der Familie und der Institutionen. Im Rahmen von Reichs Sexualökonomie erfährt die Problematik der Frau eine gegenüber dem orthodoxen Marxismus veränderte Ausformung; durch seine Zielvorstellungen soll es nicht nur zu einer ökonomischen Revolution kommen, sondern zu einer Kultur- und Sexualrevolution; hier bekäme dann auch die Frau ihre grundlegend neuen Chancen, und hier fände sie ihre Freiheit. Die eben angedeuteten Stichworte haben heute eine bestimmte Wirkungsgeschichte unter anderem in der neuen Linken, in Subkulturen und Gegenkulturen, in theoretischen Auseinandersetzungen der Frauenbewegungen. Einzelheiten werde ich später besprechen.

Emanzipatorisches Denken und emanzipatorische Interessen werden aber nicht nur in gesellschaftlich-wirkenden Ideologien wahrgenommen, sondern dieses Denken hat seinen Ort auch im Raume der Humanwissenschaften und der Kunst. Wissenschaftsethisch bewußte Haltungen verstehen sich oft als emanzipatorisch. Dafür wäre hinzuweisen auf die Selbstverpflichtung der Wissenschaft zu einer immer neuen, kritischen und vorurteilslosen Überprüfung wissenschaftlicher Resultate und Prozesse oder zur kritischen Selbstprüfung des forschenden Subjekts im Rahmen hermeneutischer Theorien. Mit solchen Haltungen verbindet sich oft das Schlagwort der zweiten Aufklärung.

Frauenbefreiung – Ideologiekritik – Psychoanalyse

Ich lege im folgenden an den ausgewählten Bereichen Ideologiekritik und Psychoanalyse dar, wie die Frauenbefreiung eine theoretische Unterstützung durch Humanwissenschaften erfährt. Ich habe schon im Zusammenhang mit Darlegungen zu Simone de Beauvoir auf die Hilfsstellung der Ideologiekritik vor allem für die Einsicht in Vorurteile hingewiesen. Im Rahmen der Ideologiekritik wird wissenschaftstheoretisch geklärt, daß die Redeweise vom »Wesen« und »Schicksal« der Frau Herrschaftssprache ist und den offenen Weg der Frau in die Zukunft erschwert. Die Ideologiekritik leistet auch kritische Beiträge zur heutigen Macht- und Herrschaftsproblematik, etwa indem sie auf Legitimationszwänge hinweist, die auch die Frauen betreffen[59]. So gibt es »expressive Symbole« (Habermas) etwa zu Familien- oder Leistungsidealen, die die Frau von ihrer Selbstfindung abhalten und sie diskriminieren. Und es gibt – oft unter ökonomischen Bedingungen – Versuche, die Frau auf den »unpolitischen« Raum des Heims und der Familie zu beschränken und ihr das Agieren in der Öffentlichkeit zu erschweren. Oder es gibt unter Legitimationsdruck die Aufwertung bürgerlicher Moralvorstellungen, die die Frau einmal mehr zur Passiven machen. Indem die Ideologiekritik auf Interessen aufmerksam macht, die sich ideologisch tarnen und sich der kritischen Kommunikation in der Öffentlichkeit entziehen, leistet sie der Frauenbefreiung einen wichtigen Dienst. Ideologiekritik ist nämlich sowohl dann angebracht, wenn es um die Selbsterkennung der Frauen geht, wie auch wenn es um Bemühungen der Frau in der Öffentlichkeit geht; sowohl im individuellen wie im öffentlichen Bereich müssen Vorurteile durchschaut und entlarvt werden.

Weiter ist auf die Bedeutung der Psychoanalyse und psychoanalytischer Einsichten hinzuweisen. Ich meine, daß nur die tiefenpsychologische Zurüstung hilft, die Emanzipation der Frau so durchzuführen, daß die Frau Gefühle und Ängste überwindet, die sich aus dem Kindheitsschicksal des Menschen ergeben, Gefühle und Ängste, die rational kaum zu überwinden sind. Ich bin mir allerdings bewußt, daß die psychoanalytischen Einsichten in meinen Darlegungen einen Stellenwert haben, der den Protest der Vertreterinnen heutiger, organisierter Frauenbefreiungsbewegungen herausfordert; im Rahmen dieser Bewegungen gibt es zunächst eine massive Freudkritik. Trotzdem vertrete ich die Meinung, daß, wenn auch Freuds spezielle Aussagen zum Problem des Weiblichen kritisierbar sind, den Intentionen Freuds eine emanzipatorische Haltung innewohnt[60]. Folgende Punkte scheinen mir wichtig: Freuds Theorie des Unbewußten ist in eine umfassende anthropologische Sprachtheorie einzuordnen, indem hier Heilung durch Sprache erfolgt; das Patient-Arzt-Verhältnis ist darin ein personales und dialogisches; die Übertragungsproblematik ist Konkretion dieses Verhältnisses[61]. Haltungen, die dieser Sicht entsprechen, können nur als Haltungen der Aufklärung und des emanzipatorischen Interesses bezeichnet werden. Das sich damit andeutende Menschenbild zeigt den Weg des Menschen als Aufbruch aus dem Machtbereich des Unbewußten, Irrealen und zwanghaft Gebundenen zum Ziel des reifen und freien Menschen.

Weiter ist hier Freuds Entdeckung der infantilen Sexualität zu nennen. Es wird darzulegen sein, daß herrschaftsmäßig beeinflußte Sozialisationsprozesse – vor allem auch der Frau – Stadien dieser Sexualität so formen, daß die Frau zur Angepaßten an Erwartungen der Gesellschaft und ihrer Institutionen wird. Indem es mit Einsichten der Psychoanalyse möglich wird, Triebeinschränkungen umzuformen und darin verfehlte Kindheitsentwicklungen der Sexualität zu korrigieren, zeigt sich als Ziel eine geglückte und reife Sexualität. Solch mündige Sexualität hat einen bedeutenden Stellenwert für ein mündiges, unabhängiges Menschsein.

In den schon angedeuteten Zusammenhängen geht es schließlich um Einsichten der Metapsychologie Freuds, im besonderen um die Bedeutung der sogenannten Über-Ich-Instanz. Das ist jene Instanz, in der Erziehungserwartungen von Familie, Gesellschaft und Institutionen verinnerlichte Gebote, Bilder und Symbole pflanzen, die den Menschen nicht reifen lassen. Die Überwindung dieser verinnerlichten Bindungen ruft große Schwierigkeiten auf dem Wege des jungen Menschen und besonders des Mädchens hervor. Wiederum deutet sich aber die Möglichkeit der Befreiung an, die zum Ziel eines mündigen Menschseins führt. Ich meine, daß auch in diesen knappen Aussagen ein erstes Mal angedeutet ist, wie Einsichten der Tiefenpsychologie Befreiungsideen unterstützen und also auch, wenn die entsprechende Denkbemühung unternommen wird, ein sinnvoller Zusammenhang zwischen Frauenemanzipation und Möglichkeiten der Tiefenpsychologie angenommen werden muß.

Frauenbefreiung und emanzipatorische Möglichkeiten der Kunst

Ich argumentiere im folgenden im Blick auf die Bereiche der bildnerischen Kunst und der Sprachproblematik der Literatur; grundsätzlich müßten aber alle Gebiete der Kunst – auch Theater, Film, Ballett, Musik – zur Sprache kommen. Es darf die These vertreten werden, daß der bildnerische Künstler in seinem Gestalten und der Schriftsteller in seinen Sprachexperimenten emanzipatorisch wirken. Gestaltungen der Sprache und optische Gestaltungen oder Materialprozesse vermögen – so müßte man im Sinne dieser These argumentieren – Sensibilisierungen einzuleiten, zu unterstützen oder sie zu hindern, wobei es im günstigen Fall zu Haltungen kommt, die bereit sind, Verhältnisse zu verändern und personale Identität und ein neues Rollenverhalten zu suchen. Im einzelnen: Gestaltete Sprache stellt Sprachklischees in Frage, Sprachverfremdungen wenden sich gegen eine heile Sprache einer schon vergangenen Welt, ironische Sprache verspottet Ideologien. Es entsteht in Sprachspielen, Sprachexperimenten, Sprachkonstruktionen eine neue Welt; solches Spielen, Experimentieren und Konstruieren ist real-utopisch und stellt bestehende Verhältnisse in Frage. Das bildnerische Gestalten fördert Sehprozesse, sensibilisiert haptische und sinnliche Möglichkeiten. Es fordert neue Bezüge zwischen dem Menschen und seiner Umwelt, es kritisiert heutiges Wohnen, heutiges Städteplanen usw. Die emanzipatorischen Möglichkeiten der Kunst sind als Beiträge zu einer emanzipierten Gesellschaft zu würdigen; gesellschaftliche Reaktionen gegen Kunst sind oft von antiemanzipatorischen Affekten getragen. Und damit geht es dann auch um den Brückenschlag zwischen Möglichkeiten der Kunst und Frauenemanzipation. Es gibt heute sinnvolle Versuche, Kunst und Literatur als Frauenkunst in den Dienst der Frauenbefreiung zu stellen. Dabei ergibt sich allerdings das Problem der Verhältnisbestimmung zwischen dem immanenten Kanon der Kunst, den immanenten und formalen Forderungen des Kunstwerkes und der gesellschaftlichen Aussage; Kunst, die sich in den Dienst einer Idee oder Ideologie stellt, besteht oft vor den immanenten und autonomen Gesetzen des künstlerischen Werkes nicht. Ich werde später auf diese Probleme zurückkommen. Grundsätzlich aber gilt: Emanzipatorische Möglichkeiten des künstlerischen Schaffens, Gestaltens und Spielens sollen in den Dienst der Frauenbefreiung gestellt werden[62].

Frauenbefreiung – Thema der Christen?

Das leitende Interesse, aus dem heraus alle folgenden Darlegungen geschrieben sind, ist mit von der Frage bestimmt: Leistet ein christliches, ein theologisches, ein kirchliches Denken emanzipatorische Beiträge? Beiträge, die die Frauenemanzipation unterstützen? Kann ein christliches, theologisches, ein kirchliches Denken und können christliche, theologische, kirchliche Haltungen und Praxis mit dazu beitragen, daß nichtrepressive Verhältnisse, daß ein mündiges Menschsein und, im besonderen, daß neue Möglichkeiten für die Frau entstehen? Kritische Beobachter werden wohl sofort sagen, daß sich das Christentum, daß sich Theologien und Kirchen eher repressiv auswirken, daß sie mit zu den stabilisierenden Elementen heutiger Gesellschaften gehören. Dieser Befund findet eine Unterstützung durch eine Umfrage in der Bundesrepublik Deutschland, nach der 1 Prozent der Frauen Hilfe von der Kirche für die Emanzipation erwarten, 50 Prozent der Frauen dagegen auf den Einfluß des Staates hoffen[63]. Elisabeth Moltmann weist auch auf das Faktum hin, daß es heute zwar in den USA eine christliche Frauenrechtsbewegung gebe, nicht aber in Mitteleuropa. Es deutet sich hier sofort ein Dilemma an. Einerseits darf das Christentum in seinen Ursprüngen wohl auch als Freiheitsbewegung angesprochen werden, wobei freilich eine undifferenzierte Analyse des christlichen Freiheitspotentials abzulehnen ist. Andererseits sind die Freiheitsimpulse der christlichen Botschaft im Verlauf der Kirchengeschichte weithin in den Untergrund verdrängt worden, und es hat sich das Christentum eher als stabilisierende Gesellschaftsmacht etabliert, wobei freilich auch hier eine undifferenzierte

Darstellung der Kirchengeschichte abzulehnen ist. Wie immer man Einzelheiten dieser Analysen der Ursprünge und der Kirchengeschichte bestimmt: ein Dilemma ist geblieben, das Christentum erweist sich nur teilweise als Freiheitsbewegung, und seine Einwirkungen auf die Gesellschaft sind ambivalent; dieses Dilemma zeigt sich auch in der Frage der christlichen Initiativen zur Frauenbefreiung[64]. Man wird vorwegnehmend sagen dürfen, daß das Christentum als Institution im Verlaufe der Jahrhunderte relativ wenig zur Befreiung der Frau beigetragen hat. Es hat im Gegenteil durch seine dualistischen Züge relativ stark dazu beigetragen, daß die Geschichte der Frau im Abendland weithin zu einer Ohnmachts- und Unglücksgeschichte wurde[65].

Wenn ich mich im folgenden auf emanzipatorische Stimmen beziehe, die heute ein stabilisierendes Christentum kritisch in Frage stellen, muß sofort darauf hingewiesen werden, daß diese Stimmen und die ihnen entsprechende Bewußtseinslage selten sind. Nach wie vor ist die Einstellung von Kirchen, Christen und Theologien in bezug auf die Probleme der Frau wenig sensibilisiert, und deshalb haben Initiativen zur Befreiung der Frau aus christlicher Motivation wenig Chancen[66].

Die wohl beeindruckendste Tradition von Appellen zur Befreiung der Frau aus christlicher Motivation findet sich in der ökumenischen Bewegung. Diese Tradition reicht zurück in die zwanziger Jahre dieses Jahrhunderts, und im Rahmen dieser Tradition erfolgten Appelle aller Weltkirchenkonferenzen, die seit 1948 stattfanden. Die Weltkirchenkonferenz von Amsterdam von 1948 hat auch eine Kommission zum Studium der Rolle der Frau in der Kirche geschaffen, eine Kommission, die von den folgenden Weltkirchenkonferenzen mit einer erweiterten Zielbestimmung ausgestattet wurde (über die Kooperation zwischen Männern und Frauen in Kirche und Gesellschaft; später: in Kirche, Familie und Gesellschaft). Mit der Konferenz von Uppsala von 1968 begannen wirksame Initiativen zur zahlenmäßig besseren Vertretung der Frauen in der ökumenischen Bewegung und in ihren Konferenzen. Und als neuer Wendepunkt muß wohl die 1974 vom Weltkirchenrat einberufene Berliner Konsultation »Sexism in the 1970's« bezeichnet werden; dort argumentierte man weithin mit dem feministischen Stichwort des Sexismus, und es wurde deutlich gemacht, daß und wie sehr hier Parallelprobleme zum Rassismus vorliegen[67]. Eine repräsentative Behandlung der Thematik stand in Accra mit der Sitzung der Kommission für »Glauben und Kirchenverfassung«[68] auf dem Programm. Hier wurden biblische Motive wie Schöpfung, Bund, Gerechtigkeit, Friede, Liebe, Christus usw. in ihrer Bedeutung zur Veränderung und Erneuerung der mann-weiblichen Beziehungen beschrieben. Ferner verwies man auf Sprachprobleme, indem beispielsweise das Wort Gott, in einem konventionell-geschlechtsspezifischen Sinn gebraucht, Unrechtssituationen gegenüber der Frau verstärke. Am Accra-Bericht knüpft dann ein Studienprojekt des Ökumenischen Rates der Kirchen an, das der 5. Vollversammlung des Ökumenischen Rates der Kirchen in Nairobi (1975) vorlag; es trägt den Titel »Die Gemeinschaft von Frauen und Männern in der Kirche«[69]. Die Vollversammlung von Nairobi hat in ihrer Sektion V: »Strukturen der Ungerechtigkeit und Kampf um Befreiung« dem Thema – zusammen mit dem Thema der Menschenrechte und des Rassismus – breiten Raum gegeben[70]. Die Vollversammlung betont unter anderem, daß Sexismus wie Rassismus Menschen zur »Unperson« mache, was von Christen nicht akzeptiert werden könne. Weiter fordert die Vollversammlung Untersuchungen zu Fragen der Sexualität aus theologischer Perspektive und die Ausmerzung sexistischer Begriffe. Ein weiteres Thema ist aufgegeben mit dem Stichwort der kulturellen Voraussetzungen und dem aktuellen Verständnis der Bibel zum Problem der Frau. Und schließlich fordert die Vollversammlung, die Erfahrungen der Theologinnen zu berücksichtigen[71].

Diese in manchem zu knappen Hinweise sollen wenigstens andeuten, daß im 20. Jahrhundert die ökumenische Bewegung und der Weltrat der Kirchen der Raum sind, wo ein sonst von Kirchen und Theologien vernachlässigtes Thema behandelt wird. Man wird freilich auch hier fragen müssen, wieweit sich die ökumenischen Appelle an der Basis der Gemeinden und Kirchen auswirken. Einmal mehr fällt einem das Auseinanderklaffen zwischen den Einsichten einer emanzipationsbewußten Minderheit und dem Schweigen der großen Mehrheit auf.

Eine gewisse Entsprechung zu den Bemühungen im Raume der ökumenischen Bewegung gibt es auch im Bereich der römisch-katholischen Kirche und Theologie. Ich nenne hier vor allem einen Text des Zweiten Vatikanischen Konzils. Hier wendet sich das Dokument »Gaudium et spes« (Pastoralkonstitution über die Kirche in der Welt von heute) gegen Diskriminierungen in den Grundrechten der Person, »...sei es wegen des Geschlechts oder der Rasse, der Farbe, der gesellschaftlichen Stellung, der Sprache oder der Religion ... Es ist eine beklagenswerte Tatsache, daß jene Grundrechte der Person noch immer nicht überall unverletzlich gelten; wenn man etwa der Frau das Recht der freien Wahl des Gatten und des Lebensstandes oder die gleiche Stufe der Bildungsmöglichkeit und Kultur, wie sie dem Mann zuerkannt wird, verweigert ...«[72] Einige katholische Theologen und Theologinnen versuchen, feministische Haltungen christlich zu motivieren. Von besonderer Wichtigkeit sind die Bücher von Mary Daly, einer Autorin, die sich aktiv in der amerikanischen Frauenbefreiungsbewegung betätigt[73]. Als Hindernis für eine Neuorientierung im katholischen Raum erweisen sich vor allem Stellungnahmen des Vatikans und Pauls VI. zu sexuellen Verhaltensweisen des heutigen Menschen und zur Frage der Abtreibung; diese Entscheidungen sind weithin repressiv, diskriminierend und wirklichkeitsfremd.

Ich breche die Hinweise ab. Grundsätzlich gilt: Das emanzipatorische Interesse könnte dann eine Unterstützung durch Christen erfahren, wenn christliche Haltungen sich wieder rückbeziehen auf das Freiheitspotential, das in den biblischen Zeugnissen enthalten ist. Dieses Freiheitspotential gilt es unter den Bedingungen unserer Zeit und unter den Bedingungen der heutigen Bewußtseinslage wiederzugewinnen.

Eine Schlußbemerkung. Es galt, in dieser Collage die Herausforderung darzustellen, die das Postulat der Gleichrangigkeit von Mann und Frau enthält. Dieses Postulat muß konkretisiert werden. In Verantwortung vor diesem Postulat müssen Räume gefunden und geschaffen werden, die der Frau den ihr gemäßen Weg in die Zukunft ermöglichen, so daß sie zur mit sich identischen Partnerin des Mannes wird. Darum müssen heute menschenrechtliche Sensibilisierungen gerade im Blick auf die Frau gefunden werden. Darum müssen Realutopien entwickelt werden, die eine humanere Welt entstehen lassen, in der Unrechts- und Entfremdungszustände abgebaut werden. Denn die Verantwortung vor dem Postulat der Gleichrangigkeit von Mann und Frau fordert Initiativen zur Befreiung der Frau!

2. KAPITEL

Die Antwort

Theologische Standortbestimmung

Gott in Geschichte, Welt und Zeit

Probleme einer antwortenden Theologie

In den neuen Aufbrüchen der Frauen, in ihren Versuchen zur Selbstfindung und Befreiung, aber auch in allgemeinen Humanproblemen, die das Weibliche heute stellt, sehe ich eine entscheidende Herausforderung an die Theologie und an das aktuelle Theologengespräch. An die Theologie und an das Gespräch der Theologen dann und dort, wo man weiß, daß Befreiungsbewegungen der Gegenwart die Theologie an ihre Befreiungsbotschaft, die ihr von der Bibel her als zentrales Thema aufgegeben ist, erinnert! Die Nötigung zu einer Problemverschränkung zwischen Befreiungsbewegungen der Gegenwart und dem biblischen Freiheitsmotiv ist im folgenden in einer knappen Standortbestimmung abzuklären. Mit anderen Worten: Ich versuche jetzt wissenschaftstheoretisch und unter den Bedingungen des aktuellen Theologengesprächs zu begründen, wie man säkulare Bewegungen als Frage an die Theologie bzw. wie man Theologie als Antwort auf säkulare Herausforderungen verstehen kann. Mein Interesse ist damit auch darin gegeben, Theologie als offenes System zu gestalten.

Standortbestimmung einer antwortenden Theologie! Ich beziehe mich hier mit gewissen Modifikationen auf Tillichs Methode der Korrelation, auf Aspekte zur Theorie des hermeneutischen Zirkels im Sinne von Gadamer und auf das Programm einer »Theologie des Genitivs«[1]. Antwortende Theologie bezieht sich fundamental auf die *Situation.* Sie versteht die Situation als Text, den sie in schöpferischen Deutungsversuchen zur Sprache bringt. Für eine antwortende Theologie hat die Situation Aufforderungscharakter. Antwortende Theologie versteht die Situation als Frage, die zu beantworten ist. Sie bezieht sich so auf Situationen, daß sie Vorurteile gegenüber den Situationen selbstkritisch abbaut. Situationen bilden für eine antwortende Theologie damit den Gesichtskreis, den Horizont und Spielraum, die dazu nötigen, den eigenen Gesichtskreis, Horizont und Spielraum zu erweitern. So wird Theologie dann zur dialogisch-offenen Theologie.

Der eben thematisierte Ansatz bezieht sich auf Tillichs Methode der Korrelation, indem Tillich »antwortende Theologie«

folgendermaßen definiert: »Sie antwortet auf Fragen, die die Situation stellt, und sie antwortet in der Macht der ewigen Botschaft und mit den begrifflichen Mitteln, die die Situation liefert, um deren Fragen es sich handelt.«[2] Und es geht dann nach Tillich darum: »...eine theologische Methode zu finden, bei der Botschaft und Situation auf eine solche Weise aufeinander bezogen sind, daß keine von beiden beeinträchtigt wird.« Tillich ist sich allerdings der Schwierigkeiten der von ihm gewählten Methode bewußt: »Zweifellos ist solch eine Methode kein Instrument, das willkürlich gehandhabt werden könnte. Sie ist weder ein Trick noch ein mechanischer Kunstgriff. Sie ist selbst eine theologische Aussage und wie alle theologischen Aussagen nur möglich mit Leidenschaft und Mut zum Wagnis.«[3]

Gadamers Theorie des Verstehens trägt zu dem hier getroffenen Ansatz folgendes bei: Einmal ist mit Gadamer Einsicht in den Entwurfscharakter des Verstehens zu gewinnen. Die Begegnung mit Text und Situation setzt auf einen Weg; Text und Situation erscheinen dabei dem Ausleger sowohl vertraut wie auch fremd; dieser Fremdheitscharakter ist auszuhalten und nicht etwa zu nivellieren. Auf dem Weg des Verstehens entsteht so ein erster Sinn. Dieser erste Sinn wird aber sofort überschritten, indem der Interpret einen umfassenden Horizont im Auge hat. Der Interpret geht mit Text und Situation schöpferisch um, beispielsweise indem er den Text und die Situation in neue Bezüge stellt oder indem er Horizontverschränkungen wagt[4]. Weiter ist mit Gadamers Analyse eine große Freiheit im Zirkel zwischen Text und Interpret, zwischen Situation und schöpferischer Deutung derselben angeboten; damit bekommt eine echte Sinnkommunikation zwischen Text und Situation einerseits und dem Interpreten andererseits ihre Chancen[5]. Und schließlich: Verstehen beruht nach Gadamer auch auf dem Abbau von Vorurteilen gegenüber Text und Situation. Verstehen ist deshalb auch ein Vorgang ständiger Selbstkorrektur. Verstehen ist ein Vorgang, der auch den Interpreten verändert; er wird in seinen Bemühungen offener, anders und tritt als Gewandelter aus dem Vorgang[6].

Chancen einer »Theologie des Genitivs«

Schließlich führt der hier getroffene Ansatz zu den Problemen einer »Theologie des Genitivs«. Eine »Theologie des Genitivs« vermag die Gottesfrage nur zu reflektieren in der Annahme, daß »Gott inmitten der Wirklichkeit« und unter den Bedingungen der säkularen Geschichte und des geschichtlichen Wandels und in keiner Weise mehr abgesondert in heiligen Räumen, Zeiten und Texten erfahrbar ist. Darum gestaltet sich solche Theologie in grundsätzlicher Offenheit zu geschichtlichen Erfahrungen und zu aktuellen Zuständen zum Beispiel als Theologie der Befreiung, Theologie der Revolution, Theologie der Hoffnung, Theologie des Spiels, politische Theologie. Das Problembewußtsein dieser Theologie kann auch folgendermaßen formuliert werden: In Bezügen heutiger Wirklichkeit werden »Anrufe Gottes« vernommen, und damit ist »Gott« dann Impuls der Hoffnung, Befreiung und Veränderung, oder es gibt im Hoffnungspotential der Menschheit, in Befreiungsbewegungen, im Entlassensein des Menschen aus Zwängen des Alltags und der Verhältnisse, im emanzipatorischen Denken und Handeln »Anrufe von Transzendenz« oder »Fremdprophetie«, die die Theologie an das ihr von der biblischen Botschaft her Aufgetragene erinnert.

»Theologie des Genitivs« hat weiter folgende Implikationen: Sie weiß, daß es heute nicht mehr eine Theologie, sondern nur Theologien und das pluralistische Theologengespräch gibt. Indem es eine Vielzahl von »Theologien des Genitivs« gibt, ist die pluralistische Voraussetzung, daß sich Theologen gegenseitig kritisch befragen, gegeben. Und: »Theologie des Genitivs« verarbeitet Erfahrungen, die mit theologischen Schlagworten wie »anthropologische Wende der Theologie«, »nachtheistische Epoche«, »Grundlagenkrise der Theologie«, »Tod Gottes« gegeben sind. Die eben genannten Schlagworte deuten – auch wenn sie nicht immer auf der gleichen Ebene liegen – die Verunsicherung der Theologie gegenüber ihrem traditionellen Hauptthema, gegenüber der Gottesfrage, an. Die Verunsicherung ruft im Rahmen des heutigen Theologengesprächs nach einer immer stärkeren Differenzierung der Hermeneutik und der wissenschaftstheoretischen Einordnung der Theologie. Die Verunsicherung ruft auch nach einer Berücksichtigung der Religionskritik im Sinne von Marx, Nietzsche und Freud, wobei diese Berücksichtigung nicht eine Eliminierung der Gottesproblematik bedeutet, sondern eine Sensibilisierung: Jenseits der Kritik der traditionellen Gottesbilder soll eine reife Gottesvorstellung entstehen. Diese Differenzierungen und Sensibilisierungen durch die Anwendung von Religionskritik oder Ideologiekritik im Bereich der Gottesproblematik intendieren eine Vermittlung der Gottesfrage unter den Bedingungen unserer Zeit und der heutigen Bewußtseinslage.

Das zu Tillich, Gadamer und einer »Theologie des Genitivs« Gesagte mag als knappe Beschreibung des Fundamentalaspektes meines theologischen Ansatzes genügen. Es sei nur noch darauf hingewiesen, daß mein Interesse an einer »offenen Theologie« auch mit anderen theologischen Programmen wahrgenommen werden könnte. Ich beziehe mich hier noch auf eine Debatte der evangelischen Sozialethik, die als Resultat einen wichtigen fundamental-theologischen Aspekt enthält. In dieser Debatte wurde die Redeweise vom Gegenüber von Kirche und Welt, Theologie und Gesellschaft, Theologie und Anthropologie kritisch zersetzt. Die Redeweise suggeriert die Vorstellung, die Kirche wolle die Welt erobern, missionieren oder christianisieren, bzw. die Theologie erhebe nach wie vor einen gewissermaßen hierarchischen Anspruch auf ihr Gegenüber. Diese ideologieverdächtige Redeweise wäre jetzt abzulösen vom »In-Sein« der Kirche in der Welt und also vom »In-Sein« der Theologie im Gefüge der Humanismen. Theologien stehen mit anderen Partnern innerhalb eines umfassenden Wirklichkeitsfeldes und beteiligen sich an dessen Erhellung und praktischer Bewältigung; es geht um die Erarbeitung von kritischen Theorien im Rahmen eines umfassenden sozialen und gesellschaftlichen Feldes[7].

Schließlich wäre nun noch anzudeuten, daß die oben skizzierte Entscheidung, Theologie als Antwort auf Herausforderungen der Situation zu gestalten, bestimmte Gegenpositionen grundsätzlich ausschließt. Ich nenne hier etwa eine »theistische Theologie« oder eine objektivierende Theologie des Wortes Gottes. Dagegen scheint es mir möglich, eine trinitarische Theologie mit dem von mir vertretenen Ansatz zu verbinden. Dazu nur eine Andeutung. Wenn das trinitarische Denken im Rahmen des heutigen Theologengesprächs mit Formeln wie »Gottes Sein ist im Werden«[8] oder »Gott in der Geschichte« oder »Offenbarung als indirekte Selbstbekundung Gottes in der Geschichte«[9] abgedeckt werden kann, sind Bezüge zu einer »antwortenden Theologie« möglich. Das trinitarische Denken ist dann grundsätzlich auf Geschichte, Situation und Zeit hin geöffnet, Gott ist dann »inmitten der Wirklichkeit« erfahrbar. Ich bin mir allerdings darüber im klaren, daß die eben gegebenen Formeln zum trinitarischen Denken einmal mehr hermeneutische und einmal universalgeschichtliche Hintergründe haben und so nicht problemlos zur Deckung zu bringen sind. Trotzdem signalisieren sie meines Erachtens die Möglichkeit, die trinitarische Gottesvorstellung grundsätzlich auf das Gegenüber der Geschichte, Welt und Zeit hin zu öffnen, und eben diese Offenheit ist mir wichtig.

Ich schließe damit diese fundamentale Standortbestimmung ab und schildere drei Konsequenzen, die ich vorweg formuliere. »Antwortende Theologie« gestaltet sich im Vollzug dialogisch, kairologisch und anthropologisch.

Theologie als Dialog[10]

Bis heute erweist sich der Dialog als hervorragendes Instrument zur Bewältigung aktueller Probleme. Im Dialog treten sich Partner gegenüber, die um ein grundsätzliches Aufeinanderangewiesensein zur Wahrheitsfindung wissen. In dieser Solidarität entsteht eine Anwaltschaft des einen für den anderen; man kann auch erkenntnistheoretisch in keiner Weise mehr von einem Bild oder gar einer Karikatur seines Gegenübers ausgehen, sondern immer nur konsequent von dessen Selbstverständnis, das man sich in einer offenen und geduldigen Denkbemühung anzueignen versucht. Wahrheit liegt damit grundsätzlich in der Begegnung. Der Dialog gestaltet sich im Wissen um ein »Zwischen«, das eine existentielle und noetische Bedeutung hat. Unter den Bedingungen des »Zwischen« kommt es zu einem Weg von Partnern im Sinne einer gemeinsamen Geschichte. Das »Zwischen« konkretisiert sich als Sprache in Abgrenzung vom Gerede und in Haltungen der Offenheit, Redlichkeit, Toleranz und Liebe.

Sprache wäre hier zu verstehen und zu handhaben als sensibles und differenziertes Instrument, etwa in ihrer Frage- und Antwortstruktur, oder indem Sprache wirkliche Wirklichkeit signalisiert, oder indem es sich erweist, daß echte Sprache Instrumentalisierungen und Ideologisierungen nicht erträgt, indem sie überall dort, wo echte Sprachprozesse entstehen, Klischees, Leerformeln, Gerede, Verführung und Verzauberung zerstört.

Und dann die Haltungen des Dialogs. Solche Haltungen verzichten auf Zwang, auf den Vorrang des Taktischen, auf listige Verschleierungen. Der Dialog bekennt sich zu intellektueller Redlichkeit und Kritik und das nicht im Sinne eines bloß wissenschaftstheoretischen Programms, sondern durchaus mit Zielvorstellungen der Aufklärung, Emanzipation und Freiheit. In dem allem hinterlassen durchgeführte Dialoge nicht Sieger und Besiegte, sondern Veränderte. Und: Dialoge finden unter den Erfahrungen des Pluralismus der Positionen und Stimmen und Wege statt, wobei der weltanschauliche »Standort«, der sich als »Gehäuse« verfestigt, immer wieder aufgebrochen wird. So steht der Dialog gegen regressive und konservative Verfestigungen. Er weiß – psychologisch argumentiert – um falsche Über-Ich-Strukturen und gibt diese zugunsten des reifenden Ich auf.

Heute muß abgrenzend betont werden, daß der Dialog nicht einen unverbindlichen Dialogismus meint. Mit dem »Zwischen« von Partnern ist immer auch Distanz und Freiheit gesetzt. Partner verfügen in keiner Weise übereinander, sondern lassen sich auf dem gemeinsamen Weg gegenseitig frei und tragen bei zur Selbstwerdung. Darum wird in der Begegnung immer auch die »Fremdheit« des Gegenübers sichtbar; Buber spricht mit Recht vom »widerständigen Du«. Darum gibt das Ich auf seinem Wege mit dem Du seine Identität nicht auf, es geht im Gegenüber nicht auf, sondern es sucht und erhält sich seine Identität. Auf der Ebene des Noetischen bedeutet das, daß es das ihm »Unaufgebbare« betont, und so erhält der Dialog dann seine Härte bzw. harte Phasen.

Ein Letztes: Heute ist die Dimension des Dialogischen auch insofern neu zu gewinnen, als es nicht nur um das personale Gegenüber von »Ich« und »Du« geht. Heute geht es vordringlich um das Gegenüber von Gruppen, Positionen, Haltungen, auch Institutionen. Hier wäre die Dimension des »Es«, die Buber negativ qualifiziert, neu und positiv zu interpretieren: Die Ich-Du-Begegnung und die Begegnung von Gruppen, Positionen und Haltungen geschieht unter den Bedingungen des »Es«, also des »In-der-Welt-Seins« und der Sachbezüge. Weder die Welt der Technik noch die der Institutionen ist zum vornherein negativ zu qualifizieren; sie ist auch nicht damit bewältigt, daß man sie ins Personale hinüberführt[11].

Theologie als Deutung der Zeit

Die zweite Umschreibung: Theologie als Kairologie[12]. Als Kairologie orientiert sich Theologie strikt an den Bedingungen der Zeit, des einmal erreichten Zeitpunktes, der Epochen, der Evolution, der Zeitbrüche und Umbrüche. Es geht dabei zuerst um die sachgemäße Analyse der Gegenwartssituation, wobei vor allem ihr Wandlungscharakter beachtet wird. Mit anderen Worten: Es soll unsere Situation, unsere Zeit und Welt zur Sprache gebracht werden. In einer schöpferischen Deutung soll dann solchen Analysen der Ruf der Stunde entnommen werden. Situationen und Zeit haben in diesem Sinn Aufforderungscharakter. Situation und Zeit erscheinen in einer Fragestruktur, die der Antwort und Entsprechung bedarf; Kairos ist ja der herausfordernde und zur Entscheidung aufrufende Zeitpunkt.

Kairologie kann nur sachgemäß betrieben werden, wenn sie sich am Problem der Historie, der Geschichtsdeutung, der Krise des Historismus, dem Verständnis von Geschichte als Anruf orientiert. Denker der Geschichte und der Zukunft wie Marx, Bloch, Teilhard de Chardin usw. sind für die Kairologie wichtig. Kairologie findet weiter ihre Sachgemäßheit, indem sie sich unter den Bedingungen des heutigen Wirklichkeitsverständnisses gestaltet; das Wirklichkeitsverständis der Neuzeit ist methodisch und sachlich davon bestimmt, daß es Dualismen zwischen Diesseits und Jenseits, zwischen profanen und sakralen Räumen nicht gibt, es ist bestimmt vom Geschichtsdenken und vom Prinzip der Vernunft. Kairologie findet weiter ihre Sachgemäßheit im Anschluß an heutige Ideologiekritik, und sie beachtet Analysen von künstlerischen Gestaltungen ebenso wie Ergebnisse empirischer Forschungen.

Theologisch werden heute Bemühungen um eine kairologische Orientierung unterstützt, indem beispielsweise die Säkularisierungsthese von Gogarten die Legitimität der Neuzeit theologisch darlegt[13]. Für Gogarten ist der Säkularisierungsprozeß in den Ursprüngen der christlichen Botschaft angelegt, und Gogarten versteht die Rechtfertigung des Menschen als Einsetzung des Menschen in die mündige Sohnschaft vor Gott mit dem Auftrag der Weltgestaltung. Damit ist nach Gogarten die Wendung von der mythischen zur geschichtlichen Welt und zur geschichtlich zu verantwortenden Weltgestaltung gegeben: ein irreversibler Prozeß, der in seinen Aufbrüchen nach vorn positiv zu deuten ist.

Theologie als Wissenschaft vom Menschen

Die dritte Umschreibung: Theologie als Anthropologie. Das mit dieser Thematisierung Gemeinte müßte präziser lauten: Theologie, betrieben unter den Bedingungen der anthropologischen Wende.

Theologie der Neuzeit verarbeitet grundsätzliche Wandlungssituationen, die mit dem Schlagwort »anthropologische Wende« thematisiert werden. Es ist zunächst an die Erschütterungen zu erinnern, die das neuzeitliche Weltbild mit sich brachte: Es gab hier den kopernikanischen, den kantianischen, den darwinistischen, den tiefenpsychologischen, den kernphysikalischen Schock[14]. Die Philosophie spricht vom anthropologischen Neuansatz mit Descartes. Weiter spielen Überlegungen zur ersten und zweiten Aufklärung eine Rolle. Hier überall geht es um irreversible Prozesse, hinter die auch die Theologie nicht zurückgehen könnte, wenn immer sie heute noch glaubwürdig betrieben werden soll.

Die Verarbeitung dieser Wandlungssituationen bedingt einerseits eine theologische Grundlagenkrise; diese findet ihren schärfsten Ausdruck in der Erfahrung vom »Tode Gottes« als Erfahrung der Neuzeit. Mit dieser Erfahrung wird Theologie zunehmend desillusioniert und gegenüber ihrem zentralen Thema, gegenüber der Gottesfrage, verunsichert. Die Desillusionierung und Verunsicherung wird durch die Religionskritik im Sinne von Marx, Nietzsche und Freud verstärkt; teilweise entschließt sich die Theologie, Argumente der Religionskritik aufzunehmen und nun ihrerseits Religionskritik zu betreiben. Die Grundlagenkrise führt schließlich zu theologischen Positionen, wo im Wissen um die »Abwesenheit Gottes«, um »Gottesfinsternis«, um den »Tod Gottes« Theologie als Anthropologie betrieben wird; auf Grund der Erfahrungen der Neuzeit weiß man um die Wirklichkeit des Absurden, zugleich formuliert man dennoch Beiträge zur menschlichen Existenzdeutung und Existenzbewältigung. Andererseits: Solch desillusionierte Theologie tritt mit eigenen Beiträgen in das Gespräch der Humanismen ein. Sie ist nun ihrerseits Anwalt eines emanzipatorischen Denkens, sie versucht Menschen zu einer höheren Reife und einer neuen Bewußtseinslage zu führen, sie trägt bei zu menschlicher Identitätsfindung, sie gestaltet sich in gesellschaftlichen Beiträgen ideologiekritisch[15], sie trägt bei zum Abbau von Vorurteilen und Feindbildern, sie deckt Entfremdungszusammenhänge auf, und sie gestaltet Realutopien einer neuen, humaneren Welt.

Theologie als Anthropologie gestaltet sich in den skizzierten Zusammenhängen als Angebot eines neuen Humanismus. Im Wissen um die anthropologische Wende verzichtet allerdings solche Theologie auf falsche Absolutheitsansprüche. Sie bringt ihre Beiträge im Gespräch der verschiedenen Humanismen ein und rechnet nur mit einer Durchschlagskraft ihrer Argumente, sofern sie sich in diesem Gespräch ausweisen und soweit sie überzeugen. Sie könnte damit ihren Anspruch als diakonisch bezeichnen[16]; der Anspruch ist soweit und dann legitimiert, wenn er sich im Gespräch der Humanismen als Hilfe, als Weiterführung ausweist. In dem allem gestaltet sich Theologie jedenfalls als offenes System.

Es ging um eine Standortbestimmung zu einer heute möglichen, antwortenden Theologie. Solch antwortende Theologie nimmt nun die Herausforderungen, die in den aktuellen Befreiungsbewegungen der Frauen und in der Selbstbesinnung und Selbstfindung der Frauen liegen, auf und versucht ihnen theologisch zu entsprechen. Theologie soll damit nicht mehr an feministischen Herausforderungen vorbei betrieben werden. Theologie versucht im Gegenteil, diesen Herausforderungen eine Sprachgestalt zu verschaffen, die den Christen angeht und ihn zum Engagement auffordert. Und für diese Theologie sollen im folgenden Studien vorgelegt werden. Diese Studien arbeiten einmal die Bezüge zwischen Gottesfrage, Erlösung als Befreiung und Angebot eines neuen Seins, christlicher Hoffnungsbotschaft *und Feminismus* auf. Die Studien haben dann aber auch einen Praxisbezug, indem sie den Christen motivieren, sich für die Menschenrechte der Frau gesellschaftlich zu engagieren[17].

Freiheit des Christen

Auf säkulare Freiheitsbewegungen »christlich« antworten

Gibt es unter den Bedingungen einer korrelativen, dialogischen, anthropologischen Theologie noch eine unverwechselbar christliche Antwort auf säkulare Herausforderungen? Was heißt es, im Rahmen der Angebote heutiger Humanismen eine christliche Antwort zu geben? Die oben getroffene Standortbestimmung erweckt bei Kritikern leicht den Vorwurf, Theologie sei in ihrem Versuch, heute relevant zu werden, zum »bloßen Humanismus« geworden.

Jürgen Moltmann weist mit Recht darauf hin, daß die Anstrengung, heute theologisch relevant zu werden, unausweichlich der Problematik ausliefert, die Identität mit den Ursprüngen der Botschaft zu verlieren: »Relevanzkrise und Identitätskrise hängen komplementär zusammen... Wo Identität gefunden wird, wird Relevanz fraglich. Wo Relevanz erreicht wird, wird Identität fraglich...«[18] Damit ist die Problematik gegeben, wie das der christlichen Theologie von ihrer Botschaft her »Unaufgebbare« zu bestimmen ist, damit sie im anthropologischen Gespräch der Gegenwart eine eigene, unverwechselbare Aussage zu machen hat. Ich habe auch in den Bestimmungen des Dialogs darauf hingewiesen, daß zum echten Dialog – im Gegensatz zum Dialogismus – eine eigene, unverwechselbare Aussage formuliert werden muß, die mit ihrer »Fremdheit« dazu beiträgt, daß sich Partner auf eine Wahrheitsfindung, die »vorn« liegt und unabgeschlossen ist, einlassen. Auch Moltmann sagt: »Nur wer den Mut findet, anders zu sein als andere, kann schließlich für ›andere‹ da sein...«[19] Also: In der Solidarisierung mit andern, in der Begegnung mit andern muß auch um des »andern« willen eine bestimmte Nichtidentität und Differenz durchgehalten werden. Wenn heute im Raume der Theologie eine Anstrengung des Argumentierens unternommen wird, die zu einer neuen, anthropologischen Relevanz der Theologie führen soll, dann darf diese Anstrengung den Mut zur Nichtidentität und Differenz, den Mut zur eigenen Aussage nicht verdecken.

Der Mut zur Nichtidentität und zur eigenen Aussage besteht zunächst in der Gelassenheit, weiter an der nie abbrechenden theologischen Bemühung zu arbeiten, das »Ursprüngliche« und die »Mitte« der Botschaft zu bestimmen und dieses hermeneutisch zu bedenken, das heißt auf die Bedingungen unserer Zeit zu beziehen. Mit anderen Worten: Verstehen der ursprünglichen Botschaft meint bekanntlich nie nur ein subjektives Verhalten zu einer vorgegebenen Kunde, sondern bedeutet primär ein Sichhineinstellen in eine Wirkungsgeschichte, wobei es nicht nur zum Bedenken der vorgegebenen Kunde kommt, sondern auch zu einer Selbstkritik, um im Rahmen dieser Wirkungsgeschichte die richtige Fragestellung zu finden, und wobei schließlich auch die Applikation zum Moment des Verstehens wird[20].

Ich versuche im folgenden, einen Vorschlag zu machen, wie dieses »Unaufgebbare« heute formuliert werden könnte. Ich bemühe mich dabei um ein »Sprachspiel«, das im anthropologischen Gespräch eine Chance haben könnte. Mehr als ein Versuch und Modell kann freilich nicht gegeben werden, und als Versuch und Modell ist der Vorschlag, wenn er seine Zeit gehabt hat, auch wieder destruierbar. Um im Rahmen der Gegebenheiten dieser Untersuchung zu bleiben, knüpfe ich an einem Gedankenexperiment von Karl Rahner an, der Vorschläge zu einer Kurzformel des Glaubens formuliert hat, wobei ich aber die »Sprache« von Rahner nur gelegentlich benütze[21]. Mit Rahner gehe ich in drei Schritten vor.

Erstens: Theologie wagt es, im anthropologischen Gespräch über das »Woraufhin menschlicher Transzendenz« (Rahner) diese Fragestellung mit dem Wort »Gott« zu verbinden; damit wird ihr Gesprächsbeitrag unverwechselbar, herausfordernd, vielleicht »fremd«. Theologie wagt immer neu, sich in einem spannungsvollen Prozeß mit diesem Wort zu solidarisieren, und zwar auch dann, wenn sie um die sprachphilosophischen Probleme des Wortes weiß, oder dann, wenn sie um die Erfahrung der Neuzeit vom »Tode Gottes« weiß. Ihr Reden von »Gott« ist heute freilich insofern grundsätzlich anthropologisch orientiert, als damit eine Gotteserfahrung im Vollzug menschlicher Existenz, also eine Gotteserfahrung »inmitten der Wirklichkeit« und unter den Bedingungen der Geschichte gemeint ist. Es geht nicht um einen »Gott an sich«! Theologie hält die Voraussetzung für möglich, daß im Vollzug menschlicher Existenz die Entscheidung gefällt wird, daß »Gott« als Horizonterfahrung möglich ist, das heißt, daß es ein Existieren auf Gott hin und von Gott her gibt. Heutige Theologie rechnet freilich zugleich mit andern Erfahrungen, nämlich mit Erfahrungen und Entscheidungen, die nicht von dieser Möglichkeit geprägt sind, sondern im Gegenteil von der »Abwesenheit Gottes«, vom »Schweigen Gottes« und vom »Tode Gottes«. Die Möglichkeit, »Gott« als Horizonterfahrung in eine Existenz einzubringen, ist eine Möglichkeit unter andern.

Christliche Theologie ist nun mit den eben angesprochenen Voraussetzungen darin akzentuiert, daß sie die Möglichkeit des

Existierens auf Gott hin und von Gott her kategorial in einer Lehre von der Offenbarung gestaltet, wobei Offenbarung als Selbstmitteilung Gottes, ja als Dahingabe Gottes an den Menschen verstanden wird, der eine responsorische Existenz des Menschen entspricht. Christliche Theologie sieht diese Auffassung der Offenbarung modellhaft entwickelt in den Zeugnissen der Bibel. Hier erfolgt eine Selbstmitteilung Gottes im Raume der Geschichte Israels und im Geschick Jesu von Nazareth. Offenbarung ist insofern und im Unterschied zu »Offenbarungen« anderer Religionen strikt geschichtlich. Und sie setzt sich fort, indem das scheiternde Geschick Jesu paradoxerweise umschlägt in einen Neuanfang, in eine neue Geschichte der Kirche, des Heiligen Geistes, der offenen Zukunft und des Kommens des Reiches Gottes.

Zweitens: Theologie hält im anthropologischen Gespräch daran fest, daß der Mensch nur zu sich kommt, wenn er es wagt, dem andern zu begegnen. Das Ich wird am Du! Es gibt ein grundlegendes »Zwischen«, das existenz- und sinnstiftend ist; dieses »Zwischen« konkretisiert sich als Sprache, Liebe, »Geist«[22]. Theologie wagt es nun, im anthropologischen Gespräch auch diese Einsicht mit dem Wort »Gott« zu verbinden; gemeint ist »... Gott als Horizont, Garant und Radikalität solcher Liebe«[23]. Transzendenzerfahrung wäre das Für-andere-Dasein und das Von-andern-her-Existieren. Heutige Theologie rechnet freilich auch hier damit, daß es Ich-Du-Erfahrungen gibt, die um den Bezug zum Wort »Gott« nicht wissen oder die sich von diesem Bezug kritisch (religionskritisch! Marx! Nietzsche! Freud!) abgesetzt haben. Es gibt Erfahrungen vom »Tode Gottes«, die die Öffnung zum Nächsten ermöglichen. Die Möglichkeit, Anrufe »Gottes« im Du zu erfahren, ist eine Möglichkeit unter anderen.

Christliche Theologie nun nimmt die eben angesprochenen Voraussetzungen auf und akzentuiert sie. Sie interpretiert die Zeugnisse der Bibel, nach denen zunächst ein »ewiges Du« (Gott) erfahrbar ist in seiner Anrede an das Volk Israel; es gibt hier ein »Zwischen« zwischen Gott und dem Volk, das existenz- und sinnstiftend ist und das sich in der Rechtsgemeinschaft des Volkes und so auch in personalen Bezügen abbildet. Im Raum solcher Anrede entsteht auch das »Liebe deinen Nächsten wie dich selbst«. Und dann: Vom neutestamentlichen Urbild her wird die Formulierung möglich: »Das ›Für-andere-Dasein‹ Jesu ist die Transzendenzerfahrung.«[24] Es gibt für die christliche

Theologie das unaufgebbare Modell Jesu: Jesus solidarisiert sich mit den Außenseitern der Gesellschaft seiner Zeit, und sein Geschick vollendet sich in dieser Solidarisierung mit der Kreuzigung. Nachfolger Jesu, die Kirche als Bruderschaft, müßten solche Solidarisierungen unter gewandelten historischen Bedingungen nachvollziehen. Wiederum wäre solcher Solidarisierung als Transzendenzerfahrung zu interpretieren.

Drittens: Theologie übernimmt unaufgebbar die Anwaltschaft dafür, daß Geschichte, Zeit eine immer neu offene Dimension ist. Und sie wagt es auch hier, die Gottesproblematik einzubeziehen. Zeit ist nicht einfach unendliche Abfolge von Zeiten, sondern öffnet sich in eine echte Zukunft; es geht um die Zu-kunft Gottes, die der Zeit der »Abwesenheit Gottes« ein Ende bereitet. In diesem Sinn ist Zukunft existenz- und sinnstiftend. In diesem Sinn geht es um Zukunft als echte Alternative zu Erfahrungen der »Abwesenheit Gottes«, des »Schweigens Gottes«, des »Todes Gottes«. Heutige Theologie weiß freilich, daß menschliche Existenz zukunftsbezogen sein kann, daß sie echt utopisch und in Verantwortung vor der Zukunft gestaltet werden kann, ohne daß dafür die Gottesproblematik einzuführen wäre. Es gibt die Möglichkeit, vom Jenseits der Entfremdungen in der Gegenwart zu sprechen und entsprechende Haltungen zu realisieren, ohne daß Zukunft den Namen »Gott« bekommen muß. Die Möglichkeit, Gott als absolute Zukunft zu verstehen, ist eine Möglichkeit unter anderen.

Christliche Theologie nimmt das eben beschriebene Zukunftsverständnis, das sie ja weithin geschaffen hat, auf und akzentuiert es von den biblischen Zeugnissen her. Sie studiert das alttestamentliche Exodusmotiv, das von einem Gott spricht, der immer neu wieder aufbricht und einen Zustand vorn unter sein Verheißungswort stellt. Dieses Motiv schafft ein charakteristisches Unruheelement; Gott offenbart sich in der Geschichtsunruhe, während »die Götter« der Religionen naturhafte Ordnungen stabilisieren und überhöhen. Mit dem Exodusmotiv entsteht das biblisch-eschatologische Denken, also das Zeugnis vom Reiche jenseits der Entfremdung, vom Reich der Freude, des Friedens, des Lebens und der Gerechtigkeit. Neutestamentlich verkündigt Jesus das »Jetzt« dieses Reiches in seiner Person, wobei dann sein Scheitern hinüberführt zum »Prinzip Ostern«, das heißt zum Prinzip der Geschichte mit dem auf das Reich hin offenen Horizont. Das »Prinzip Ostern« stellt die Mächte des Todes, der Angst, der Zukunftslosigkeit grundsätzlich in Frage und schafft einen Menschentyp, der im Blick auf das Jenseits der Entfremdungszustände verantwortlich an der Humanisierung der Verhältnisse arbeitet (politische Ethik).

Soweit eine erste Umschreibung dessen, was für die theologische Position unaufgebbar ist; von diesem »Unaufgebbaren« aus nimmt sie ihr Engagement wahr. Zu betonen ist, daß ihr das »Unaufgebbare« nicht einfach als Formel zur Verfügung steht, sondern daß dieses in einem nie vollendeten Prozeß theologischer Wahrheitsfindung immer neu zu umschreiben ist.

Von der Freiheitsbotschaft der Bibel zur Theologie der Befreiung

Mit der Rückkoppelung der systematischen an die biblische Aussage ist vor allem auf folgende Spezifika aufmerksam zu machen: Israels Glaube beruht in dem Sinn auf Offenbarung, als hier Gott in Geschichtsereignissen handelt und »spricht« und sich somit grundsätzlich unterscheidet von »Göttern«, die natürliche Strukturen, etwa Zyklen vom Werden und Vergehen, überhöhen; Gott ist hier sofort personal und geschichtlich erlebbar. Die Geschichtstaten Gottes werden dann und daraufhin wieder »gläubig« interpretiert, etwa mit Kategorien wie »Namen Gottes«, »Bund«, »Erwählung«, »auserwähltes Volk – heiliges Land«, »Rechtsgemeinschaft«. Mit solchen Interpretationen sind die für Israel charakteristischen Zielvorstellungen gegeben, etwa die Ganzheitsvorstellung vom »Schalom« (unexakte Übersetzung »Friede«). Das Geschichtsdenken Israels enthält schon eine bestimmte Tendenz zur Entmythisierung und Entmagisierung. Der Mensch lebt in diesem Raum in einer »entgötterten Welt«, aber verantwortlich vor dem einen Gott. Das Menschenbild dieses Raumes ist primitiv, undualistisch. Eine Aufspaltung zwischen Glauben und Handeln gibt es nicht, weil Glaube sich als Gehorsam vor Gott und im Dienste des Volksgenossen gestaltet. Die für Israel so wichtige Größe des Gesetzes (»Thora«) ist ursprünglich Wegweisung durch Gott, sie regelt und gestaltet zugleich die Gemeinschaft. Sünde ist in dieser Glaubenshaltung Ungehorsam gegenüber Gott, aber zugleich auch soziale Kategorie: Störung der Gemeinschaftsstrukturen, Unrecht usw. Die sich dann ausbildende Vorstellung vom Retter und Heiland deutet auf eine Universalisierung der Botschaft. Indem der Retter als scheiternder Gottesknecht angekündigt wird, ist eine Solidarisierung der Heilandsfigur mit Kranken, Armen und Erniedrigten gegeben. Weiter ist für den alttestamentlichen Bereich auf die Wichtigkeit der sogenannten Weisheitsfrömmigkeit hinzuweisen. Hier erfolgt ein Aufbruch zur Anerkennung eines rationalen Erkenntniswillens und zur Anerkennung der relativen Eigenwertigkeit der Lebensgüter, ohne daß damit der Glaube an die Allmacht Gottes aufgegeben wäre. Haltungen der Weisheit stehen auch schon jenseits einer Gläubigkeit, die alles von Riten und sakralen Ordnungen und Überhöhungen umgeben sieht[25]. Schließlich ringt auch das Alte Testament schon mit dem Problem, daß gottwohlgefälliges Tun nicht den entsprechenden Lohn erhält, ja daß sich Gott dem Frommen entzieht. Die Figur des Hiob ist für dieses Problem besonders herausfordernd. Allerdings ist die Hiobproblematik darin nicht minder eindrucksvoll, daß Hiob gegen den sich entziehenden Gott an Gott als Rechtshelfer appelliert!

Im Zentrum der Evangelien steht dann zuerst der Bußruf Jesu und sein Aufruf zur Nachfolge, wobei Jesu Vollmacht getragen ist von seinem Wissen um die Nähe der entscheidenden Gottesstunde und die Nähe des Gottesreiches. Auffallend an der Gestalt Jesu, soweit sie historisch faßbar ist, ist dessen Solidarisierung mit den Armen, Unterdrückten und Außenseitern der Gesellschaft seiner Zeit. In dieser Solidarisierung liegt ein massives gesellschaftskritisches Moment. Mit der Botschaft Jesu ist eine Botschaft des Protestes und der gesellschaftlichen Unruhe gegeben. Ähnliche Implikationen hat die Stellung Jesu zum Gesetz; dieses wird teilweise anerkannt, teilweise radikalisiert (»Ich aber sage euch«), aber es gibt dann auch »um des Menschen willen« eine »Freiheit vom Gesetz«. Anthropologisch-ethisch wichtig ist weiter die Aussage Jesu (nach Matth. 25), nach der das Handeln oder Nichthandeln am Kranken, Fremden, Hungrigen, Gefangenen als Handeln am Christus verstanden wird; die Not des Menschen ist transparent auf die Gottesdimension hin. Die Solidarisierung Jesu mit den Außenseitern und seine Stellung zum Gesetz waren wohl die Hauptursachen für sein Endgeschick: für den Prozeß und die Kreuzigung. Die anthropologische Absurdität des Kreuzes erfuhr dann vom urchristlichen Zeugnis her eine »Aufhebung« in verschiedene Christologien. Besonders herausfordernd ist das Kreuzeskerygma dort, wo es den »Tod

Gottes« am Kreuz aussagt bzw. auffordert, die Gottheit im gottverlassenen Gekreuzigten zu begreifen[26]. Die Botschaft der Urgemeinde ist geprägt vom »Prinzip Ostern«. Eine bedeutsame Ausformung erfolgt durch den Apostel Paulus, für den die Gerechtigkeit Gottes die Gerechtmachung des Gottlosen bedeutet. Ethisch deutet sich hier die »Freiheit des Christen von allen« an, die aber polar zum »Dienst an allen« steht. Die paulinische Paränese zeigt denn auch die Dialektik eines Weltbezugs des Glaubens, der weder einfach der Welt konform wird noch sich aus der Welt zurückzieht. So gibt es eine Befreiung des Christen zum echten und zugleich kritischen Handeln in der Welt. Das »Prinzip Ostern« bedeutet für die christliche Botschaft sodann die durch Verheißung auf Zukunft geöffnete Wirklichkeit als Widerspruch zur faktischen Wirklichkeit; dieses Prinzip ist sowohl befreiend wie polemisch. Von ihm her entsteht ein Menschentypus, dem an schöpferischen Zeichen auf die Zukunft hin liegt, wobei diese Zukunft im Zeichen von Friede, Freude, Gerechtigkeit steht[27].

Diese in manchem wohl allzu knappen Hinweise auf die biblischen Bezüge sollen in ihrer Intention zeigen, daß die oben umschriebene Formulierung des »Unaufgebbaren« und also des »Christlichen« fundamental auf der Verbindung zwischen biblischen Zeugnissen und heutigen Aussagen beruht. Auch wenn Theologie im Dialog der Humanismen betrieben wird, ist für sie die Kontinuität zu den Ursprüngen unaufgebbar, und von den Ursprüngen her ist ihr Wort unverwechselbar und von der Überzeugung getragen, es sei das auch heute hilfreiche Wort.

Abschließend sei darauf hingewiesen, daß das aus der Bemühung um die biblischen Zeugnisse entstehende Programm meines Erachtens am besten als »Theologie der Befreiung« bezeichnet werden kann; die biblische Befreiungsbotschaft ruft nach einer »Theologie der Befreiung« unter den heutigen Bedingungen! Diese Theologie erfüllt das eingangs formulierte Postulat, es müsse zu einer Problemverschränkung zwischen der biblischen Befreiungsbotschaft und den säkularen Befreiungsbewegungen von heute kommen. – Es geht im folgenden darum, das Stichwort »Theologie der Befreiung« kurz zu kommentieren.

Vorweg ist zu betonen, daß mit dem Programm einer »Theologie der Befreiung« nicht eine Theologie kopiert werden soll, die heute in Südamerika eine bedeutende Rolle spielt.

»Theologie der Befreiung« ist in Südamerika in einer charakteristischen Weise auf die sozialen Zustände bezogen und versucht die Elends- und Unrechtsverhältnisse auch durch eine christlich-marxistische Kooperation zu verändern. Eine für uns relevante »Theologie der Befreiung« gestaltet sich unter den soziokulturellen Bedingungen abendländischer Traditionen. Das heißt unter anderem: Eine solche Theologie ist viel stärker theoriebedürftig als die südamerikanische »Theologie der Befreiung«, die in einer bestimmten Unmittelbarkeit zum Agieren in der Gesellschaft steht. Für uns geht es primär um ein emanzipatorisches Denken und Handeln, das von der Aufklärung und vom deutschen Idealismus mitgeprägt ist. Diese Prägung bedeutet auch Kritik an der eigenen Vergangenheit, etwa Kritik an bestimmten Auffassungen von Autorität, Macht und Herrschaft. Weiter orientiert sich ein so verstandenes emanzipatorisches Denken ideologiekritisch; hier empfehlen sich Verschränkungen von psychoanalytischen und institutionskritischen Methoden, etwa wenn es um die wichtige Problematik der menschlichen Sozialisation geht. Weiter ist das abendländische Denken unaufgebbar von einem bestimmten Verständnis von Evolution und Geschichte geprägt: Geschichte kann nicht mehr fatalistisch verstanden werden, sondern es ist der Mensch das handelnde Subjekt der Geschichte. Und ebenso wird Evolution als Prozeß verstanden, der die biologische Basis kulturell überformt, ja Evolution ist im Sinne von Teilhard de Chardin Personalisation und Humanisation der Erde. Geschichte und Evolution sind jedenfalls als nach vorn geöffnete Strukturen zu verstehen. Damit ist auch ein utopisches Denken gegeben; der Mensch hat (nach Musil) nicht nur einen »Wirklichkeitssinn«, sondern auch einen »Möglichkeitssinn«. Und schließlich: Befreiung unter den sozio-kulturellen Bedingungen Europas und der USA gestaltet sich auch in einem menschenrechtlichen Programm. Das menschenrechtliche Denken hat ursprünglich »um des Menschen willen« Machtanwendung beschränkt oder transparent gemacht und so kontrolliert und humanisiert. Weiter wird damit ein Gleichheitsprinzip vertreten, das beispielsweise allen Menschen gleiche Chancen des Berufes, der Bildung, der Informationsmöglichkeit usw. einräumt. Heute weiß man um die Bedrohungen des menschenrechtlichen Denkens sowohl durch den Faschismus wie auch durch Belastungen spätkapitalistischer Tendenzen[28]. Zugleich gibt es eine menschenrechtliche Sensibilisierung: Menschenrechte sollen nicht nur Individuen schützen und ihnen Selbstfindung ermöglichen, sondern auch Klassen oder Gruppen (Minderheiten! Frauen!).

Nachdem ich so die sozio-kulturellen Bedingungen einer »Theologie der Befreiung« skizziert habe, soll das Programm dieser Theologie mit einigen Formeln umschrieben werden. Ich meine, es sei der Fundamentalaspekt dieser Theologie mit einem Satz von Moltmann, dem ich mich anschließe, formuliert: »Erst eine freie Welt entspricht dem Gott der Freiheit wirklich. Solange sie noch nicht da ist, solange ist auch dieser Gott noch nicht zu seiner Ruhe gekommen, ist er in der Welt noch nicht zu seinem Recht und seiner Identität gelangt, ist er also mit der Welt noch auf dem Wege.«[29] Der Satz von Moltmann vermag in einer mich überzeugenden Weise die Gottesfrage mit der Nötigung, sich mit säkularen Befreiungsbewegungen zu solidarisieren, zu verbinden. Und damit gilt allgemein gesagt: Es gibt eine grundsätzliche Vermittlungsmöglichkeit biblischer Gottesaussagen mit Aussagen und Haltungen des heutigen emanzipatorischen Denkens und einer entsprechenden Praxis.

Natürlich müßte nun die These von Moltmann auf den ganzen Gestaltkreis dogmatischer Loci angewendet werden. Es müßte gezeigt werden, daß und inwiefern Soteriologie und damit Christologie, Pneumatologie und Eschatologie Erlösung und heute Befreiung bedeutet; diese theologischen Vollzüge sind zwar vom Ansatz her gegeben, sie können aber aus Raumgründen nicht ausgeführt werden. Ich verweise dafür auf Ausführungen von Gutiérrez[30]. Die These von Moltmann hat bedeutsame ekklesiologische und praktische Konsequenzen, und diese seien noch angedeutet: Kirchen müßten sich jetzt als herrschaftsfreie Räume gestalten, und sie müßten Orte der Zurüstung der Christen zu einem Handeln in Solidarität mit säkularen Freiheitsbewegungen der heutigen Welt sein. Für die Praxis entsteht allerdings hier eine spannungsvolle Problematik, die der Christ in konkreten Entscheidungen bewältigen muß. Einerseits stehen dem Christen, der sich gesellschaftlich engagiert, nur die strategischen Angebote heutiger Freiheitsbewegungen zur Verfügung; christliche Strategien gibt es ebensowenig wie christliche Lösungen, und solche Lösungen und Strategien wären sofort ideologieverdächtig. Andererseits: Die Solidarisierung der Christen mit heutigen Freiheitsbewegungen kann keine unkritische sein; Christen werden beispielsweise dann Haltungen der Antikritik wahrnehmen, wenn das Ziel von Freiheitsbewegungen in den Strategien verleugnet wird.

Das Programm einer »Theologie der Befreiung« ist abschließend auf die Probleme der heutigen Frauenbewegung zu beziehen. Hier ergeben sich theoretische und praktische Aspekte. Grundlegend ist jetzt jedenfalls die Aufgabe gestellt, daß sich Christen das Leitbild der Gleichrangigkeit der Geschlechter aneignen und dessen emanzipatorische Implikationen voll anerkennen. Man hätte sich dabei darüber Klarheit verschaffen sollen, daß damit nicht eine Nivellierung der Geschlechter gemeint ist, wohl aber ein Appell zur Solidarisierung der Geschlechter und zum gemeinsamen Weg in die Zukunft. In Verantwortung vor dem Leitbild der Gleichrangigkeit sollte jetzt Mut und Phantasie entwickelt werden, die jene Wege eröffnen, auf denen die Frau die ihr gemäße Zukunft finden kann. Es geht damit um ein umfassendes, menschenrechtliches Programm für die Frau[31].

Wenn sich die Christen für dieses Programm einsetzen, wird ihnen allerdings auch eine selbstkritische Rolle zugemutet: Sie müssen Traditionen, die die Frau in christlichen Lebensbereichen diskriminiert haben, durchschauen und kritisch abbauen. Es entsteht hier eine Kritik christlicher Vorurteile gegen die Frauen. Zugleich muß einmal mehr ein Christentum kritisiert werden, dem es nur um die Pflege innerer Werte geht; ein solch verinnerlichtes Christentum hat ja oft einem Dualismus gehuldigt, der Geist und Seele gegen den Leib stellte, der aber auch das Weibliche gegenüber dem Männlichen oder gegenüber dem Menschlichen abwertete. Ein so dualistisches Christentum hat sich dann oft als Garant patriarchalischer Ideologien und Herrschaftssysteme erwiesen.

Zur kritischen Aufgabe tritt dann die konstruktive. Die sich mit den Nöten der heutigen Frauen solidarisierenden Christen werden nun den konkreten Freiheitsweg heutiger Frauen begleiten. Diese Hinwendung zu den konkreten Problemen bedingt intensive Studien der ökonomischen Lage der Frauen, bedingt genaue Kenntnisse der lebensgeschichtlichen Basis von Frauen, dann der Sozialisationsvorgänge des Mädchens und der tiefenpsychologischen Aspekte des Weiblichen. Nur wer die Differenziertheit der Praxisfelder kennt, vermag zu einer sachlichen und wirklich hilfreichen Parteinahme zu gelangen, der dann auch bestimmte Strategien entsprechen müssen.

3. KAPITEL

Ich – Du – Begegnung

Zur Sexualethik

Neudefinition von Sexualität

Nichtrepressive Sexualität als Bedingung der Selbstfindung der Frau

Ein emanzipatorisches Denken, das sich von einer »Theologie der Befreiung« motiviert weiß, wird sich nur dann den aktuellen Problemen des Weiblichen zuwenden können, wenn zuvor grundlegende Abklärungen zu den mann-weiblichen Beziehungsproblemen unter den heutigen sozio-kulturellen Bedingungen erfolgt sind. Mit anderen Worten: Es geht zunächst darum, die Basisprobleme heutiger mann-weiblicher Lebensentwürfe zu kennen, um dann Beiträge zu den autonomen Wandlungssituationen der Frau zu formulieren. Und nun deutet heute vieles darauf hin, daß das konkret zunächst folgendes bedeutet: Wenn es nicht gelingt, Alternativen zum heutigen Sexualverhalten der Geschlechter in seinen Entfremdungsformen zu gestalten, wenn es nicht gelingt, Postulate einer nichtrepressiven Sexualität der Geschlechter zu realisieren, wird die Selbstfindung und Emanzipation der Frau keine Chance haben. Darum ergibt sich die Notwendigkeit, den Kapiteln zu den speziellen Problemen des Weiblichen eine Skizze zum Sexualverhalten und zur Sexualethik beider Geschlechter voranzuschicken. Mit diesem Ansatz ist auch auf ein bestimmtes, theologisches Argumentationsgefälle verzichtet: Es soll nicht der Weg von Idealen, Werten und Zielvorstellungen zur Wirklichkeit gegangen werden, weil dieser Weg oft illusionär Wirklichkeit verfehlt und den Menschen von heute dann nicht mehr anspricht. Es soll umgekehrt argumentiert werden, indem zuerst heutige Lebensbedingungen und lebensgeschichtliche Bezüge berücksichtigt und indem empirische Forschungen einbezogen werden. So kommen dann – so meine ich – Erfahrungen von Mann und Frau konkret zur Sprache!

Vertreter der »Neuen Moral«, der »Neuen Linken«, aber auch programmatische Frauenbücher kritisieren die Verbindung von kirchlichen Sexualnormen und Sexualvorstellungen mit Werten und gesellschaftlichen Zuständen einer Welt von gestern; diese Normen, Vorstellungen und Weisungen diskriminieren oft die Frau. Die Kritik der verschiedenen Stimmen deutet darauf hin oder weist nach, daß christliche und kirchliche Sexualethik kaum mehr anspricht und so die echte Entscheidungssituation nicht mehr zu schaffen vermag. Die Sexualethik begegnet denn auch, vor allem weil sie sich vor humanwissenschaftlichen Einsichten kaum mehr halten kann, scharfen ideologiekritischen Einwänden. Diese Einwände haben viele Varianten und eine Fülle von Ausformungen und Aspekten, die man teilweise auch kritisieren kann, sie sind aber in ihren Grundanliegen berechtigt. Man wird einem kritischen Vergleich der kirchlichen Sexualethik mit der heutigen Problemlage von F. W. Menne, der zu einer weithin negativen Beurteilung der kirchlichen Sexualethik kommt, zustimmen müssen[1]. Er sieht in christlichen Wertsystemen Theorien einer zusätzlichen Repression, weil diese Theorien nicht mehr funktional-problemlösend sind, sondern weil sie zusätzliche Probleme wie Schuldgefühle, Verdrängungen und Ängste schaffen. Er sieht in solchen Theorien Sicherungsideologien zur Stabilisierung bestehender Zustände. Er sieht in ihnen auch ein Pathos der Beherrschung, das leicht in einen Zirkel der Aggressivität gerät[2].

In den speziellen Vorstellungen der Kirchen zur Sexualität sieht Menne nach wie vor eine Intention, die nichtreproduktive, libidinöse Sexualität zu reglementieren und zu diskriminieren und reproduktiver Sexualität, die der Fortpflanzung und der Familie dient, einen qualitativen Vorrang zu geben. Dabei wird Sexualität primär biologisch bzw. biologistisch definiert. Man argumentiert auch von Gesetzen der »Natur« und des Natürlichen her und vernachlässigt dabei die sozio-kulturellen Bedingungen von Sexualität, denen eine humane Ausformung von Sexualität entspricht[3].

Sexualität als Kommunikation und Spiel

Die kritischen Anfragen der »Neuen Moral«, der »Neuen Linken« und der Frauenliteratur rufen für den jetzt zu besprechenden Problemkreis in erster Linie nach einer *neuen Definition* von Sexualität, einer Definition, die angesichts des heutigen Stimmengewirrs im Rahmen einer theologischen Sexualethik verantwortet werden kann. Diese Neudefinition müßte das spezielle Problem der Frau mit berücksichtigen.

Fünf Elemente einer Neudefinition von Sexualität scheinen

mir von grundlegender Wichtigkeit.

Erstens: Es ist strikte davon auszugehen, daß Sexualität und Sexualverhalten sozio-kulturell bedingt und beeinflußbar sind. Sexualverhalten ist demnach nicht »naturgegeben« und »naturbedingt« und untersteht so auch nicht einer natürlichen Gesetzlichkeit. Diese Betrachtung vergißt trotzdem nicht, daß es eine biologisch vorgegebene Triebwelt des Menschen gibt; diese Triebwelt ist aber plastisch, formbar und offen. Mit anderen Worten: »Der Mensch kann sich produktiv zu seiner Sexualität verhalten, ohne bestreiten zu müssen, daß es eine determinierende Grundstruktur der Geschlechtlichkeit gibt.«[4] Menschsein heißt: Formung und Überformung des »natürlich« Gegebenen; »Natur« wird hinübergeführt in Kultur.

In diesem Zusammenhang muß auf die grundlegende Bedeutung einer autonomen Sexualwissenschaft hingewiesen werden; diese Wissenschaft hat ihr Programm dahingehend definiert, daß sie Sexualität oder Sexualverhalten des Menschen in keiner Weise als Epiphänomen erforscht, sondern daß sie sich an immanenten Gesetzen von Sexualverhalten und sexueller Einstellung orientiert. Im Vollzug dieses Programms entstehen bedeutsame Untersuchungen, die sich in der Methode empirisch und soziologisch verstehen. Auch die Sexualethik kann an den Ergebnissen dieser jungen Sexualwissenschaft nicht vorbeigehen, wenn sie nicht den Wirklichkeitsbezug verlieren will[5].

Zweitens: Sexualität ist Konkretion der Ich-Du-Begegnung in der Dimension des Leibes, der Sinne, der Gefühle. Sexualität ist so auch »Sprache«, »Kommunikation«, »Erkenntnis« – aber immer in der Dimension des Leibes, der Sinne, der Gefühle. Sie ist schließlich auch Selbst- und Identitätsfindung, aber wieder in der ihr zukommenden Dimension.

Sexualität gestaltet sich so durchaus in einem *eigenen* Sinngehalt. Sexuelle Begegnung entspannt, macht glücklich, ist ein Abenteuer des Spiels und der Phantasie, macht bereit zu Leistungen usw. Die geglückte sexuelle Begegnung entläßt den Menschen als Gewandelten, Beglückten und Gereiften. Zugleich hat die Sexualität ihre aufregende Tiefendimension: Indem sie Sprache und Kommunikation ist, gestaltet sie sich zwischen Schrei und Schweigen, zwischen Symbolwirklichkeiten und Realität, zwischen Tag- und Nachtbildern. Zwischen diesen Polen hat sie ihre ekstatischen Möglichkeiten; hier steht sie gegen eine Welt der Zwänge und Zwecke. Freilich kann Sexualität in all diesen Aspekten auch pervertieren: durch Gewöhnung, durch Wirklichkeitsverlust, durch Mechanismen, durch Eindimensionalität, durch Verlust an seelischen Bezügen, durch Dienst an Interessen.

Drittens: Die Neudefinition der Sexualität wird im Dialog mit den Humanwissenschaften und im besonderen mit der Tiefenpsychologie zu finden sein. Hier ist sofort mit aller Deutlichkeit zu sagen, daß kompetent nur dann über Sexualität gesprochen werden kann, wenn das Phänomen der Kindheitssexualität die entsprechende Berücksichtigung findet. Die Sexualität des Kindes baut sich in verschiedenen Phasen aus einer ursprünglich narzißtisch-autoerotischen Geschlechtlichkeit auf, wobei der Narzißmus zugunsten einer ersten Hinwendung zu einem Gegenüber – zur Mutter – aufgegeben werden muß. Die geglückte Mutterbeziehung hat wichtige Folgen für die spätere Ich-Du-Beziehung, denn – so gilt es für das Kind in dieser Phase – nur wer geliebt wird, kann selber lieben. Weiter spielen in frühkindlichen Phasen die Partialtriebe eine wichtige Rolle, die in einem Entwicklungsprozeß dem Primat der Genitalität untergeordnet werden müssen, wenn die Kindheitssexualität gelingen soll. Auch damit wird über die spätere Sexualität entschieden: Falls die Organisation von Partialtrieben und Genitalität mißlingt, bleibt die spätere Sexualität unreif. Denn eine von Partialtrieben falsch beeinflußte Sexualität läßt die Partnerbeziehung nur schwer entstehen!

Diese Einsichten in die menschlichen Ursprünge machen einen anthropologisch-umfassenden Tatbestand deutlich: Die Gesamtentwicklung menschlicher Existenz verläuft in Korrelation zur Entwicklung der Sexualität. Geglückte sexuelle Entwicklung entscheidet grundlegend mit über die geglückte Entwicklung der ganzen Existenz!

Viertens: Wenn reife Sexualität in einem besonderen Sinn Ort der Begegnung und Kommunikation ist, ist damit immer neu das Postulat einer Humanisierung und Kultivierung von Sexualität gegeben. Humanisierung und Kultivierung ist zu verstehen als Spiel und Sprache der Sinne. In diesem Spiel und in dieser Sprache erfährt sich der Mensch als zur Freude, zur Lust, zur Farbigkeit und Festlichkeit des Lebens, zur Kreativität bestimmt.

Ich verdeutliche das Gemeinte an einigen Beispielen. Es ist zum Beispiel das Problem der Partialtriebe spielerisch zu bewältigen, um es in die Ganzheit einer reifen Sexualität einzubringen, zugleich aber sind von den Möglichkeiten der Partialtriebe her eben wirklich Spiele zu gestalten. Oder: Pubertätsprozesse zeigen, wie der Knabe in Masturbationsphantasien den Partner spielend einholt, wobei der Reifegrad für die wirkliche Begegnung mit »Fleisch und Blut« noch fehlt; diese Begegnung wird aber spielend und in einem Lernprozeß vorweggenommen. Das Mädchen übt sich in der Pubertät eher auf eine zukünftige Orgasmusfähigkeit ein; auch dazu ist das Spiel der Phantasie, das gefühlvolle Schwärmen vom Partner wichtig. Und weiter: In der nächsten Phase des Sexualverhaltens, im Petting, geht es dann um den verantwortungsvollen Übergang von der Eigenerfahrung zur Fremderfahrung; es muß hier unter anderem der Kontakt mit der Intim-Leiblichkeit des fremden Geschlechts hergestellt werden. Es ist sinnvoll, daß das in einem Spiel geschieht! Dabei ist das Ziel des Reifungsweges – der geglückte Koitus – noch nicht vorweggenommen, und er sollte ja auch nicht gewählt werden, wenn der entsprechende Reifungsgrad junger Menschen noch nicht gegeben ist. Masturbation und Petting sind übrigens auch mit einem wichtigen seelischen Problem junger Menschen zusammenzusehen: mit dem Gefühl der Isolierung und Einsamkeit. Gelingen die hier nötigen Spiele, bleibt der Mensch nicht in Isolationen fixiert! Schließlich: Das sachgemäße Bedenken der jugendlichen Reifung und ihrer Kultur fordert heute eine kritische Hinterfragung von Werten wie Keuschheit, Reinheit und Jungfräulichkeit. Ein autoritäres Anordnen solcher Werte kann den Weg der Reifung erschweren, es kann seelisch schädigen und krank machen.

Der Reifungsweg des Sexualverhaltens ist mit der erreichten Partnerschaftsbeziehung nicht abgeschlossen. Immer neu erhebt sich – jetzt für spätere Phasen menschlicher Existenz – das Postulat einer Kultivierung der Sinne, der Sinnlichkeit und des Sexualverhaltens. Angesichts der Instinktverunsicherung des Menschen und angesichts determinierender gesellschaftlicher Zwänge und Manipulationen ist diese Kultivierung eine nie abzubrechende Aufgabe jedes Menschen und in jeder Partnerschaft.

Fünftens: Schließlich ist der grundlegende Zusammenhang zwischen der Sexualität des einzelnen im Sinne der Ich-Du-Begegnung und den gesellschaftlichen Problemen zu sehen, und es sind die Konsequenzen dieses Zusammenhangs zu ziehen. Es wäre etwa zu bedenken, daß Androzentrik eine bestimmte Ge-

Ich interessiere mich besonders für Literatur zu diesen Themen:

- ☐ **Theologie**
- ☐ **Psychologie**
- ☐ **Pädagogik**
- ☐ **Glauben und Leben**
- ☐ **Bücher über Tod und Sterben**

50 Pfg.

An den
Kreuz Verlag
Erich Breitsohl GmbH & Co. KG
Postfach 80 06 69

7000 Stuttgart 80

staltung von Sexualität zur Folge hat. Die bloße Geschlechtszugehörigkeit verschafft dem Manne Vorteile und diskriminiert die Frau. Die Diskriminierung erfährt Verstärkungen durch Überhöhungen beispielsweise der Vaterfigur, also durch Vaterideologien, die die Frau zur »ewigen Tochter« und so unmündig machen. Oder: Zu bedenken ist auch, daß nichtgestaltete, rein »ablaufende« und abreagierende Sexualität eine Gefahr für den einzelnen und die Gesellschaft ist. Dort, wo man sich der Bemühung um sexuelle Kultur entzieht, dort entsteht eine Gefahr auch für die Gesellschaft. Wenn aber die Kirchen und ihre ethischen Weisungen Prüderie und Angst pflanzen, dann kann diese so wichtige Gestaltung nicht als Aufgabe gesehen werden! Oder: Es ist auch der Zirkel ideologiekritisch aufzulösen, in dem Sexualängste, die durch moralistische Auffassungen und Weisungen entstehen, einen Menschentyp des Geängstigten und Manipulierbaren schaffen, wo also eine »Schuldkultur« entsteht, die sich als Stütze bestimmter Mächte und Herrschaftssysteme erweist. Denn Menschen, denen eine geglückte Sexualität gelingt, werden wohl eher ein Engagement für Freiheitsräume auf sich nehmen. Sie können Kräfte zu einer kritischen, unkonformen Haltung entwickeln. In sexuellen Problemen Geängstigte dagegen werden sich immer eher herrschaftskonform orientieren. Und schließlich: Es gibt einen Zirkel zwischen unterdrückter, falscher, gehemmter, verdrängter Sexualentwicklung und Haltungen der Aggressivität und des Krieges.

In den eben beschriebenen Elementen einer neuen Definition zur Sexualität sind die Implikationen für die Probleme der Frau leicht zu erheben. Sie unterstünde nun nicht mehr bestimmten Rollenerwartungen, die unter dem Diktat der »Natur« oder des »Natürlichen« stehen. Sie übernimmt in Freiheit mit dem Manne die Verantwortung für eine form- und humanisierbare Sexualität, in der sich die Ich-Du-Begegnung und die Identitätsfindung spiegeln. Sie trägt das Ihre bei zum Prozeß der Reifung. Sie gestaltet eine sexuelle Kultur mit, und sie wird sensibilisiert für sexualpolitische und gesellschaftliche Zusammenhänge.

Der biblisch-theologische Hintergrund

Die Dualismen der Bibel

Es muß nun die Motivierung der neugefaßten Definition von Sexualität in einer biblisch-theologischen Verantwortung aufgewiesen werden. Das heißt für unseren Zusammenhang: Es gibt Implikationen der in der Bibel bezeugten Gott-Mensch-Begegnung in der Geschichte im Glauben Israels und im Geschick Jesu, die bis heute für eine ethische Theoriebildung hilfreich und brauchbar sind. Diese Implikationen sind so zu gewinnen, daß kritische Haltungen gegen Repressionen und Sicherungsideologien möglich sind, so daß die im vorigen Abschnitt von Menne zitierte Kritik an der kirchlichen und theologischen Sexualethik dann gegenstandslos würde.

Die Bibel enthält zur Thematik der Erotik zwei widersprüchliche Grundtendenzen. Es gibt einerseits zeitbedingte Aussagen zum Verhalten der Geschlechter und negative Äußerungen zur Sexualität, und es gibt andererseits eine positive Wertung des Eros. Der biblische Sachverhalt ist aber insofern noch komplexer, als die beiden Grundtendenzen sich oft genug nicht aus dem klaren Textbefund ergeben. Es gibt gerade für das Problem der Sexualität Texte mit einem latenten Sinn, Texte also, die durch Verdrängung und Zensur entstanden sind, Texte auch, die eine Wiederkehr des Verdrängten anzudeuten scheinen. Dem latenten Sinn von biblischen Texten ist eine schulmäßig betriebene Theologie und Hermeneutik nicht gewachsen. Dieser Sinn fordert eine psychoanalytische Schulung. Aber es ist zu sagen, daß die psychoanalytische Betrachtung noch kaum brauchbare exegetische Ergebnisse gezeitigt hat. Was vorliegt, ist sogenannte wilde Exegese, die zwar Denkanstöße vermittelt, aber ihre theologische Brauchbarkeit noch nicht ausgewiesen hat[6]. So kann hier eben nur an das Problem des latenten Sinnes von biblischen Zusammenhängen erinnert werden, das gerade für die Probleme der Sexualität eine besondere Bedeutung hat.

Der Rückgriff auf die Bibel ist einem hermeneutischen Programm verpflichtet, das insofern kritisch ist, als es zeitbedingte Aussagen der Texte interpretiert oder fallen läßt oder allenfalls in ihrer Wirkungsgeschichte ideologiekritisch auflöst. Auch die für die Sexualethik besonders interessante positive Würdigung des Eros wird nicht einfach für unsere heutigen Haltungen zur Norm gemacht. Auch sie muß – in hermeneutischer Verantwortung – auf unsere heutige Bewußtseinslage bezogen werden, das heißt, sie müßte der Gleichwertigkeit der Geschlechter heute, der Emanzipation der Frau, der Ich-Du-Begegnung, der Ich-Reifung usw. dienen.

Nun zu den biblischen Grundtendenzen[7]. Zuerst geht es um Motive und Aussagen, die patriarchalisch geprägt sind und die eine personale und positive Würdigung der Geschlechtlichkeit nicht ermöglichen.

Israel ist in der Gesellschaftsstruktur, in Normen und Werten, die das Verhalten der Geschlechter bestimmen, patriarchalisch und von einer Ordnung der Großfamilie geprägt. Die Frau ist dem Manne untergeordnet. In der sexuellen Begegnung ist sie des Mannes »Gefäß«. Wenn der Mann die Bedingungen einer Heirat mit Erstattung des Heiratsgeldes erfüllt, erhält er einen Rechtsanspruch auf die Frau; er ist jetzt ihr »Herr« und »Besitzer«. Allerdings ist sie nicht schrankenloser Willkür preisgegeben, sondern kann bestimmte Schutzvorrichtungen beanspruchen[8]. Mann und Frau sind in die übergeordnete Großfamilie eingeordnet; in ihr bekommt das Leben der Frau dann einen besonderen Sinn, wenn sie Mutter wird. Jetzt dient sie im Rahmen eines Stammesdenkens dem weitergehenden Leben.

Die eben skizzierte Gesellschaftsstruktur hat einen religiösen Überbau, der diese Struktur erhält und stabilisiert. Die Religion Israels ist wesentlich Männerreligion, auch wenn gelegentlich Frauen eine besondere Stellung einnehmen. Das Gottesbild der Religion ist männlich geprägt. Israels Glaubensreflexion stand in entscheidenden Phasen in harten Auseinandersetzungen mit der kanaanäischen Fruchtbarkeitsreligion, die die Exodusstruktur des Glaubens Israels bedrohte. In dieser Fruchtbarkeitsreligion wurden Gesetze des Werdens und Vergehens, des Lebens und des Todes mythisiert. Damit sind ganz bestimmte religionsphänomenologische Zusammenhänge gegeben, in denen das Weibliche eine hervorragende Rolle spielte. Es erscheint hier als Muttergottheit, als Fruchtbarkeitsgarant und als Liebesgöttin; kultische Entsprechungen sind sakrale Prostitution, orgastische Mysterien und die Vorstellung des »hieros gamos«. Zu diesen Zusammenhängen stand Israels Glaube in einem scharfen Gegensatz. Indem die Frau mit der eben skizzierten Religiosität zusammengehörte, erschien sie als »unrein« und »hurerisch«. Hier hatte die Scheu und die Angst des Mannes vor den Mächten des Eros einen bestimmten Anhaltspunkt.

Spätere Schichten des Alten Testaments, des Judentums (und auch des heterodoxen Judentums) und dann die Schriften von Qumran sind unter anderem unter dem Einfluß persischer Religiosität, die aber an bestimmte Voraussetzungen im Judentum anknüpfte, dualistisch bestimmt. In dem dort vorherrschenden Menschenbild wird ein »böser Trieb« mit einer Tendenz zur Begehrlichkeit und Unreinheit vorausgesetzt. Das Sündersein des Menschen und der »böse Trieb« stehen in einem bestimmenden Zusammenhang. Im Menschen spielt sich der Kampf der guten gegen die bösen Mächte ab; die Welt ist böse. Es entstehen Ratschläge, sich besser aus der Welt zurückzuziehen und sich mit Beten, Fasten und Askese zu reinigen und zu wappnen, um die Angriffe des Bösen zu bestehen. Eine zunehmende apokalyptische Stimmung impliziert, daß man den Körper verachtet und vernachlässigt; bald wird ja die neue Welt kommen! Im Rahmen dieses Menschenbildes und der ihm entsprechenden Vorstellungen vom Heil hat die Erotik wenig Chancen. Diese Feststellungen zum dualistischen Denken der Epoche sind insofern wichtig, als sie auch für die neutestamentliche Welt Geltung haben.

Zunächst ist wohl jedenfalls anzunehmen, daß Johannes der Täufer und sein Kreis von den eben geschilderten Voraussetzungen bestimmt sind. Ist Jesus selber hier einzuordnen? Da die historische Gestalt Jesu aus Gründen der literarischen Überlieferung (Formgeschichte) kaum mehr faßbar ist, kann diese Frage nur mit Vorbehalten beantwortet werden. Jedenfalls lebte Jesus in einer apokalyptischen Stimmung. Er war grundsätzlich motiviert vom Wissen um die heilsgeschichtliche Stunde und seine Sendung und Rolle in dieser Stunde. Elemente seiner Botschaft, die sich allenfalls auf unsere Thematik zu beziehen scheinen, sind alle intentional gemeint, das heißt bezogen auf den Einbruch der Gottesherrschaft. Mit anderen Worten: Weil die Gottesherrschaft unmittelbar bevorsteht, kann es nicht um eine normierende oder humanisierende Ethik gehen. In dieser Bestimmtheit Jesu beobachten wir darum ein unausgeglichenes Durcheinander von freiheitlichen Impulsen und Anknüpfungen an rigoristische Debatten mit asketischen Ratschlägen. Dieser Gegensatz ist aber »aufgehoben« in Jesu eschatologischer Botschaft und Bestimmtheit. Wenn ich im folgenden Impulse der Botschaft und der Haltung Jesu für eine »Ethik der Freiheit« geltend mache, so kann das nur mit dem Vorbehalt geschehen, daß wir von heutigen Überlegungen aus bestimmte »jesuanische Ansätze« aufnehmen, und zwar im Wissen darum, daß Jesus durchaus auch Aussagen gemacht hat, die wir heute fallenlassen. Ein »jesuanisches Programm« beruht weitgehend auf Auswahl des Kommentators!

Auch die Haltung des Paulus ist nicht eindeutig. Er steht in der Spannung der vorgegebenen Botschaft, die er erstmals theologisch reflektiert, und konkreten Realitäten etwa des Gemeindeaufbaus. Er verkündigt die Gleichheit von Mann und Frau vor Gott, wobei gegenüber alttestamentlichen Schichten diese Gleichheit eher als Mysterium verstanden wird. Er verkündigt die Auferstehung des Leibes, scheint aber vor den Implikationen dieser Botschaft für das Problem des Eros eher zurückzuschrecken (vgl. weiter unten das Stichwort »gebremster Enthusiasmus«). Als Seelsorger seiner Gemeinden entwickelt er paränetische Konsequenzen der Botschaft, die zwar für das Verhältnis der Gemeinde zu ihrer heidnischen Umgebung im Ansatz vorbildlich sind, die aber meines Erachtens die ethische Ausformung der Botschaft nur gebrochen durchführen. Das heißt also: Es geht jetzt um den Realitätsbezug der Botschaft, und zwar auch angesichts der ausbleibenden Parusie; aber damit entstehen auch schon erste Kompromisse! In diesem Horizont sind die asketischen Tendenzen des Paulus zu sehen, hier sind Maximen zu sehen, die zur sexuellen Enthaltung und Ehelosigkeit raten, hier ist wieder ein Menschenbild vorausgesetzt, das unter der Bestimmung steht, Lust und Begierde sei die offene Türe des Bösen. In manchem scheint Paulus auch mit enthusiastischen Möglichkeiten konfrontiert, die sich ebenfalls auf die ursprüngliche Jesusbotschaft beziehen. Hier erweist sich Paulus vielleicht als »gebremster Enthusiast«; er ist im Unterschied zu seinen Gegnern nicht bereit, ein bestimmtes Realitätsprinzip aufzugeben. So kommt es dann zu Äußerungen, die für uns heute widersprüchlich sind. Er gibt den Bereich der Speisen frei, nicht aber den erotischen Bereich. Er nimmt das vielleicht von den Gegnern geprägte »alles ist erlaubt« auf, schränkt es aber sofort stark ein. Die Ehe erscheint bei Paulus eher als Konzession. Neben seinem Versuch, ein Realitätsprinzip durchzuhalten, ist zugleich eine »ideologisierende Tendenz« mit im Spiel; so kann beispielsweise die Askese auch christologisch begründet werden. Biblisch-theologisch wird man freilich Paulus nicht einfach als Vertreter eines neuen Gesetzes im Gegensatz zum Enthusiasmus sehen dürfen; auf der von ihm vertretenen theologischen Reflexionsstufe ist vielmehr schon die Unterscheidung zwischen Botschaft und paränetischer Maxime möglich.

Schließlich ein Wort zu andern urchristlichen Zusammenhängen. In bestimmten Kreisen muß die Vorstellung vom Christus-Bräutigam, die zahlreiche Implikationen für die spätere christliche Auffassung hatte, bald eine größere Rolle gespielt haben. Die Syzygie zwischen Christus und der Kirche hat sich auf das Problem von Mann und Frau unter anderem auch in einer Stärkung des patriarchalischen Vorrangs ausgewirkt (vgl. Eph. 5, 22ff.). Im sich herausbildenden »Frühkatholizismus«, der natürlich ein sehr schwieriges historisches Problem ist, kam es dann wieder zu Vorstellungen der »heiligen Kultgemeinde«, die sich vor sexueller Befleckung hüten muß. In dem allem wäre ja wohl schon ein Weg der Repression bestritten[9].

Soviel zu den biblischen Zusammenhängen, die für uns heute im Zeichen einer negativen Qualifizierung von Erotik stehen. Aus ihnen entsteht in der Symbiose mit andern Einflüssen eine ganz bestimmte Wirkungsgeschichte. Friedrich Heer spricht von einer Religion der Geschlechtsangst[10]. Bailey bringt dazu eine Fülle von Belegen aus der Kirchengeschichte[11]. Keil zeigt den Zusammenhang mit gesellschaftlichen Problemen der Wirkungsgeschichte etwa im Übergang von der vorindustriellen zur industriellen Epoche[12].

Ja zum Eros – auch eine Tendenz der Bibel

Gibt es auch biblische Aspekte, die eine positive Würdigung der Erotik ermöglichen? Hier wäre einzusetzen mit Hinweisen auf den undualistischen Charakter der älteren Teile des Alten Testaments. Der Jahweglaube vermochte ursprünglich das Diesseits und die Sinnenwelt weithin unter positiven Zeichen zu sehen. Der alttestamentliche Schöpfungsglaube wertet das Diesseits, den Leib und die erotische Begegnung auf. Die spezifisch alttestamentliche »Entmythologisierung« vermag der kultischen, rituellen und mythologischen Umklammerung Sinnenbereiche zu entreißen. Jahwe als der Geber der guten Gaben schenkt dann auch die Freuden des Diesseits und der Lust. Die Wertung der Ehe ist eine positive und hohe, und zwar gerade im Rahmen der

»entmythologisierten« Schöpfung und also nicht als Mysterium. Die sogenannte Weisheitsliteratur ist erfüllt von Ratschlägen, nach denen der Mensch sein Leben mit Lust genießen soll, solange er kann. Und zu den apokalyptischen Bildern gehört nicht zufällig meistens das endzeitliche Festmahl. Das alles impliziert ein positives Verständnis auch des Eros, wofür besonders bekannt sind die jahwistische Paradieserzählung, einige Zusammenhänge des Buches des Predigers und dann besonders das »Hohelied«.

Hier wäre im besonderen zu verweisen auf das charakteristische Erlebnis des Schönen. Schönheit ist hier nicht Schönheit der Form und des Abbildes wie im griechisch-spätantiken Denken, sondern durchaus sinnliche Reizwirkung: Die Geliebte wird mit Blumen und Blumenduft verglichen, die Liebe gleicht dem Wein und seiner Wirkung, unter der Zunge der Geliebten ist süße Milch, ihre Lippen triefen von Honig, die Geliebte ist ein Garten mit einer frischen Wasserquelle und mit herrlichen Früchten und Gewürzen, ihr Leib gleicht dem Weizen, ihr Haar einer Herde von Ziegen, ihre Brüste sind zwei Böcklein. Weiter wäre darauf hinzuweisen, daß das Alte Testament zahlreiche Liebesgeschichten kennt, deren Ziel die Liebesehe ist. Diese Liebesehe hat wohl auch früh auf die Einehe hin tendiert, während eheliche Rechtssätze eher im Rahmen der Großfamilie getroffen wurden[13].

Weiter wäre in diesem Zusammenhang noch ein besonders schwieriges Thema aufzunehmen, das uns später beschäftigen wird: Die personifizierte »Weisheit« hat in bestimmten Schichten des Alten Testaments eine stark erotische Färbung, obwohl sie auch Eigenschaft Gottes ist. Schließlich müßte noch ein Motiv genannt werden, das mit einem der wichtigsten theologischen Gedanken des Alten Testaments zusammengehört: Der Bundesgedanke charakterisiert gelegentlich auch die Verbindung von Mann und Frau. Von ihm aus kann dann die Allegorie entwickelt werden, die das Verhältnis Jahwes zu Israel als Liebes- und Ehegeschichte charakterisiert[14].

Es wurde darauf hingewiesen, daß spätere Teile des Alten Testaments dualistischer geprägt sind und daß dieser Dualismus sich bis ins Neue Testament hinein ausgewirkt hat. Gibt es – so fragten wir schon – auch Implikationen der Jesusbotschaft, die gegenüber den dualistischen Traditionen Neues entstehen ließen? Wieder wäre darauf hinzuweisen, daß der Zugriff auf Haltungen Jesu aus formgeschichtlichen Gründen sehr schwierig ist. Man bewegt sich hier auf unsicherem Boden. Sehr wahrscheinlich gibt es eine Kritik Jesu an der Frauenverachtung seiner Zeit und seiner Umgebung, und zwar im Rahmen seiner Reichsverkündigung, die gerade den Verachteten gilt. Die Frauen wären dann Empfänger der guten Botschaft Jesu wie die Außenseiter der Gesellschaft seiner Zeit, wie die Armen, die Kinder, die Kranken usw. Vielleicht gehört zu dieser kritischen Haltung Jesu, daß es in seinem Kreis auch Frauen gab, wobei es nach Schalom Ben-Chorin ungewöhnlich wäre, daß Jesus die »kontemplative Frau« (im Gegenüber von Maria und Martha) vorzog[15]. Weiter könnte mit dieser kritischen Haltung zusammengehören, daß Jesus Frauen, auch nichtjüdische Frauen und Sünderinnen, *ansprach.* Hat Jesus auch im Rahmen seiner gesetzeskritischen Haltung »um des Menschen willen« Reinheitsforderungen verletzt? Swidler meint, mit der Heilung der blutflüssigen Frau sei Jesus nach damaligem Verständnis selber »unrein« geworden[16]. Schalom Ben-Chorin stellt die Frage, ob Jesus verheiratet war[17]. Er vertritt die Auffassung, ein unverheirateter Rabbi sei zu jener Zeit nicht möglich gewesen, oder er wäre befragt worden, warum er unverheiratet sei; nach Ben-Chorin kennt das Judentum zur Zeit Jesu kein Ideal der Ehelosigkeit.

Wie immer es um solche Einzelfragen bestellt sein mag, deutlicher wiederum sind bei Jesus Haltungen der Unbefangenheit, die vielleicht ein kritisches Moment enthielten: Jesus lebte unter Sündern und Gesetzesbrechern völlig unbefangen, und er war bei Hochzeiten und Feiern mit dabei. Indem das Abendmahl eschatologische Vorweggabe ist, gibt es einen Bezug zwischen der Botschaft vom Reiche Gottes und einer bestimmten festlichen, natürlichen Freude. Ob es dann schließlich möglich ist, mit Heinrich Böll auf Grund von Haltungen Jesu im Gegenüber zur Sünderin von einer »Theologie der Zärtlichkeit der Maria Magdalena« zu sprechen, ist natürlich wieder fraglich[18].

Die neuen Impulse, die in der Jesusbotschaft lagen, führen auf eine prinzipielle Gleichwertung von Mann und Frau *vor Gott,* eine Gleichwertung, deren ethische und soziologische Konsequenzen die neutestamentlichen Schriften nicht oder nur in geringem Maße gezogen haben. Auch bei Paulus scheint diese grundsätzliche Gleichwertung vorausgesetzt, und es scheint ein »Prinzip Liebe« zu entstehen, das personale Implikationen enthält. Aber auch hier wird man nur von Ansätzen, die nicht ausgeführt wurden, sprechen können. Positive Möglichkeiten ergaben sich weiter darin, daß die Geistbegabung auch den Frauen zukam und daß die Leiblichkeit der Auferstehung eine undualistische Einstellung zum Leib und zum Leiblichen forderte.

Abschließend sei festgehalten: das aufgeworfene Problem zeigt sich in einem unauflösbaren Ineinander von zwei widerstreitenden Tendenzen. Es gibt eine vorherrschende Tendenz, die die Erotik negativ qualifiziert und die dann auch Weiblichkeit diskriminiert, und es gibt eine mehr oder weniger deutliche Gegentendenz. Dieses Ineinander gilt für alle neutestamentlichen Zeugnisse. Wieweit die eben skizzierte schmale, positive Linie eine bestimmte Wirkungsgeschichte hatte, müßte genauer untersucht werden. Ich verweise auf das Beispiel Schleiermachers. Weiter könnte Barths Forderung, endlich ein »ruhigeres und sachlicheres« Urteil zur Verhältnisbestimmung von Eros und Agape zu finden, beigezogen werden. Barths letzte Phase seiner Theologie leistet zu dieser Neubestimmung auch einen Beitrag, indem er sagt: »Indem wir die Humanität als ein Drittes zwischen Eros und Agape stellen, haben wir die Möglichkeit, nun doch auch nach der Seite des Eros umsichtig und gerecht zu sein.«[19] Schließlich wären Bonhoeffers Aussagen zum »Recht auf leibliche Freuden« zu nennen[20].

Mit dem Rückgriff auf biblische Gehalte ging es uns darum, die biblisch-theologische Ermächtigung zu der von uns formulierten Definition zu finden. Die Ermächtigung ist für uns damit gegeben, daß die schmale Linie einer biblisch-positiven Bewertung der Erotik im folgenden hermeneutisch einzubeziehen wäre. In Verpflichtung zur hermeneutischen Grundsatzproblematik sind wir aber nicht in einem direkten Sinn auf die Bibel, auf Bibelzitate und biblische Motive angewiesen. Dialogische und kairologische Aussagen der Theologie sollen zwar im biblischen Gefälle stehen, ihre Konkretionen finden sie aber strikte im Heute. Darum können sie auch biblischen Einzelaussagen widersprechen!

Die je größere Dimension des Erotischen

Ansätze zu einer theologischen Sexualethik

Es geht nun um die Beschreibung des Ansatzes einer theologischen Sexualethik. Es scheint mir sachgemäß, mit einer pointierten Aussage von Pfürtner einzusetzen: »Christliche Sexualethik fügt humaner Sexualethik inhaltlich also nichts Neues oder Verfremdendes hinzu. Christ sein heißt Mensch sein, auch auf dem Gebiet der Geschlechtlichkeit. Wie Glauben den Menschen in einem Grunde wurzeln läßt und auf ihn hin bezieht, der nicht der Mensch allein mehr ist, so weiß sich der Christ wie in seiner Gesamtexistenz so auch als Geschlechtswesen unter Gottes Anspruch gestellt und in seiner Verheißung geborgen. In dieser Glaubensverheißung sieht er die Chance, seine Liebesfähigkeit in ihre größte Dimension erheben zu lassen.«[21] Ich schließe mich der Intention von Pfürtner an und versuche zugleich, seinen Ansatz zu präzisieren und zu differenzieren: Gegen zahlreiche Traditionen und gegen zahlreiche Versuche auch gegenwärtiger Theologien ist die Sicht durchzuhalten, daß Postulate der theologischen Sexualethik in keiner Weise das Menschsein des Menschen verfremden, überfordern oder ideologisieren dürfen, sondern daß es darum geht, das Menschsein zur eigentlichen Menschlichkeit zu führen; darum sind die Ich-Du-Begegnungen in allen konkreten Bezügen zu vermenschlichen, und es sind die Verhältnisse zu humanisieren. Zugleich gilt, daß die theologische Sexualethik, die empirische Data und Phänomene ernst nimmt, ethische Überlegungen nicht einfach aus faktischen Gegebenheiten ableitet und bestehende Zustände, bestehende Meinungen (etwa der Mehrheiten) nicht ungeprüft zur Norm macht; so würden ja wiederum nur Zustände stabilisiert und ideologisiert. Es sollen im Gegenteil Modelle entwickelt werden, die die bestehenden Zustände kritisch in Frage stellen und um einer humaneren Welt willen überwinden. Die damit postulierte Sexualethik ist also konkret und zugleich utopisch im Sinne der Realutopien. Eben so übernimmt sie eine Anwaltschaft für den Menschen und seine Umwelt!

In den eben genannten Aspekten ist die Sexualethik vom Anspruch getragen, die Liebesfähigkeit des Menschen, sein Sexualverhalten, seine Ich-Du-Beziehungen, seine erotische Kultur in die je größte Dimension zu erheben. Der Ausdruck »die je größte Dimension« darf nicht formal verstanden werden, sondern sie ist in nicht abzubrechenden theologisch-ethischen Bemühungen um Wahrheitsfindung immer wieder zu beschreiben, wobei die Orientierung sowohl an der vorgegebenen Botschaft wie an den Zeichen der Zeit wichtig ist.

Der im Ausdruck »die je größte Dimension« angedeutete Anspruch untersteht einer bestimmten Dialektik. Er ist einerseits unbedingt, indem er aus der Überzeugung heraus erhoben ist, daß Menschen in ihrer Existenz vor Gott das Humanum in seiner Fülle und in seiner Identität realisieren können. Er ist andererseits relativiert: Im Prozeß der Geschichte kommt ihm kein Exklusivitätsanspruch zu, indem auch andere Wege (humanistische, atheistische) echtes Menschsein des Menschen ermöglichen, schaffen und gestalten.

Ich gebe im folgenden in einem dreimaligen Einsatz eine Skizze zur Grundlegung der speziellen, theologischen Sexualethik; andere Ansätze sind durchaus möglich.

Erstens: Humane Sexualethik wäre zu beschreiben mit Ergebnissen empirischer Reports und mit Ausführungen zur »Neuen Moral« im Sinne von Comfort. Ethische Weisung ist auf diesem Hintergrund zusammengefaßt in der »Goldenen Regel«, die Comfort formuliert und in der er ein unbedingt einzuhaltendes Minimalgebot sieht. Die Regel lautet: »Du sollst unter keinen Umständen fahrlässig die Zeugung eines unerwünschten Kindes riskieren.«[22] Das »Du sollst...« von Comfort erinnert an die alttestamentlichen Gebote, die ähnlich in Negationen verharren, um einen Freiheitsraum zu beschreiben, in dem der Mensch schöpferisch sein Menschsein gestaltet und in Sozialbezügen Verantwortung übernimmt; ebenso waren die alttestamentlichen Gebote situationsoffen, situationsbezogen und darin geschichtlich-konkret. Ihr Ziel bestand – nach von Rad – darin, über das Menschsein des Menschen zu wachen[23]. Zugleich enthalten diese Regeln und Gebote die Intention, den Menschen auf einen Weg zu setzen; es kann ja in solchen Regeln und Geboten nicht darum gehen, bestehende Phänomene des Menschseins als solche unbefragt zu bestätigen, sondern das Menschliche wäre Aufbruch in die Zukunft und in die je humanere Welt.

Theologische Sexualethik hat hier nichts Zusätzliches zu sagen, sie wird diese grundlegenden Einsichten nicht verfremden oder ideologisch überhöhen, sondern sie übernimmt mit humaner Ethik eine strikte Anwaltschaft für das Menschliche in den entsprechenden Bezügen.

Liebesethik

Im eben beschriebenen Feld und unter den ihm entsprechenden Bedingungen soll es aber um die »größte Dimension« der Liebesfähigkeit gehen! Im Feld humaner Ethik müssen nun Modelle entwickelt werden, die diese »größte Dimension« signalisieren. Ich sehe ein wichtiges, hier zu bedenkendes Modell dafür in der sogenannten Situations- und Liebesethik[24]. Die Situations- und Liebesethik läßt sich sachgemäß allgemeinen, humanen Einsichten etwa im Sinne von Comfort zuordnen, weil sie den Übergang von einer heteronomen Ethik, die autoritäre Fremdanweisungen formuliert, zur autonomen Ethik mit vollzieht. Sie knüpft am konkreten Menschsein des Menschen an und macht auf »je größere Bezüge« aufmerksam. Auszugehen ist von einem Satz von Tillich: »Die Absolutheit der Liebe besteht in der Macht, in die konkrete Situation einzugehen und die konkrete Forderung zu entdecken, die sich aus der Situation ergibt.«[25] Mit der Sicht der Situations- und Liebesethik ist ein Versuch gemacht, die Negativaussagen von Regeln und Geboten, wie ich sie oben anknüpfend an Comfort beschrieben habe, mit einer positiven Aussage zu ergänzen. Nach Tillich ist es die Liebe als solche, die die konkrete Situation erkennt und aus ihr die fordernde Stimme hört. Es wäre nun die Liebe als solche zu schützen, zu pflegen und zu gestalten. Mit anderen Worten: Es soll ein Freiheitsraum der Liebenden entstehen, in dem sie echte Verantwortung füreinander übernehmen und den ihnen (vielleicht allein) entsprechenden Weg gestalten. Auch Robinson betont, daß der Anspruch der Liebe alle anderen Ansprüche aufhebe. Darum kann der Liebe kein fremdes Gesetz, darum kann den Liebenden kein fremder Weg zugemutet werden. Was das Falsche und was das Richtige ist, das können Liebende nur selber entscheiden. In solcher Begegnung gibt es dann auch keine zeitlos gültige Unmoral und Sünde, denn: Sünde und Unmoral, das ist faktisch nur der Mangel an Liebe und Verfehlung am »Gesetz« der Liebe und am Weg der Liebenden. Im Blick auf die Gesellschaft und die Institutionen entsteht die Frage, ob diese imstande sind, Freiheitsräume zu schaffen, in denen solche Liebe und in denen Wege der Liebenden gedeihen können.

Die Liebes- und Situationsethik entwickelt in dem allem Zielvorstellungen, die von der Voraussetzung getragen sind, daß der Mensch eine hohe Stufe der Reife und eine dieser Reife entsprechende Bewußtseinslage erreichen kann. Hier ist dann der Mensch der Freigelassene aller Systeme! Diese Ethik ist insofern theologisch, als sie die Überzeugung vertritt, daß vor der Freiheit Gottes der Mensch seine echte, ihm entsprechende und autonome Freiheit entwickelt.

Die Einwände gegen die Situations- und Liebesethik sind oft formuliert worden[26]. Ich gebe dafür nur ausgewählte Hinweise. Sicher steht hinter den Vorschlägen dieser Ethik die romantische Unmittelbarkeitsidee; und mit dieser Idee kann es leicht zu Überforderungen der Liebenden kommen, und diese Überforderungen führen zu Krisen und Zusammenbrüchen. Weiter müßten der Optimismus und Individualismus dieser Ethik kritisiert werden, und es könnte das Pathos einer Autonomie der Individuen zu einem antiinstitutionellen Affekt führen, an dem das Individuum auch zerbrechen kann; hier ist dann der Entlastungscharakter, der guten und offenen Institutionen eignet, mißachtet. Trotzdem ist die Situations- und Liebesethik ein beachtliches Modell, das unter den Bedingungen konkreter Situationen und Bezüge auf eine große Dimension der Liebe hinweist, auf eine Dimension, die in immanenter Aussage das »coram deo« meint. Dieses Modell vermag Appelle zu formulieren, die einen echt menschlichen Weg der Reifung und Identitätsfindung ermöglichen und so der Ich-Du-Begegnung und -Beziehung dienen.

Zweitens: Humane Sexualethik versucht der Macht des Eros gerecht zu werden und den Menschen zuzurüsten, diese Macht menschlich zu gestalten. Im Sinne unserer Vorentscheidung zur theologischen Sexualethik ist hier zunächst zu wiederholen: Theologische Sexualethik hat hier nichts Neues und nichts Verfremdendes hinzuzufügen. Sie versucht wiederum nur unter den Bedingungen der beschriebenen Phänomene eine je größere Dimension zu signalisieren, in der sich Menschsein unter der Macht des Eros gestaltet. Es ist hier wohl der Platz, das vieldiskutierte Problem der Verhältnisbestimmung von Eros und Agape aufzunehmen und im Sinne unserer Vorentscheidung zu bedenken.

Nach einem langen Prozeß befindet sich die Theologie nun

dort, wo Barth postulierte, es müsse endlich die Möglichkeit gefunden werden, »...auch nach der Seite des Eros umsichtig und gerecht zu sein«[27]. Der Prozeß gestaltet sich deswegen so mühsam, weil die diastatische Betrachtung, zementiert etwa durch die Sicht von Nygren, das Feld beherrschte[28]. Die Exegese, die diese diastatische Betrachtung forderte, müßte heute kritisch (etwa ideologiekritisch und tiefenpsychologisch) hinterfragt werden. Die Diastase scheitert aber auch schon an bestimmten Zusammenhängen des Alten Testaments, indem offenbar hier zwar in Ansätzen ein Unterschied zwischen den beiden Größen geahnt wurde, aber zunächst keine begriffliche Möglichkeit bestand, diesen Unterschied zu akzentuieren, denn: »Ihr Gemeinsames muß also die Vorstellung der alttestamentlichen Autoren so stark beherrscht haben, daß ein Bedürfnis nach sprachlicher Variation nicht entstand.«[29]

Humanisierung der Agape

Die Problematik ist nun im Sinne unserer Vorentscheidung zu betrachten. Einsichten der Tiefenpsychologie vermögen die Humanproblematik des Eros deutlicher zu zeigen[30]. Ich habe oben im Versuch einer Neudefinition von Sexualität die Entstehung dieser Problematik in den frühkindlichen Stadien skizziert. Einmal mehr ist zu sagen: Theologische Sexualethik hat diesen humanwissenschaftlichen Beschreibungen nichts hinzuzufügen. Sie hat sie nur auf die Möglichkeit hin zu bedenken, daß eine »je größere Dimension« unter den Bedingungen eben dieser Humanstrukturen gegeben ist, und darauf macht die Theologie aufmerksam. Diese je größere Dimension nennt die Theologie »Agape«. Die Agape als Möglichkeit ist durchaus hineingewoben in den Aufbau der Erosfähigkeit, indem sich ein auto-erotischer Narzißmus des Kindes in verschiedenen Phasen einem Gegenüber zuwendet und dieses Gegenüber dann sowohl wegen seiner liebenswerten Eigenschaften geliebt wird als auch als solches und ohne solche Eigenschaften. Man wird nun sagen dürfen, daß damit personale Liebe in ihren Anfängen beschrieben ist und daß dann eine erste Möglichkeit von Altruismus, ja schließlich auch von Selbstpreisgabe von Gefühlen und Lust um des andern willen möglich wird. In solchen Möglichkeiten ist ein Liebesverständnis im Sinne der »Agape« angelegt. Allerdings ist zu betonen, daß sich Eros und Agape überall mischen, daß sie sich teilweise ergänzen und daß sie sich auch widerstreben.

Damit sind erste Resultate gegeben. Mensch sein heißt nun unter einer bestimmten Polarität stehen. Einerseits verbindet sich eine Form von Liebe mit dem Lust-Unlust-Erlebnis, und es ist diese Form durchaus auch mit Aggressionselementen verbunden. Diese Form ist eher dem Augenblick und der Zeit ausgesetzt und zielt letztlich auf offenen oder sublimierten Ich-Genuß. Dieser Form steht aber die andere gegenüber: Es gibt Liebe als Altruismus, Selbstpreisgabe und Opfer. Es gibt personale Liebe und Liebe auf Dauer. Die beiden Formen gibt es aber nur – das ist zu wiederholen – in ihrer Vermischung. Konkret kann das am Beispiel des Orgasmus gezeigt werden, wobei ich hier den durch Masturbation herbeigeführten Orgasmus ausklammere. Hier ist höchstes und intensivstes Ich-Erlebnis nur mit und am Du möglich und es gestaltet hier mein Lusterleben mit am Lusterleben des Du. Im Orgasmus gibt es Elemente der Aggression, des Narzißmus, der Augenblickslust, *und* es gibt Momente der Selbstpreisgabe und des tiefsten Vertrauens. Wie Eros und Agape, sind sich Liebe und Angst, Liebe und Zerstörung, Liebe und Tod nahe! – Theologische Sexualethik übernimmt nun eine Anwaltschaft für Eros und Agape, für Agape und Eros!

Die sich in humanen Möglichkeiten andeutende Polarität ist theologisch durch den besonderen Gott-Mensch-Bezug der christlichen Botschaft ausgestaltet zur Botschaft von der »Agape« und der »Rechtfertigung des Gottlosen«. »Agape« gestaltet sich innerhalb der beschriebenen Humanmöglichkeiten des Personalen, des Altruismus und auch der Selbstpreisgabe zu einer Liebe zu einem Gegenüber, das keine »liebenswerten Eigenschaften« hat. Zur Möglichkeit der Selbstpreisgabe zugunsten des Gegenübers muß freilich im Blick auf die bisherige Tradition des christlichen Opfergedankens betont werden, daß ein Opfer nicht so gebracht werden darf, daß es den, der es bringt, frustriert. Und das Opfer darf auch nicht so gebracht werden, daß es das Gegenüber beleidigt. Faktisch kann ein Opfer nur aus einer Haltung heraus gebracht werden, die auf Identität beruht. Einfacher gesagt: Nur wer selber glücklich ist, vermag in besonderen Situationen Opfer zu bringen, die weder ihn selber schädigen noch auch das Gegenüber beleidigen[31]. Die Botschaft von der »Agape« ist eingeordnet in den umfassenden Horizont der »Rechtfertigung des Gottlosen«. Zu den ethischen Implikationen der Rechtfertigung gehört die Überlegung: Weil Gott mich, den Sünder und Gottlosen, liebt, erhalte ich die Freiheit, den Außenseiter, den Zukurzgekommenen, den »Unmoralischen« zu lieben. Die Haltung Jesu zum Außenseiter der Gesellschaft seiner Zeit ist Vorbild und Urbild dieser ethischen Möglichkeit.

Zwischen Lust- und Realitätsprinzip

Drittens: Theologische Sexualethik ist auch kritisch bestimmt. Diese Kritik wird wahrgenommen im Dialog mit kritischen Theorien aus den Humanwissenschaften und auf Grund immanenter theologischer Entscheidungen.

Ich nenne hier einige Beispiele von kritischen Theorien aus dem Bereich der Humanwissenschaften, die für die theologische Ethik von großer Wichtigkeit sind. Es hat beispielsweise die Dialektik zwischen Lust- und Realitätsprinzip, die Freud entwickelt hat, für unseren Zusammenhang eine große Bedeutung. Das Realitätsprinzip, das sich in den frühkindlichen Prozessen nur mühsam gegen das Lustprinzip und entsprechende Wünsche durchsetzt, ist ein kritischer Gradmesser dafür, ob der Mensch den Weg der Reifung betritt. Auf diesem Weg wird auch darüber entschieden, ob der Mensch eine reife Sexualität gewinnt, oder ob er in einer Wunsch- und Traumwelt, die er lustvoll erlebt, verharrt. Weiter enthält die Metapsychologie von Freud wichtige, kritische Gehalte. Weil nach Freud aus Es Ich werden muß, müssen auch ursprüngliche Bedingungen des Eros humanisiert werden. Und wenn in einer bestimmten Phase gegen die Es-Mächte zunächst der Damm des Über-Ich entwickelt wird, so gehört dann doch zum Reifeprozeß des Individuums der Zusammenbruch des Über-Ich und der Aufbau des reifen und humanen Ich. Im Gefälle dieses Prozesses muß eine am Über-Ich orientierte Sexualität mit ihren Ordnungsvorstellungen, Gesetzen, Autoritäten und Vaterbildern zusammenbrechen.

Weiter nenne ich hier als Beispiel die Sicht von Herbert Marcuse, der in Weiterführung der Ansätze von Freud gesellschaftliche und gesellschaftskritische Implikationen der Dialektik zwischen Lust- und Realitätsprinzip geltend macht. Für ihn gibt es noch jene Phase eines »Realitätsprinzips«, wo sich eine Anpassung an die Realität mit einem »Leistungsprinzip« verbindet: Unter der Herrschaft des Leistungsprinzips entstehen bestimmte charakteristische Entfremdungen des Menschen; diese Entfremdungen entmenschlichen sowohl die Arbeit als auch die Sexualität. Marcuse entwickelt dann eine Utopie: In einer Welt jenseits dieser Entfremdungen ist Arbeit zum Spiel geworden, und es entsteht die Welt im Zeichen der Gesamterotisierung. Hier gehen Eros und Agape ineinander über. Ich mache hier nur auf die kritischen Gehalte dieser Utopie aufmerksam; die theologische Ethik könnte solche Gehalte ihrer Argumentation einfügen.

Schließlich gibt es die kritischen Möglichkeiten auf Grund immanenter theologischer Entscheidungen. Ich erinnere an frühere Darlegungen: Es hat beispielsweise das alttestamentliche Exodusproblem kritische Implikationen, indem die mit diesem Prinzip entstehende Geschichtsauffassung offene Zukunft als Kritik der Gegenwart versteht. Diese Struktur der je besseren Zukunft impliziert Kritik der bestehenden Mächte und Herrschaftssysteme! Und es enthält weiter die Jesus- und Christusproblematik kritische Konsequenzen, etwa indem hier »um des Menschen willen« eine Haltung jenseits des Gesetzes möglich ist; hier entsteht eine Bewußtseinslage, die mit dem Gott der Sünder und Außenseiter rechnet. In hermeneutischen Bemühungen kann also vom Exodusprinzip her gesellschaftskritisch argumentiert werden, und es kann von der Christusbotschaft her zu einer Kritik der herrschenden Moral kommen. Theologische Sexualethik tritt dann in eine kritische Solidarität mit Außenseitern und Diskriminierten. Das wiederum bedeutet auch Kritik eigener Traditionen, soweit sie sich dualistisch gestaltet haben und im Dienste gesellschaftlicher Heuchelei und Doppelmoral standen. Positiv geht es um eine theologisch begründete Anwaltschaft für den Eros, für eine Sexualität und Ethik im Zeichen der Zärtlichkeit der Geschlechter, im Zeichen von Phantasie und Spiel, im Zeichen auch einer neuen Sprache des Eros.

Konkretionen

Voreheliche sexuelle Erfahrungen

Im folgenden sollen nun ausgewählte konkrete Beispiele besprochen werden, die sowohl im Rahmen der Definition von Sexualität stehen, die ich gegeben habe, wie auch den speziellen Ansatz zu einer theologischen Sexualethik berücksichtigen. Erstes Beispiel: Das Problem vorehelicher sexueller Erfahrungen. Hier kann es, wenn wir die humanwissenschaftlichen Ergebnisse ernst nehmen und zugleich dem von uns getroffenen theologischen Ansatz treu bleiben, in keiner Weise mehr um die Frage gehen, ob der junge Mensch vorehelich Koitusbeziehungen aufnehmen darf oder nicht. Es kann auch nicht mehr darum gehen, Sitten und Erziehungsideale zu verteidigen, die von bestimmten Ordnungsvorstellungen und Mächten geprägt sind. Es geht vielmehr um die Einsicht, daß der *ganze* Weg menschlicher Existenz unter den Bedingungen der Sexualität steht. Sexualität ist konkreter Erfahrungs- und Reifungsweg, der sich in Phasen, Stufen, Wandlungen gestaltet. Das Ziel einer reifen Humanität als Ganzes ist mitbestimmt vom Ziel der geglückten, reifen, humanen Sexualität.

Im Dienste dieses Ziels entwickelt der theologische Ethiker zusammen mit dem Humanethiker Appelle im Sinne der Regel von Comfort (»neminem laedere«) und Appelle im Sinne der Situations- und Liebesethik. Er zeigt Möglichkeiten der Dialektik von Eros und Agape, und er übernimmt in einem kritischen Sinn eine Anwaltschaft für das Humane, wenn dieses zu kurz kommt oder wenn es diskriminiert wird. Konkret heißt das: Theologische Ethik hat sich dem Problem der frühkindlichen Sexualität zuzuwenden. Wenn orale Prozesse zugleich Prozesse der Vermittlung existentieller Geborgenheit sind, wenn anale Prozesse Selbstsicherheit des Menschen mitgestalten, wenn die frühkindliche Genitalität Vorformen des Orgasmuserlebens bildet, dann ist auf solche Prozesse für die Erziehung aufmerksam zu machen, dann müssen für diese Prozesse Räume des Lebens und Erlebens geschaffen werden, dann dürfen diese Prozesse weder unterdrückt noch diskriminiert werden. Wenn weiter frühkindliche Berührungs- und Schaulust einfache Vorformen von Kommunikation sind, so sind Erziehungsformen zu suchen, die solche Kommunikation nicht ungeschickt stören und schädigen; humane Kommunikation baut sich in einfachen Vorformen beispielsweise des Haptischen auf, aber auch des spielerischen Schauens und Berührens. Die Freiheit und Phantasie zu solchen Handlungen wirkt sich für eine geglückte Sexualität in späteren Phasen der Existenz aus.

Konkret heißt der getroffene Ansatz weiter für die Pubertät: Erfahrungen der Masturbation sind Spielerfahrungen; sie helfen mit, eine dualistische Leibscheu zu überwinden, und darum sind sie ethisch positiv zu würdigen. Erfahrungen dann des Pettings sind Vorformen der Fremderfahrung, indem jetzt erstmals der Umgang mit einem Partner glücken müßte. Ferner geht es im Petting um den Umgang mit dem Körper eines Gegenübers und damit wieder um Überwindung eines leibscheuen Dualismus. Indem heute auf Grund von Wandlungen in der Einstellung der jungen Generation vielleicht schon die sexuelle Praxis an Interesse verliert, dafür aber in sexuellen Erfahrungen mehr und mehr seelische Probleme der Isolation, der Einsamkeitsgefühle und ihrer Überwindung eine Rolle spielen, bekommt die ethische Beratung eine neue Chance. Gelingt der Reifungsprozeß, der mit der Auseinandersetzung mit Masturbation und Petting gegeben ist, so gelingt es zugleich, die Einsamkeit und die Isolation, die den jungen Menschen bedrohen, zu überwinden.

Masturbation und Petting bereiten erste Koituserfahrungen vor. Sie sind zusammen mit ersten solchen Erfahrungen als tastende Versuche, Experimente und Vorformen der reifen sexuellen Begegnung von Partnern zu würdigen. Es ist nicht einzusehen, warum von einem ethischen Standort aus das Tastende, Suchende und Experimentelle abgewertet werden sollte. Es ist vielmehr in einer Epoche, die heteronome Ordnungsvorstellungen kritisch in Frage stellt, die legitime Möglichkeit, eine reife Begegnung der Geschlechter mitzugestalten. Mit Recht fordert Ledergerber einen christlichen Humanismus, in dem der Wert der vorläufigen Erfahrungen, der Episode, des Unvollkommenen und Fragmentarischen anerkannt und nicht mehr diskriminiert wird[32]. Und Ell sagt: »Liebe hat viele Gradstufen. In Vollendung steht sie nicht am Anfang, auch nicht am Anfang der Ehe, sondern am Ende einer geglückten Ehe. Die seelisch-sozialen und die sexuellen Zwischenstationen sind dann gerechtfertigt, wenn sie *das* Maß an Liebe realisieren, das auf der jeweiligen

Entwicklungsstufe möglich ist, und wenn sie hinführen zur Endgestalt der Liebe.«[33]

Wenn sich heute die Notwendigkeit ergibt, daß Einsichten und Postulate der Humanwissenschaften in einem Nachzugverfahren in die theologische Sexualethik einzubringen sind, so kann doch der theologische Beitrag auch bestimmte Akzentsetzungen geltend machen. Ich denke zunächst an die theologisch unaufgebbare Zielvorstellung, daß echte Humanität in der geglückten Ich-Du-Beziehung besteht. Diese Zielvorstellung bedeutet für die eben besprochene Frage der vorehelichen Geschlechtsbeziehung bzw. der vorehelichen Koituserfahrung: Solche Erfahrungen dürfen, auch wenn ihnen zunächst etwas Tastendes und Experimentelles eignet, in keiner Weise zu einer Instrumentalisierung des einen Partners durch den andern werden. Ethisch verantwortbar ist nur die Subjekt-Subjekt-Begegnung, und ethisch unverantwortbar ist es, wenn ein Du zum Instrument und Objekt des Ich wird. Die Erfahrungen werden zwar suchend, tastend und experimentierend sein, und sie sollen intentional ausgerichtet sein auf die reife, ganze, personale Begegnung; sie dürfen aber nicht hinter die Direktive zurückfallen, daß auch solche Erfahrungen strikte im Zeichen des personalen »Zwischen« stehen, das das Ich am Du und das Du am Ich werden läßt und das in der Ich-Du-Begegnung der Ichwerdung der Partner dient. Hier übernimmt die theologische Sexualethik eine unaufgebbare Anwaltschaft, und das bringt sie in ihren Argumenten zur Geltung. Ein weiterer Punkt, den Ringeling geltend macht: Er betont im Gegenüber zu der Position der »Neuen Moral«, die in etwa eine gewisse individualistische und optimistische Färbung hat, daß in Verantwortung vor dem Realitätsprinzip und der sozialen und gesellschaftlichen Bedingtheit des Individuums das Problem der Institutionalisierung nicht vernachlässigt werden darf. Hier erhebt sich die Frage nach institutionellen Angeboten für die vorehelichen Geschlechtserfahrungen. Man wird anknüpfen können an heute schon gebilligte Möglichkeiten der Verlobung. Es ist ja auch gesellschaftlich weitgehend akzeptiert, daß Verlobte sexuelle Beziehungen im Sinne von Koituserfahrungen haben[34]. Könnten aber auch schöpferisch neue Überlegungen im Blick auf heutige Situationen gemacht werden? Barczay verweist auf Beispiele in Amerika, wo die Gesellschaft den jungen Menschen zunächst eine große voreheliche Freiheit gewährte, ohne ihnen aber in den entstehenden Problemen und

Widersprüchen zu helfen. Die jungen Amerikaner haben nun selber Regeln zu Vorformen der ehelichen Gemeinschaft entwickelt. Sie sind nicht mehr willkürlichen Manipulationen und Triebwünschen ausgesetzt, sondern es entstehen personal gefärbte Vorformen, aus denen man sich beim Mißlingen ohne verletzte Ehre und ohne brutale seelische Schädigungen zurückziehen kann. Einmal mehr erweist sich die institutionelle Regel, wenn sie situationsgerecht ist, als entlastend[35]. Hier müßte man weitere Überlegungen anstellen. Es könnte auch bei uns etwa im Sinne studentischer Freundschaften und Verhältnisse eine anerkannte Institution des Personalbundes zwischen jungen Menschen entstehen, in dem echte Verantwortung füreinander, eine echte Ich-Du-Beziehung möglich wäre. Dieser »Bund« dürfte gesellschaftlich nicht diskriminiert werden. (Vgl. auch das fünfte Beispiel.)

Abschließend sei unterstrichen, daß der eben skizzierte Versuch, ethisch konkret und verantwortlich über das Problem vorehelicher Geschlechtserfahrung und vor allem vorehelicher Koituserfahrung zu sprechen, in keiner Weise Faktizitäten unkritisch zu Normen machen will. Das kritische Moment, das sowohl die Humanwissenschaften wie die theologische Sexualethik geltend machen, dürfte schon deutlich sein. Die humanwissenschaftliche Argumentation, der sich die theologische dann anschließt, betont, daß ein Steckenbleiben in einer frühen Phase der Sexualität oder in der Pubertät zu Fixierungen führt, die das Ziel der reifen und geglückten Sexualität und der damit verbundenen Ich-Du-Beziehung nicht finden läßt. Das Ja zu den frühkindlichen und pubertären Möglichkeiten steht vor dem Hintergrund, daß Sexualität sich auf einem *Weg* gestaltet. Damit sind Phasen der Sexualität in eine Finalität eingeordnet. Und auch die voreheliche Koituserfahrung wird nicht unkritisch akzeptiert. Sie untersteht strikte der Bedingung, daß sie dem Ziel der vollen und reifen Personalität untergeordnet ist. Und sie untersteht strikte den Bedingungen, daß sie nicht einer Instrumentalisierung des Partners dient, sondern der personalen Ich-Du-Begegnung hilft. In dem allem werden humanwissenschaftlich und theologisch-ethisch unreife Fixierungen ebenso kritisch disqualifiziert wie Instrumentalisierungen und Manipulationen des einen Partners in Begegnungssituationen gegenüber dem andern. Und schließlich gilt hier auch das Leitbild der Gleichrangigkeit des Männlichen und Weiblichen, wie schon oft betont wurde.

Die Pille

Zweites Beispiel: Das ethische und anthropologische Problem der Pille, wobei hier spezifisch medizinische Aspekte des Problems ebenso ausgeschlossen sind wie die heute wieder aufflammende Diskussion zu den Gefahren der Pille. Die Antikonzeptiva haben eine Entwicklung eingeleitet, die nun mit der Erfindung der Pille einen Höhepunkt erreicht hat, der nicht mehr rückgängig gemacht werden kann. Die früher noch unvollkommenen Möglichkeiten und Methoden der Empfängnisverhütung sind zu einer absoluten technischen Vollkommenheit und Sicherheit neu- und weitergestaltet worden. Es ist faktisch mit der Pille eine revolutionäre Wendung eingetreten. Darum die bekannte Aussage, die Pille mache frei.

Für die ethische Fragestellung greift die Alternative, ob man zur Pille ein Ja oder ein Nein sage, zu kurz. Eine Erfindung, die so umfassend und folgenreich ist, ist im anthropologischen Horizont als eine Weise des Sich-selbst-Verstehens des Menschen und eine Weise der Selbstverwirklichung zu deuten. Nach einer »Vorgeschichte« der Antikonzeptiva nimmt nun der Mensch seine Sexualität im Blick auf die Machbarkeit und Bestimmbarkeit seiner Fortpflanzung endgültig in seine eigene Hand. Er ist jetzt in keiner Weise mehr an die Natur gewiesen oder der Natur ausgeliefert. Er erhält einen freien und humanen Spielraum und damit zugleich eine neuartige und noch nicht bewältigte Verantwortung. Frei schöpferisch, aber zugleich voll verantwortlich entscheidet er, ob und wann er Sexualität im Sinne von Fortpflanzung anwendet, also ob und wann er die Zweierbeziehung zur Eltern-Kind-Beziehung ausweitet.

Diese revolutionäre Wandlung verlangt eine entsprechende Bewußtseinslage. Im besonderen sind zwei Aspekte zu nennen. Einmal ist nun die Angst vor dem unerwünschten Kind oder die Angst vor dem Kind im unvorhergesehenen Zeitpunkt weggenommen. Dieses Entlassensein aus ganz bestimmten, charakteristischen Ängsten muß bewußtgemacht und bewältigt werden; es bietet eine neuartige Freiheit und eine neue Verantwortung. Und dann: Die Frau erfährt jetzt die Möglichkeit eines sexuellen Spielraums, ohne daß der Gedanke an das Kind beherrschend sein müßte. Sie macht jetzt neuartige sexuelle Erfahrungen, die so bisher nur dem Mann möglich waren. Genauso wie die männliche Bewußtseinslage in der sexuellen Begegnung vom Gedanken an Fortpflanzung und Kind entlastet war, so erfährt nun die Frau diese Entlastung. Es muß einem klar sein, daß die Frau von ihren Prägungen durch die Jahrhunderte und von ihrer Erziehung her sich solche Erfahrungen zunächst kaum bewußtmachen und bewältigen kann. Sie wird nun auch auf der Ebene der sexuellen Begegnung in einem neuen Sinn mit dem Leitbild der Gleichrangigkeit konfrontiert, das bestimmt ist von der Polarität des freien Spielraums und der personalen Verantwortung. Sekundär entstehen damit auch neue Probleme des Mannes; er hat es gleichsam mit einer neuen Partnerin zu tun, mit einer Partnerin, die ihm in einer Haltung der Entlastung und Freiheit von den beschriebenen Ängsten entgegentritt.

Auch die theologische Ethik wird sich grundlegend umgestalten müssen. Sie wird sich mit eigenen traditionellen Voraussetzungen kritisch zu befassen haben und wird sich gegen gesellschaftliche Positionen und Strategien wenden, die die eben beschriebene Wende verdrängen oder kämpferisch negativ qualifizieren. Es wird um die Bewährung einer theologischen Ethik der Freiheit gehen. So müssen Haltungen und Erziehungstrends unterstützt werden, die es zunächst der Frau ermöglichen, neue Freiheiten und Verantwortungen zu tragen und zu gestalten, ohne sich damit zu überfordern. Es muß dann die Ausweitung der Ich-Du-Partnerschaft zur sinnvollen Eltern-Kind-Beziehung neu bedacht werden. Ideologien des Lebens, Ideologien, die der Frau das Gebären zumuten und auferlegen, sind zu bekämpfen und auf ihre Hintergründe hin zu entlarven. Solche Ideologien vertreten oft verschleiert antifeminine Interessen. Sie scheitern insofern an heutigen Verhältnissen, als ihre ungebrochene Forderung zum Gebären mißachtet, daß das unerwünschte Kind oft schon von vornherein das seelisch geschädigte Kind ist. Umgekehrt wird die theologische Ethik damit auch nicht einem kinderfeindlichen Trend verfallen. Es gibt heute Kinderfeindschaft in sehr verschiedenen, oft latenten Formen: Von der Verweichlichung des Kindes, die die Ablehnung versteckt, bis zur Aggressivität gegen das Kind gibt es zahlreiche Übergänge. Zu nennen wäre aber auch ein kinderfeindlicher Wohnungsbau; hier gehen Geldinteressen vor, und Humaninteressen haben zurückzutreten. Und schließlich geht es insofern um eine selbstkritische Neuorientierung der Ethik, als ethische Weisungen nun in keiner Weise mehr mit Ängsten und Drohungen agieren dürfen; der Versuch, Menschen, die faktisch schon mündig und autonom sind, wieder zu Abhängigen und Geängsteten zu machen, entlarvt sich eigentlich selber.

Der Orgasmus der Frau

Drittes Beispiel: Die ethischen und anthropologischen Probleme des Orgasmus, besonders des Orgasmus der Frau. Diese Probleme werden heute thematisiert mit dem Postulat des Rechtes auf den Orgasmus und des Rechtes jedes Menschen auf seinen Orgasmus[36].

Die ethische Überlegung zum angesprochenen Problem kann nicht an Informationen vorbeigehen, die die spezielle Sexualwissenschaft, aber auch die Medizin und im weiteren die Humanwissenschaften erarbeitet haben. Diese Informationen zeigen, daß Erziehung zur Lustfähigkeit und zur Glücksfähigkeit Erziehung zur Orgasmusfähigkeit impliziert. Die Informationen zeigen aber auch für die speziell weiblichen Probleme, daß Verkürzungen, die die Frau auf sexuellem Gebiet erfahren hat, ihren weiblichen Lebensentwurf gefährden. Theologische Ethik muß sich hier neu und vorurteilslos informieren, sie muß gegenüber eigenen Traditionen zahlreiche Selbstkorrekturen anbringen, und sie dürfte nicht hinter Haltungen der Humanwissenschaften zu dieser Frage zurückstehen.

Zunächst ist die Dimension des Körperlichen zu berücksichtigen und nicht etwa falsch-idealistisch zu überspielen. Medizinische Forschungen haben eindeutig nachgewiesen, daß die Frau durch Masturbation relativ leicht zum Orgasmus kommt, und zwar zu einem Orgasmus mit höchster Intensität; diese Intensität nimmt in der Regel ab, wenn die männliche Manipulation den Orgasmus der Frau erreichen will; die Intensität des Orgasmus – wenn er überhaupt noch zustande kommt – ist dann am geringsten, wenn der Mann den Koitus nur mechanisch und zu seiner eigenen Befriedigung ausführt. Diese Beobachtungen zeigen einmal mehr die Bedeutung der Masturbation als Einübung in ein geglücktes Sexualleben; Masturbation dürfte jedenfalls in keiner Weise mehr negativ qualifiziert werden, sofern sie nicht vom Partner isoliert. In dem allem ergeben sich Postulate vor allem an den Mann: Ihm sind Haltungen der Geduld und Einfühlung zugemutet. Er soll nun das Seine dazu beitragen, daß die Frau einen Freiheitsraum erhält, in dem sie den ihr gemäßen Orgasmus finden und erfahren kann. Eine weitere Beobachtung der Orgasmusforschung: Die Frau ist zu einer schnellen Wiederholung des Orgasmus imstande und – unter entsprechenden Bedingungen – auch dazu bereit, nicht aber der Mann, der nach dem Koitus in einer Phase der Befriedigung und Sättigung steht. Diese Diskrepanz zwischen den Geschlechtern müßten sich Mann und Frau bewußtmachen; sie darf nicht mehr vom Manne her gedanken- und gefühllos übergangen werden, wenn immer ihm am Glück seines Partners liegt. In den Zusammenhang der Orgasmusprobleme gehört weiter der Nachweis, daß die Frau zu einer größeren Zahl von Orgasmen fähig ist als man bisher annahm. Diese Fähigkeit wird im üblichen Geschlechtsverkehr, der unter einem bestimmten Vorrang männlicher Bedürfnisse steht, zuwenig berücksichtigt. Herausfordernd für diesen Problemzusammenhang sind die Argumente der Amerikanerin Mary Jane Sherfey[37]. Ihre Informationen zeigen, daß Frauen mit Hilfe von Masturbation und mit Hilfe von elektrischen Vibratoren die Möglichkeit haben, innerhalb einer kurzen Zeitspanne fünf oder sechs Orgasmen zu haben. Sherfey glaubt nun, daß die Orgasmusfähigkeit der Frau bis auf 20 bis 50 Orgasmen ausgedehnt werden könnte, und zwar zwei- bis dreimal pro Woche. Erst damit wäre die körperliche Kapazität der Frau erschöpft. Die Autorin vertritt dazu die geschichtsphilosophische Meinung, es sei in Frühepochen menschlicher Entwicklung ein ungeheurer gesellschaftlicher Druck nötig gewesen, um die weibliche Orgasmusfähigkeit zu bändigen. Wie immer die Geschichtsphilosophie der Autorin zu beurteilen ist, für eine ethische Betrachtungsweise ergeben sich doch bestimmte Folgerungen: Es sollte die Frau nicht von vornherein auf eine kleine Zahl von Orgasmen festgelegt werden. Die Auffassung, eine Frau sei sexuell befriedigt, wenn sie zwei- oder dreimal pro Woche zu einem Orgasmus komme, erweist sich als Vorurteil. Einmal mehr ergeben sich Postulate an den Mann. Er wird vor allem seine Uninformiertheit in bezug auf das weibliche Erleben des Orgasmus abbauen müssen. Er wird der Frau einen Freiheitsraum anbieten, in dem sie sich den Orgasmus und die Zahl der Orgasmen schafft, die sie für ihr Lusterleben braucht. Weiter wird der Mann selbstkritische Überlegungen anstellen müssen, ob er vielleicht aus Gründen männlicher Herrschaft den Orgasmus der Frau mißachtet oder die Zahl ihrer Orgasmen eingeschränkt hat. Eine weitere Beobachtung zum weiblichen Orgasmus: Es gibt eine Chance der

Frau, endlich zu dem sie beglückenden Orgasmus zu kommen und auch die ihr gemäße Zahl von Orgasmen zu finden, wenn sie Masturbationstechniken auch in der sexuellen Begegnung mit dem Mann anwendet; so kann sie eine erotische Beziehung aufbauen, die ihren individuellen Bedürfnissen entspricht. Hier ergeben sich natürlich einmal mehr Forderungen an den Mann!

Und eine weitere Beobachtung der Orgasmusforschung: Es zeigt sich immer deutlicher, daß die weibliche Klitoris das für die Lustempfindung der Frau wichtigste Organ ist; allerdings ist die Klitoris nicht isoliertes Lustorgan, sondern Spitze einer ganzen Struktur von Lustempfindungen. Die Klitoris scheint überhaupt keinen speziellen »biologischen Sinn« zu haben, sondern nur der Lust zu dienen. Das Organ darf deshalb auch nicht zu direkt mit dem Phallus des Mannes verglichen werden, was oft in Argumenten eines »Männerstandpunktes« geschehen ist. Der Vorrang der Klitoris widerlegt nun auch einen bestimmten »Mythos«, nämlich den »Mythos« vom Vorrang des vaginalen Orgasmus, der ursprünglich von Freud und seiner Schule vertreten wurde. Freud meinte, der vaginale Orgasmus deute auf die seelische Reife der Frau hin, und Freud hat versucht – auch mit Hilfe von Analysen –, die Frau zum vaginalen Orgasmus zu bringen. Die heutige Sexualwissenschaft nimmt hier eine Gegenstellung ein und wird dazu von zahlreichen Ergebnissen der Medizin und der Humanwissenschaften legitimiert. Der vaginale Orgasmus deutet eher auf eine Anpassung der Frau und auf eine Fixierung der Frau auf männliche Bedürfnisse. Der klitorale Orgasmus erweist sich als Orgasmus, der die autonomen Bedürfnisse der Frau berücksichtigt, im klitoralen Orgasmus erlebt die Frau die ihr gemäßen Ekstasen. Auch diese Feststellungen haben Konsequenzen für die Einfühlung des Mannes. Der Vorrang der Klitoris für das weibliche Lusterleben kritisiert die traditionelle Meinung vom Vorrang genitaler Lust. Allerdings ist gerade in diesem Bereich noch vieles neu zu bedenken; ich weise nur darauf hin, daß beispielsweise so etwas wie eine Sprache der klitoralen Gefühle völlig fehlt. Auch die Sprache ist geprägt vom Vorrang männlicher Bedürfnisse! Schließlich ist für die Dimension des Körpererlebens die Einsicht wichtig, daß die Frau mit ihrem ganzen Körper Lust empfindet; der Vorrang bloß genitaler Lust gehört zur Vorstellungswelt einer »männischen Sexualität«. Vom Lusterleben der Frau her müßte dem Manne ein neues, umfassendes Körperempfinden vermittelt werden, und es müßte der Mann seine Abwehrreaktionen gegen die »Körpersprache« als Vorurteil durchschauen lernen.

Das über die Dimension der Körpererfahrung Gesagte hat diese Dimension oft schon überschritten. Und das ist auch sachgemäß, denn Leib und Seele hängen unauflöslich zusammen, und der Mensch ist in der Dimension des Körperlichen in keiner Weise mehr instinktsicher und instinktbewußt, sondern er vermag das Körpergeschehen nur durch ein Lernverhalten zu bewältigen. Und der Orgasmus ist denn auch weit weniger eine natürliche Chance, es geht auch hier vielmehr um die kulturelle Überformung des Natürlichen. Darum ist im folgenden die Dimension der psychischen Erfahrung zu thematisieren.

Eine erste Beobachtung: Die zahlreichen Orgasmusschwierigkeiten der Frauen sind eindeutig psychisch bedingt. Es müßte die Beobachtung nachdenklich stimmten, daß manche Frauen mit zwanzigjähriger Koituserfahrung nicht oder nur selten zum Orgasmus kommen. Auch scheint sich ein weibliches Vorstellungsklischee nicht zu bewähren, nämlich daß die Frau schon zum Orgasmus käme, wenn sie nur den richtigen Partner hätte. Auch die durch Aufklärungsbücher und Reklame vielgepriesenen Sex-Techniken bieten keine endgültige Hilfe. Ebenso wurden Meinungen widerlegt, die behaupteten, Frauen von höheren Bildungsschichten oder religiös orientierte Frauen seien weniger orgasmusfähig. Die Orgasmusschwierigkeiten deuten im Gegenteil auf sehr tief liegende, seelische Schwierigkeiten; frühkindliche Prägungen und Auseinandersetzungen mit Vater- und Mutterbildern sind wohl die Ursache der Schwierigkeiten. Darum helfen hier oft nur tiefenpsychologische Bemühungen und allenfalls gruppentherapeutische »Lockerungsübungen«.

Wie sehr hier psychische Probleme vorliegen, zeigt auch ein anderer Zusammenhang, den man erst seit kurzem berücksichtigt. Frauen sprechen heute offener über Phantasien, die ihr Orgasmuserleben begleiten. Viele Frauen kommen nur dann zum Orgasmus, wenn sie bestimmte Phantasiespiele oder Phantasiezwänge durcherleben[38]. Die Phantasien der Frauen sind von den folgenden Elementen bestimmt: Frauen sehen sich in Gefängnissen oder Anstalten und werden hier von Männern als Lustobjekte mißbraucht; Frauen erleben die Männer, die mit ihnen schlafen, als bösartig, brutal, aggressiv; Frauen werden gefoltert; Frauen werden von mehreren Männern vergewaltigt; Frauen sehen während des Koitus mit Hilfe von Spiegeln andere Paare, oder sie sehen sich selber mehreren Partnern ausgeliefert; Frauen erleben Prügelszenen durch ihre Eltern oder Lehrer, und sie prügeln auch selber, usw. Mit diesen Phantasien entstehen auch Spaltungsphänomene: Man sieht sich einem brutalen Partner ausgeliefert, aber zugleich wird auch ein weiblich-zarter Freund gequält. Oder: Wenn der wirkliche Partner sensibel ist, ist der Phantasiefreund brutal. Oder: Man wählt spielerisch einmal den brutalen und einmal den weichen Partner. Oder: Besonders ängstliche und scheue Frauen begleiten den Koitus mit Bildern härtester Phantasie. Zu betonen ist, daß Frauen, die so phantasieren, diese Phantasien selten als Lust empfinden, sondern daß sie im Gegenteil unter diesen Phantasien leiden. So dürfte auch nicht der Schluß gezogen werden, Frauen wollten eben vergewaltigt werden. Tiefenpsychologisch deutet allerdings dieser Bereich auf sadomasochistische Strukturen, die teilweise in frühkindlichen Prägungen und Erlebnissen verankert sind. Und die Frauen assoziieren denn auch – wenn ihnen das möglich ist – frühkindliche Erlebnisse, etwa Prügelszenen oder kindliche Doktorspiele oder quälende Spiele mit Puppen oder Kameradinnen. In diesen Assoziationen geht es deutlich um die Probleme der Sozialisation und darin vorrangig um die Anpassung des Weiblichen an die bestehenden Zustände; Phantasien sind also ein Versuch, Herkunft und Verhältnisse zu bewältigen. Man wird nun in keiner Weise argumentieren dürfen, es spiele sich hier eben ein »naturgegebenes« Leidensschicksal der Frau ab. Triebe sind wandlungs- und lernfähig; soziale Verhältnisse können geändert werden. Sicher sind solche Veränderungen schwierig, weil das Unbewußte, weil Verdrängungen, weil Widerstände mit im Spiel sind. Prägungen können mit bloßer Aufklärung kaum verändert werden. Trotzdem gibt es Beispiele, die zeigen, daß Frauen die Phantasiebilder, die ihr Orgasmuserleben begleiten, verändert haben. Das Leiden an den Bildern wurde nach und nach mit einem Lusterleben verbunden und hinter sich gebracht. Es ist allerdings einmal mehr gerade in den angesprochenen Zusammenhängen den Partnern der Frauen eine Haltung der Bewußtheit und der seelischen Reife zugemutet; der Partner soll den Weg der Frau begleiten und mitgestalten und ihn in keiner Weise sadistisch belasten. So hat auch ein schwieriger Weg noch seine Chance.

Die bisher besprochenen Zusammenhänge zu der Dimension des Körperlichen und der Dimension des Seelischen deuteten schon oft auf gesellschaftliche Bedingtheiten menschlicher Existenz. Dieser Aspekt – der gesellschaftliche – ist nun noch zu besprechen. Im Rahmen der Sozialisationsprozesse unseres Kulturraumes ist bisher eine Erziehung zur Lustfähigkeit nicht gesichert. Die wichtigsten Gründe dafür sind gesellschaftlicher Natur. Ich argumentiere hier nur im Blick auf die Orgasmusprobleme; weitere gesellschaftliche Bedingtheiten sind später darzulegen.

Zunächst: Es ist für das Erleben des Orgasmus – heute besonders des weiblichen Orgasmus – ungünstig, daß die Masturbation und überhaupt die ganze Bandbreite sexueller Verhaltensweisen nicht freigegeben ist und daß es nur wenige Vorschläge für einen sexuellen Freiheitsraum gibt. Der junge Mensch tritt seinen Weg zur sexuellen Reife nach wie vor unter der Belastung von Einschränkungen und einschränkenden Vorschriften und Erwartungen an. Hier wirken sich gesellschaftliche Mechanismen aus: Der sexuell geängstete Mensch wird sich Institutionen und institutionellen Erwartungen eher anpassen als der sexuell freie. Das ist für einen Reifeweg, auf dem der Orgasmus gefunden werden könnte, ungünstig. In dem allem ist dann vor allem auch der weibliche Freiheitsraum, der den lustvollen Orgasmus der Frau ermöglicht, nicht freigegeben und nicht gesichert. Für den Bereich der weiblichen Bedürfnisse gibt es immer noch Einengungen, weil die sexuellen Bedürfnisse des Mannes einen Vorrang haben – einen Vorrang, der gesellschaftlich stabilisiert wird. Die Frau fühlt sich zurückgestellt und allein gelassen. Frauen beklagen das männliche Unwissen, den Vorrang männlich-genitaler Bedürfnisse im Koitus, die Gefühllosigkeit des Mannes, der seinen Koitus vollzieht. Hier ist zu betonen, daß das, was die Frau trifft und belastet, auch gesellschaftliche Gründe hat. Der Mann ist auf Grund gesellschaftlicher Erwartungen nicht auf eine wirklich partnerschaftliche Sexualität hin erzogen; Gefühle und Einfühlung sind bei ihm – auf Grund von klischeehaften Vorstellungen, was ein »rechter Mann« sei – verkürzt. Ein letzter Hintergrund für diese Probleme dürfte darin gegeben sein, daß die Gesellschaft mit dem Vorrang männlich-genitaler Sexualität und mit dem Vorrang der Bedürfniserfüllung des Mannes gegenüber der Bedürfniserfüllung der Frau Herrschaft stabilisiert sieht. Es gibt Kräfte und Mächte, die der Auffassung sind, eine wirklich freie Sexualität gerade auch der Frau entbinde subversive Potenzen.

Diese gesellschaftlichen Zusammenhänge verhindern es denn auch, die emanzipatorische Wirkung des geglückten sexuellen Handelns im Orgasmus freizusetzen. Indem der geglückte Orgasmus – vor allem der Frau – auch ein Sieg über die Ängste ist, die ihr die Sozialisation eingepflanzt hat, indem der geglückte Orgasmus der Frau Möglichkeiten ihrer körperlichen Existenz bis hin zu Ekstasen freisetzt, entstehen hier Möglichkeiten einer auch gegenüber gesellschaftlichen Zwängen freien Existenz. Es deutet sich mit einer neuartigen erotischen Kultur ein Test an: Vermag die Gesellschaft Freiheitsräume einer solchen Kultur zu schaffen? Ist eine Gesellschaft reif zu solchen Angeboten?

Wenn bisher so positiv über geglückte Orgasmuserfahrungen gesprochen wurde, soll damit doch nicht so etwas wie eine »Orgasmus-Ideologie« propagiert werden. Eine solche Ideologie scheint sich heute aus verschiedenen Gründen immer mehr zu verbreiten. Im Raume einer hauptsächlich leistungsorientierten Gesellschaft wird eine Auffassung verbreitet, nach der der Orgasmus eine unbedingt und jederzeit notwendige »Leistung« sei. Sowohl der Mann wie auch die Frau sollten nach dieser Auffassung immer und unter allen Umständen eine Orgasmuspotenz entwickeln und eine bestimmte Zahl von Orgasmen erreichen. Das Problem überfordert das menschliche Sexualverhalten und enthält inhumane Aspekte. Es berücksichtigt nicht, daß der geglückte Orgasmus an zahlreiche Bedingungen der seelischen Bereitschaft von Mann und Frau, aber auch an Bedingungen der Umwelt und der Gesellschaft geknüpft ist. Das Postulat ängstet und neurotisiert jene Menschen, die aus bestimmten Gründen die geforderte »Orgasmusleistung« nicht erbringen. Das Postulat verletzt auch die Zielvorstellung, daß sich jeder Mensch und jedes Paar die ihm gemäße Lust verschaffen soll. Und es muß nachdrücklich gesagt werden, daß es viele Formen und Abstufungen im Lusterleben gibt, die nicht oder nicht immer an den Orgasmus gebunden sind. So ist beispielsweise die Berührung und der Körperkontakt oft für das »seelische Klima« eines Paares oder eines Individuums wichtiger als der Orgasmus. Und eine Gesamterotisierung des Körpers wie manchmal bei Kindern, die unter den heutigen sozio-kulturellen Bedingungen eher die Frau schafft, ist psychologisch ebenso wichtig wie der Orgasmus. Es gibt eben verschiedene Formen von Lust und Lusterfahrung, und all diese Formen tragen das Ihre zur Ich-Werdung und zur Ich-Du-Begegnung bei. In dem allem erweist sich die Forderung, es seien immer und unter allen Umständen Orgasmus-Leistungen zu erbringen, als inhuman.

Auch mit den gegebenen Ausführungen zu den Problemen des Orgasmus und vor allem des weiblichen Orgasmus sind hier Beiträge zu ethischen Entscheidungen im Sinne meines theologischen Ansatzes gegeben. Ich folge dabei Direktiven, die ich schon zur Sprache brachte. Ich fasse nur kurz zusammen: Erstens geht es darum, eine Anwaltschaft für Schwächere zu übernehmen. Und in den angesprochenen Problemen ist vorläufig die Frau eindeutig die Schwächere gegenüber dem Manne und gegenüber gesellschaftlichen Erwartungen. Zweitens soll auch im Orgasmuserleben die »je größere« Humandimension gefunden werden, und dafür gibt die heutige Orgasmusdiskussion zahlreiche Denkanstöße. Drittens ist ein kritischer Punkt zu bedenken: Jede Mann-Frau-Begegnung ist dort gefährdet, wo ein Ich ein Du instrumentalisiert. Damit wäre auch das Erleben des Orgasmus gefährdet, und es wäre zugleich echte Ich-Werdung und Ich-Du-Begegnung in Frage gestellt. – Hier überall sind ethische Direktiven im Sinne einer »Theologie der Befreiung« zu formulieren.

Erziehung zur Lustfähigkeit

Viertes Beispiel: Lustfähigkeit muß als Zielvorstellung im Erziehungsprozeß entdeckt werden. Natürlich darf dabei die Beziehung der Lust auf ein Realitätsprinzip nicht vernachlässigt werden; es könnten Haltungen der Lust ja wohl auch ein Individuum schutzlos gegenüber der Umgebung machen. Wenn aber die Beziehung zur Realität nicht übersehen wird, soll es auch um Zurüstung zum Erleben von Lust gehen. Lustfähigkeit beeinflußt das Gelingen von Sexualität. Es ist tiefenpsychologisch und humanwissenschaftlich festgestellt, daß die Lustfähigkeit in frühen Kindheitsphasen gepflanzt wird, wo Lust an bestimmten Teilbereichen des Leibes gleichsam eingeübt wird[39]. Darum darf beispielsweise das Kußbedürfnis des Kindes nicht unterdrückt werden, ebensowenig auch die anale Neugierde des Kindes. Die Erziehung zur Scham belastet das Kind in seinem Leiberleben und stört oft spätere Lustfähigkeit. Wie sich Lust einerseits aus gewissen Teilbereichen des Leibes aufbaut, so soll es andererseits dann zu Möglichkeiten kommen, auch den ganzen Körper als Lustorgan zu erleben; Lust entsteht zwar in Teilbereichen, soll aber nicht an diese fixiert bleiben. Vor allem soll reife Lust die bloße Befriedigung von Genitalität überwinden und soll »Sprache« des ganzen Leibes in Berührungen, Betastungen, aber auch im Schauen und Agieren werden.

Zur frühkindlichen Erziehung zur Lustfähigkeit tritt dann die Erziehung zur Lustfähigkeit in der Pubertät. In den emotionalen Schwierigkeiten dieser Epoche soll sich doch eine sinnvoll-geordnete Organisation des Erlebens von Lust aufbauen. Dafür sind die seelischen Voraussetzungen zu schaffen, aber auch die ersten konkreten Versuche von Begegnungen im Bereich der Leibdimension. Indem der junge Mann gleichsam »von Natur« durch nächtliche Pollutionen auf den Sexualbereich verwiesen wird, soll dieses »Naturgeschehen« aus Belastungen und Ängsten herausgeführt werden und sich zum bewußten Gestalten von Sexualität entwickeln. Die Masturbation hat, wie schon gesagt, für diese Phase eine positive Bedeutung, wenn sie als Etappe auf einem Weg erlebt wird. Das Mädchen scheint die Regungen des reifenden Körpers in der Menstruation unter den heutigen gesellschaftlichen Bedingungen nicht lustvoll, sondern eher erschreckend zu erleben; aber auch beim Mädchen schafft die Masturbation eine erste Möglichkeit zum Erleben des Orgasmus, indem sie Vertrauen zu den Möglichkeiten des eigenen Körpers vermittelt. Auf die anthropologische Reifeform und auf die personale Begegnung hin führt dann das Petting; auch dieses muß, wie schon betont wurde, Etappe auf dem Wege sein; seine »anthropologische Defektheit« ist dafür geradezu ein »symbolhaltiger Ausdruck« (Ell[40]). Weiter gehört zur Pubertät eine bestimmte Haltung der Neugierde gegenüber dem andern Geschlecht und eine Neigung, sich mit Vertretern des andern Geschlechts zu treffen und zu unterhalten. Wichtig dafür ist der Flirt und das Tanzen. Für diese Möglichkeiten, »sich zu treffen«, müßten echte, entsprechend gestaltete Räume geschaffen und es müßte die echte, entsprechende Gruppenbildung unterstützt werden.

Lustfähigkeit gehört in dieser Phase mit der Fähigkeit zur Freundschaft zusammen, allerdings ist diese Phase eher durch die Freundschaft auf Zeit charakterisiert als durch ein Treueverhältnis auf Dauer. Die Freundschaft auf Zeit hat insofern ihren guten Sinn, als sie dazu beiträgt, daß die Faszination durch das andere

Geschlecht in konkreten Begegnungen aus einer Phantasiewelt herausgeführt wird und nun stärker im Zeichen eines Realitätsprinzips steht. Anthropologisch geht es um die Einübung der Annahme eines Du, von dem man sich nun kein phantastisches Bild mehr macht, sondern das man mit seinen Mängeln und Defekten akzeptiert.

Für dieses, in manchem natürlich sehr verkürzt und undifferenziert beschriebene Programm einer Erziehung zur Lustfähigkeit übernimmt, von dem hier getroffenen Ansatz her, auch eine theologische Ethik eine bestimmte Verantwortung.

Die Erziehung zur Lustfähigkeit ist mit den geschilderten Kindheitsphasen und der Phase der Pubertät nicht abgeschlossen, sondern der erwachsene Mensch übernimmt nun eine Eigenverantwortung für das Lusterleben. Dieses hat auch seine bedeutsamen gesellschaftlichen Implikationen, etwa im Problem der sogenannten Freizeit. Programmatisch erscheint es vor allem in der Form einer »erotischen Kultur«. Erotische Kultur partizipiert an Möglichkeiten der Kunst und des Schöpferischen, des Spiels, des Tanzes usw. Erotische Kultur humanisiert das sexuelle Verhalten und sexuelle Lust! Sexualethische Weisungen bedeuten in diesem Zusammenhang, daß frustrierten Menschen, daß Geängsteten Mut gemacht wird, sexuelle Lust spielerisch zu finden und zu erleben. Weisungen können hier bedeuten, daß man zwar die Wichtigkeit sexueller Techniken anerkennt, aber doch auch Appelle gestaltet, diese Techniken hinüberzuführen in ein Spiel der Farbigkeit, Phantasie und Festlichkeit des Lebens. Sexualethik wird weiter Überlegungen anstellen, um »Spielräume« und Modelle der Lust zu schaffen. Sie wird auch sagen, daß erotische Kultur weithin eine Kultur von Haltungen der Zärtlichkeit meint[41].

Natürlich müssen auch in diesen Zusammenhängen kritische Überlegungen angestellt werden. Lusterleben hat tiefe Ambivalenzen. Lust und Sterben gehören ja in vielen Symbolen zusammen! Von einer kritisch-ethischen Überlegung her wären etwa folgende Gesichtspunkte geltend zu machen: Dort, wo Lusterleben eines Ich auf Kosten eines Du geschieht, also dort, wo ein Du im Lusterleben instrumentalisiert wird – man denke an das Problem des Sadomasochismus –, ist Lustgewinnung ethisch nicht zu verantworten. Oder: Wenn Lustgewinn nur in Triebabreaktionen möglich ist, kann es zu Regressionen in Zustände der Unreife kommen, und solche Lust qualifiziert sich als inhuman;

der Mensch wird hier nicht weitergeführt, sondern zurückgeführt. Oder: Wenn Lust »ekstatisch« das Ich »außer sich« geraten läßt, ist die Dimension des Du gefährdet, indem in der Ich-Du-Begegnung das Du gleichsam vergessen wird. In dem allem ist eben nur angedeutet, daß eine unkritische Naivität im Umgang mit der Lust nicht am Platze ist.

Neue Formen von Partnerschaft

Fünftes Beispiel: Es gibt heute zahlreiche Probleme neuer Formen von Liebesgemeinschaften. In der »Welt von gestern« war der legitime Raum der sexuellen Begegnung die Ehe und die Familie; andere Räume waren zwar faktisch vorhanden, sie wurden aber gesellschaftlich diskriminiert. Heute scheint die Epoche der unterschiedlichen Formen der Liebesgemeinschaften gekommen zu sein[42]. Die ethische Frage lautet: Gibt es nur in der Ehe ein Recht auf Sexualität? Wenn die ganze menschliche Existenz zugleich sexuell bestimmt ist, dann gibt es ein Recht für die Gestaltung der Sexualität auch von Menschen, die aus irgendeinem Grund die Form der Ehe nicht bewältigen oder die den Zugang zur Ehe nicht finden, wofür es besonders für die Frau genügend Gründe gibt. Ledergerber sagt: »Es gibt einen gewissen Prozentsatz von Menschen, die sich nicht zu einer festen Ehe eignen oder sich aus irgendeinem Grund besser nicht völlig binden; auch sie haben das selbstverständliche Recht auf ein volles Liebesleben.«[43] Ledergerber nennt konkrete Beispiele: So haben Verwitwete oft keine Gelegenheit mehr, sich zu verheiraten, oder es haben Geschiedene aus den Belastungen ihres Schicksals den Mut zur neuen, festen Bindung verloren. Nach Ledergerber darf ihnen das ihnen mögliche Liebesleben nicht vorenthalten werden. Er sagt: »Es ist unbegreiflich, wie zahllos viele Menschen heute – trotz des Wehgeschreis über die allgemeine Sexualisierung – in verkrampfter, trostloser Einsamkeit ohne Aussicht auf Annäherung aneinander vorbeigehen müssen, wie schlecht die sozialen Konventionen geeignet sind, eine spontane Begegnung unter den Einsamen zu erleichtern...«[44] – In diesem Sinn gäbe es ethisch eine Anwaltschaft für Einsame und Diskriminierte, und solche Anwaltschaft muß gerade von der christlichen Botschaft her möglich sein. Allerdings müßte dafür im Rahmen der Theologie eine ganze Tradition kritisch angegriffen werden, in der sich Christen und Kirchen moralisch an Diskriminierungen beteiligt haben.

Indem wir von unserem Ansatz her immer auch die Frage nach den Institutionen als Räumen, in denen die entsprechende ethische Haltung realisiert werden kann, gestellt haben, ist hier eine weitere Überlegung von Ledergerber wichtig[45]. Er schlägt die Ergänzung der bisher institutionellen Ehe durch den Personalbund vor. Dieser Vorschlag knüpft teilweise an studentische Erfahrungen an, teilweise an Erfahrungen der Kommunen. Mit dem Personalbund ist gemeint, daß sich zwei Menschen zu einem bestimmten, von ihnen gewählten gemeinsamen Lebensmodus zusammenfinden. Bestimmungen über Rechte und Pflichten werden privat getroffen; die Ausweitung dieser Ich-Du-Beziehung zur Gemeinschaft mit dem Kind ist zunächst nicht vorgesehen. Was ist zum Vorschlag des Personalbundes vom Standort ehtischer Überlegungen aus zu sagen? Er ist dann verantwortbar, wenn er zum Raume echter Ich-Du-Begegnung und echter Identitätsfindung wird. Das heißt: Das Einmalige, Persönliche und vielleicht Unkonventionelle des Personalbundes ist dann zu akzeptieren, wenn es einem Ich zur Begegnung mit dem Du verhilft und zugleich die Ich-Werdung von Ich und Du ermöglicht. Dagegen wäre der Ort der Begegnung einmal mehr verfehlt, wenn es zu Instrumentalisierungen des einen Partners kommt und das Leitbild der Gleichrangigkeit der Partner so in Frage gestellt wird. Und weiter: Sofern dem Personalbund Momente des Imperfekten, des Fragments, des Experiments auf dem Wege eignen, wäre wieder auf schon Gesagtes zu verweisen: Vom hier getroffenen theologischen Ansatz her ist Rechtfertigung auf anthropologischer Ebene durchaus ein Geschehen, das Imperfektes und Fragmentarisches einbezieht.

Partnerschaft auf Zeit?

Sechstes Beispiel: Mit den Hinweisen auf Sexualität als Erfahrungsweg und mit den Hinweisen auf neue Formen der Begegnung (Personalbund) ist die Frage nach sexueller Begegnung *auf Zeit* gestellt, womit zugleich die Frage nach Treue und Untreue in der Begegnung mitgegeben ist. Indem hier als ethisches Kriterium immer Begegnungsstrukturen und Strukturen der Identitätsfindung vorausgesetzt sind, ist von vornherein ausgeschlossen, daß sexuelle Partnerschaft von einem Besitzdenken getragen ist, wo der eine Partner dem andern »gehört«. Allerdings hat dieses Besitzdenken in vielen Traditionen eine mächtige Stütze, auch wenn das nicht offen zugegeben wird.

Die ethisch sachgemäße Fragestellung ist erreicht mit der Frage: Bedarf eine echte Partnerschaft des Moments der Dauer, oder gibt es sexuelle Partnerschaft »auf Zeit«? Ich versuche die Frage sofort in der Dimension der ethischen Verantwortung zu diskutieren und nicht in abgesunkenen Dimensionen, wo einerseits die des Besitzdenkens per definitionem »Treue« fordert oder wo andererseits Promiskuitätsideale »problemlos« das Verhältnis auf Zeit implizieren.

Zunächst: Sexuelle Partnerschaft fordert aus bestimmten Gründen das Moment der Dauer. Die Sprachlichkeit von Sexualität als *Hingabe* gibt schon wichtige inhaltliche, anthropologische Argumente. Hingabe ist als solche ganzheitlich, personal und schafft Geschichte, die nicht einfach widerrufen oder rückgängig gemacht werden kann. Es entsteht ein Kommunikationsprozeß der Sinne von einer bestimmten einmaligen Intensität und Dichte des Erlebens; dieser Prozeß verwandelt und prägt Menschen, die in ihn eintreten. Solche Momente der Ganzheitsbegegnung, der personalen und geschichtlichen Begegnung widerstehen strikte den Auffassungen, Partner oder Partnerinnen könnten ausgetauscht oder nach einiger Zeit ersetzt werden. Ich erinnere in diesem Zusammenhang an die Lektion der Romantik, die die Unmittelbarkeit der Geschlechterbegegnung durchaus im Sinn einer Einmaligkeit verstand, auch wenn in der Kritik der Romantik zu fragen ist, ob eine so hochgespannte und hochstilisierte Unmittelbarkeit nicht eine Überforderung des wirklichen Menschen bedeute. Es muß jedenfalls zunächst betont werden, daß diese Momente der Einmaligkeit und Unmittelbarkeit eben Begegnung als Begegnung auf Dauer meinen und daß mit diesen Momenten der Wille zur Dauer konstitutiv erscheint. Es geht um eine Wir-Struktur als einem Gebilde mit eigener und einmaliger Würde!

Die sexuelle Hingabe, die zur eben beschriebenen Wir-Struktur führt, schafft eine bestimmte seelische Disposition von Partnern, die sehr leicht verwundbar ist. Zum Schutze dieser Disposition gehört wiederum das Moment der Sicherheit und Dauer, gehören Haltung und Handlungen, die alles abwehren, was die Wir-Struktur gefährdet. Im besonderen verbindet sich die Wir-Struktur mit der Hoffnung auf den gemeinsamen Weg, auf die gemeinsame Zukunft. Die Infragestellung der Dauer ist dann Infragestellung einer Hoffnung und Zukunft, und eben darin erweist sich die Vorstellung einer Partnerschaft »auf Zeit« als inhuman. Freilich: Der Anspruch, der mit dem Postulat der Dauer einer Beziehung gegeben ist, ist immer als Aufgabe, als erst zu findender Weg zu sehen. Er verlangt Einübung eines geschärften Sinns für das Du und das, was dieses nötig hat: Es muß zu sich kommen können, es muß in der Wir-Geborgenheit zugleich frei atmen können. Der hohe Anspruch ruft wiederum nach dem nicht kurzen, zeitlich befristeten, sondern nach dem langen Weg der Partner!

Weiter ist immer das institutionelle Problem zu bedenken. Begegnung von Partnern ist nicht abstrakt-personal in dem Sinne, daß sich Partner gleichsam ohne Umgebung begegnen könnten. Begegnung geschieht unter den Bedingungen der Umwelt, und Begegnung ereignet sich konkret so, daß Partner sich gemeinsam eine Umwelt schaffen. Indem sich Menschen gemeinsam eine Umwelt schaffen, stellen sie sich einem Lernprozeß, in dem sie Existenz, Welt, Person unter den Bedingungen der »Zweisamkeit« neu definieren[46]. Solche Prozesse rufen wiederum nach dem Moment der Dauer, sie können nicht einfach ohne Schädigung abgebrochen oder unverantwortlich und unreif abgeändert werden. Die Wege, die betreten wurden, müssen bis zum Ziel beschritten werden.

Die angesprochenen Momente sind aber immer im Zeichen eines bestimmten Realitätsprinzips zu sehen, von dem her beispielsweise die Kritik der romantischen Unmittelbarkeit und ihrer Möglichkeiten gegeben ist. Man wird hierin gegen viele Positionen stehend betonen müssen: Das Postulat der Dauer ist primär nicht in romantischem Überschwang gegeben, sondern der lange Weg der Partner dient einer Einübung auf das Realitätsprinzip. Auf diesem Weg nimmt man Abschied von Bildern, die man sich vom Partner gemacht hat. Auf diesem Weg überwindet der Mann Anima-Bindungen, die Frau Animus-Bindungen. Die Dauer läßt Partner sich in einem neuen, reiferen Sinn finden. Und diese neue und reifere Stufe kann ohne Dauer nicht erreicht werden. Der lange Weg steht auch insofern im Zeichen des Realitätsprinzips, als das Ich das Anderssein des Du kennenlernt, erträgt, schützt und sich entfalten läßt. Ringeling sagt: »Die Freiheit, anders zu sein, gewinnt man leichter im längeren Umgang.«[47] Der lange Weg läßt im Rahmen der Wir-Struktur Freiheit finden!

Konsequenz einer reifen, identischen Sexualität und Partnerschaft scheint schließlich auch eine bestimmte Desexualisierung zu sein, zu der ebenfalls der lange Weg der Partner nötig ist, damit diese Desexualisierung nicht schädigt. Das heißt konkret: Mit dem Ja zur Sexualität in ihren Spielarten üben sich Partner auf einen gemeinsamen Weg ein, der nicht mehr exklusiv von sexuellen Erfahrungen bestimmt ist. Die gemeinsame Geschichte, das Glück der sich immer wieder erneuernden Begegnung bekommt gegenüber den sexuellen Erfahrungen einen Mehrwert. Diese gemeinsame Geschichte hat in sich eine Würde und einen Erfahrungswert, so daß die Notwendigkeit der immer neuen sexuellen Verifizierung nicht mehr im selben Maße gegeben ist. Die gemeinsame Geschichte beruht nicht mehr nur auf der Unmittelbarkeit der sexuellen Begegnung. Damit ist kein Dualismus gemeint. Die hier beschriebene Desexualisierung wird auf der Ebene der körperlich-sexuellen Begegnung den Übergang zu allgemeinen Haltungen der Zärtlichkeit, zu differenzierten Formen der Erotik bedeuten; solche Desexualisierung ist ein Zurücktreten des Primats der Genitalität. Zum hier besprochenen Beispiel aber gilt: Zu solcher Desexualisierung, soll sie nicht seelisch schädigen, gehört der lange, gemeinsame Weg der Partner!

Es wurden Gesichtspunkte besprochen, die zeigen, daß die Dauer ein wesentliches und grundlegendes Moment echter, reifer sexueller Partnerschaft bedeutet; auch wenn ich das in mancherlei Hinsicht belastete Wort »Treue« vermieden habe, ist mit ihm auf einen bestimmten Erfahrungshorizont hingewiesen, der nicht einfach negativ qualifiziert werden kann.

Gibt es nun aber auch Argumente für eine sinnvolle sexuelle Beziehung *auf Zeit*? Die traditionelle theologische Ethik vermeidet diese Frage oder vermag nur negative Urteile zu formulieren. Damit wird sie heutiger Wirklichkeit kaum mehr gerecht und geht unter anderem an der durch alle Reports gesicherten Tatsache vorbei, daß das Verhalten der heutigen Menschen sich weithin gegen jene Normen wendet, die die sexuelle Beziehung nur im Horizont der Treue und der Dauer akzeptieren. Das Verhalten ist auch dann anders, wenn man verbal diese Normen noch verkündigt!

Auszugehen ist von einer altbekannten Erfahrung, nämlich

daß der Eros an sich etwas Schweifendes hat, daß er oft dem Augenblick und dem Augenblickspartner verpflichtet ist, daß er dem Spiel der Phantasie huldigt, daß er aus dem Alltag herausführt. Mit dem Eros ist die Flut der Bilder gegeben, die die Liebenden überschüttet. Mit ihm ist das Moment der Überraschung, Narrheit und Subversivität gegeben. Er vermag das Leben farbig zu machen, wenn auch oft nur farbig auf Zeit oder für den Augenblick. Kann die vielfältig schillernde Wirklichkeit des Eros in die Dauerbeziehung eingebracht werden? Wird diese Wirklichkeit die Dauerbeziehung nicht sprengen? Ist der großartige Versuch der Synthese von Eros und Dauer oder von Eros und Treueverhältnis im Sinne der Romantik nicht eine Überforderung? Zunächst sprechen die Reports zum Sexualverhalten – wie immer es um ihre methodische Absicherung auch steht – doch eine deutliche Sprache: Die Dauerbeziehung wird von vielen als Reizabfall erlebt – Dauer ist zugleich Reizlosigkeit, Farblosigkeit, Unfestlichkeit, Alltäglichkeit. Die Dauerbeziehung ist bedroht vom »Unbehagen«, das sich einstellt, wenn man die Gefühle der Reizlosigkeit nicht oder ungern zugibt. Dauerbeziehungen stehen dann unter dem Vorwurf, der Mensch sei in ihnen eingesperrt und stehe unter Zwängen und Frustrationen. In Dauerbeziehungen kommen so Körper und Sinne, Lust und Spiel zu kurz, der Leib wird mechanisiert und »sprachlos«. Als Zusammenfassung der Problematik sei ein Satz von Wilhelm Reich zitiert: »Die Grundschwierigkeit jeder sexuellen Dauerbeziehung ist der Konflikt aus der (zeitweiligen oder endgültigen) Abstumpfung des sinnlichen Verlangens einerseits und der mit der Dauer wachsenden zärtlichen Bindung an den Partner andererseits.«[48]

Die Auskünfte der Reports deuten auf Hintergründe, die tiefenpsychologisch erhellbar sind: Der Mensch darf sich in seiner Triebbestimmtheit nicht täuschen lassen! Normen sind gleichsam nur die brüchigen Konventionen der Gesellschaft, belastet von Unkenntnis über die Abgründe des menschlichen Unbewußten. Auch der zur Dauer und Treue willige Mensch verfügt nicht einfach über das Ganze seines Bewußtseins, und es kann gerade der Wille zur Dauer und Treue eine Unterdrückung der Triebnatur bedeuten, eine Unterdrückung, die sich dann in bestimmten Reaktionen wieder zeigt. Die Macht der Triebe zeigt sich bei Menschen, die Entscheidungen zur Treue und Dauer verbal aussprechen, in Heuchelei und gedanklicher Untreue. Die

Macht der Triebwelt ist in vielen Beziehungen präsent, indem zum Beispiel Männer und Frauen während des ehelichen Verkehrs an andere, von ihnen begehrte Menschen denken, um zum Orgasmus zu kommen[49]. Frühkindliche Bindungen, etwa Mutterbeziehungen des Mannes, lassen nicht im vollen Sinn Partnerschaft und Beziehung entstehen: Eigentlich ist man nicht in der Wirklichkeit der Begegnung, sondern bei sich selber oder – als Mann – bei der Mutter; ebenso kennt die Humanmedizin den Begriff und die Problematik der »verdeckt-polygamen Züge der Frau«. Die Bindungslosigkeit bzw. Schwierigkeit zur Bindung hat »viele Gesichter«[50].

Reports und tiefenpsychologische Erhellung zeigen die Wirklichkeit der Beziehungen und warnen vor Täuschungen. Wie ist diese Wirklichkeit ethisch und theologisch zu kommentieren? Ich versuche einmal mehr, klischeehaften, traditionellen Antworten auszuweichen und Humaneinsichten ernst zu nehmen. Hier fällt auf, daß nach den Befragungen besonders die jüngere Generation – etwa Studenten – auch das Verhältnis auf Zeit beglückend erlebt. Ebenso fällt auf, daß zunehmend viele Stimmen sich dazu bekennen, daß man ohne Ehe und ohne Dauerbeziehung glücklich sein kann[51]. Sollen solche Stimmen rigoristisch und pfäffisch verunsichert werden? Soll hier einmal mehr die Warnung, die Bonhoeffer an die Adresse von Kirchen und Theologien ausgesprochen hat, mißachtet werden: man dürfe nicht dem zufriedenen und glücklichen Menschen weismachen wollen, er sei in Wirklichkeit unglücklich und verzweifelt, – das eben sei der pfäffische Trick, dem mündig gewordenen Menschen zu sagen, daß er doch noch einen Vormund brauche[52].

Erweiterung des Treuebegriffs

Zunächst geht es darum, eine Neudefinition von Treue zu suchen und zu wagen. Im Anschluß an die »Neue Moral« im Sinne Comforts sucht auch Barczay nach einer »Erweiterung des Treuebegriffs«[53]. Nach Barczay sollte Treue nicht nur Treue im Geschlechtsverkehr meinen, sondern auf die umfassendere Treue des Füreinanderdaseins und Füreinandersorgens angelegt sein. Damit erfährt dann die geschlechtliche Begegnung auf der Ebene des Körpers und der Sinne eine Entlastung und wird in ein umfassenderes Treuesystem eingeordnet. Barczay sieht diese Neudefinition schon verwirklicht, indem er Schätzungen aufnimmt, nach denen jeder zweite Ehemann seine Frau einmal »betrogen« habe, womit keinesfalls gesagt werden könne, jede zweite Ehe sei zerbrochen[54]. Mit anderen Worten kann der von Barczay visierte Sachverhalt so umschrieben werden: Die umfassende Dauerbeziehung trägt den Einzelfall des Bruchs der sexuellen Beziehung! Oder: Der »innere Treuebruch« ist verheerender als der »äußere«! Und: Die reife Dauerbeziehung zeigt sich auch darin, daß sich Partner in ihrer Triebstruktur annehmen, ohne diese durch Moralisieren oder durch ein Besitzdenken zu frustrieren!

Wichtig sind auch die Argumente von Elle[55]. Er weist auf die Schwierigkeiten der Dauerbeziehung hin, weil sich der einzelne Partner im Laufe der Zeit ändert. Er weist auf Schwierigkeiten einer »totalen Partnerschaft« hin, weil man nicht ohne Überforderung für alle Gebiete und Teilbereiche Partner eines andern sein kann; ein unsportlicher Mensch kann in einer Beziehung nicht einfach zum Fußballfan werden, um dem Partner zu entsprechen! Soll man nicht besser – so fragt Ell – eine in vielen Hinsichten befriedigende Dauerbeziehung weiterführen, aber für das Teilgebiet einen Partner außerhalb der primären Partnerschaft suchen? Das damit aufgeworfene Problem der Teil-Partnerschaft scheitert allerdings dann, wenn man Dauerbeziehung und Partnerschaft mit einem Besitzdenken verbindet. Ell sieht faktisch Ersatzpartnerschaften in Männer- und Frauenrunden, und er sieht überall die Faktizität geistiger Ersatz-Partner. Kann, darf es aber auch sexuelle Ersatzpartnerschaften geben? Ell unterscheidet zwischen »personaler« und »sexueller« Untreue: Die »personale« Untreue gefährdet die Dauerbeziehung und Ehe, die »nur-sexuelle« Untreue dagegen nicht oder nicht immer, sofern die entsprechende Einsicht und Haltung vorhanden ist. Man müßte sich nach Ell vom Tabu frei machen, daß sexuelles Tun immer Ausdruck der Liebe sein müsse. Ell fordert dann auch »Sex-Stätten«, um sexuelle Bedürfnisse in einer kultivierten Atmosphäre zu stillen.

Zur Frage der Unauflöslichkeit einer Dauerbeziehung oder Ehe vertritt Ell die Auffassung, Unauflöslichkeit sei nur noch als »freiwillige Leistung« und nicht mehr institutionell zu fordern. Es sind nach Ell Formen von Ersatzpartnerschaften schon vorhanden; es geht nur darum, solche Formen mit einer echten personalen Legitimation zu versehen.

Im Rahmen der Bemühungen um eine neue Sicht gibt es natürlich wesentlich radikalere Stimmen und Positionen. So ist hier Comforts Vorschlag einer »ehebrecherischen Stütze« der Ehe zu diskutieren. Seine umfassende Aussage sei wiederholt: »Es ist sehr wahrscheinlich, daß die eheliche Untreue heute mehr Ehen erhält als zerstört.«[56] Die ironisch-lockere Variante derselben Auffassung hat schon Goethe formuliert: »Du junger Mann, du junge Frau/ lebt nicht zu treu, nicht zu genau/ In enger Ehe.«[57] Ich diskutiere und kommentiere im folgenden Comforts Aussage. Natürlich lassen sich gegen diese sowohl Einwände aus einer traditionellen Sicht erheben wie auch Einwände von einer personalistischen Sicht, wie ich sie oben skizziert habe. So müßte beispielsweise auf die Sensibilität jenes Partners hingewiesen werden, der sich plötzlich allein gelassen fühlt. Und die Auskunft der Vertreter der »Neuen Moral«, Partner müßten miteinander »vernünftig« über außereheliche Verhältnisse sprechen, ist insofern nicht ungefährlich, als die Tiefenpsychologie solche Offenheit in einzelnen Fällen als Sadismus des einen Partners gegenüber dem andern entlarvt hat. Und dann gibt es auch das schwierige und oft mißachtete Problem des »Partners auf Zeit«, der – eben nach Ablauf der Zeit – dem Dauerverhältnis »geopfert« wird. Wie steht es um die Sensibilität dieses Partners, der jetzt plötzlich wieder allein ist? Das einige vorweggenommene Einwände gegen Comfort. Trotzdem wird man den Satz von Comfort auf eine bestimmte »particula veri« hin zu bedenken haben.

Es geht um den ernsthaften, aber auch gefahrvollen Versuch, die Wirklichkeit des Eros in seiner oben geschilderten Struktur der Farbigkeit, Festlichkeit und Phantasie einer Ehe zu vermitteln, die in der Phase des Reizabfalls steht. Ist diese Vermittlung möglich? Ist sie Illusion, gefährliche Täuschung? Das alles kann tatsächlich mit diesem Versuch gegeben sein. Aber Comfort denkt von faktischen Erlebnissen Liebender her. Es können das Erlebnisse sein, wie sie in erotischen Texten gestaltet sind. In dem Film »Hiroshima mon amour« kehren die Liebenden in ihre Ehen zurück, und das Verhältnis »auf Zeit« wird in irgendeiner Form in das bestehende Dauerverhältnis eingebracht. Es heißt im Text, der Mann (der Japaner) glaube nicht an den Wert von Zufallsliebschaften, und darum habe er die Liebe mit der Französin – eine Liebe auf Zeit – so intensiv erlebt. Der Satz von Comfort läßt sich, wie mir scheint, in keiner Weise als ethische Direktive brauchen. Er steht aber in einem ganz bestimmten Verhältnis zur Wirklichkeit Liebender. Es ist das eine Wirklichkeit, die eine ethische Direktive für alle vom Einzelfall und Einzelerlebnis her transzendiert. Es ist das eine Wirklichkeit, die eine Rechtfertigung nur im Einzelfall erfahren kann, und zwar beispielsweise die von Comfort gemeinte Rechtfertigung eines Dienstes am Dauerverhältnis. Freilich müßte die Sicht Comforts insofern differenziert werden, als das abgebrochene und zu Ende gekommene Liebesverhältnis auf Zeit zwei Menschen, die zugleich in einem andern Verhältnis stehen, in das sie zurückkehren, doch zusammengebunden hat. Es ist auch hier eine gemeinsame Geschichte entstanden, die faktisch in irgendeiner Form weiterbesteht; das zu Ende gekommene Liebesverhältnis auf Zeit entläßt nicht definitiv aus der Verantwortung. Wie wird solche Verantwortung wahrgenommen? Wenn so gefragt wird, zeigt sich ein weiteres Mal die Problematik des Einzelfalles und Einzelereignisses in seiner Faktizität, und es zeigt sich ein weiteres Mal, daß hier ethische Direktiven in einem allgemein gültigen Sinn nicht formuliert werden können. Es kann nur darum gehen, die weitergehende Verantwortung sichtbar zu machen. Wie diese wahrgenommen wird, das müssen Menschen einer gemeinsamen Geschichte selber entscheiden. So deutet sich noch einmal das Gefahrvolle und Brüchige des Weges an, an den Comfort denkt.

Die bisher besprochenen Probleme orientieren sich nach wie vor am Vorrang der »Normalehe«, die auf der Ebene der Sexualität als Dauerverhältnis verstanden wird; es geht dann darum, diese Ehe zu erhalten, zu beleben, zu retten. Das Denken vom Vorrang der Normalehe her ist aber heute auch erschüttert, und es hat die Kraft des Normativen weithin verloren. Wiederum kann man diese Entwicklung moralistisch verurteilen. Diese Verurteilung läßt dann – jetzt vom Standpunkt der Ethik her gesehen – Gruppen von Menschen allein. Sie werden nicht mehr auf eine Verantwortung hin angesprochen. Im Sinne unserer Vorentscheidungen gehe ich auch hier über zahlreiche traditionelle Überlegungen hinaus. Vorschläge, die teilweise in der jungen Generation und in Subkulturen schon verwirklicht sind und die als Utopien empfunden werden können, solche Vorschläge deuten eine Neugestaltung des Verhältnisses der Geschlechter in der Zukunft an. Ich nenne einige solcher Vorschläge: »Ehe zu viert«, Partnertausch, Gruppenehen, parallele Gesellschaft, neuartige weibliche Orgasmuspotenzen, erotische Samariter usw. Auch wenn in der Vielzahl der Vorschläge und Überlegungen wohl eher die Tatsache einer neuen Zukunft als solche sich kundtut, als daß man sich schon diese Zukunft vorstellen könnte, so ist von einer theologischen Ethik, die ein Exodusprinzip voraussetzt, die Ankündigung einer neuen Zukunft ernsthaft zu kommentieren. Für unsere Fragestellung – Sexualität auf Zeit – ist für diese Zukunft das Moment der Dauer im traditionellen Sinn nicht mehr gegeben. Ob und wie Übergänge, in denen dieses Moment fallengelassen wird, bewältigt werden, ist kaum reflektiert und kann auch nur auf Grund von Erfahrungen kompetent besprochen werden. Gruppen, die der Zeit vorauseilende Experimente wagen, stehen unter einem starken Druck der Traditionen und der Gesellschaft. Neuerfahrungen werden so nicht in einer Normalsituation gemacht, sondern im Widerspruch zur Umgebung und oft genug auch im Widerspruch zur eigenen Tradition und Erziehung. Dieser Druck neurotisiert. Trotzdem gibt es Selbstaussagen von avantgardistischen Gruppen, die zeigen, daß das Erleben von Identität und Glück nicht mehr mit dem Moment der Dauerbeziehung verbunden ist. Plack wertet solche Neuerfahrungen auch im Rahmen eines weiteren Horizonts positiv, indem er die Auffassung vertritt, daß solche Gruppen nicht mehr gesellschaftlichen Freund-Feind-Bildern verhaftet seien, weil hier ein Ethos der Freizügigkeit und Toleranz herrsche: Hier betrüge man sich nicht mehr, ja die Bereitschaft, einander Freiheiten zu geben, binde enger aneinander[58]. Jedenfalls scheinen sich hier neue Möglichkeiten anzudeuten, die man nicht von vornherein negativ qualifizieren kann.

Wenn sich in Experimenten eine neue Zukunft andrängt, wird die Sexualethik auch dafür kritische Fragen formulieren, beispielsweise die nach dem Gelingen der echten Ich-Du-Beziehung unter gewandelten Bedingungen. Wie und in welchem Sinn wird Partnerschaft in Gruppen echte und humane Räume schaffen, in denen diese Ich-Du-Beziehung gelingt, ohne daß es zu Manipulierungen und Instrumentalisierungen des einen durch den andern kommt? Ist eine neuartige Eheauffassung im Vorteil gegenüber der traditionellen Eheauffassung? Vermag sie Neurosen der traditionellen »Zweisamkeit« oder der Kleinfamilie zu vermeiden? Und weiter: In welchem Sinn verhilft eine parallele Gesellschaft, eine Subkultur, zur Ich-Du-Begegnung und zur Identitätsfindung? Und schließlich: Was bedeutet es für die »conditio humana«, wenn sich nun ein Bild und eine Wirklichkeit gestalten, in der die Frau ihre so sehr veränderte Orgasmuspotenz bzw. ihre Ansprüche einzubringen versucht? Was bedeutet das alles für die Frau selber, und was bedeutet es für den Mann in der Mann-Frau-Begegnung? Es muß für all diese neuartigen Zusammenhänge betont werden, daß damit personale und ethische Kriterien nicht einfach außer Kraft gesetzt sind, sondern daß sie in einem neuen Sinn zur Geltung gebracht werden müssen.

Abschließend stellt sich die Frage: Wie verhalten sich die Argumente, die für die sexuelle Partnerschaft das Moment der Dauer fordern, zu den Argumenten, die auf Grund von Erfahrungen von Partnerschaft auf Zeit formuliert werden? Ich versuche die Antwort weder von einem an der Wirklichkeit scheiternden harmonistischen Interesse her zu geben noch auch von Moralismen her.

Ich sehe zunächst keine sachliche Nötigung, das, was ich über das Moment der Dauer als Bedingung des Gelingens der echten Partnerschaft sagte, zu relativieren. Das Ideal der Dauerbeziehung kann allerdings nicht institutionell erzwungen werden, sondern es untersteht selber der personalen Wahl, es muß personal eingeholt und verantwortet werden, es ist keine »ewig gültige« Ordnung, sondern wird verantwortet in der Geschichte der Liebenden. In diesem Sinn ist es Aufgabe, um die echte Ich-Du-Begegnung zu ermöglichen. Weil das Ideal in die Dimension des Personalen, der Geschichte und der Wirklichkeit gehört, eignen ihm die entsprechenden Ambivalenzen und untersteht es der Bedingung, daß es gelingen oder mißlingen kann. Und weil das Ideal zu sehr in den Raum der Ordnungen und des institutionell Erzwingbaren gerückt wurde, darum sind an ihm Menschen und menschliche Beziehungen zerbrochen. Das Ideal ist gleichsam in eine Unglücksgeschichte eingegangen, und darum entsteht heute eine Fülle von Gegenangeboten und Gegenmöglichkeiten, in denen sich Menschen teilweise erst tastend ihr Glück und ihre Identität suchen. Damit erweist sich heute die geschichtliche Wirklichkeit Liebender als in die Schwebe gebracht: Momente der Dauer und eines Ideals der Dauer stehen polar gegenüber Experimenten von Beziehungen auf Zeit. In diesen Polaritäten schaffen sich Liebende ihre Geschichte, tragen sie ihr Glück und ihr Unglück, versuchen sie dem Du das ihm Zukommende zu finden und zu geben, versuchen sie ihre Identität zu schaffen. Die Offenheit der Situation gehört heute zur Schwierigkeit, aber auch zur Chance, echte Beziehungen zu finden. Eine ethische

Wahrheitsfindung und eine echte theologische Verantwortung müßten ihre Anwaltschaft gerade für solche Offenheit wahrnehmen, wenn immer sie wirklichkeitsbezogen sind.

Sexualverhalten ist gesellschaftlich bedingt

Siebentes Beispiel: Sexualverhalten und Gestaltung von Sexualität unterstehen gesellschaftlichen Bedingungen! Das mit dieser Einsicht verbundene Problembewußtsein ist der theologischen Sexualethik nach wie vor fremd, weil sich Theologien immer wieder individualethisch und faktisch dualistisch an Werten der Innerlichkeit orientiert haben. Heute geben nun sowohl empirische Ansätze (etwa die Sexualreports) wie ideologische (Marxismus, Metapsychologie) so überzeugendes Material zum Zusammenhang zwischen Sexualität und Gesellschaft, daß auch der theologische Ethiker nicht mehr daran vorbeigehen kann. Dazu kommt, daß aus der Analyse dieser Zusammenhänge massive Kritik an Theologie und Kirchen entsteht: Das Übersehen der Zusammenhänge zwischen Sexus und Herrschaft, die Isolierung sexualethischer Entscheidungen auf der Ebene des Individuums hatte die Konsequenz, daß die Kritiker des Christentums diesem vorwerfen, es stehe auf seiten falscher Herrschaft und verstärke und ideologisiere falsche Herrschaft, weil es sich der entscheidenden Zusammenhänge nicht bewußt sei, bzw. weil es als »Religion der Innerlichkeit« den Wirklichkeitsbezug verfehle. Man wird jedenfalls zugeben müssen, daß Menschen von heute weithin von Vorschlägen »christlicher Moral« nicht mehr angesprochen werden und daß es damit faktisch zu einem schleichenden Abfall von »christlichen Normen« kam, auch wenn man sie verbal vielleicht noch vertrat. Immer mehr entsteht ein Phänomen, das man die »unbefangene Generation« nennt, so daß man auch schon von der »nachkeuschen Epoche« spricht. Das alles trifft Theologien und Kirchen weithin unvorbereitet, so daß ihre Vertreter einem neuartigen »Wirklichkeitsschock« ausgeliefert sind. Das Postulat, theologische Sexualethik im Blick auf die Zusammenhänge zwischen Sexualität und Gesellschaft einer umfassenden Revision zu unterziehen, besteht meines Erachtens zu Recht und ist heute unumgänglich geworden.

Diese Revision ist einzuleiten mit methodischen Überlegungen. Welches ist die sachgemäße Fragestellung? Es kann diese Fragestellung mit Menne wie folgt formuliert werden[59]: Wie bringt eine Gesellschaft ein Wertsystem zur Geltung, und wie verhilft dieses Wertsystem den Mitgliedern dieser Gesellschaft zu einem charakteristischen und gleichförmigen Verhalten? Diese allgemeine Fragestellung zeigt, daß mit Fragen nach dem Verhaltenssystem einer Gruppe wichtige Identitätsfragen der Gruppe gegeben sind. Es ergeben sich dann die für die heutige Epoche bekannten Probleme: Stellt eine Relativierung oder ein Abweichen vom Gruppenverhalten die Gruppenidentität in Frage? Menne zeigt, daß diese Fragestellung eine Rangordnung der Werte voraussetzt und zugleich die Bedeutung der offenen Situation signalisiert. Damit regeln Normen und Werte und entlasten mit solchen Regelungen den Entscheid des Individuums und setzen zugleich den Raum einer eigenen Verantwortung im Rahmen des Bezugssystems. Menne wendet diese allgemeine soziologisch-politische Fragestellung auf die speziellen Probleme des sexuellen Verhaltens an, indem er sowohl empirische Daten wie auch kritische Deutungen dieser Daten berücksichtigt; das Material beruht auf einem Vergleich protestantischer und katholischer Sexualmoral in der Bundesrepublik. Das Resultat von Menne habe ich schon erwähnt: Es ergibt sich eine Differenz zwischen traditionellen Sexualethiken der Kirchen und Konfessionen und der gesellschaftlichen Realität. Mennes Vorwurf an die Kirchen und Theologien der Bundesrepublik lautet: Die Vorstellungen der Kirchen und Theologien zur Sexualität diskriminieren nach wie vor die nichtreproduktive, libidinöse Sexualität, und zwar meist auf Grund von biologistischen und familiaristischen Argumenten; kirchliche Sexualität dient damit konservativen Positionen.

Mennes Resultat ist mit Argumenten, die methodisch anderen Disziplinen als der Soziologie und Politologie verpflichtet sind, zu ergänzen. Im besonderen scheinen mir tiefenpsychologische und sprachphilosophische Überlegungen wichtig, ebenso bekommen subkulturelle Phänomene einen neuen Stellenwert. Alle diese Ansätze implizieren gegenüber der traditionellen theologischen Sexualethik Kritik, sie enthalten aber auch Vorschläge zu neuen Modellen der Sexualethik.

Bevor ich mich den Ergänzungen zur Argumentation von Menne zuwende, formuliere ich die Zielvorstellung, die eine theologische Sexualethik für heute meines Erachtens vertreten müßte: Es geht einer solchen Sexualethik um Beiträge zu einem

Menschenbild, das den freien, mündigen, kritikfähigen Menschen meint; im Rahmen dieses Menschenbildes kommt der sexuellen Emanzipation ein entscheidender Stellenwert zu. Und es muß in theologischer Verantwortung der Einsicht Bahn gebrochen werden, daß nur der sexuell Reife gesellschaftlich und politisch reif handeln kann. Mit Recht spricht Pfürtner als theologischer Ethiker von einem »sexualemanzipatorischen Auftrag im Namen der Sittlichkeit«. Und er sagt: »Wo... sexuelle Emanzipation – freilich nicht zur sexuellen Labilität hin – erfolgt, nehmen die psychodynamischen und psychosozialen Voraussetzungen zu, Herrschaftsformen zu durchbrechen.« Und schließlich gilt, »... daß Persönlichkeiten, die sexuell repressiv erzogen wurden und sich davon aus eigener Vitalität nicht befreien konnten, sehr schlechte Voraussetzungen mitbringen, auf Gebieten des kirchlichen und sonstigen gesellschaftlichen Lebens gegen möglicherweise vorhandene Herrschaftsformen vorzugehen. Umgekehrt besteht eine hohe Wahrscheinlichkeit, daß überall dort, wo Herrschaftsformen vorliegen, die herrschenden Schichten an der Fortdauer der repressiven Sexualmoral bewußt interessiert sind.«[60]

Im Dienste dieser Zielvorstellung stelle ich nun Überlegungen zu tiefenpsychologischen und sprachphilosophischen Einsichten an, und weiter knüpfe ich an heutigen Experimenten der Subkultur an. Die theologische Sexualethik bringt ja für die aufgeworfenen Fragen keine eigene, ausgesonderte Methode mit, sondern sie gewinnt ein sachgemäßes Problembewußtsein im Dialog mit humanwissenschaftlichen Positionen.

Wichtig ist zunächst der Ansatz der Tiefenpsychologie, und zwar speziell der Ansatz, der mit der Metapsychologie von Freud gegeben ist. Allerdings ist dieser Ansatz sofort über ein bloß individualethisches Mißverständnis hinauszuführen, und es ist Freud hierin mit Reich zu ergänzen[61].

Kindheitssexualität und Sozialisation

Die Entdeckung und Analyse der Phasen der Kindheitssexualität durch Freud ist – teilweise über Freud hinausführend – mit gesellschaftlichen Fragen in Zusammenhang zu bringen, wobei sich dann sofort auch theologische Implikationen ergeben. In der Sozialisation sind Momente der individuellen Existenz und Entwicklung des Kindes unmittelbar verbunden mit Erziehungserwartungen der Gesellschaft, wobei sich in diesen Erwartungen Machtansprüche der Institutionen deutlich geltend machen. Diese Erziehungserwartungen wollen also faktisch den Menschen zum Angepaßten an Systeme machen, wobei der Mensch diese Erwartungen so verinnerlicht, daß er im Sinne der Institutionen und ihrer Ansprüche über sich selber wacht. Das heißt im einzelnen folgendes: Schon die erste Kindheitsphase, die der Oralität, enthält eine natürlich-unbewußte Machtproblematik. Diese Phase ist ja bestimmt durch das Erleben der Mutter oder einer ersten Bezugsperson, und zwar indem sich die Mutter grundlegend dem Kind zuwendet oder sich diesem entzieht. Das Kind erlebt diese Zuwendung oder diesen Entzug als Lustgewinnung oder als Lustverweigerung. Wenn die Mutter dem Kind Zuwendung verweigert und das Kind also den verschlingenden, bedrohenden und angsterregenden Aspekt der ersten Bezugsperson erfährt, macht es erste ängstende, machtmäßige Erfahrungen. Und indem sich dann die grundlegende Muttererfahrung in wirkenden Mutterbildern fortsetzt, ja indem sich Muttererfahrungen in kulturelle und religiöse Muster ausformen, sind Ansätze zu überaus wirksamen Zusammenhängen gegeben: In Kulturen und Religionen werden »mütterliche Strukturen«, wird eine Mutterideologie zur wirkenden Macht; Macht hat hier oft einen verschlingenden, bedrohenden und angstmachenden Aspekt.

Indem weiter in der nächsten Kindheitsphase, in der Analphase, eine erste Form des Erbringens von Leistung gefordert und eingeübt wird, ist damit das Problem des Leistungsstatus gegeben. Das Kind setzt sich jetzt mit bestimmten Forderungen seiner Umgebung auseinander. Wenn es sich diesen Forderungen anpaßt, erfährt es Lob; wenn es sich verweigert, wird es getadelt und bestraft. Nach Freud wird die Erziehung zur körperlichen Hygiene in einem weitern Sinn zum Kommunikationsproblem, ja Freud hat sogar das Hergeben oder Behalten von Geld mit den Problemen dieser Phase verbunden. Jedenfalls entstehen eine Herrschaftsproblematik und entsprechende Zusammenhänge. Nämlich: Leistung und Leistungsstatus werden kontrolliert, das Kind kann sich anpassen oder verweigern. Und im Zusammenhang mit der Erziehung zur Hygiene werden Haltungen der Scham wichtig, die der Kontrolle, der Selbstkontrolle unterstehen. Hier werden nun dualistische Ängste gepflanzt, die sich kulturell und religiös auswirken können. Hier gibt es Ansätze zu Ordnungs- und Opferideologien, die – manchmal sadomasochistisch – von Herrschaftssystemen durchgesetzt werden.

Die ödipale Stufe bringt den – erzwungenen – Vorrang der genitalen Sexualität und die herrschaftsmäßige Tabuisierung der Partialtriebe, die sich auf frühere Stufen beziehen. Hier ist der Vater die vorherrschende Figur, wobei sich Väterlichkeit fortsetzt in verinnerlichten Über-Ich-Instanzen wie Gesetz, Ordnung, Autorität (durch Institutionen wie Familie, Schule, Kirche), Gott-Vater-Figur usw. Der Vorrang der genitalen Sexualität wird mit massiven Drohungen gegen die Onanie und gegen Strebungen der Partialtriebe erreicht. Solche Drohungen werden moralisch und religiös unterstützt. Knaben und Mädchen erleben diese Phase unterschiedlich; vom Standpunkt der Herrschaftsproblematik sind aber *beide* Geschlechter bedroht von Abhängigkeiten, Anpassungen und Überanpassungen, die den Menschen nicht autonom werden lassen. Ich werde weitere Einzelheiten später darlegen. Wenn die Bewältigung der Ödipusproblematik mißlingt, wird der Mensch nicht mündig, reif, gesellschaftskritisch, sondern er bleibt Angepaßter und Höriger der Systeme und Ideologien. Auch die Adoleszenz kann nochmals herrschaftsmäßig beeinflußt werden: Minderwertigkeitsgefühle der Jugendlichen können beispielsweise mit Onaniedrohungen verstärkt werden, der Jugendliche wird statt zum Freien zum Abhängigen und Angepaßten. Sexualfeindliche Einstellungen der Familie, der Kirchen, der Schulen, der staatlichen Autoritäten verhindern das angstfreie Aufbrechen des jungen Menschen, das die Pubertät bestimmen müßte. Und solche Einstellungen erweisen sich oft genug als herrschaftsbedingt und herrschaftssüchtig!

Wenn sich theologische Sexualethik mit Hilfe von Analysen, wie ich sie eben andeutete, herrschaftskritisch zurüsten läßt, wird sie gewappnet sein, bestimmte gesellschaftlich wirksame Zusammenhänge zu befragen und aufzulösen. Ich deute diese Zusammenhänge nur schlagwortartig an. Es gibt eine negative Leistung eines dualistischen Christentums in bezug auf Sexualität: Wer sich von christlicher Moral beeinflussen läßt, ist leicht dem Gefälle ausgesetzt, daß Sexualität angstbesetzt ist, daß sie von Schuldgefühlen oder – nach Mitscherlich – von einer Schuldkultur begleitet ist, wobei Angst und Schuld machtmäßig ausgenützt werden; der Geängstete und sich schuldig Fühlende läßt sich leicht regieren und manipulieren. Oder: Es gibt einen Zusammenhang zwischen Ordnung, heteronomen Gesetzen, Wertverpflichtungen und Herrschaft. Dieser Zusammenhang wird durch Erziehung und Beeinflussung schon im Kind gesetzt, wobei mit Drohungen gegen Triebprozesse des Kindes gearbeitet wird. Eine unreife Sexualität unterstützt unreife Existenz und unkritische Anpassung an Macht und Herrschaft. Oder: Es gibt machtmäßige Anwendungen von Aussagen der christlichen Tradition. So wird beispielsweise die Sündenfallgeschichte und die theologische Erbsündenlehre mit der Vorstellung der »unreinen« und »sündigen« Sexualität verbunden; Erbsünde wird gewissermaßen sexuell fortgepflanzt! Einmal mehr lassen sich solche Vorstellungen leicht machtmäßig ausnützen. Weiter gibt es eine herrschaftsmäßige Ausnützung des Pflichtzölibats bzw. des Bruchs des Zölibats. Und schließlich gibt es Möglichkeiten der Ausnützung der Vorstellung von der kultischen Unreinheit, etwa der kultischen Unreinheit der Frau, die eben deswegen nicht zur aktiven Mitwirkung im Gottesdienst und zu kirchlichen Ämtern zugelassen wird. Oder: Wie später genauer darzulegen sein wird, gibt es machtmäßige Ausnützungen von Vatervorstellungen und Vaterautorität, die mit der Gottesautorität verbunden wird; solche Autoritätsvorstellungen unterstützen sowohl sexistische Haltungen wie das herrschende Patriarchat.

Ein Problembewußtsein, das diese Zusammenhänge durchschaut, ist ein wichtiger Beitrag zur ethischen Bewältigung der Herrschafts- und Machtproblematik, wobei zu betonen ist, daß damit nicht gemeint sein kann, daß es Macht und Herrschaft zur Organisation des menschlichen Zusammenlebens überhaupt nicht brauche; es geht aber um Macht, die durchschaubar ist und sich als im Dienste des Humanum stehend ausweist. Macht, die nicht mehr kontrollierbar ist, und Macht, die sich verschleiert und tarnt, wird schließlich zum Nährboden für Gruppenneurosen, Kollektiverkrankungen und Massenwahn.

Zur Analyse tritt aber sofort auch die Modellbildung, an der sich theologische Sexualethik mitbeteiligen müßte. Hier sind Probleme heutiger Subkulturen als besondere Herausforderung zu sehen; ich denke an Phänomene wie die Hippiebewegung, Drogenkultur, Kommunebewegung, Protestkunst usw. Mit diesen Phänomenen entziehen sich heute faktisch und nicht nur theoretisch größere Gruppen hauptsächlich junger Menschen den Zwängen der Gesellschaft. Wohlstandsgesellschaft, Konsum, Privateigentum, Familienideale verlieren ihre Faszination und lassen sich ideologisch kaum mehr legitimieren. Leitend sind dagegen Ideale des Glücks, der Lust, des Spiels, der Selbstdarstellung und eben auch neue Experimente der erotischen Begegnung und einer erotischen Kultur. Die leitende Vorstellung ist die einer nichtrepressiven Beziehung der Geschlechter. Dafür wird »freie Sexualität« propagiert, weiter soll die Kommune zum »großen Bett« werden; angstbesetzte Sexualität soll ebenso verschwinden wie geschlechtliche Unterwerfung, Anpassung und Unterdrückung. Weiter sollen Möglichkeiten der Partialtriebe, Möglichkeiten einer kindlichen und spielerischen Sexualität, unbelastet von Zumutungen der machtgesteuerten Ideologien, neu gefunden werden. Ich beurteile diese Phänomene hier nicht als solche, aber in ihnen drängt sich jedenfalls eine neue Zukunft an, die auch für die theologische Sexualethik wichtig ist.

Indem die Theologie sich an einem jesuanischen Leitbild orientiert, müßte sie Möglichkeiten einer gesellschaftlichen Anomie deshalb ernst nehmen, weil sich ja wohl auch Jesus in einer auffallenden Weise den Zwängen der Familie und der Arbeit entzogen hat und weil er in seiner Solidarisierung mit den Außenseitern der kultischen Institutionen seiner Zeit selber eine Außenseiterrolle spielte. Das jesuanische Urbild sollte die theologische Sexualethik zurüsten, neuartige »Exodusstrukturen« ernst zu nehmen und sie als Chance zu würdigen. Es ist nicht einzusehen, daß sich theologische Sexualethik immer weiter nur auf systemkonformes Verhalten beziehen müßte. Ein neuer Weg der Theologie wird freilich nicht verhindern, daß auch kritische Fragen formuliert werden, etwa die, ob eine neue Erotik und Sexualität wirklich reife Erotik und Sexualität ist, ob in neuartigen Beziehungen Instrumentalisierungen von Partnern verhindert werden, und ob schließlich die »neue Welt« der Gruppen die Herrschaftsproblematik tatsächlich bewältigt.

Die neue Sprache des Eros

Ein weiterer Ansatz ist mit Überlegungen zum Problem der Sprache gegeben. Hier ist kritisch das Problem der Herrschaftssprache zu diskutieren, und es ist unter den Bedingungen der Sprachsensibilisierung nach einer neuen, nicht-repressiven Sprache zu suchen. Möglichkeiten der Sprachreinigung und einer neuen Sprache der Erotik sehe ich vor allem auch im Raume der Literatur. Darum ist ein Dialog zwischen dem Ethiker und dem Schriftsteller notwendig[62]. Nach Adorno gilt: »Kunstwerke... haben ihre Größe einzig darin, daß sie sprechen lassen, was die Ideologie verbirgt.«[63] Das Kunstwerk hat also – gesellschaftlich gesehen – eine entlarvende Funktion und zugleich eine utopische, da in ihm eine neue repressionsfreie Welt andrängt. Es ist dabei zunächst die kritische Potenz gestalteter Sprache, die Stabilisierungen aufbricht und neue Wege in die Zukunft eröffnet, zu bedenken. Mit dem Mittel der Verfremdung vermag der Schriftsteller bestehende Zustände ironisch in Frage zu stellen und den Leser oder Theaterbesucher kritisch auszurüsten. Ich nenne ein Beispiel, wo eine Kontraststruktur einerseits obszönkomische Assoziationen vermittelt und andererseits gegen eine bürgerliche Gesellschaft kritisch stimmt. Eine Regieanweisung Brechts in der »Dreigroschenoper« ist folgendermaßen formuliert: »Hurenhaus in Turnbridge. Gewöhnlicher Nachmittag; die Huren, meist im Hemd, bügeln Wäsche, spielen Mühle, waschen sich: ein bürgerliches Idyll. Hackenfinger-Jakob liest die Zeitung, ohne daß sich jemand um ihn kümmert. Er sitzt eher im Weg...«[64] Dieselbe Verfremdung und kritische Zurüstung kann erreicht werden, wenn im gestalteten Schriftstellertext obszönumgangssprachliche Elemente eingebracht werden. So kombiniert beispielsweise Tuli Kupferberg das Wort »fuck« mit Worten wie »international, Corps, Frieden, Präsident, Diktator, Chiang Kai Nu, Bajonette«[65]. Schmalstieg kommentiert: »Die in den USA militaristisch-imperialistisch verstandene Devise ›Kampf für den Frieden‹ wird durch die kritische Parole ersetzt ›Fuck for Peace‹ (wodurch das leichter konsumierbare ›make love, not war‹ überholt ist). An die Stelle eines beliebigen systemstabilisierenden Staatsfeiertages tritt der systemsprengende ›international fuck day‹.«[66]

Für den Übergang zwischen der kritischen Sensibilisierung von Sprache, die sich für revolutionäre Aktionen brauchbar erwies, und utopischen Vorwegnahmen einer neuen Welt können auch die Parolen der Studenten genannt werden, die im Mai 1968 anläßlich der Studentenrevolten in Paris geprägt wurden. Beispiele sind: »Jouissez sans entraves. Vivez sans temps morts. Baisez sans carottes« (Genießt ohne Zwang. Lebt ohne Leerlauf. Fickt ohne Karotten). Paepcke stellt in seiner Kommentierung fest, daß Begriffe wie »rêve, amour, liberté, espoir, vérité, désir«

eine höhere Frequenz haben als spezifisch soziale Forderungen[67]. Und eigentlich utopisch sind dann Parolen wie »Le rêve est réalité« (Träume sind Wirklichkeit), »Soyez réalistes, demandez l'impossible« (Seid realistisch, verlangt das Unmögliche) usw.[68].

Polar zu den bisher erwähnten Beispielen, in denen Sprache kritische Zurüstung und revolutionäres Wirkungsgeschehen ist, stehen die Möglichkeiten der Sprachabstraktion, der reinen Sprache, der »kühlen« Kunst. Schmalstieg zeigt mit Beispielen aus dem Werk von Hofmannsthal Sprachprozesse, in denen ein direktes sprachliches Zugreifen auf erotische Szenen zurückgenommen ist zugunsten latenter, angedeuteter, esoterischer Sprachlichkeit und Erotik. Damit ist im Sprachspiel – und nicht in der inhaltlichen Aussage – eine Sprache unter dem Primat der Genitalität zurückgewiesen, und es werden im Sprachspiel – wiederum nicht in Inhalten – Möglichkeiten vorweggenommen, die auf eine zukünftige Gesamterotisierung der Wirklichkeit deuten[69].

Im Abschied von einer dualistischen und darin angstbesetzten Sprache, im Abschied von moralisierender, familiaristischer und ideologisierter Sprache wäre der Theologie zuzumuten, parallel zu den Möglichkeiten der Schriftstellersprache eine Sprache der Verfremdung, die kritisch zurüstet, zu finden; dann eine Sprache der erotischen Phantasie, die utopisch eine neue Welt signalisiert; dann eine Sprache auf Grund von sinnlicher Erfahrung und schließlich eine abstrakte Sprache, womit sich eine neuartige Gesamterotisierung von Wirklichkeit andeutet. Für solche Sprachgestaltung müßte die Theologie auf undualistische Sprachbilder des Alten Testamentes, etwa auf das Hohelied, zurückgreifen. Sie könnte auch Sprache gestalten, indem sie das von Harvey Cox vorgeschlagene Symbol des Christus-Harlekin umfassend berücksichtigte[70]. Gegen eine unsensible erotische Sprache könnte sich die theologische Bemühung weiter durch das Stichwort von Böll anregen lassen, der von der »Zärtlichkeit Maria Magdalenas« sprach[71]. Im Rahmen neuartiger theologischer Bemühungen um eine Theologie der Erfahrung könnte eine Theologie des Leibes und der Sinne entstehen[72]; diese Theologie müßte sich auch ihre neue, undualistische Sprache schaffen. Die neue Sprache wäre schließlich selbstkritisch gegenüber der traditionellen Herrschaftssprache und darin einzuordnen heutigen Sprachbemühungen von Subkulturen.

4. KAPITEL

Das Mädchen im Patriarchat

Zur Tiefenpsychologie der Frau

Psychologische Hermeneutik

Tiefenpsychologische Methoden zur Deutung der Bibel

Es wäre grundsätzlich und methodisch verfehlt, die Fragestellungen und das Problembewußtsein der Tiefenpsychologie in einem vordergründigen Sinn in den Zeugnissen der Bibel zu suchen. Es gibt genug Beispiele, die zeigen, daß eine vordergründige Psychologisierung der Bibel scheitert. Eine andere Frage ist allerdings damit gegeben, daß es Versuche gibt, durch Interpretation Einsichten der Tiefenpsychologie und auch Methoden der Tiefenpsychologie mit biblischen Problemen zu konfrontieren[1]. Tiefenpsychologische Fragestellungen könnten in der Bibel dann – durch Interpretation – wiedergefunden werden, wenn methodisch sichergestellt würde, daß Texte der Bibel auch latente Inhalte haben, daß in ihnen beispielsweise verdrängte Konflikte als Gestaltungsprinzipien und inhaltlich wirksam sind, wobei die Verdrängung auf die Wiederkehr des Verdrängten angelegt ist, oder daß sich Texte an bestimmten Symbolen und Symbolwandlungen orientieren, oder daß eine Über-Ich-Problematik entweder individuell oder für Gruppen eine Rolle spielt.

Was ich eben allgemein sagte, gilt auch für die Tiefenpsychologie der Frau. In einem vordergründigen Sinn geben Texte der Bibel, die sich auf das Verhältnis der Geschlechter und auf Probleme der Frau beziehen, für die tiefenpsychologische Fragestellung nichts her. Sie geben mutatis mutandis das her, was ich in der biblischen Skizze zur Sexualität andeutete. Nämlich einerseits: Aussagen, die eine patriarchalische Gesellschaft charakterisieren; Aussagen, die zeigen, daß die Religion Israels eine Männerreligion ist; dualistische Ansichten, die die Frau hauptsächlich zur Gebärerin machen, usw. Andererseits gibt es positive Aussagen zur Leiblichkeit und zum erotischen Genießen und für das Problem der Frau Andeutungen, daß prophetische und charismatische Begabungen möglich sind; weiter gibt es vielleicht eine »Neuwertung« der Frau in der Jesusbotschaft: Weil die Frau zu den Erniedrigten und Entwürdigten gehört, gilt gerade ihr die Befreiungsbotschaft Jesu. Diese Neuwertung führt auf eine prinzipielle Gleichwertung von Mann und Frau vor Gott und vielleicht auf ein »Prinzip Liebe« zwischen Mann und Frau, das personale Implikationen hat. Dieses unausgeglichene Ineinander von zwei Linien, das schon für die allgemeine Sexualethik charakteristisch war, gilt auch hier; weitere Einzelheiten habe ich in den Ausführungen zur Sexualethik genannt[2].

Weil es für den Versuch, biblische Motive anzugeben, die einen latenten und damit nur den tiefenpsychologischen Methoden zugänglichen Sinn haben, bisher kaum Hilfestellungen der Exegese gibt, muß ich ungeschützt darauf hinweisen, wo solche Motive vielleicht gegeben sein könnten. Die folgenden Problemkreise müßten meines Erachtens bedacht werden.

Erstens: Wenn die Exegese darauf hinweist, daß in verschiedenen Texten der Bibel letzte Reste von matriarchalischem Gedankengut vorhanden seien, die dann durch den siegreichen Patriarchalismus verdrängt wurden, ergibt sich die Frage, ob in solchen Zusammenhängen verborgene Gehalte liegen, die auf eine Wiederkehr des Verdrängten angelegt sind[3].

Zweitens gibt es im Rahmen einer patriarchalischen Ordnung der Geschlechter »ideologische« Überhöhungen und Stilisierungen, die eine Über-Ich-Religion andeuten; solche Überhöhungen und Stilisierungen stabilisieren bestimmte gesellschaftliche Zustände, konkret bedeuten sie eine Herabminderung der Würde der Frau. Die Deutung dieser Phänomene als Über-Ich-Religion orientiert sich am kritischen und auch religionskritischen Gehalt der Metapsychologie von Freud, für die das Über-Ich jene Instanz ist, in der Normen, Ideale und Vorstellungen der Gesellschaft verinnerlicht werden; im Über-Ich wird auch eine Vatervorstellung mit einer Gottesvorstellung überhöht.

Drittens: Es gibt im Zusammenhang der hier gewählten Fragestellung Probleme des »historischen Jesus«. Eine bestimmte eschatologisch bedingte Haltung Jesu scheint in einem Ineinander von enthusiastischen und asketisch-rigoristischen Momenten zu bestehen; indem Jesus vom Wissen um die Nähe des Reichs bestimmt ist, ist dieses Ineinander gegeben: Wenn jetzt die entscheidende Gottesstunde da ist (enthusiastisches Moment), werden die Bedingungen des gewöhnlichen Lebens unwesentlich, man kann sich ihnen entweder unbefangen hingeben, oder man kann sich ihnen rigoristisch-asketisch verweigern. Wenn aber Haltungen entstehen, die den Realitätsbezug vernachlässigen, ist sofort die Gefahr der Verdrängung gegeben; Rigorismus und Askese weisen jedenfalls auf diese Gefahr hin.

Und mit der Botschaft von der Nähe der Gottesstunde ist so etwas wie ein »illusionäres Element« mit im Spiel; hinter Illusionen steht bekanntlich – tiefenpsychologisch gesehen – eine Mischung von Angst und Wunsch. Solche Ängste und Wünsche objektivieren sich in apokalyptischen Botschaften. Hier ist aber ein zweites Mal die Frage nach dem Realitätsbezug zu stellen. Wohin wird, wenn Illusionen mit im Spiel sind, dieser verdrängt? Und endlich: Apokalyptische Botschaften gestalten sich von einer archetypischen Symbolik her. Symbole der Wandlung signalisieren einen Wandlungsprozeß des Bewußtseins. Die Frage insbesondere der Jungschule nach den archetypisch-symbolischen Gehalten der Person Jesu und seiner Botschaft ist damit gegeben.

Viertens: Es gibt für die hier gewählte Fragestellung Probleme der expliziten Christologien, also der Christusbotschaft der Urgemeinde, des Paulus und des johanneischen Schrifttums, die sich von der Dimension, die sich auf das Leben und Geschick Jesu bezieht, charakteristisch abhebt. Wenn hier Aussagen zum Vater-Gott gemacht werden, dem der »Sohn« gegenübersteht, und wenn es um Aussagen geht, der Sohn werde geopfert, deutet sich damit doch wohl auch die Ödipus-Problematik im Sinne von Freud an. Im besonderen wird man von dieser Problematik her fragen: Wo ist in diesen Vorstellungen der Platz der Mutter?

Fünftens: Es gibt ein umfassendes Problem der ethischen Paränese der Urgemeinde. Indem der Glaube der Urgemeinde eschatologisch motiviert ist und indem in einem eschatologischen Glauben der Intention nach die gesellschaftliche und moralische Entfremdung des Menschen schon aufgehoben ist, entsteht eine Spannung mit der Realität, wo solche Entfremdungen sich sofort neu wieder im Bereich der Gemeinden und im Handeln der Christen zeigen. Die intendierte eschatologische Existenz hat sich – indem die Parusie ausbleibt – wieder im Handeln des Christen zu gestalten und zu bewähren. In diesem Zusammenhang gibt es das spezielle Problem der paulinischen Paränese. Diese mag zudem zu ganz bestimmten Ausformungen gekommen sein, weil Paulus im Enthusiasten ein Typus vor Augen stand, der die eschatologisch intendierte Existenz gleichsam schon vorwegnahm. Diesem Typus gegenüber erwies sich Paulus in einzelnen Ratschlägen als »gebremster Enthusiast«. Die eben skizzierte Problematik hat sich wahrscheinlich in bekannten Ratschlägen des Paulus zu Fragen der Geschlechter und der Erotik ausgewirkt. Einerseits weiß Paulus, daß die Enthusiasten mit bestimmten Motiven der Christusbotschaft übereinstimmen. In der Spannung zwischen Botschaft und Wirklichkeit reagiert nun Paulus aber als Dualist, bzw. er steht in einem ethischen Dilemma. Das vielleicht unbewußte Ja zu der abgelehnten Position kann – tiefenpsychologisch gesehen – als »Schatten« in Paulus selber bezeichnet werden; an diesen Schatten ist Paulus gebunden, und darum argumentiert er in Auseinandersetzung mit ihm. Dieselbe Problematik ist wohl auch in der spezifischen Lösung der Verhältnisbestimmung zwischen Eros und Agape zu sehen; der abgelehnte Eros bezieht sich auf den Schatten des Paulus!

Sechstens: Wenn sich mit der Sicht, daß Mann und Frau vor Gott gleich seien, auch anthropologisch ein Gleichheitsprinzip und ein Prinzip personaler Liebe zwischen Mann und Frau andeutete, so müßte im Blick darauf, daß dieses Prinzip die gesellschaftliche Wirklichkeit der jungen Christenheit offenbar nicht verändert hat, gefragt werden, wie es um den Realitätsbezug dieses Prinzips stand.

Siebentens: Wenn alte mythologische Vorstellungen vom »hieros gamos« mit Polaritäten wie Christus und die Kirche (Braut und Bräutigam) neu aktualisiert wurden und wenn die Vorstellungen von der Sophia erneuert wurden, so waren damit archetypische Gehalte im Spiel; solche Gehalte könnten und müßten tiefenpsychologisch gedeutet werden.

In Verpflichtung zu einer hermeneutischen Theologie kann es nun auch hier nicht darum gehen, von diesen latenten biblischen Problemen her aktuelle Aussagen zu machen. Die Latenz dieser eben geschilderten Probleme läßt ja eine Systematik auch nicht zu. Den biblischen Zeugnissen eignet ja gerade für diese Zusammenhänge kein Problembewußtsein! Die systematische und die aktuelle Antwort kann auch hier nur dann entstehen, wenn biblische Motivationen mit Ansätzen, Methoden und Ergebnissen heutiger Tiefenpsychologie im Sinne des hermeneutischen Zirkels verbunden werden. Das heißt, es geht um die Frage, ob biblische Grundmotive – zum Beispiel die Botschaft von der Befreiung – etwa mit emanzipatorischen Tendenzen heutiger Tiefenpsychologie sinnvoll verbunden werden können, so daß dann der Dialog zwischen Tiefenpsychologie und Theologie möglich ist.

Der spezielle Ansatz, um den es jetzt geht, ist auf dem Hintergrund der Ausführungen des 2. Kapitels zu sehen. Die dort intendierte »Theologie der Befreiung« wäre nun auf einer spezifischen Ebene neu zu finden und zu gestalten: Es geht jetzt um eine psychologische Hermeneutik der biblischen Aussagen. Dabei ist im Ansatz die konkrete Problematik der Frau zunächst ausgeklammert.

Der spezielle Ansatz könnte mit hermeneutischen Bemühungen zu verschiedenen biblischen Motiven erfolgen; man kann vielleicht an das Exodus-Motiv denken oder an den weisheitlichen Teil der Bibel. Weil es aber wenig sinnvoll ist, den ganzen Weg der biblischen Zeugnisse abzuschreiten, greife ich auf den besonders wichtigen Ansatz im Rahmen des Christuszeugnisses. Dafür gibt es auch Überlegungen der neutestamentlichen Exegese[4]. Es soll damit jetzt also dargelegt werden, daß es eine psychologische Relevanz des Geschicks und der Botschaft Jesu gibt, ohne daß vorauszusetzen wäre, der »historische Jesus« sei sich dieser Bezüge bewußt gewesen[5]. Diese Relevanz korrespondiert mit einer Befreiungsbotschaft, die für uns heute aktuell ist.

Einzusetzen ist mit der eschatologischen Gestalt der Jesusbotschaft. Vermag diese Gestalt einer psychologischen Hermeneutik Impulse zu vermitteln? Ich meine ja, und zwar im folgenden Sinn: Indem Menschen vom Wissen um die unmittelbare Gottesherrschaft bestimmt sind, und indem dieses Wissen eine Fülle von apokalyptischen Bildern produziert, ist damit unmittelbar ein Wandlungsprozeß des Unbewußten signalisiert. Solche Wandlungsprozesse sind immer begleitet von Ängsten und Wünschen, für die Mythen und apokalyptische Aussagen als Versuch einer psychologischen Verarbeitung, teilweise wohl auch als sekundäre Rationalisierungen zu verstehen sind. Jedenfalls enthält solche Mythenbildung und enthalten solche apokalyptischen Aussagen das Bewußtsein einer epochalen Wende. Je mehr diese Wende ängstet, desto größer sind eschatologische und kosmische Dimensionen der Aussagen! Dieses Gesetz zeigt sich auch in individuellen Psychoanalysen, wo das Erleben der Wandlung begleitet ist von Träumen mit Todessymbolen und Symbolen von kosmischen Katastrophen. Nun ist die Botschaft Jesu und sein Selbstbewußtsein eschatologisch und apokalyptisch bestimmt. Und es ist für das Selbstverständnis und Selbstbewußtsein Jesu, soweit dies textlich erfaßbar ist, grundlegend, daß er ein Geschick »für viele« oder »für alle« erleidet. Damit ist dieses Geschick – jetzt im Blick einer psychologischen Hermeneutik – Signal einer Neueinstellung des kollektiven Unbewußten einer Epoche. Damit entsteht auch die Frage, worin die Neueinstellung des Bewußtseins bestand[6].

Die Antwort sei vorweg gegeben: Es entstand eine neue Vorstellung von Freiheit! Jesus selber ist Beispiel und Vorbild solch neuer Freiheitshaltung. Das zeigt seine Freiheit gegenüber der Thora und im weiteren Sinn seine Rolle als gesellschaftlicher Außenseiter[7]. Niederwimmer vertritt die Auffassung, die Geschichte Jesu sei hauptsächlich von der Thora-Rebellion Jesu bestimmt. Diese hat theologische und gesellschaftliche Konsequenzen. Es sei zunächst daran erinnert, daß das Judentum in der Thora den von Gott eröffneten Weg zum Heil und zum Schalom-Zustand sah. Die Thoraweisung war dabei – entsprechend der historischen Bewußtseinslage – heteronom. Der Thorafrömmigkeit entsprach eine bestimmte Gottesauffassung, nämlich die Auffassung vom »Gott der Gerechten«. Natürlich hat nun die Thorafrömmigkeit eine lange und differenzierte Geschichte; Thoradeutung und Thoraanweisung erfolgten weithin als charismatischer Vorgang, der sich gewandelten Situationen durchaus als gewachsen erwies. Mit der Thora-Rebellion Jesu deutet sich aber eine grundsätzliche Wandlung an, auch wenn es dafür Vorstufen gibt. Jesus steht der Thora völlig unbefangen gegenüber: Einmal akzeptiert er sie, und einmal verläßt er Vorschriften der Thorafrömmigkeit seiner Zeit! Diese Freiheit gegenüber der Thora ist nur möglich auf dem Hintergrund einer gewandelten Gottesvorstellung: Es geht jetzt nicht mehr um den »Gott der Gerechten«, sondern um den »Gott der Sünder«, im Gleichnis zum Beispiel um den »Gott des verlorenen Sohnes«. Die gesellschaftlichen Konsequenzen liegen in der Identifizierung Jesu mit den Außenseitern der Gesellschaft; mit dieser Identifizierung vollzieht sich das Geschick Jesu dann in einem Autoritätskonflikt. Man sah von seiten der Gegner Jesu diesen als Thora-Rebell und als Rebell gegen eine entsprechende Gottesvorstellung und schließlich damit als Unruhestifter in der Gesellschaft.

Eine psychologische Hermeneutik kommt zum folgenden Resultat: Das Geschick Jesu und seine eschatologisch-apokalyptische Botschaft signalisieren eine epochale Wandlung, die auf der Ebene des Unbewußten sowohl eine Wandlung des Gottesbildes wie auch des Menschenbildes impliziert. Den Wandlungen des Gottesbildes im Unbewußten entspricht anthropologisch eine neue Freiheitsdimension. Der »Gott der Sünder«, der an die Stelle des »Gottes der Gerechten« tritt, befreit den Menschen zur autonomen Eigenverantwortung und zu einer Existenz jenseits der Gesetzlichkeit und dualistischer Moralismen. Das Böse muß jetzt nicht mehr unterdrückt werden, sondern es wird als Schuld akzeptiert und verarbeitet[8]. Menschen, die sich vom Geschick Jesu und seiner Botschaft ansprechen lassen, treten nun in einen Wandlungsprozeß ein. In diesem Prozeß entsteht für sie ein neues, differenziertes Gottesbild, indem Gott jetzt – in der Sprachregelung der Metapsychologie von Freud – nicht mehr Instanz eines Über-Ich ist, sondern indem Gott die Autonomie des Menschen ermöglicht und als Prinzip der Reifung, der Ich-Stärkung und Sozialisation erfahrbar ist. In Wegen und Vollzügen der »Rechtfertigung des Sünders« wird so eine Existenz jenseits aller Angst und jenseits dualistischer Vorstellungen möglich: Menschen sind hier dem Gesetz der Heteronomie entnommen, sie gehen als Mündige ihren Weg. Und so schaffen sie nun ihrerseits Freiheitsräume und übernehmen echte Verantwortung für Geschichtsprozesse, die zugleich Prozesse der Bewußtwerdung und zunehmender Emanzipation sind.

Ich meine, daß die eben getroffenen Erwägungen den Brükkenschlag zwischen der christlichen Botschaft und tiefenpsychologischen Zielvorstellungen zeigen. Dieser Brückenschlag ist im folgenden mit Beispielen zu konkretisieren.

Theologie des Abstiegs

Individuelle Sozialisation und sozio-kulturelle Muster

Indem heutige Theologie immer mehr ihre Anthropologie im Dialog mit humanwissenschaftlichen Menschenbildern gestaltet, wird der Beitrag der Tiefenpsychologie besonders wichtig. Im Rahmen der tiefenpsychologischen Debatten und ebenso in der Praxis der tiefenpsychologischen Bemühungen um den Menschen zeigt sich heute – über alle Differenzen der verschiedenen Schulen hinweg – die Bedeutung des Ansatzes bei Freuds genialen Entdeckungen zu den Problemen der Kindheitssexualität. Man darf die These wagen, daß sich menschliche Existenz aus den Bedingungen der frühkindlichen Phasen erhebt und daß reife Existenz weithin vom Bestehen der Probleme der frühkindlichen Phasen abhängt. Dabei deutet sich nun immer deutlicher auch der Bezug zwischen dem individuellen Schicksal des heranwachsenden Kindes, im besondern zwischen der individuellen Sozialisation, und den Problemen der Gemeinschaft an. Damit entsteht dann die anspruchsvolle Aufgabe einer Hermeneutik von Gemeinschaften, Kulturen und Religionen aus tiefenpsychologischen Einsichten. An diesem Punkt knüpfen die folgenden Darlegungen an, wobei ich mich zunächst am Diskussionsstand, wie ihn Scharfenberg darlegt, orientiere, und dann weiter Ausführungen besonders von Ricœur aufnehme[9].

Der natürlich immer kritisch zu bedenkende Überstieg von tiefenpsychologischen Einsichten im Blick auf das Individuum zu Problemen der Gruppen, Gemeinschaften und der Gesellschaft hat als Problem erste wichtige Anstöße dort erfahren, wo Freud vorsichtig von »Analogien« zwischen Zwangsneurotikern und religiösen Menschen sprach. Schon früh wurde in der Schule Freuds darüber diskutiert, ob man Sozialgebilde, Völkerschaften und Religionsgemeinschaften »wie ein Individuum« analysieren könne; Theodor Reik hat das gegen Erich Fromm bejaht und dafür auch Beispiele vorgelegt[10]. Der Überstieg vom Individuum auf kulturelle Muster wird heute mit wissenschaftstheoretischen Differenzierungen verbunden, die der Diskussion der frühen Freudschule überlegen sind. Und hier ist nun vor allem die Position von Ricœur wichtig. Diese Position benützt Möglichkeiten, die mit dem Programm des hermeneutischen Zirkels gegeben sind[11]. Psychoanalyse, genauer Metapsychologie wird in der Sicht von Ricœur auf Grund der folgenden Voraussetzung zur Kulturhermeneutik: Die psychoanalytische Interpretation ist wesentliches Wirkungselement *in* den Kulturen geworden, und das vor allem darin, daß Metapsychologie angewandte Mythologie, Völkerkunde und Religionswissenschaft ist. Man kann sich das wohl am besten mit der Ödipusproblematik vergegenwärtigen, wo eine psychoanalytische Symbolik der Dialektik von Triebverlangen und Triebverzicht auf Über-Ich-Probleme aufmerksam macht, die den individuellen Sozialisationsprozeß in einer Wirkungsgeschichte mit gesellschaftlichen Problemen und die gesellschaftlichen Probleme in einer Wirkungsgeschichte mit dem Individuum zeigen. Der mit Ricœur gewonnene Zugang enthält wichtige Implikationen, von denen ich nur einige aufzähle: In der metapsychologischen Hermeneutik von Kultur kommen Aspekte menschlicher Existenz wie Träume, Phantasie,

Humor, kreative Prozesse zur Geltung – Aspekte, die sonst in Kulturanalysen leicht zu kurz kommen. Oder: Probleme des Unbewußten, der Triebdynamik, des »Nokturnen« werden endlich in ihrer Bedeutung für Kulturen erkannt, usw.[12]. Weiter ist zu erwähnen, daß Ricœur eine Verschränkung von zwei Hermeneutiken postuliert. Einmal ermöglicht die metapsychologische Hermeneutik Interpretationen des Anfangs, des Unbewußten, der archaischen Symbole und ihrer Wiederkehr. Dann aber müßte es nach Ricœur eine Hermeneutik geben, die sich an der Heraufkunft neuer Symbole orientiert, an Symbolen des Ziels und des Selbst. Der Konflikt der Interpretationen und die Verschränkung einer Hermeneutik des Anfangs und einer Hermeneutik des Ziels steht bei Ricœur in der Polarität der Sicht von Freud und derjenigen von Hegel[13].

Der bisher geschilderte Ansatz soll nun noch in seinen Konsequenzen für die Religionspsychologie und für den Dialog zwischen Tiefenpsychologie und Theologie dargelegt werden. Die Einheit der Interpretation von so verschiedenen Gebieten wie Kunst, Moral, Kultur und Religion ist damit gegeben, daß alle diese Gebiete wesentlich von einer grundlegenden Dialektik zwischen Triebverlangen und Triebverzicht bestimmt sind[14]. Die Einordnung der Religion in dieses hermeneutische Programm ist beispielsweise mit Freuds Ansatz gegeben, der Religion auch als regressive Erneuerung der infantilen Schutzmächte interpretiert, eine Interpretation, die verbunden ist mit Freuds Aussage, Religion sei Illusion. Die Illusion ist mit Freud damit gegeben, daß der Mensch angesichts all seiner Kränkungen und Ängste und angesichts aller Zumutungen an sein Triebverlangen nach Tröstung Ausschau hält; der Mensch ist für Freud jenes Wesen, das in seinem unreifen Zustand in diesen Kränkungen, Ängsten und Zumutungen nicht besteht, sondern in eine illusionäre Wunschwelt flieht. Religion ist so auch Infantilismus. Und die Tröstungen der Religion sind deshalb nicht leicht zu erschüttern, weil sie sich von vornherein der rationalen und verifizierbaren Beweisführung entziehen. Von den triebökonomischen Beobachtungen her hat Freud auch – wie schon oben erwähnt wurde – Parallelen und Analogien zwischen Prägungen des Individuums und Prägungen von Gruppen und Gemeinschaften gesehen.

»Nach Freud« ergeben sich hier Modifikationen und Differenzierungen. So hat sich beispielsweise die Analyse der frühkindlichen Phasen und vor allem der Phasen, die vor dem Ödipuskomplex liegen, als immer wichtiger erwiesen. Dabei wird man für das Problem der Religion, um das es hier geht, auch die Argumente von Erikson zum Thema des gegenseitigen Urvertrauens zwischen Kind und erster Bezugsperson, meist der Mutter, berücksichtigen müssen; sowohl das Gelingen des Aufbaus dieser Beziehung wie auch die mißlungene Beziehung scheinen etwas für die Religion des Menschen zu bedeuten[15]. Weiter erweist sich die von Kohut entwickelte Psychologie des Narzißmus als wichtig. Die frühkindliche »narzißtische« Bemühung, »Selbstrepräsentanzen« zu finden, vermittelt – wenn sie gelingt – Sicherheit und Wohlbefinden; die Gefühle der Sicherheit und des Wohlbefindens haben dabei sowohl individuelle wie auch kosmisch-religiöse Aspekte. Davon wären negative Erfahrungen zu unterscheiden, die frühkindlich als Objektbesetzungen »mit drohendem Verlust« erlebt werden; auch solche Drohungen und Ängste scheinen sich im Phänomen der Religion auszuwirken[16]. Weiter darf die These gewagt werden, daß das Ende des Ödipuskomplexes, der sicher für Probleme der Religion und des Glaubens von entscheidender Bedeutung ist, nicht eine spannungslose »Lösung« sein kann, sondern daß es – immer unter der Voraussetzung der positiven Bewältigung der Ödipusproblematik – eine gewandelte, in neue Dimensionen erhobene Vaterbeziehung gibt, die etwas mit einer reifen Religiosität zu tun hat. Hier entstehen auch Möglichkeiten, die meines Erachtens über Freud hinausführen, und Möglichkeiten, wo man Freuds Religionskritik verlassen wird. Hier stellt sich nämlich die Aufgabe, Angebote zum Aufbau einer reifen, mündigen Religiosität jenseits von Autoritätskrisen zu gestalten.

Orale, anale, ödipale Religion – was ist das?

Im folgenden soll es nun mit diesem Ansatz um Phänomene der Religion gehen. Ich schließe mich hier weithin der Religionspsychologie von Faber an[17]. Damit entsteht folgendes Programm: Frühkindliche, dann ödipale und schließlich Sozialisationsprobleme der Adoleszenz werden auf Grund einer psychoanalytischen Hermeneutik sowohl im Blick auf individuelle Prägungen wie im Blick auf sozio-kulturelle Ausformungen besprochen; so sollen dann Analysen auch der religiösen Strukturen von Kulturen diskutiert werden. Von diesem Hintergrund her, meine ich, ist es dann möglich, Probleme des Weiblichen und der Frau in Religion und Christentum neu aufzurollen und psychologisch zu erhellen.

Von den frühkindlichen Phasen ist als erste die der Oralität zu beschreiben. Indem das Kind Nahrung aufnimmt, empfindet es mit den Mundkontakten zur Mutter Lust, ebenso erlebt es Lustsensationen mit dem autoerotischen Daumenlutschen. Unter den Bedingungen dieser Lustgefühle entstehen nun auch die ersten Objektbezüge, Bezüge zur Mutter oder zu einer Bezugsperson, die als Muttererersatz erlebt wird. So erlebt das kleine Kind »Urformen der Liebe«, »Urvertrauen«, »Ureinheiten«, »Partizipation«. Das alles erweist sich als erste Humanmöglichkeit auch angesichts dessen, daß, biologisch gesehen, das kleine Kind zunächst »Mängelwesen« ist. In der Phase der Oralität ist das Ich noch nicht von der Umgebung geschieden, und in der »participation mystique« zwischen Mutter und Kind können Begrenzungen des Ich noch nicht fühlbar werden. Das alles gibt dem Kind das Gefühl der Sicherheit, das alles zeigt die ausschlaggebende Bedeutung der Mutter oder der ersten Bezugsperson. Freilich ist dieses Glück der ersten Stunde auch gefährdet und in sich zerbrechlich. Die Mutter oder die erste Bezugsperson kann in den Angeboten des Urvertrauens versagen, sie kann sich verweigern, es können erste Schädigungen entstehen. Das Erleben der Mutter ist ambivalent[18]. Da gibt es die positiven Aspekte des Nährens, Pflegens und Bergens. Es gibt aber auch die negativen Aspekte: Haltungen, die als Verschlingen, Bedrohen und Fressen erlebt werden!

Oralität bezieht sich – um nun den zweiten Schritt anzudeuten – auf kulturelle Muster der Synthese, der Partizipation, des Denkens in einer unaufspaltbaren Einheit und Ganzheit. Und Religion ist hier als Einheit und Ganzheit zu definieren, Religion ist Partizipation am Sein, Religion ist hier bestimmt vom »ozeanischen Gefühl«. Religionsphänomenologisch geht es um eine animistische Religion und eine magische Weltsicht. Wichtig sind dafür Amulette, Fetische und Bilder, die an Grunderfahrungen der Einheit Anteil geben. Und die Angst solch religiöser Existenz ist die Angst vor dem Verlust der Einheit und vor dem Herausfallen aus den ontologischen Grunderfahrungen, allenfalls auch die Angst, in einem Ozean des Seins verschlungen und so ausgelöscht zu werden.

Die Phase der Oralität prägt nun auch das Schicksal des

Mädchens und der Frau, und zwar sowohl existentiell wie auch religiös. Ich habe schon über die spezifischen Probleme des frühkindlichen Muttererlebens gesprochen und betont, daß das verweigerte Urerleben psychisch schädigt und krank macht. Hier ist jetzt noch über den speziellen religiösen Aspekt zu sprechen. Ohne falschen Klischees über das »Wesen der weiblichen Religiosität« zu verfallen, ist doch klar, daß es prägende Bezüge im Heranwachsen des Mädchens, in weiblicher Existenz und im weiblichen Erleben gibt, die auf die orale Phase zurückverweisen. Ich skizziere nur: Es gibt eine Nähe der Frau zu »natürlicher Religion«, die sich eindeutig und charakteristisch von einer Religion der Stifterpersönlichkeit oder einer prophetischen Religion oder einer Religion unter Bedingungen von Geschichtsereignissen und Deutungen dieser Ereignisse abhebt. Es gibt eine Nähe der Frau zu den religionsgeschichtlichen Phänomenen des Animismus und der Magie, aber auch der Mysterien und der sakralen Ordnungen. Es gibt eine umfassende und differenzierte Symbolik des Weiblichen, die hierher gehört; ich denke an Symbole der Fruchtbarkeit, Symbole mit Gefäßcharakter, Symbole des Nährens (Brustsymbole), Symbole des Gebärens (Schoß, Vagina). Die Ambivalenzen sind angedeutet mit Symbolen des Fressens, Verschlingens und Zerstückelns und mit Todessymbolen (Todesgefäß, Sarg, Totenvogel) usw.[19]. Es gibt dann Zusammenhänge zwischen weiblichen Gottheiten und den Abläufen des Naturgeschehens (Jahreszeiten, Saat–Ernte, Geburt–Tod usw.). Es gibt die Zusammenhänge zwischen den in Religionen und ihren Kulten agierenden Frauen und dem Phänomen des Enthusiasmus, des Rausches, der Orgien und der Feste. Das alles weist zurück auf orale Prägungen, auf die Ich-Entgrenzung dieser Phase, auf ihre Einheits- und Partizipationsstruktur.

Schon im Verlauf der oralen Phasen deuten sich weitere Stufen an. Die der Oralität folgende Analität hebt Momente der ersten Phase in sich auf und überwindet sie. Die anale Phase steht im Zeichen der Lustvermittlung durch die Ausscheidungsfunktion, der schon Freud kommunikative Bedeutung zugemessen hat. Der Darminhalt kann vom Kleinkind als erstes Geschenk an die Umgebung verstanden werden, wobei die Umgebung diese Äußerung erwartet. Damit ist die Äußerung zugleich Ausdruck der Gefügigkeit des Kindes. Hier kann es aber auch zu ersten Verweigerungen und Trotzäußerungen kommen. In all diesen Vorgängen geht es sofort auch um Reinlichkeitstraining und darin um Erziehung zu einer gewissen Selbstständigkeit, die es so in der oralen Phase nicht gab. Jetzt steht das Kleinkind der Umgebung aktiv oder passiv gegenüber, jedenfalls agiert es in diesem Gegenüber. Freud hat dann diese Aktivität und Passivität auch als Sadomasochismus verstanden und hat ihr im weiteren die Schau- und Zeigelust zugeordnet. Indem nun in der Phase der Analität das Erbringen einer Leistung in den Mittelpunkt tritt, kann man sich mit dieser Leistung ein Lob der Umgebung einhandeln. Schon Freud hat hier auf ein sich ablösendes Verhaltensmuster hingewiesen, das allgemein-menschlich von größter Wichtigkeit ist: Parallel zum Hergeben oder Verweigern der Darmentleerung steht das Hergeben von Geld, das sparsame Umgehen mit Geld oder das geizige Verweigern von Geld.

Die kulturellen Muster, die an diese Vorgänge des individuellen Kindheitsschicksals anknüpfen, sind die folgenden: Es entsteht eine Kultur der Leistung, der Kontrolle, der Reinlichkeit; solche Kultur orientiert sich an einem Statusdenken. Der Menschentyp dieser Kultur agiert autonom, vom Willen her, und er kontrolliert sich in den Haltungen der Scham, des Zweifels und des Trotzes. Hier ist Ich-Entgrenzung nicht mehr möglich, sondern es geht um das Ich, das sich im Gegenüber zum Du behauptet und durchsetzt. Konkretion dieses Verhaltensmusters und dieser Kultur ist etwa ein sogenanntes Westlertum, das auf Status, Leistung, Geld, Macht und Technik aus ist. Hierher gehört hauptsächlich die Epoche des Frühkapitalismus, des bürgerlichen und protestantischen (calvinistischen) Menschen. Hierher gehört eine Kultur der Selbstkontrolle, Autonomie und Versachlichung. Ebenso wird hier Hygiene groß geschrieben. Geld darf man verdienen und haben, aber nicht verschwenderisch oder für Luxus ausgeben; Geld wird so gewissermaßen einem Reinigungsvorgang unterzogen. Ein Krankheitsbild, das analen Haltungen entspricht, ist wohl der Herzinfarkt, psychisch oft auch die Zwangsneurose.

Die Religiosität, die sich auf die Stufe der Analität bezieht, ist schon angedeutet: Gottesdienst wird hier innerweltlich als Arbeit, als kulturelle Leistung, als Produktion verstanden. Geld ist Ausdruck des göttlichen Segens. Mit Geld kann man auch Angstgefühle überwinden, weil Geld Sicherheit gibt. Das alles gehört zu einem bestimmten Typus von Religiosität: vor allem zum Typus des Calvinismus, wie ihn Max Weber beschreibt (Calvinismus – Frühkapitalismus). Auf anale Prägungen weisen aber auch ein puritanischer, dualistischer Glaube und entsprechende Haltungen hin. Weiter geht es hier um religiöse Haltungen, die eine Welt im Zeichen von »Law and order« unterstützen und legitimieren. Prägungen der Theologie schließlich sind am »Status« des Menschen orientiert, wobei Prädestinationslehre, Glaubensgewißheit, auch Glaubensprobleme in den Vordergrund treten.

Die Problematik des Weiblichen oder der Bezüge zwischen dem Weiblichen und religiösen Haltungen unterscheidet sich in dieser Phase eindeutig von der ersten, oralen Phase. Eine dualistische Religiosität und die ihr entsprechende Wirklichkeitsgestaltung definiert die Frau als »die Andere«. Im Gefolge dieser Definition ist dann der Mann der »Aktive« und die Frau die »Passive«. Von der Arbeitswelt und der Öffentlichkeit wird sie ausgeschlossen und in eingegrenzte Räume verwiesen; Leistungen im Sinne kultureller Gestaltung und Aneignung von Macht werden ihr abgesprochen, und sie wird auf Dienstleistungen verwiesen. Leicht stellen sich Unterscheidungen wie »rein und unrein« ein, und man schämt sich dann der Frau; man ordnet sie der sogenannten schmutzigen Sexualität zu, und sie ist so die Unordentliche und die Verführerin! Auch fürchtet man sich vor der Frau, man ist von ihr bedroht und vermutet, daß sie eine Welt der Ordnungen und Leistungen in Frage stellt. Schließlich können sich sadomasochistische Haltungen auf die Frau beziehen; in diesem Gefüge werden dann der Frau Opfer, Schmerzen und Duldung zugemutet.

Weiter ist die Eigenart der dritten, der phallischen und ödipalen Stufe zu kommentieren. Diese baut sich wieder auf den vorangehenden Stufen auf und unterscheidet sich zugleich von ihnen. Mit dieser Stufe erfolgt die Vereinigung der Partialtriebe unter dem Primat der Genitalität. Nach Freud gibt es für den Knaben wie für das Mädchen primär nur ein genitales Objekt, nämlich den Phallus. Der Knabe entdeckt im Phallus sein Lustobjekt, das Mädchen steht hier in der Auseinandersetzung mit der Erfahrung, keinen Penis zu besitzen (Penisneid, Kastration). Die Organisation der Sexualität unter dem Primat des Phallus kommt strukturell der Sexualorganisation des Erwachsenen nahe, es fehlt allerdings die Geschlechtsreife. Die beherrschende Figur oder die Figur, mit der sich das Kind auseinandersetzt, ist in dieser Phase der Vater. Dieser wird vom Knaben in der Ambivalenz des Mächtigen, Beherrschenden, Königs und des darin

Bedrohlichen und Angsterregenden erlebt. Das Vatererleben des Mädchens schildere ich weiter unten. Die dritte Phase ist aber auch die des Ödipuskomplexes. Der Knabe ist auf den Vater eifersüchtig und in die Mutter verliebt; er ist erfüllt von Inzestwünschen und möchte den Gegner – den Vater – aus dem Wege räumen. Die Ausformung der Ödipusproblematik des Mädchens schildere ich weiter unten. Jedenfalls gehören nun zu diesem Erleben sofort auch mächtige Drohungen gegen die Inzestwünsche, Drohungen, die eine Verwandlung der sexuellen Strebungen erreichen. Solche Drohungen werden oft als Kastrationsdrohung erlebt; diese trifft das Kind auch deshalb so empfindlich, weil es sie auch als Drohung gegenüber der Masturbation, gegenüber der Lust am Penis empfindet. Wichtig ist nun, daß mit den eben erwähnten Drohungen auch wichtige Umorganisationen in den Beziehungen erfolgen: Die sexuellen Objektbezüge werden ersetzt durch Identifizierungen mit der mächtigen Eltern- bzw. Vaterautorität. Diese Autoritäten werden jetzt im Kind verinnerlicht in einer bestimmten Instanz: im »Über-Ich«. Das »Über-Ich« ist der Ort, wo autoritäre Mächte, Erfahrungen und Traditionen immer neu Haltungen des Gehorsams, der Anpassung, ja der »Überanpassung« erreichen.

Die kulturellen Muster, die dieser Stufe entsprechen, sind folgendermaßen zu beschreiben: Vaterbilder und Vaterautoritäten, Über-Ich-Instanzen prägen wesentlich eine paternalistische Herrschaftsstruktur. Es gibt ein »kulturelles Über-Ich«. Hierarchie, Königtum, »von Gott« eingesetzte Obrigkeiten, Ordnungen usw. sind in solchen Kulturen signifikant. Und es geht hier wesentlich um das Problem der Macht, der Machtgewinnung, Machtausübung und Machtstabilisierung und dann aber auch – im Zeichen des Ödipuskomplexes – um Versuche, Macht zu brechen und selber Macht zu übernehmen; theologisch kann es darum zu Aussagen über den »Tod Gottes« kommen. Zu Macht- und Ordnungsvorstellungen gehört immer das Wort, die geschichtliche Legitimierung, der Appell an moralische Instanzen. Die Krankheit, die sich auf diese Phase und ihre Ausformung in kulturellen Mustern bezieht, ist oft die Neurose.

Die eben skizzierten kulturellen Muster haben eine Entsprechung im Raume der Religiosität und der Theologien. Es geht hier um die Überhöhung der Vaterautorität durch die Gottesautorität. Der kulturelle und gesellschaftliche Paternalismus erfährt eine mächtige ideologische Stützung durch Religionen.

Die Macht und Bedeutung des Vaters ist unmittelbar einsichtig für das Judentum, für den Islam und für das Christentum, hier vor allem auch für den Protestantismus. Die Gottesbilder dieser Religionen sind auffallend männlich geprägt, und die Bezeichnung Gottes als Vater ist hier verbreitet. Im Raume dieser Religiosität hat dann auch die Theodizeeproblematik als Auseinandersetzung mit der Autorität des Vaters einen hervorragenden Stellenwert. Weiter erhalten hier Theologumena wie Schuld, Strafe, Rechtfertigung, Versöhnung einen besonderen Stellenwert, ebenso das Verhältnis zwischen Gott-Vater und Gott-Sohn (im Christentum). Solche Religiosität ist sehr stark geschichtlich orientiert, sie gestaltet sich als prophetische Verkündigung und Wort-Theologie, und sie ist schließlich ausgerichtet auf ethische Appelle an das Gewissen und ethisch-verantwortliche Haltungen. Spiegel weist in entsprechenden Zusammenhängen darauf hin, daß der Hausvater des Protestantismus im besonderen die eben gegebene Sicht bestätigt[20]: »Der protestantische Vater ist keinen äußeren Instanzen unterworfen, sondern nur der verinnerlichten Autorität Gottes und dem am Wort der Schrift geprüften Gewissen.«[21] Weiter müßten hier Zusammenhänge genannt werden, die auch für die anale Stufe eine Rolle spielten: Protestantisch geprägte Kultur, besonders calvinistische, hat Querverbindungen zum Puritanismus (vgl. Thesen von Troeltsch und Weber); das Phänomen des Puritanismus kann von der Problematik des »Über-Ich« gedeutet werden. Die Übermacht des Göttlichen bindet den Menschen und konstelliert ein übergroßes Ausmaß an Verdrängungen, konkret eine dualistisch-puritanische Auffassung von Sexualität. Kennzeichnend für diese Sexualität ist die Tatsache, daß je weniger ein Individuum imstande ist, seinen Triebansprüchen freien Lauf zu lassen, um so stärker wird es von Schuldgefühlen und Gewissensangst gequält. Die nicht abgeführte Sexualität wird verdrängt und verwandelt sich dann – wenn Sublimation nicht möglich ist – teils in Aggressivität (aktive Verarbeitung), teils in zunehmende Angst- und Schuldgefühle (passive, depressive Verarbeitung). Dieser Menschentyp gehört in ein Christentum als Religion der Angst und vor allem der Geschlechtsangst[23].

Das Vater- und Gottesbild des Mädchens

Die »Religion des Mädchens« und die Probleme der Frau beziehen sich wieder auf die skizzierten Phänomene. Das Mädchen erfährt im Erleben des gegengeschlechtlichen Mannes unaufhebbare Prägungen durch Autoritäten, durch eine paternalistische Kultur, aber auch durch eine entsprechende Religion; die Vater-Imagines der Religion sind eine mächtige Stütze der paternalistischen Kultur und der Autoritäten. Schon empirische Untersuchungen weisen den wirkenden Zusammenhang zwischen dem Vatererleben des Mädchens und der Autoritäts- und Gottesproblematik nach[23].

Ich knüpfe hier an den Resultaten der mit empirischen Methoden arbeitenden Forscherin Margrit Erni an, die mit 1172 Probandinnen arbeitete und dabei auch die Zusammenhänge zwischen Vaterbild und Gottesbild untersuchte. Als Resultat gibt die Forscherin eine Systematik über die »Art der Beziehung«: Bei 68 Prozent der Befragten zeigte sich eine Übereinstimmung in den Hauptzügen des Vaterbildes und des Gottesbildes, wobei aber das Problem im Verlauf der Pubertät an Interesse verlor. Bei 25 Prozent der Befragten zeigte sich die Beziehung als Kompensation, das heißt, ein mit Mängeln behaftetes Vaterbild konstelliert ein »ideales Gottesbild«. 7 Prozent der Probandinnen vermochten sich zur Problematik nicht zu äußern. Die Forscherin versuchte dann noch inhaltliche Aspekte der Gottesvorstellung zu klären. Die positiven Aspekte des irdischen Vaters, die auf Gott-Vater übertragen wurden, wurden mit Worten wie »liebende Offenheit«, »Schutz«, »barmherzige Gerechtigkeit«, »Hingabe«, »Klarheit und Friede« beschrieben; oft kommt auch eine Polarität der faszinierenden und erschreckenden Aspekte zum Ausdruck: mächtig und gütig, unbegreiflich und liebend. Ein Gegenbild ergab die Charakterisierungen: Gott als Nur-Herrscher, Richter, Moralist, willkürlicher Tyrann oder Gott als gutmütiger »Großpapa«. Was empirische Methoden ergeben, wird tiefenpsychologisch unterstützt und vertieft. Vaterprojektionen, Animus-Anima-Bezüge konstellieren ein bestimmtes Gottesbild, und dieses Gottesbild wirkt mit anderen Prägungen zusammen auf das Mädchen ein. Das Mädchen erfährt so Kränkungen, Zurückweisungen und Bindungen, mit denen es sich in mühsamen Prozessen auseinandersetzt. Und jetzt legt es sich Anpassungsmechanismen zu, um all den Forderungen und Zumutungen, die ihm autoritär gegenübertreten, zu entsprechen. Die spezifisch religiöse Dimension der Probleme ist in folgendem gegeben: Der Einbruch des Männlichen und der damit verbundenen Autoritätsstrukturen ist für das Weibliche etwas Neues und Überwältigendes. Neumann sagt: »Es wird von einem unbekannt Überwältigenden erfaßt, das als ein... Numinoses erlebt wird.«[24] Neumann beschreibt das Eindringen des Männlichen zugleich als Mächteerlebnis, wobei das Mädchen dann »außer sich« gerate, weil es zugleich von Todesangst und von einem rauschhaften Emporgerissensein erfüllt sei (Motiv der Todeshochzeit). Dieses Erleben vermittle dem Mädchen Insuffiziensgefühle des Weiblichen, weil es den Mann als Mann-Gott, Geist-Vater usw. erlebe. Die Gefährdung des Mädchens ist nach Neumann darin gegeben, daß es nun als Figur der »Tochter des ewigen Vaters« konstelliert werde und als »Jungfrau mit dem Geist-Vater... verbunden bleibe«[25]. Für unseren Zusammenhang sei unterstrichen, daß das Mädchen die Gottheit *immer* in männlichen Farben erlebt. Es erlebt Gott in der Ambivalenz des Patriarchen, Priesters, Erlösers und des Despoten und strengen Hüters der Autorität. Die kritische Frage ist nun in der Tat, ob es sich aus dem allem einmal wird lösen können, um den Weg der Reifung zu betreten, oder ob es immer Kind bzw. Tochter bleibt. Auch Neumann spricht davon, daß damit – gesellschaftlich gesehen – das Mädchen und die Frau selbst zur Hüterin ihres Gefängnisses im Patriarchat wird[26]. Weitere Aspekte ergeben sich mit dem Ödipuskomplex. Gerade indem sich das Mädchen den Forderungen des Vaters oder des Gott-Vaters anpassen will, entstehen in ihm auch Neigungen, dem Vater die »bessere Frau« zu sein und den Vater so zu »erlösen«; damit übernimmt das Mädchen und die Frau dann die Rolle der »Erlöserin«, die sich allenfalls mit den Söhnen, die dem Vater die Herrschaft streitig machen, verbindet.

Religion der Adoleszenz

Die drei schon geschilderten Phasen führen hinüber in die Phase der Adoleszenz; sie entscheiden auch vorweg, ob die Phase der Adoleszenz dem Menschen die echte Reifung bringt, oder ob der Mensch in der Pubertät gewissermaßen steckenbleibt. Kennzeichen dieser Phase sind unter anderem innere Spannungen, Versuche, in die Erwachsenenwelt einzudringen, Versuche, sich in der Welt neu zu orientieren und eine Identität zu finden, Reflexionen über Einsamkeit, Liebe, Tod, Gott usw. Adoleszenz ist Aufbruch in ein neues Land, wobei das Problem des Schicksalsgefährten und der neuen Leitperson sehr wichtig ist. Wenn es nun um die kulturellen Muster geht, die dieser Phase entsprechen, scheint es sinnvoll und möglich, das Deuteschema der »vaterlosen Gesellschaft« beizuziehen[27]. Wenn in der Schilderung der phallischen und ödipalen Phase vorausgesetzt war, daß die dort genannten Erscheinungen sich auf den »starken Vater« und eine Kultur der »starken Väter« beziehen, so ist es ein auffallendes Kennzeichen der heutigen Welt – vor allem im europäisch-urbanen und anglo-amerikanischen Raum –, daß die Väter zurücktreten, daß es viele »schwache Väter« gibt; mit einem Wort gesagt, daß wir auf dem Weg zur vaterlosen Gesellschaft sind[28]. Besonders wichtig für das Verschwinden der Väter ist der soziologische Hintergrund, weil Wohn- und Arbeitsstätten und also Arbeitszeit und Freizeit getrennt sind, wodurch das Kind den Vater faktisch kaum mehr sieht und sich mit ihm nur noch sehr schwer auseinandersetzen kann. Mit dem Verschwinden der Väter wird auch die so bedrohliche Über-Ich-Instanz entstrukturiert[29]. Tiefenpsychologische Störungen sind denn auch weniger Über-Ich-Konflikte, dagegen mehr und mehr Konflikte infolge schwacher »Über-Ich-Ausbildung« und narzißtische Störungen[30]. Der Kranke kämpft nicht mehr gegen starke »Über-Ich-Mächte«, sondern ist selber von Schwächezuständen, Unsicherheit und Minderwertigkeitsgefühlen heimgesucht. Der Kranke wünscht nunmehr Sicherheit und Geborgenheit, er hat vor allem Wünsche im Raume privater Bedürfnisse und flieht die Auseinandersetzungen.

Der heutige junge Mensch erlebt die vaterlose Gesellschaft beispielsweise als schwächer werdende soziale Kontrolle, als Auflösung von Traditionen, als Freiheitsraum, der verunsichert. Der junge Mensch ist dann charakterisiert durch »Heimweh nach dem verlorenen Land«, durch Gefühle der Vereinsamung, und es stellen sich ihm menschheitliche Urthemen wie Liebe, Nächster, Tod usw., Urthemen, die er nicht bewältigt, weder in seiner Existenz noch in seiner Reflexion. Ein auffallendes Phänomen ist der Versuch junger Menschen, diese Probleme mit einer neuartigen Jugendkultur zu meistern. Man versucht die Spannungen abzureagieren, zu bewältigen oder ihnen auszuweichen, und das schafft eine bestimmte Kultur und entsprechende Räume. Die Phänomene sind bekannt und viel besprochen: Hippiekultur, Gruppenkultur, neues Modeverhalten (Jeans) usw. Das alles ist gekennzeichnet dadurch, daß eine neue Gleichartigkeit und ein Verzicht auf ein hierarchisches »Oben« und »Unten« entsteht. Solche Gleichartigkeit zeigt sich beispielsweise auch in einer neuen Kneipenkultur[31]: Hier kann man sich gleichberechtigt ansprechen, aber zugleich ist die Eröffnung von Kommunikation so stark entlastet, daß keine Konsequenzen daraus entstehen; hier können sich die Geschlechter aussprechen, wobei wieder die konsequenzlose Situation gegeben ist. Eine neue Rolle spielt das Fest, die Expression, die Überwindung der Entfremdung gegenüber dem Körper. Ideell ist eine Ausrichtung auf das »Ferne«, Exotische, Orientalische wichtig, aber auch eine Ausrichtung auf Ventilgebräuche der modernen Kultur (Feste, Drogen, vgl. die Filme von Fellini). Man wird sich freilich klar sein müssen, daß all diese neuen Angebote einer Subkultur auch in sich gefährdet und problematisch sein können. Ich verweise nur darauf, daß die Gruppe der Gleichberechtigten auch zur »Bande« werden kann, die sich einem Führer blind ausliefert!

Es soll nun aber wieder die Konvergenz der skizzierten Phänomene mit Problemen der Religion und Theologie dargelegt werden. Das Zurücktreten der Väter und also des autoritären Vater-Gottes und die damit verbundene Desintegration der »Über-Ich-Instanz« rufen nach neuen religiösen Ausformungen. Faber postuliert eine religiöse Gruppenbildung, wo nicht mehr heteronome Instanzen entscheidend sind, sondern wo eine Strukturierung »von innen her« erfolgen müßte[32]. Darum wird nach Faber das Problem der Gruppendynamik wichtig, es geht um Intensivtrainings, aber auch um Joga und psychische und psychedelische Erfahrungen. Die spezielle Gotteserfahrung ist – nachdem eine Über-Ich-Theologie zu ihrem Ende kommt – die einer Erfahrung vom »Tode Gottes« als Ohnmachtserfahrung. Spiegel weist auf neuartige Möglichkeiten einer »Theologie des Abstiegs«, das heißt, es geht um eine Theologie, die Urzustände und damit wieder die orale Phase wichtig nimmt[33]. So wird es verständlich, daß das Fest, die Expression, die Sexualität auch für die Religion eine neue, führende Rolle bekommen. In Entsprechung zu den oralen Strukturen entsteht eine Religiosität der Fusion von Ich und Umwelt, ja der Ich-Desintegration! Damit gewinnt auch die Mutter und das Weibliche eine neue Chance im

Rahmen der Religiosität, eine Chance, die sie in Räumen einer Vater-Gott-Autorität nicht hatte. Schließlich knüpfe ich wieder an Faber an, um noch einige positive Aussagen zu einer Religiosität, die heutiger Adoleszenz entspricht, zu finden. Faber vertritt die Auffassung, daß das Exodus-Motiv des Alten Testaments eine neue Aktualität bekommt[34]. Er parallelisiert das Motiv mit den Aufbrüchen der Jugendbewegung, im besonderen mit der positiven Wertung des Unfertigen, Experimentellen, Anspruchslosen und auf Zukunft Bezogenen. Er sieht einen Zusammenhang zwischen Glauben, Richtungsbewußtsein und Lebensstil! Das Vaterhaus ist verlassen, es verblaßt und mit ihm die Welt der Ordnungen und Traditionen; reif sein heißt jetzt »mit der Ungewißheit leben«. Weiter sieht Faber die Bedeutung eines neuen Jesusbildes, wo die Menschlichkeit Jesu einen Vorrang vor dessen Göttlichkeit erhält.

Abschließend sind die besprochenen Themen auf die speziellen Probleme der Frau zu beziehen, wobei allerdings zu betonen ist, daß Adoleszenzprobleme den jungen Menschen allgemein treffen und eine geschlechtsspezifische Unterscheidung oft nicht möglich ist. Jedenfalls ist mit einer Welt ohne Väter (und ohne Vater-Gott) das Mädchen auch sehr schwierigen Problemen ausgesetzt. Einerseits könnte darin eine Chance liegen, insofern als das Mädchen nun nicht mehr vom starken Vater für immer als unreifes Kind konstelliert wird. Andererseits bedeutet aber die ödipale Auseinandersetzung, wenn sie gelingt, auch eine Ich-Stärkung, die sich später positiv auswirkt. Und nun deuten sich Möglichkeiten an, daß die ödipale Auseinandersetzung unterbleibt, und damit entstehen neuartige Rückbezüge auf frühere Phasen, besonders auf die der Oralität. Schwächezustände, Ohnmachtsgefühle, Minderwertigkeitsgefühle charakterisieren den Pubertierenden allgemein, vor allem auch das Mädchen! Wird es den Weg finden? Jedenfalls deuten sich schon weibliche Beiträge zur Jugendkultur an. Der neue Stil, neue Gruppengefühle, neue Erfahrungen des Festes, der Sexualität, des Leibes sind wesentlich auch mitbestimmt und mitgetragen vom weiblichen Erleben. Das Neue, das andrängt, könnte auch von einer neuartigen Symbolik und Religiosität unterstützt werden, wobei freilich die Gefahr des Unkontrollierten, Irrealen sofort gegeben ist. Positiv sehe ich die folgenden Möglichkeiten: eine Religiosität der Teilhabe an einer Gruppe, eine Religiosität des Aufbruchs und des neuen Lebensstils, eine Religiosität eines unkonventionellen Jesusbildes, eine Religiosität, die sich an Ohnmachtserfahrungen orientiert – das alles könnte neue Chancen des Weiblichen bedeuten. Man wird freilich sofort zugeben müssen, daß die theologische Reflexion bisher kaum Möglichkeiten einer schöpferischen Theologie wahrgenommen hat und hier schon Angebote machen könnte. Das bleibt bisher eine noch kaum empfundene Aufgabe!

Ich schließe damit meine Hinweise auf die Kindheitsphasen und deren Implikationen für religiöse Probleme ab. Einordnend ist darauf hinzuweisen, daß die bisherige Darlegung weithin im Zeichen der Einsichten Freuds stand. Darum muß jetzt ergänzend noch darauf hingewiesen werden, daß andere tiefenpsychologische Schulen die bei Freud vorherrschende Kausalbetrachtung der menschlichen Existenz kritisiert und verlassen haben. Sie sehen den Menschen daseinsanalytisch als »in-der-Welt-seiend« oder personal in »Ich-Du-Strukturen« oder in der Struktur der Identitätsfindung. Auch das Problem der Frau erfährt dann eine andere Ausformung: Frausein ist eine Weise des »In-der-Welt-Seins«, oder Frausein konkretisiert sich personal unter den Bedingungen der »Ich-Du-Begegnung« oder im Versuch der Frau, Identität und Zukunft zu finden usw. Für die religiösen Probleme können sich damit wieder charakteristische Auskünfte ergeben. Wenn etwa die Daseinsanalyse das weibliche »In-der-Welt-Sein« interpretiert, vertritt sie die Auffassung, es gebe ein spezifisch weibliches Bewältigen des Daseins: schon der Körperplan der Frau deute auf ein Angelegtsein der Frau von einer leib-seelischen Mitte her, und es gehe dann um Haltungen des Gebärens und Umsorgens; weibliche Existenz sei auf Werte der Communio angelegt und auf das Bestehen von Grenzsituationen. Dort, wo man daseinsanalytisch über Probleme der Religiosität nachdenkt, ergeben sich dann Aussagen über weibliche Symbole, die auf eine leib-seelische Mitte bezogen sind. Es ergeben sich auch Symbole des Werdens und Vergehens und der Grenzsituationen. Oder: Im Rahmen der Forderung einer Neudefinition der Identität der Geschlechter spricht Erikson zuerst vom »Grundplan« des Körpers der Frau, dann fordert er eine Symbolik der »Innenraum-Orientierung« der Frau und eine positive, symbolische Bewältigung der von der weiblichen Vagina ausgelösten Emotionen (gegen Freuds Aussagen zum Penisneid). Ein Überstieg in religiöse Probleme deutet sich hier an. – Ich führe die sich andeutenden Probleme deshalb nicht weiter aus, weil in einem besonderen Kapitel über die Symbolik des Weiblichen gesprochen werden soll. Im Zusammenhang der religionspsychologischen Argumentation ging es nur um den Hinweis, daß der kausale Ansatz der Betrachtung, das Denken von den Ursprüngen und von Kindheitsphasen her, von bestimmten tiefenpsychologischen Schulen verlassen wurde oder nur noch bedingt benutzt wird. Es gibt denn auch Autoren, die diesen Schulen in ihrem religionspsychologischen Ansatz stärker verpflichtet sind; als Beispiel nenne ich die Religionspsychologie von Vergote[35].

Von der Religionspsychologie zur Religionskritik

In weiteren Überlegungen muß nun dargelegt werden, daß die religionspsychologischen Ansätze in die Religionskritik hinüberführen; das deutet sich ja auch in den bisherigen Darlegungen an. Einmal mehr ist Freud wichtig, wobei seine Religionskritik einerseits ein spekulatives Moment hat, das von seiner Schule kaum aufgenommen wurde; andererseits hat aber Freuds religionskritischer Ansatz zu originellen Ausformungen etwa bei Wilhelm Reich und Herbert Marcuse geführt. Freuds Sicht sei im folgenden nur in Kurzform wiedergegeben[36]. Die wichtigste Aussage von Freud ist die, daß die Gottheit und vor allem der persönliche Gott ein erhöhter Vater, also eine Vaterprojektion ist; damit ist für ihn die Frage der Religion grundsätzlich mit der Vaterproblematik verbunden. Im einzelnen kommt es dann bei Freud zu verschiedenen Auskünften über die Religion, die er in immer neuen Ansätzen gesucht hat. Folgende Positionen sind wichtig: Freud vertritt die Auffassung, der religiöse Mensch erspare sich mit der Gott-Vater-Projektion eine Neurose, bzw. diese Projektion wäre eben der Versuch einer Anpassung an Forderungen, die ihm in seinem individuellen Sozialisationsprozeß und von der Gesellschaft her entgegentreten. Besonders wichtig ist die Verbindung der Problematik mit den Darlegungen Freuds zur »Über-Ich-Instanz« und zum Ödipuskomplex. Mit dem »Über-Ich« ist – wie ich schon darlegte – jener Ort gegeben, wo väterliche Autorität und Autoritäten überhaupt von göttlicher Autorität unterstützt, ideologisiert und stabilisiert werden. Im »Über-Ich« werden Forderungen der Autoritäten verinnerlicht, hier bewacht sich der Mensch selber! Und dafür dient eben dann auch die Gottheit als Instanz. Vom »Über-Ich« her werden aber auch dem Ich, das seinen Weg weitergehen möchte, um seine Reifung zu erlangen, gefährliche Einschränkungen, Anpassungen und Kränkungen zugemutet; Entfremdung erfolgt so »von innen her«. Gewiß reagiert das menschliche Individuum auch mit Sublimationsversuchen, und es ist die kulturelle Leistung – nach Freud – der entscheidende Versuch, Triebe zu sublimieren, wobei allerdings Sublimation nicht aus Einsicht, sondern eben aus Zwang durch »Über-Ich-Instanzen« erfolgt. Das alles läßt das Ich seinen Reifungsweg nicht gehen, und es ist nun auch die Gottheit, die diesen Weg hindert.

Weiter hat Freud im Anschluß an den Darwinismus Ursprungstheorien über die Religion entworfen. Er übernimmt die Grundannahme des Darwinismus von der Entsprechung zwischen Ontogenese und Phylogenese. Freud entwickelt Bilder der menschlichen Urgesellschaft, wo eine Gottheit über eine Urhorde regierte. Gegen diese Urvater-Gottheit erheben sich die unterdrückten Söhne, um die Macht des Vaters zu übernehmen. In diesem Aufstand geht es auch – im Sinne des Ödipuskomplexes – um die Mutter, das heißt um die Übernahme der Frauen des Vaters durch die Söhne. In dieser Urrevolution wurde dann der regierende Vater getötet. Die unbewußten Erinnerungsspuren dieses Mordes schaffen nun das Phänomen der Religion, denn Religion ist Wiederkehr des Verdrängten. Freud analysiert zunächst den Totemismus, weil er hier Religion findet, die aus den Schuldgefühlen der Sohnesgeneration entsteht; Totemismus ist nachträglicher Beschwichtigungsversuch der Untat durch Gehorsamshaltungen und Demütigungen. Das Verbrechen des Mordes am Vater muß hier in Opfern und Opfermahlzeiten, in denen man sich mit dem gefürchteten und zugleich verehrten Vater der Urzeit identifiziert, symbolisch erneuert und damit gesühnt werden. Freud bezieht im weiteren Judentum und Christentum in seine Sicht ein. Er glaubt die Erklärung dafür gefunden zu haben, warum Judentum und Christentum sich so stark auf Probleme der Schuld, Strafe und Versöhnung fixieren. Es geht um die Verarbeitung einer Urschuld, eines Vatermordes, und es ist wiederum das Gesetz am Werk, daß Verdrängtes wiederkehrt oder daß Verdrängtes zwanghaft wiederholt werden muß. Nach Freud ist dann auch der Opfertod Christi hier einzuordnen: Christus opfert sich, um seine Brüder von Schuld zu erlösen; weil der Vorgang das Gesetz des »ius talionis« spiegelt, ist er Beweis des Gottesmordes: Selbstaufopferung weist auf Blutschuld! Der Tod Christi hat aber gesellschaftliche Konsequenzen: Die Vaterhorde wird zum »demokratischen« Bruderclan. Für die Dimension des Ethischen geht es um den Übergang von einer Religion des Gesetzes, der heteronomen Moral und der Dualismen zu einer Religion im Zeichen der Liebe und der Brüderlichkeit[37].

Schließlich stellen sich die entsprechenden Probleme dort, wo Freud Religion als Illusion bezeichnet. Hier geht Freud von der Überlegung aus, daß der Mensch mit den Problemen der Sinnenwelt, die er nicht bewältigt, fertig wird, indem er sie neurotisch mit einer illusionären Wunschwelt kompensiert. Religion ist dann Flucht aus der Wirklichkeit in eine Welt der Illusionen. Religion ist Produkt der infantilen Hilflosigkeit: Das Kind besteht die bedrohliche Umwelt mit Hilfe von Bezugspersonen, und diese werden überhöht vom Trost, der von himmlischen Bezugspersonen ausgeht. Gegen die Verhaftung des Individuums in solchen Illusionen stellt Freud sein bekanntes Postulat, der Mensch könne nicht ewig Kind bleiben, sondern er sei zur Reifung und zum Erwachsenwerden bestimmt. Es gehört nach Freud dann schicksalhaft zu diesem Reifungsweg, daß sich der Mensch von der Religion abwendet. Nach Freud kann der neue Weg gelingen, wenn an die Stelle der Religion die Einsicht und die Wissenschaft treten.

Freud hat die speziellen Probleme einer Religiosität der Frau nicht akzentuiert. Ich denke aber, sie sind leicht in die Sicht Freuds einzutragen. Auch werde ich sie im folgenden noch genauer skizzieren. Die religionspsychologischen und religionskritischen Ansätze und Positionen rufen nun nach der theologischen Antwort. Ich versuche im folgenden eine theologisch-dialogische Position zu entwerfen, wobei ich Theologie grundsätzlich nicht als Antikritik gegenüber den religionspsychologischen und religionskritischen Anfragen verstehe, sondern diese Anfragen in einem Dialog aufzuarbeiten versuche. Die herausforderndste Anfrage der Religionskritik sehe ich dort, wo durch die Religionskritik der Tiefenpsychologie eine Neulegitimierung der Gottesvorstellung nötig wird. Das heißt: Ich kann mich angesichts der Religionskritik zwar nicht entschließen, die Gottesvorstellung aufzugeben, wohl aber empfinde ich die Nötigung einer Neulegitimierung dieser Vorstellung. Auf Grund dieser Neulegitimierung können dann Einzelfragen, die sich ergeben, aufgenommen und beantwortet werden.

Die Gottesvorstellung neu legitimieren

Das müßte bedeuten, daß theologisch-schöpferische Versuche unternommen werden, die Gottesvorstellung – nach Bestehen der Ödipusproblematik – in den Dienst der Ich-Stärkung, Identitätsfindung, Ich-Reifung zu stellen. »Gott« – das wäre dann ein wichtiger Impuls zur Befreiung, Mündigkeit und Glücksfähigkeit des Menschen. »Gott« – das wäre dann ein emanzipatorischer Impuls. »Gott« – das wäre ein Impuls, aus dem heraus Real-Utopien zu entwerfen sind, die eine nicht-repressive Gesellschaftsordnung signalisieren. Diese Gottesvorstellung grenzt sich negativ ab von einer Gottesvorstellung, die im Dienste einer unreifen Über-Ich-Struktur steht, die irreale Macht und Herrschaft legitimiert und stabilisiert. Weiter sind Abgrenzungen zu treffen, wenn die Gottesvorstellung vom Herr-Knecht-Verhältnis her strukturiert ist, wobei solche Bindungen Masochismus, passive Tugenden, Verdrängungen, Schuldgefühle und Schuldkultur implizieren; Religion, Riten sind hier oft beherrscht von Wiederholungszwängen, die einem mündigen Menschsein nicht entsprechen. Es sei hier wieder daran erinnert, daß es wichtige biblisch-theologische Motive gibt, die eine Neulegitimierung Gottes im eben angedeuteten Sinn erlauben: Anthropologische Ausformungen der Exodustradition und der Vorstellung des Bundes gehören hierher ebenso wie die jesuanische Botschaft von der Solidarisierung Jesu mit den Außenseitern seiner Zeit, einer Solidarisierung, die falsche Herrschaft in Frage stellte und Angebote für eine autonome Ethik enthielt.

Ich lege im folgenden drei Vorschläge vor, die als Versuche einer Neulegitimierung Gottes zu verstehen sind; es müßten sicher noch weitere Vorschläge entwickelt werden, um das Programm durchzuführen.

Erstens: Die Neulegitimierung Gottes besteht in der Kritik jener Gottesvorstellungen, in denen Gott bloße Überhöhung menschlicher Autorität, im besonderen Überhöhung der Vaterautorität ist. Diese Gottesvorstellung konstelliert im einzelnen und in Gemeinschaften ein Übermaß von Ängsten, Schuldgefühlen, Verdrängungen, Dualismen, Opferideologien. Der damit deutlich werdende, überaus geschichtsmächtige Zirkel zwischen Gottesvorstellungen und Problemen der Autorität, Macht und Herrschaft muß im Rahmen einer Kritik der »Über-Ich-Religion« und »Über-Ich-Theologie« abgebaut werden, weil dieser

Zirkel den Menschen nicht reifen und nicht glücksfähig werden läßt und weil dieser Zirkel eine offene, demokratische, herrschaftsarme oder brüderliche Gemeinschaft nicht zuläßt. Zur Kritik tritt dann die schöpferisch-konstruktive Überlegung: Gibt es Religion und Theologie jenseits der ödipalen Entfremdung, und was bedeutet sie?

Der wichtigste theologische Aspekt der Problematik ist mit der Vaterautorität bzw. der Autorität Gottes als Vater angesprochen. Freud selber deutet die Dialektik an: Wie kommt es zur Umwandlung der Vaterhorde in eine brüderliche Gemeinschaft? Mit Ricœur ist einzusetzen bei der Überlegung, daß der Vaterbegriff offen, schwebend-unabgeschlossen wiederzugewinnen ist, damit sich mit diesem Begriff verschiedene Rollen verbinden lassen[38]. Gott als Vater ist in der »Über-Ich-Religion« und »Über-Ich-Theologie« Macht, Autorität und Herrschaft, mit der man sich in Haltungen der Anspassung arrangiert – Macht, Autorität und Herrschaft, die bindet, knechtet, ängstigt und kastriert; Macht, Autorität und Herrschaft, die man durch entsprechende Haltungen und Handlungen besänftigt, wobei das Kennzeichen dieser Haltungen Wiederholungszwänge und Wiederholungsrituale sind. In Prozessen der Kritik und der Bewußtwerdung kann diese Macht durchschaut und abgebaut werden. Es gibt dann – nach Ricœur – ein Vaterprinzip, das die gegenseitige Anerkennung ermöglicht, das das »oben« und »unten« der Herrschaft aufgibt zugunsten des gegenseitigen Vertrags, das auch Leistungen der Arbeit und Kultur jenseits der Ödipusproblematik ermöglicht. Hier ist dann der Mensch der Freigelassene, der Mündige und Reife. Und hier besteht die Gruppe aus Gleichberechtigten[39]. Ricœur vertritt die Auffassung, es deute sich im biblischen Zeugnis von Gott als Vater dieses offene Vaterprinzip an. Ricœur begründet das folgendermaßen: Die relativ seltenen Aussagen über Gott-Vater sind stark geschichtlich gefärbt. Gott ist damit von vornherein nicht biologistisch in der Rolle eines Vaters zu sehen, der seinen Söhnen übergeordnet ist. Gott ist im Alten Testament primär Befreier im geschichtlichen Handeln, er ist gewissermaßen »Held«, der vorangeht. Darum ist auch die alttestamentliche Bundesvorstellung nicht familiaristisch strukturiert, sondern rechtlich: Dieser Vater nimmt sein Volk in ein Schutzverhältnis und in ein Verhältnis gegenseitiger Treue, wobei die Bundespartner sich durch ein Handeln und nicht durch ihre Stellung (oben–unten) legitimieren. Weiter kennt das Alte Testament zwar eine Vorstellung von der Sohnschaft Israels, aber diese beruht auf der Annahme, daß Gott Israel zum Sohn adoptiert habe. Die eben angesprochenen Voraussetzungen erfahren in verschiedenen Interpretationen neue Ausformungen; nach Ricœur ist Gott auch in der prophetischen Botschaft wesentlich Exodusgott, jetzt auch bezogen auf die Eschatologie. Und hier ist Gott noch einmal und erst recht Partner des Volkes, etwa in dem Bild von der Ehe Gottes mit Israel. Auch das Verhältnis Jesu zum »Vater« beruht auf dem wechselseitigen Vertrauen und auf wechselseitiger Anerkennung. Nach Ricœur kann es deshalb im Verhältnis Jesu zu Gott nicht mehr um »Vatermord«, sondern um ein »Sterben für ...« gehen, wobei aus diesem Geschick die »Bruderschaft« der Kirche entsteht[40]. In dieser »Bruderschaft« gibt es Gott als »Geist«, wobei für Ricœur »Geist« – im Sinne Hegels – »nach dem Tode Gottes«, Geist »unten« ist und also in der Immanenz der Geschichte existiert[41].

Der Versuch Ricœurs bedeutet meines Erachtens eine Möglichkeit, die Vatervorstellung und die Vorstellung von Gott als Vater aus ihrer Verbindung mit zwingender Macht, Autorität und Herrschaft herauszulösen und auf ein offenes Vaterprinzip zu beziehen. Dieses offene Vaterprinzip ermöglicht dann auch Überlegungen zu einer Religion und Theologie »jenseits der Ödipusproblematik«. Es scheint auch möglich, das »tragische Gefälle«, das zur Sicht der Ödipusproblematik bei Freud gehört, zu relativieren und – unter Anerkennung des Wahrheitsgehalts der Sicht Freuds – eine Symbolik des reifenden und glücksfähigen Menschen zu finden[42]. Für das Jenseits einer ödipalen Religion und Theologie hat der amerikanische Theologe Hamilton den Namen »orestische Religion« oder »orestische Theologie« vorgeschlagen[43]. Hamilton analysiert moderne religiöse Entwicklungen und stellt einen Übergang von einer ödipalen zu einer postödipalen Phase fest. Ödipale Religiosität betont – wie auch von mir dargelegt wurde – Theodizeeprobleme, Autoritätsvorstellungen verbunden mit Aussagen über Gottes Vaterschaft, dann Sünde und Schuld, Rechtfertigung und Leiden. Hamilton bezeichnet die Symbolik des Orestes als nachödipal. Orest kehrt aus dem Exil heim und wendet sich den dringenden Aufgaben der Polis und der Gemeinschaft zu. Noch einmal ist er gezwungen, sich mit der – völlig korrumpierten – Mutter auseinanderzusetzen. Die Mutter steht für Hamilton – wenn ich ihn richtig verstehe – für die Größen Religion, Heimat, Autorität. Muttertötung ist darum Befreiung von einem falschen, ideologisierten religiösen Apriori und Befreiung zu einer Religiosität der Gruppe und der Gemeinschaft. »Tod Gottes« ist für Hamilton Chiffre für einen atheistischen Humanismus, der jede Naivität und Unbewußtheit in bezug auf Vater- und Mutterreligiosität hinter sich läßt und so endlich Religion im Dienste des Humanismus gestaltet.

Die Neulegitimierung Gottes, wie ich sie eben dargelegt habe, hat nun auch wesentliche Konsequenzen für die Problematik der Frau und für Phänomene einer »weiblichen Religiosität«. In verschiedenen Zusammenhängen habe ich betont, daß und wie religiöse Vaterautorität, Gott als Vater, das Mädchen in seinem Sozialisationsprozeß bestimmt; es wird durch solche Autorität, sofern sie nicht zurücktritt oder vom Mädchen überwunden wird, zeit seines Lebens als Kind dieses Vaters und als ewige Tochter konstelliert. Diese verfehlte Bestimmung als ewige Tochter läßt dann die Frau eine echte Partnerschaft mit dem Mann verfehlen. Weiter machen verinnerlichte Vaterbilder und eine Religion von Gott als Vater das Mädchen zeit seines Lebens zur Hüterin des eigenen Gefängnisses im Patriarchat: Es bejaht, bestätigt und bewacht seine Rolle als Rolle der Abhängigkeit, des Leidens, der Opferbereitschaft. Wenn nun – im Sinne meiner Vorschläge zur Neulegitimierung Gottes – die Gottesvorstellung wirksam mit Prozessen der Reifung, der Mündigwerdung, der Glücksfähigkeit und der Identitätsfindung verbunden werden könnte, hätten das Mädchen und die Frau neue Chancen zu einer geglückten Sozialisation, neue Chancen auch im Raume der Gesellschaft und Religion. Es wäre – mit der Gottesvorstellung – ein Impuls gegeben, dem Gefängnis des Patriarchats zu entfliehen, autoritäre Vater- und Männerreligion kritisch zu zersetzen, und es könnte eine neue Religiosität im Zeichen des mann-weiblichen Ausgleichs entstehen, eine Religiosität, die mit dazu beiträgt, daß die Frau endlich den ihr gemäßen Weg findet.

Zweitens: Für eine Neulegitimierung Gottes kann das von Spiegel formulierte Postulat einer »Theologie des Abstiegs« aufgenommen werden[44]. Spiegel vertritt die Auffassung, es könne sich Religiosität nach dem Bewußtwerden der »Über-Ich-Probleme« und der Probleme der Ödipusproblematik in einem neuen Sinn auf frühkindliche Stufen beziehen, ohne einer bloß knechtenden Regression zu verfallen. Spiegel meint, es gebe auch einen »subversiven Freud«, der die positive und konstruktive Bedeutung der oralen Phase für die Religion erkannt habe. Nämlich: Gegen die Religion im Zeichen der Vaterautorität, der Über-Ich-Problematik und des Ödipuskomplexes stünde eine Religion des Festes, der Vereinigung der Söhne mit der Mutter, der Bruder- und Schwesternschaft. Gegen eine Religion der Abgrenzungen und des Dualismus stünde eine Religion, wo die Grenzen zwischen Ich und Umwelt, zwischen Ich und dem Unendlichen aufgehoben sind. Spiegel verbindet – ähnlich wie Faber – diese »Theologie des Abstiegs« mit dem Gefühl heutiger Generationen, für die die starken Väter verschwinden und die in einer »vaterlosen Gesellschaft« stehen. Neulegitimierung Gottes wäre damit im Sinne von Spiegel auch eine Aufwertung von Gruppen, Gruppengefühl und Wir-Bezügen. Theologisch interpretiert Spiegel das Abendmahl Jesu in den eben dargelegten Zusammenhängen: »Im Abendmahl regrediert eine Gruppe auf die Ebene des oralen Verhaltens, in der nicht Belehrung, sondern Vereinigung die primäre Intention ist...«[45]

Die überaus anregende Sicht von Spiegel muß sorgfältig, aber auch kritisch diskutiert werden. Sein Versuch, Haltungen der Teilhabe und Sozialität, ohne Setzung autoritärer Strukturen und Instanzen, zu fordern, wobei die psychoanalytische Hermeneutik dafür zur Voraussetzung wird, ist zu bejahen. Der Stellenwert der Oralität in diesen Vorschlägen kann allerdings nur mit kritischen Präzisierungen akzeptiert werden. Unkontrollierte Rückzüge auf die erste Kindheitsstufe lassen – wie auch Spiegel darlegt – einen Menschentyp entstehen, der sich leicht manipulieren läßt; die Wirkung mütterlicher Zuwendung läßt schwer frei werden! Das neue Finden oraler »Geborgenheit« kann leicht auch zu Rückzügen aus gesellschaftlicher Verantwortung führen. Das alles muß als Gefahr gesehen und berücksichtigt werden. Ein neues Sich-Beziehen auf Oralität bedarf der tiefenpsychologischen Kontrolle, bedarf der Verschränkung einer psychoanalytischen Hermeneutik mit einer Hermeneutik, die auf der Höhe der Reflexion steht. So wäre das Postulat Spiegels dahingehend zu präzisieren, daß der bewußte Umgang mit *allen* Möglichkeiten der frühkindlichen Stufen menschliche Ganzheit und auch eine ganzheitliche Religiosität schafft. Dieser bewußte Umgang wird kritisch unterschieden! Etwa zwischen Rückbezügen auf die Oralität, die bloß regressiv-zwingenden Charakter haben, und Rückbezügen, die einen bewußten, kreativen, spielerischen Umgang mit Möglichkeiten der Oralität suchen. Aus diesem »Spiel« könnten durchaus neue Chancen der Religion entstehen. Auch theologische Gesichtspunkte, die Spiegel vertritt, bedürfen der Prüfung. Vom Abendmahl Jesu mit seinen Jüngern wird man – wenn eine psychoanalytische Hermeneutik als Interpretationsmethode gewählt wird – sagen müssen, daß es sowohl orale wie ödipale Elemente enthält. Im besonderen ist der Opfergedanke wohl immer ödipal bestimmt; es ist kein Zufall, daß von ihm Wiederholungsrituale geprägt werden. Dagegen könnten sehr wohl die Elemente des Essens, der Festlichkeit, der Gemeinschaft und die eschatologischen Bezüge auf Oralität bezogen und – im Sinne der positiven Würdigung der Oralität durch Spiegel – nun auch als Abendmahlsverständnis dargelegt werden, das Haltungen der Teilhabe und eines neuen Gruppengefühls unterstützt.

Zusätzlich zu den Argumenten Spiegels könnten folgende Gesichtspunkte der Exegese in den Zusammenhang einer »Theologie des Abstiegs« und in den Zusammenhang einer »Theologie der Oralität« gebracht werden: Die johanneischen Bildreden, das »Ego-eimi« des johanneischen Jesus, ist doch wohl sehr stark oral geprägt. Jesus als Weinstock, als Brot, als Türe, als Wasser usw. – hier überall haben wir Bildmaterial, das orale Strukturen hat. Weiter: Die »Sinnlichkeit« und »Farbigkeit« der apokalyptischen Sprache der Bibel ist weithin eine Sinnlichkeit und Farbigkeit des Oralen; es geht hier um eine weithin undualistische Festlichkeit, um Momente der festlichen Vereinigung und Entgrenzung. Und schließlich: Im Aufnehmen von Überlegungen zur Verhältnisbestimmung von Eros und Agape dürfte vielleicht doch das Postulat einer »Erotisierung« der Agape dahingehend differenziert werden, daß Primärerfahrungen, die zur Phase der Oralität gehören, hier eingebracht werden.

Das Postulat einer »Theologie des Abstiegs«, das von einem neuen Stellenwert der Oralität bestimmt ist, zeigt – wie ich meine – sofort auch Chancen des Weiblichen. Die reiche Symbolik »weiblicher Religiosität« mit ihren Bezügen zu einem undualistischen Leiberleben, zur Materie, zur Sinnlichkeit, zum Fest und Enthusiasmus, zu kosmischen Entgrenzungen usw. kann hier eingeordnet werden. Solche Symbolik steht jedenfalls im Gegensatz zu einer Religion und Theologie der »Über-Ich-Struktur« und der Vaterautorität. Und solche Symbolik relativiert auch den mann-weiblichen Gegensatz. So entstehen neue Chancen des Weiblichen, der »weiblichen Religiosität«. Allerdings ist kritisch zu wiederholen: Die positive Sicht der Oralität für das Problem der weiblichen Religiosität bedarf der Kontrolle! Leib, Materie, Sinnlichkeit, Fest und Enthusiasmus, kosmische Entgrenzung sollen zwar einen neuen, positiven Stellenwert erhalten. Dabei soll Oralität nicht regressiv fixieren, sondern soll in Bezügen zu *allen* Erfahrungen des frühkindlichen Prozesses, also gewissermaßen im kreativen Spiel mit all diesen Erfahrungen, positiv gewürdigt werden.

Jesuanische Argumente

Drittens: Zur Neulegitimierung Gottes sind Einsichten in die Jesusproblematik beizuziehen: Das Außenseitertum Jesu, das ihn ans Kreuz brachte, kann Urbild und Vorbild für heutige Subkulturen sein. Faber sagt: »Jesus wurde dadurch, daß er sich gegen das ›Establishment‹ auflehnte, zu einer Figur, auf die das Volk seine unbewußten Konflikte mit den bestehenden Verhältnissen projizieren konnte.«[46] Darum versammelte Jesus eine Gruppe um sich, »...die eine ›counter-culture‹ schuf und sich durch eine neue Lebensart... von der alten Gesellschaft abhob und sich auf die neue Gesellschaft (das neue Reich) vorbereitete...«[47] Faber wertet die Jesusproblematik positiv im Blick auf aktuelle Adoleszensprobleme: auch Jesus habe sich als Mensch erwiesen, »...der sich ohnmächtig fühlt, das von ihm erwartete Werk zu vollbringen, doch bereit und imstande ist, seine Übermacht zu akzeptieren und sich nicht dem Werk zu entziehen...«[48] Mit dem Ansatz von Faber sind – im Rahmen des hermeneutischen Zirkels – »jesuanische« Möglichkeiten zu einer Neulegitimierung Gottes gegeben. Wieder geht es um eine Gottesvorstellung, die jenseits der Ödipusproblematik steht, und um eine Gottesvorstellung, die unter anderem auch Möglichkeiten der schöpferischen Neuaufnahme oraler Vorgegebenheiten enthält und so zu einer »Theologie des Abstiegs« gehört. Das heißt: Den Zeitgenossen Jesu ist sein Außenseitertum an seiner Stellung zur Kultgemeinschaft und zum Gesetz und dann an seiner Heimatlosigkeit, Besitzlosigkeit und Familienlosigkeit aufgefallen, wenn er damit vielleicht auch Ideale einer Bewegung des sogenannten Wanderprophetismus aufnahm[49]. Zu Gesetz und Kultgemeinschaft verhält sich Jesus so, daß er dazu sowohl einen positiven wie einen kritischen Bezug einnimmt; »um des Menschen willen« kann das Gesetz auch übertreten werden! Wenn Jesus asketische Züge hat, so hindert ihn das doch nicht, an Festen teilzunehmen, die für ihn eschatologische Bezüge haben. Und mit schockierenden Eß- und Tischgemeinschaften zeigt er seine Solidarisierung mit Außenseitern der Kultgemeinschaft. Wenn er die Familienstruktur verläßt, ersetzt er diese durch den Kreis von Jüngern und – was damals für einen Rabbi ungewöhnlich war – mit einem Kreis von Frauen. Weiter hat er sich den domestizierenden Wirkungen eines geordneten Arbeitslebens – eben vielleicht als Wanderprophet – entzogen. Jedenfalls waren alle seine Haltungen ausgerichtet auf das Reich Gottes, womit anthropologisch ein bestimmter Enthusiasmus gegeben ist.

Für den Dialog zwischen Theologie und Tiefenpsychologie ist also festzuhalten: Die eben geschilderten Anomien Jesu können als Beitrag in Probleme heutiger Gegen- und Jugendkulturen eingebracht werden, wo es ja auch um Haltungen der Weigerung, um Kritik der Familie, um Aufbrüche und Ausbrüche geht. Weiter spielen hier Momente des Festlichen und Enthusiastischen ebenso eine Rolle wie das In-Sein in einer Gruppe. Und schließlich gibt es hier Momente der Desintegration zwischen Ichbewußtsein und Umgebung oder Umwelt. Das alles steht jedenfalls nicht mehr im Zeichen der Ödipusproblematik, und einiges deutet auf Bezüge zu Strukturen der Oralität.

Für die Probleme des Weiblichen sind mit dem eben Skizzierten folgende Konsequenzen zu ziehen: Indem sich heute positive Möglichkeiten des Weiblichen im Rahmen von Subkulturen und Jugendkulturen ergeben, ist theologisch eine unkonventionelle Deutung der Gestalt Jesu sinnvoll. Jesus legitimiert für junge Menschen Aufbrüche ins Unbekannte, er ist Urbild von Ohnmachtserfahrungen angesichts der Sinnfrage, er erlaubt »positive Regressionen« in Möglichkeiten des Oralen, er ermächtigt zu unkonventionellem Gruppenverhalten, er ermöglicht einen experimentellen Lebensstil, der sich vom allgemeinen Verhalten abhebt, er ermöglicht Existenz, die weder von Vater- noch von Mutterautorität gedeckt ist, er stellt ein bedingungsloses Annehmen der Arbeitszwänge und ihrer domestizierenden Wirkungen in Frage.

5. KAPITEL

Die große Mutter

Zur Religion und Symbolik des Weiblichen

Die neue Symboldebatte

Unsagbares zur Sprache gebracht

Das leitende Interesse, aus dem heraus dieses Kapitel gestaltet ist, ist kein phänomenologisches. Das heißt, es soll hier nicht das Gebiet der Religion des Weiblichen und der Symbole des Weiblichen aufgearbeitet werden, ein Gebiet, für das sehr verschiedene Bezüge wie Mythologie, Mystik, Kunst, Tiefenpsychologie usw. anzusprechen wären. Für den phänomenologischen Ansatz verweise ich auf umfassende Bemühungen der Jung-Schule; im besonderen sind hier die Bücher von Erich Neumann zu nennen[1]. Mein Interesse ist vielmehr ein theologisch-dialogisches. Ich stelle fest, daß biblisch-theologische Zusammenhänge sich auf Probleme einer Religion des Weiblichen und der Symbole des Weiblichen beziehen. Und ich stelle fest, daß sich damit eine Fülle von systematischen Interpretationen ergibt, die freilich oft genug nur zögernd geleistet, manchmal auch kritisch abgewiesen oder vielleicht sogar verdrängt werden. Meine Fragestellung ist demgegenüber folgendermaßen zu formulieren: Wie geht man im Rahmen einer theologisch-dialogischen Bemühung, die inhaltlich als »Theologie der Befreiung« zu bestimmen ist, mit einer Religion und mit einer Symbolik um, die sich auf das Weibliche bezieht? Wenn ich also noch ungeschützt und unsystematisch argumentiere, stellen sich Fragen wie: Was bedeutet für das Phänomen der weiblichen Religion und Symbolik »Entmythologisierung«? Aber auch: Was bedeutet für dieses Phänomen, daß vielleicht Symbole – weil sie für das menschliche Existieren unaufgebbar sind – neu zu gewinnen sind? Wie ist mit der Tillichschen Einsicht, daß die Religion ein Prozeß ist und daß es eine Genese, ein Leben und ein Sterben der Symbole gibt, umzugehen? Und schließlich: Wie weit erweisen sich religiöse Symbole des Weiblichen als Ursprungsmacht, die knechtet, verführt und zu falschen Regressionen verleitet? Oder aber gibt es einen Umgang, ein Spiel, eine Reflexion religiöser Symbole, die eine reife Bewältigung von Wirklichkeit, die Gestaltung von Geschichte und Zukunft unterstützen?

Im Rahmen einer überaus vielfältigen und differenzierten Debatte zu den grundsätzlichen Problemen und Definitionen des

Phänomens der Religion und der Symbole müssen nun Vorentscheidungen getroffen werden, die natürlich unter vielen Vorbehalten stehen. Ich treffe diese Vorentscheidungen im Blick auf das hier ins Auge gefaßte Ziel. Damit ist auch das subjektive Moment des Vorgehens angedeutet.

Religion des Weiblichen, die sich in einer Fülle religiöser Symbole des Weiblichen ausgestaltet, wird im folgenden thematisiert auf Grund von Definitionen, die ich für die Problematik der Religion und Symbolik vorweg getroffen habe[2]. Ich verstehe unter »Religion des Weiblichen« Erfahrungen von Macht (Mana), die mit weiblichen Gottheiten oder Symbolen verbunden ist, wobei diese Macht sowohl fasziniert wie erschreckt. Solche Machterfahrung ereignet sich immer in Gruppen und Kollektiven, die von solchen Erfahrungen geprägt werden. Zwischen der transzendenten Macht und der Gruppe stehen menschliche (auch weibliche!) Machtträger, die an der Ursprungsmacht partizipieren oder die sich solche Macht durch entsprechende Haltungen und Praktiken verschaffen können und die dann über Kräfte verfügen, die sie herrschaftsmäßig gegenüber der Gruppe einsetzen. Solche Religion und Symbolik hat es mit den Ursprüngen des Menschlichen und der Menschheit zu tun, es sind aber damit auch Prozesse ausgelöst, die in einem Ineinander von Sozialgeschichte und Religionsgeschichte bestehen.

Vom eben skizzierten Hintergrund her kann nun eine Systematik zum Problem der religiösen Symbole entwickelt werden. Erstens: Religiöse Symbole vermitteln eine »transzendente Wirklichkeit«, also transzendente Macht und Kraft, an der die Symbole selber partizipieren. Diese an sich »unsagbare« Wirklichkeit wird »zur Sprache gebracht«, wobei diese Sprache oft nicht-verbal in Ereignissen, Erfahrungen, Gefühlen »ankommt«. Mit anderen Worten: Diese Sprache ist nicht einfach Information oder Mitteilung, sondern Erfahrung, die mich, der ich mich mit dem Symbol auseinandersetze, »angeht«. Die so zur Sprache gebrachte »verdichtete« Wirklichkeit hat darin religiöse Qualitäten, daß sie mich *unbedingt* angeht, daß sie erschreckt und fasziniert. Zugleich erweist sich dieses »Angehen« einer Wirklichkeit als Möglichkeit der Selbsterkenntnis, der Identitätsfindung und der Motivierung zum Handeln. Zweitens: Unter den Bedingungen der Symbolerfahrung erweist sich die Existenz des Menschen als Existenz an der Grenze: zwischen heilig und profan, zwischen innerlich und äußerlich, zwischen bewußt und unbewußt, zwischen Tag und Nacht, zwischen den Ursprüngen und der Mitte der Zeit und der Zukunft. Drittens: Die »Sprache« der religiösen Symbole offenbart und verhüllt, das heißt, die zur Sprache kommende Wirklichkeit wird nicht aufgelöst oder in ein anderes Medium übergeführt. »Erklärt« ist ein religiöses Symbol nur dann, wenn die Anstrengung unternommen wurde, das Symbol in Symbolsprache sprechen zu lassen und so zu vernehmen. Mit anderen Worten: Das »Sprechen über das Symbol« darf nicht dessen Auflösung in eine Allegorie oder in eine Abstraktion bedeuten. Die eben geforderte Anstrengung bedingt, daß Träume, Assoziationen, Phantasien, Mythen, Märchen, Spiel und Kunst als Orte und Räume der Symbole und Symbolprozesse ernst genommen und daß sie ihrer Intention gemäß zur Sprache gebracht werden. Das religiöse Symbol soll also in seiner Authentizität erfaßt werden, weil es sich nur so in seiner »eidetischen« Intention – also im »Inerscheinungtreten von Wahrheit« – kundtun kann. Viertens: Das Symbol muß auch in seiner Dynamik und in seinem Prozeßcharakter von seiner »inneren Intention« her verstanden werden. Es ist nämlich – gegen flachaufklärerische Mißverständisse – sowohl regressiv wie progressiv, bzw. es kann gerade hier das sogenannte Regressive ein Schritt nach vorwärts sein, um kreativ echte Zukunft zu schaffen! Das regressiv-progressive Moment kann heute sowohl mit Traumanalysen wie mit dem Kunstwerk erhärtet werden. Fünftens: Indem das »Symbol zu denken gibt« (Ricoeur), fordert es zur Interaktion, zum Umgang, zum Spiel und zur Reflexion auf. In diesem Umgang wird es dann zum Mittel der Identitätsfindung, der Sozialisation, der Realitätsanpassung und Realitätskritik. Hier wird auch die Beziehungsfunktion deutlich: Mit Hilfe von Symbolen finden sich Individuen in der Ich-Du-Begegnung, in Gruppen und Gemeinschaften. Jetzt erweist es sich, daß das Symbol einen wichtigen kognitiven Aspekt hat. Sechstens: Der eben besprochene Umgang mit Symbolen fordert nun das Wagnis, vom Symbol »einen Schritt zurückzutreten« (Harvey Cox), um mit ihm distanziert und reflex umzugehen. Sollte der Umgang mit Symbolen »Flucht nach rückwärts« (Ricœur) sein, ist er abzulehnen. Es muß im Gegenteil das Symbol auch darin ernst genommen werden, daß dafür die für unsere Epoche präzise Sprache gefunden werden muß: Das Symbol selber erhebt den Anspruch, *auch* aus der Mitte heutiger Wirklichkeit zu sprechen und Zukunft zu eröffnen. Der kritische Umgang mit Symbolen, die Strenge der Reflexion[3] ist damit unaufgebbares Postulat. Hier erheben sich nun die folgenden Fragen: Beziehen sich religiöse Symbole noch auf Wirklichkeit? Sprechen sie aus der Mitte unserer Zeit? Eröffnen sie Zukunft? Anders gefragt: Vermögen Symbole noch den Dialog, die Kommunikation und Interaktion auszulösen, oder sind sie vielleicht zu Klischees geworden, die Neurosen, Zwänge und Pathologien signalisieren? Und zum individuellen Aspekt tritt dann der soziale: Vermögen Symbole Gemeinschaften so aufzubauen, daß das Individuum in ihnen zur mündigen und reifen Existenz findet, oder stabilisieren sie Gemeinschaften mit falscher Macht und Herrschaft? Es ergibt sich also die Aufgabe, Symbole in Zersetzungsprozessen kritisch zu durchschauen und sie diesen Prozessen zu entreißen, um sie neu auf Wirklichkeit, Zeit und Gemeinschaft zu beziehen.

Die eben gegebene Systematik beruht auf zahlreichen Entscheidungen angesichts dessen, daß die Diskussion über Symbole überaus kontrovers ist. Die in der Systematik vertretene Meinung lehnt beispielsweise die Auffassung ab, daß Symbole nur zu einer unreifen Stufe des Individuums oder zu einer Primitivstufe der Gesellschaft gehörten; Symbole sind im Gegenteil das Ergebnis eines langen, unbewußten oder bewußten, schöpferischen Prozesses[4]. Weiter ist in der oben gegebenen Systematik eine Debatte um die Symbolauffassung von Freud berücksichtigt. Freud und seine Schule vertraten zunächst die Auffassung, daß Symbole auf Verdrängungen beruhten; Bejahung und Umgang mit Symbolen erschienen als unbewußt gesteuert, infantil und zwanghaft. Die Überwindung der Symbole dagegen wurde in einem aufklärerischen Sinn als Prozeß der Gesundung und Reifung aufgefaßt. Unter dem Einfluß der Narzißmusforschung, aber auch aus Erfahrungen mit Schizophrenen bahnt sich heute eine grundsätzlich neue Symbolauffassung an. Man empfindet nun den Verzicht auf Symbole als Hindernis für die Reifung des Individuums, und man vertritt die Auffassung, daß ohne Symbole Gruppen und Gemeinschaften Wirklichkeit nicht bewältigen[5].

Jahwes Kampf gegen weibliche Gottheiten

Die Sprache der Symbole nach Erich Neumann

In Berücksichtigung meines theologischen Ansatzes soll nun wieder das Material der biblischen Zeugnisse eine modellhafte Funktion bekommen. Für dieses Material muß einleitend gesagt werden, daß es sich zwar sehr wohl in verschiedenen Zusammenhängen auf Probleme einer Religiosität und Symbolik des Weiblichen bezieht und von solcher Religiosität und Symbolik auch beeinflußt ist, daß aber ein Methodenbewußtsein für diese Zusammenhänge nicht vorausgesetzt werden darf. Die sachgemäße Fragestellung ist also einmal mehr nicht in einem direkten Sinn dem biblischen Material zu entnehmen, sondern es wird dieses Material mit bestimmten Methoden beleuchtet. Für die weiteren Schritte, nämlich für die Hermeneutik und die systematische Argumentation, wird dann allerdings wichtig, wie die biblischen Zeugnisse mit den Problemen weiblicher Religion und weiblicher Symbolik *umgehen.* Hier ergeben sich Direktiven, die für die systematischen Aspekte des Problems brauchbar sind.

Ein sachgemäßes Problembewußtsein für Religion und Symbolik des Weiblichen ist meines Erachtens dann gegeben, wenn man das von Erich Neumann geschaffene Instrumentarium berücksichtigt. Damit sollen die Resultate von Neumann nicht einfach übernommen, aber es soll das von ihm zum Verständnis von Religion und Symbol Erarbeitete aufgenommen werden. Ich definiere also zunächst mit Neumann[6]: Es ist zu unterscheiden zwischen einem Elementarcharakter und einem Wandlungscharakter weiblicher Symbole. Dazu tritt ein Beziehungscharakter dieser Symbole, hauptsächlich in der Animus-Anima-Problematik. Definitionsmäßig gehören zum Elementarcharakter des Weiblichen die folgenden Elemente: Es handelt sich um eine Symbolik des »Großen Runden«, des »Gefäßes«, das das große Erhaltende meint, das die Tendenz hat, das aus ihm Entstandene festzuhalten und auf Ewigkeit zu umfassen. Das aus ihm Geborene gehört zu ihm, bleibt ihm untertan, ist in seiner Selbständigkeit relativiert. Es soll immer Kind bleiben, das positiv Schutz, Nahrung und Wärme empfängt und das negativ bedroht wird mit Verstoßen und Entbehren. Die Elementarsymbolik ist charakteristisch für das individuelle Mutter-Kind-Verhältnis, also für die individuelle und ursprüngliche »participation mystique« zwischen Mutter und Kind. Die Elementarsymbolik wirkt sich aber auch im gesellschaftlichen Bereich aus: Sie schafft wesentlich das Matriarchat. Die unter den Bedingungen der eben geschilderten Elementarsymbolik mögliche Wandlung ist relativiert, unbewußt und verläßt die Mutter-Kind-Beziehung nicht.

Aber nun entstehen Wandlungssymbole, die sich deutlich von diesen Bedingungen abheben. Momente des Schöpferischen drängen auf die Position des Gegenübers von Mutter und Kind, auf Bewußtwerdung der Objektbezüge und dann auf das Ich-Du-Gegenüber. Die Dynamik der Wandlungssymbole ist auf Offenheit und Zukunft bezogen. Allerdings erhebt sich diese Dynamik aus biologisch gegebenen Ursprungssituationen; nach Neumann gibt es drei Blutwandlungsmysterien, die sich hier bestimmend auswirken, nämlich die Menstruation, die Schwangerschaft und die Wandlung von Blut in Milch oder in Nahrung. All diese Grundsituationen sind von entsprechenden charakteristischen Symbolen begleitet. Im Rahmen der Wandlung kommt dann dem Beziehungsaspekt eine besondere, weiterführende Bedeutung zu, wobei sich auch dieser Aspekt in Symbolen ausformt. Jetzt evoziert die Frau als Anima des Mannes Wandlungen männlicher Existenz und der Mann als Animus der Frau Wandlungen weiblicher Existenz. Die Wandlungen werden in Prüfungen erlebt, die man bestehen oder nicht bestehen kann; solche Prüfungen und ihre Symbolik führen zu bewußter, selbständiger, reifer und beziehungsfähiger Existenz.

Was ich definitionsmäßig beschrieben habe, sei im folgenden noch mit ausgewählten Hinweisen auf konkrete Symbole verdeutlicht. Neumann beschreibt den Elementarcharakter des Weiblichen mit Bild- und Symbolmaterial von Vorzeitgöttinnen. Hier zeigt sich im Gestaltmäßigen ein Vorrang des »großen Runden«. Das Weibliche erscheint vor allem als Gefäß. Betont sind die Brustpartien und der Schoß. Zur Symbolsprache dieser Stufe gehört, daß das Gefäß dem Körper, der Körper dem Gefäß gleichgesetzt ist, daß Öffnungen des Körpers (Mund, Augen, Ohren, Vagina, After) überbetont und darin numinos erlebt werden, daß das Körper-Innere (besonders der Uterus) als Höhle und Erdinneres verstanden wird usw. Auffallend ist, daß sich der Elementarcharakter des Weiblichen dann in einer charakteristischen Polarität ausformt. Es gibt den positiv-bergenden

Charakter des Weiblichen: Die Frau ist die Nährende und Schützende, sie ist empfangendes Gefäß, sie ist bergender und gebärender Mutterschoß. Hier gibt es Bildmaterial für frühgeschichtliche und symbolische Madonnen. Der bergende Aspekt ist kontrastiert vom negativ-verschlingenden Aspekt. Es gibt hier Symbole des Fressens und Ausstoßens; furchtbare Göttinnenbilder zeigen Symbiosen zwischen der Frau und dem Tod, zwischen der Frau und Totenschädeln und Todesvögeln. Das Weibliche erscheint hier als Abgrund, Grab, Sarg, Unterwelt, Hölle. Es ist verbunden mit der Schlange, dem Krebs usw.[7].

Im Abschnitt über den Wandlungscharakter der Symbole beschreibt Neumann zuerst Stichworte wie »das große Runde«, »die Schicksalsgöttin«, »die Herrin der Pflanzen«, »die Herrin der Tiere«[8]. Für das »große Runde« wird beispielsweise Bildmaterial zum Pietamotiv beigebracht. Im Abschnitt über die »Herrin der Pflanzen« erweisen sich Symbole wie Baum (Lebensbaum, Himmelsbaum, Seelenbaum, Schicksalsbaum, Todesbaum) als wichtig. Dann aber auch Nest, Krippe, Wiege, Sarg, Bett, Schiff, Kreuz. Zur »Erdmutter« gehören Wasser, Sumpf, Berg, Stein. Zur »Geistwandlung« – jetzt auch in der Anima-Animus-Beziehungsstruktur – gibt Neumann unter anderem die folgenden Stichwort[9]: das Weibliche als Gefäß der Wandlung; Priesterin, Schamanin; Weissagung, Dichtung, Tanz; Medizin, Rauschgift, Rauschtrank. Dann: Todeshochzeit, Sohngeburt (Feuer, Lichtsymbole), Sonne, Mond, Hieros-Gamos usw. Das letzte Kapitel Neumanns ist der Sophia gewidmet[10]. Hintergrund der Geistwandlung bildet oft eine Symbolik des Wechsels von Tag und Nacht, von Sonne und Mond, von Werden und Vergehen; es korrespondieren hier aber auch Vorgänge wie Waschung – Taufe, Ei und Schöpfung usw.

Im folgenden geht es nun um die biblische Problematik. Für die biblischen, im besonderen für die alttestamentlichen Zusammenhänge scheint mir eine Systematisierung in einem dreifachen Ansatz möglich. Einmal gibt es Material, das Religion und Symbolik des Weiblichen, weibliche Göttinnen aus einer dem Jahweglauben fremden Umwelt kennt und sie darum ablehnt und bekämpft. Dann gibt es Material, wo die weibliche Symbolik und Religiosität aus Gründen des Ausschließlichkeitsanspruches Jahwes umfunktioniert, teilweise entmythologisiert und auf Jahwe selber bezogen wurde; Wirkungen und Kräfte dieser Symbole wurden so als Wirkungen und Kräfte Jahwes dargestellt. Und schließlich gibt es Material, das eher einer tiefenpsychologisch orientierten Hermeneutik zugänglich ist: Hier sind Symbole und Religion des Weiblichen eher verdrängt als bewältigt, und hier macht sich das Gesetz von der »Wiederkehr des Verdrängten« bemerkbar. Dieser Problemkreis ist bisher in der Schultheologie vernachlässigt worden, dafür wird er einem als Thema einer sogenannten wilden Exegese deutlich.

Eva und die Schlange

Es geht nun zuerst um das Material, das sich mit Religion und Symbolik des Weiblichen und mit Wirklichkeiten und Kräften weiblicher Gottheiten auseinandersetzt, indem solche Religion vom Jahweglauben her bekämpft wird. Ich übergehe die frühe Phase der Religion der Patriarchen in Israel, die von einer Gottheit El geprägt war. Ich setze dort ein, wo der Jahweglaube in der Auseinandersetzung mit der Religiosität der kanaanäischen Umwelt deutlich wird. Diese Umwelt hat viele Bezüge zu Symbolen des Weiblichen und zu einer Religiosität, in der Göttinnen eine wichtige Rolle spielen. Dabei ist für die Religiosität Kanaans festzuhalten, daß ihre Bezüge zu Urzeitsymbolen, etwa zu einer Stein-, Baum- oder Quellsymbolik, nicht mehr direkt sind, sondern daß hier schon ein relativ langer Differenzierungsprozeß stattgefunden hat; die Bezeichnung der kanaanäischen Religion als einer reinen Fruchtbarkeitsreligion würde irreführen[11]. Für diese Religiosität darf auch das Moment der sakralen Prostitution, das zwar eine Rolle spielte, nicht überbewertet werden, ebenso treten keine Sonnen- oder Mondgöttinnen im Sinne von Urzeitgöttinnen auf. Dagegen hat ein religionsgeschichtlicher Prozeß zur Ausbildung von Götterpaaren, Götterfamilien und Göttergenerationen geführt, wie man es ähnlich auch für die babylonische und ägyptische Religiosität feststellen kann. So ist aber trotzdem auf Grund einer Entwicklung und eines differenzierten Prozesses die Religiosität Kanaans mitbestimmt von weiblicher Symbolik, und eben hier hat sich der Jahweglaube in seinem Gegenüber zur kanaanäischen Religion bedroht gefühlt, auch wenn er sonst durchaus Berührungspunkte mit dieser Religiosität hatte. Bedrohlich erschien beispielsweise Anath, die sich mit der Gestalt der Astarte vermischte und von ihr nicht deutlich zu unterscheiden ist; Anath und Astarte sind als »Erscheinungsformen der großen Mutter-, Liebes- und Kriegsgöttin anzusehen«[12]. Auf Anath beziehen sich – auch wenn der oben erwähnte Differenzierungsprozeß vorausgesetzt wird – Epitheta, die an alte weibliche Symbolik und Religion erinnern: Ihr zugeordnet ist ein heiliger Pfahl, der sich vielleicht auf die aufblühende und wieder verwelkende Natur bezieht; vielleicht ist der Pfahl auch Penis-Symbol. Ihre Tiere sind Kuh, Schlange und Vogel. Ihre Doppelnatur ist geprägt von Liebe und Krieg. Als Göttin der Liebe ist sie jungfräulich und zugleich Schwester der männlichen Gottheit und schließlich Dirne. Ihr Gegenüber ist Baal, dessen Gemahlin, Helferin und Mitstreiterin sie ist. Die Ehe zwischen Baal und Anath im Himmel wird abgebildet in irdischen Fruchtbarkeitskulten, für die auch die sakrale Prostitution wichtig ist. In der sakralen Prostitution gehen religiöse, magische und erotische Aspekte ineinander über; der Koitus bedeutet einerseits Stärkung der Fruchtbarkeitsgottheiten, andererseits wird durch ihn Fruchtbarkeit für den Menschen und für die Ernte vermittelt[13]. Dann hat Anath Bezüge zum Krieg, zum Kampf und zum Blutvergießen. Sie kämpft mit und für Baal. Sie begräbt die Leiche des ermordeten Baal und nimmt blutgierig Rache am Mörder.

Die Wirkung der weiblichen Gottheiten, vor allem Anaths, ist im Alten Testament deutlich, auch wenn theologische Überarbeitungen der Texte diesen Sachverhalt manchmal verdunkeln. Der Einfluß ihres Kultes muß immer wieder eine Faszination ausgeübt haben. Das Kennzeichen Anaths – der Pfahl – wurde von Anhängern der Göttin einige Male ins Jahweheiligtum eingeführt (Richter 3,7; 5,26; Deuteronomium 16,21; 1. Könige 15,13; 18,19 usw.). Eine Sonderentwicklung schildern die Elephantine-Texte: Hier gibt es die singuläre Aussage über eine dem Gott Jahwe zugeordnete weibliche Göttin, indem Anath-Jahu als Gemahlin Jahwes aufgefaßt wurde[14].

Im Rahmen prophetischer Kritik und im Zusammenhang mit kultischen Reformen wurde der Einfluß von Fruchtbarkeitsgottheiten heftig bekämpft, und es wurden entsprechende Verbote formuliert (1. Könige 11, 3–8; 14,23f.; 15,12f.; Jeremia 7,18; 44,15ff.; Jesaja 17,10f.; Ezechiel 8,14; 20,27; 23; Leviticus 19,29; 21,7 und 9; Deuteronomium 23,18; 1. Könige 14,23f.; 22,47; 2. Könige 23,7 usw.). Der Kampf wurde mit allen Konsequenzen geführt; beispielsweise kennt der Wortschatz des Alten Testaments keinen eigentlichen Ausdruck für »Göttin«[15].

Die Kritik und der Kampf gegen Fruchtbarkeitskulte und die diesen Kulten entsprechenden weiblichen Symbole hatten drei Konsequenzen. Erstens wurden Kräfte und Wirkungen, die solcher Symbolik zukamen, auf Jahwe übertragen; diese theologischen Interpretationen werde ich unten ausführlich darlegen. Zweitens erfolgte eine für das Alte Testament charakteristische und gegenüber den Religionen der Umwelt Israels einmalige Vergeschichtlichung und Verrechtlichung jener Bereiche und Kräfte der Natur, die von solchen Symbolen repräsentiert wurden. Hier ging es um Entmythologisierung und Entsymbolisierung, konkret oft um Entsexualisierung. Diese Bereiche waren nun nicht mehr religiös, sondern natürlich und in die Verantwortung des Menschen gelegt. Drittens implizierten die Kritik und der Kampf gegen Fruchtbarkeitsreligion und Fruchtbarkeitskulte die negative Qualifizierung des Weiblichen. Die Scheu vor dem Weiblichen wurde verstärkt. Die Tore für spätere Dualismen, für Sexualrigorismus und Sexualaskese wurden geöffnet, obschon der ursprüngliche Jahwismus nicht sexualfeindlich und völlig undualistisch war.

Im besonderen entstanden sehr geschichtswirksame Traditionen, in denen das Weibliche und weibliche Symbolik den Mächten des Bösen zugeordnet wurden und in denen sich das Böse in der Macht des Weiblichen kundtat. Ich nenne hier nur wenige, ausgewählte Beispiele. Eva wurde in bestimmten Traditionen als Verführerin des Mannes gesehen auf Grund ihrer eigenen Verführung durch Satan; sie ist damit – stärker als der Mann – für den Sündenfall verantwortlich. Eva war – auch auf Grund ihres Namens – der Schlange zugeordnet; in ihrem Namen klingt der Name der phönizischen Schlangengöttin an; im Aramäischen und Syrischen heißt Schlange »häwja«[16]. Eva wird im weiteren manchmal der »porne« (Hure) zugeordnet, die allerdings auch die »Magna Mater« repräsentieren kann. Solche und weitere Ansätze schaffen in späteren Traditionen auch Linien zur Gestalt der Hexe. Weitere Traditionen verbinden den Dämonismus mit dem Geschlechtlichen und dem Weiblichen. Dämonen treiben in Alpträumen und Sexualträumen ihr Unwesen; Incubi und Succubi quälen ebenso wie der weibliche Dämon Lilith. Dämonen haben ihren Ursprung vielleicht im Engelsfall, wo Engel sich mit irdischen Frauen vermischt haben (vgl. Genesis 6, 1–4). Und schließlich sind Dämonen vor allem auch Symbolen des Weiblichen zugeordnet, etwa dem Flüssigen, dem Wasser, dem

Blut, der Erde, der Wüste, der Tiefe der Nacht[17].

Der Kampf gegen die fremde Umwelt kann zusammenfassend-programmatisch mit dem Stichwort der »Selbsterhaltung« des Jahwismus erfaßt werden. Im Zusammenhang mit diesem Stichwort möchte ich nun die schwierige Frage nach dem »Geschlecht der Gottheit« in Israel aufgreifen[18]. Man wird zunächst von der Überlegung ausgehen müssen, daß die Andersartigkeit des Jahweglaubens und des Jahwekultes in einem langen und differenzierten Prozeß entstanden ist; eine Hauptbedrohung des Jahwismus erfolgte sicher im Prozeß der Kanaanisierung. Ein Höhepunkt der Bewußtwerdung des Jahwismus gegenüber der Bedrohung durch die kanaanäische Religion ist wohl in der deuteronomistischen Theologie zu sehen[19]. Auch von Rad sagt, daß es im Prozeß der Anpassung an fremde Kultformen und der Notwendigkeit der Selbsterhaltung um Sein oder Nichtsein des Jahwismus ging. Ein für den Religionshistoriker erstaunliches Phänomen besteht im Rahmen dieser Selbsterhaltung darin, daß sich der Jahwismus gegen die Mythisierung des Sexuellen abgrenzte und daß er die Gottheit der sexuellen Polarisierung grundsätzlich entzog. Das Geschlechtliche wurde jetzt nicht mehr als sakrales Mysterium verstanden. Nach von Rad war die religiöse Umwelt geradezu von mythisch-sexuellen Vorstellungen gesättigt[20]. Israels Glaube hat sich weithin der Divinisierung des Geschlechtlichen entzogen und hat damit in einem Entmythologisierungsprozeß das Geschlechtliche profanisiert. Für die Gottheit bedeutete das, daß sie »jenseits der Polarität des Geschlechtlichen« stand[21]. Schmidt nimmt an, daß es die Auswirkung des ersten Gebotes sei, daß man Gott der geschlechtlichen Differenzierung entzog[22]. Faber, der allerdings nicht als Alttestamentler, sondern von der Pastoraltheologie her argumentiert, zieht auch das Bilderverbot bei[23]. Nach Faber gehört zu Primitiv-Religionen grundlegend das Bild; diese Primitivreligionen erlauben den Zutritt zur Seinsmächtigkeit der Gottheit eben durch das Bild. Diese Ursprünge sind zugleich geprägt vom Vorrang des ursprünglich Mütterlichen, der Muttergottheiten und der Fruchtbarkeitskulte. Das Bilderverbot hätte nun die Funktion, das Betreten des Machtfeldes der Seinsmächtigkeit zu verbieten, wobei der Versuch, diese Bereiche zu betreten, im Glauben Israels als ein Sich-Einlassen mit der fremden Frau, also als Hurerei kritisiert wurde. Das Bilderverbot paßt also in eine Epoche des Paternalismus! Es hat die Funktion, eine neue »höhere«

Stufe der Gottesverehrung zu sichern.

Bertholet sieht für die Frage nach dem Geschlecht der Gottheit drei problemgeschichtliche Phasen. In der ersten Phase gibt es keine Überlegungen zum Geschlecht der Gottheit. Nach Roellenbleck bedeutet das, daß sich eine Religion noch nicht auf einer Stufe halten kann, die dem »männlich-vergeistigten« Gott entspricht und deshalb die Stufe spiegelt, für die Gott noch vom Chthonisch-Undifferenzierten geprägt ist und damit faktisch eher weibliche Urstrukturen repräsentiert, ohne daß aber diese bewußt erlebbar und aussagbar sind[24]. In einer zweiten Phase, die nach Bertholet als Zwischenphase zu charakterisieren ist, wird die Gottheit vergeschlechtlicht, bzw. sie wird – wie im Jahweglauben – kämpferisch gegen geschlechtsspezifisch-geprägte Gottheiten abgegrenzt. In der dritten Phase schließlich ist die Gottheit bewußt über die Differenzierungen des Geschlechtlichen und die Beschränkung durch das Geschlechtliche hinausgehoben. Zu dieser letzten Phase gehört nach Bertholet die Möglichkeit der Aussage von Matthäus 22,30: »Denn in der Auferstehung heiraten sie nicht und werden nicht verheiratet, sondern sind wie die Engel im Himmel.«[25] Es ist sicher festzuhalten, daß das Resultat, nämlich daß Jahwe der Polarisierung des Geschlechtlichen entzogen war und daß sich die Frage nach dem Geschlecht der Gottheit hier nicht mehr stellte, als Endergebnis eines differenzierten Prozesses zu sehen ist. Auch von Rad weist auf gegenteilige Möglichkeiten hin, die sich »in illegitimen Tiefenschichten« der Kontrolle entziehen[26]. Diese Bereiche ermöglichten dann doch wieder einen Kult der Fruchtbarkeitsgötter und -göttinnen und entsprechende sexuelle Kultpraktiken (s. oben).

Das männlich geprägte Gottesbild in Israel

Für spätere, systematische Zusammenhänge meiner Darlegungen ergibt sich noch die Frage, warum im Rahmen der eben geschilderten Prozesse das, was man das »mänlich geprägte Gottesbild in Israel« nennt, doch eine so auffallende Rolle spielte. Es gibt deutlich genug gegenüber der Spätphase, wo die Gottheit in Israel der geschlechtlichen Unterscheidung entzogen war, jene Phase, deren Gottesbild wenigstens für den heutigen Leser des Alten Testaments überaus »männlich geprägt« dargestellt wurde. Mir scheint nur die folgende Erklärung möglich: Diese Prägung war auch Resultat des Kampfes um die Selbsterhaltung des Jahweglaubens und des Jahwekultes. In der Versuchung, die eine bäuerliche Religion mit ihrem existentiellen oder magischen Interesse am Werden und Vergehen in der Natur, an Saat und Ernte, Leben und Tod, Dürre und Fruchtbarkeit bot, hat ein männlich geprägtes Gottesbild eine sinnvolle Funktion: Es diente der Nichtanpassung und Selbsterhaltung des Jahwismus! Es bedeutete Sicherung in einer Phase, wo es noch nicht ohne weiteres möglich war, Jahwe als Baal anzurufen, und wo es noch nicht möglich war, auch die Wirkung fremder Göttinnen Jahwe zuzuschreiben. Deshalb das männlich geprägte Gottesbild! Dieses männlich geprägte Gottesbild stellt nun noch die Frage nach dessen Konsequenzen im Bereich des Kultes und dann im gesellschaftlichen Bereich. Auch Bertholet spricht im Blick auf die männlich geprägte Gottesvorstellung von Israels Religion als einer Männerreligion[27]. Bertholet weist darauf hin, daß es nach Ex. 34,23 den Männern geboten war, dreimal jährlich zum Kult vor Jahwe zu erscheinen; die Frauen sind nicht angesprochen. Weiter ist daran zu erinnern, daß das Opfern Männersache war und daß der Jahwismus die Möglichkeit der Priesterin ausschloß, auch wenn immer wieder einige Frauen in einem prophetischen und politischen Sinn hervortraten. »Wertmäßig« wurde – im Rahmen kultischer Vorschriften – die Frau auf die Hälfte des »Wertes« des Mannes eingeschätzt, indem nach Leviticus 27, 1–7 die Weihung eines Menschen durch Gelübde den Mann doppelt soviel kostete wie der Frau!

In solchen Zusammenhängen entsteht für ein an gesellschaftlichen Vorgängen geschultes Fragen das Problem, ob es einen wirkenden Zirkel zwischen der Gottesvorstellung und der dieser Vorstellung entsprechenden Männerreligion und den sozialen Verhältnissen der Geschlechter gab. Mit anderen Worten: Bewirkt das männlich geprägte Bild Jahwes eine patriarchal-stabilisierte Gesellschaft? Religionsphänomenologisch gibt es genug Material, das zeigt, daß die irdische Sozialstruktur eine himmlische Überhöhung und Stabilisierung erfährt, oder umgekehrt empfand man Ordnungen der Natur und der Gesellschaft als Abbild himmlischer Verhältnisse. Diese religionsphänomenologische Struktur hat sich allerdings in ihren Bezügen zu sozialen Strukturen und – für unseren Zusammenhang – in ihren Bezügen zur Stellung der Frau in der Gesellschaft nie eindeutig ausgewirkt. Einerseits hat die himmlische Überhöhung der Geschlechterstruktur auf Erden oft die Frau erst recht diskriminiert; andererseits haben mann-weibliche Götterbeziehungen die Frau im Kult aufgewertet. Für den Jahweglauben ist das eben allgemein zu religionsgeschichtlichen Phänomenen Gesagte insofern nicht gültig, als es hier – vielleicht erstmals – ein wirkendes Verhältnis zwischen einer mythischen Welt, die irdische Ordnungen überhöhte, stützte und absicherte, nicht mehr gab, bzw. es wurde dieses wirkende Verhältnis in Frage gestellt[28]. Nach Schmidt ist das auch ein wichtiger Grund dafür, daß in Israel die Sozialstruktur durch die prophetische Botschaft kritisiert und verändert werden konnte und daß so ein Humanisierungsprozeß eingeleitet wurde. Trotzdem muß in den verschiedenen alttestamentlichen Zusammenhängen von Fall zu Fall untersucht werden, ob ein Zusammenhang zwischen der Gottes- und Glaubensfrage und den sozialen Verhältnissen besteht, oder wie weit dieser Zusammenhang soziale Verhältnisse mit beeinflußte, veränderte, verbesserte oder aber stabilisierte. Für unseren speziellen Zusammenhang zeigt sich jedenfalls, daß der Kampf um die Reinheit der Jahwereligion oft auch Kampf um die »Reinheit« des Geschlechtlichen war und daß darin die Frau entsprechende Kritik und – für das heutige Denken – oft eine entsprechende Herabwürdigung erfuhr. Ich nenne für diesen Zusammenhang Stellen aus dem Deuteronomium, nämlich 22,5; dann 22,21. 22. 24; weiter 23,2f. 18f.; 24, 1–4 und auch Leviticus 18. Durchgehend ist es schwierig, festzustellen, wie weit bestimmte Gottesvorstellungen sexualethische Zusammenhänge bestimmen und wie weit hier Abwandlungen einer allgemeinen Sozialstruktur, die Israel mit seiner Umgebung zusammenschließt, vorauszusetzen sind. Als Resultat ist festzuhalten, daß der Patriarchalismus in Israel nicht eindeutig auf das männlich geprägte Gottesbild zurückzuführen ist, daß aber doch wohl auch wirkende Zusammenhänge bestehen[29].

Die Umfunktionierung weiblicher Symbole

Es ist im folgenden der zweite Aspekt der von mir formulierten Systematik darzulegen: Durch viele Schichten des Alten Testaments geht ein auffallender und umfassender Umfunktionierungsprozeß. Hier bedeutet »Entmythologisierung« ein In-Beziehung-Setzen numinoser, mythischer und symbolischer Wirklichkeit mit Jahwe und Jahwes Allwirksamkeit. Die Glaubensreflexion in Israel war in solchen Umfunktionierungen oft sehr kühn. Allerdings ist der Umfunktionierungsprozeß differenziert und in seinen Mechanismen und Methoden nicht leicht zu überprüfen. Weiter ist der Prozeß Endprodukt einer theologischen Reflexion, und die uns vorliegenden Texte sind bestimmt von der Tendenz, den Jahweglauben siegreich darzustellen[30]. Und indem diese Umfunktionierung weithin Produkt einer theologischen Reflexion ist, ist sie sicher vom Glauben, von der Glaubenspraxis, von Frömmigkeit und Kult nicht immer eingeholt und wahrscheinlich manchmal auch mißverstanden worden. Indem es sich um tendenziös gefärbte Endergebnisse eines langen theologischen Erkenntnisweges handelte, waren diese Ergebnisse auch deshalb gefährdet, weil in kritischen Phasen der Geschichte regressive Ängste solche Produkte der Theologie wegfegten und dann alte mythische und symbolische Wirklichkeiten wieder in ihrer ursprünglichen Bedeutung präsent waren[31].

In den eben beschriebenen Prozeß der Umfunktionierung sind auch Symbole des Weiblichen mit einbezogen. Der Monotheismus im Glauben Israels, der sich eindeutig von der religiösen Umwelt Israels abhebt, erweist sich immer wieder als starkes Korrektiv und als Mittel zur Umprägung des mythischen und symbolischen Materials. Denn: Vorstellungen der Religion, die »...eine Mehrheit von Göttern oder das Gegenüber von Gott und Göttin voraussetzen, wie Götterhochzeit, Göttergeburt und -tod, Kosmogonie als Theomachie u.a. waren in dieser Form nicht akzeptabel«[32]. Dieser an sich sehr differenzierte Umprägungsprozeß hat vor allem die folgenden Gebiete erfaßt: Dämonenglaube, Unterweltvorstellungen, Vorstellungen vom Dunkeln und der Nacht, Astralkult, Totenverehrung usw. Kräfte- und Mächtewirkungen solcher Bereiche wurden nicht etwa negiert, sondern auf die Allwirksamkeit Jahwes bezogen. Wenn in solchen Bereichen Kräfte und Mächte als »weiblich« empfunden und von weiblicher Symbolik repräsentiert wurden, so wurden auch hier Umprägungen formuliert, die Jahwe als den zeigen, der nun selber solche Kräfte- und Machtwirkungen besitzt. Ich nenne hier nur ausgewählte Beispiele[33].

Deuteronomium 11,14f. zeigt, daß die Gabe und Wirkung des Regens und des Wassers von oben, von Jahwe erwartet wird. Jahwes Herrschaft über das Wasser setzen auch zahlreiche

Psalmstellen voraus. Vielleicht ist auch das sogenannte eherne Meer im Tempel Symbol der Herrschaft Jahwes über das Wasser bzw. über das dämonische Meer. Weiter: Deuteronomium 33, 13–16 zeigt, daß man in den Kräften der Sonne und des Mondes Wirkungen Jahwes sah. Das ist auch deshalb beachtlich, weil – wie Ehrlich sagt – der Zusammenhang zwischen Frau und Mond auch in Israel eine Rolle spielte[34]. Weiter wird nun Jahwe selber Gott der Fruchtbarkeit; die Gottheit, die hinter den Ernten und im weiteren hinter den Gesetzen des Werdens und Vergehens steht, ist natürlich für eine agrarisch orientierte Gesellschaft von größter Wichtigkeit. Dazu einige Einzelheiten. Jeremia 5,24 führt fruchtbare Ernten auf Jahwe zurück. Nach Genesis 30,22 und Jesaja 66,9 ist es nun Jahwe, der den Mutterschoß öffnet. Jahwe steht auch hinter Wirkungen des Lebensbaumes, des Blutes und der Erde. Und mit dem Anspruch auf die Erstgeburt tritt Jahwe in eine im Matriarchat den Göttinnen zugeordnete Rolle ein. Beltz sagt, daß in der Geschichte von der Opferung Isaaks (Genesis 22, 1–19) und in der dunklen Geschichte, wo Jahwe den Sohn der Zippora töten will (Exodus 4, 24ff.) und Zippora ihren Sohn durch die Berührung der Schamteile und durch die Eheformel »du bist mein Blutbräutigam« rettet, altes matriarchales Gedankengut mit am Werk sei, bzw. daß jetzt Jahwe und nicht mehr die archaische Fruchtbarkeitsgottheit Anspruch auf die männliche Erstgeburt erhebt[35]. Wie umfassend Jahwe Gebiete der Fruchtbarkeit, des Werdens und Vergehens übernimmt, zeigen auch die Kapitel 27, 28, 29 des Buches Deuteronomium, die von Segen und Fluch handeln. Weiter ist wichtig, daß es zu einer Vergeschichtlichung der Feste kommt; in diesen Übergängen spiegelt sich einmal mehr der Übergang von Naturreligion und Natursymbolik zu einer Religiosität der Geschichtsmächtigkeit Jahwes, denn ursprünglich vermitteln festliche Kulthandlungen und Begehungen Naturkräfte und gute Ernten[36]. Schließlich ergibt sich die schwierige Frage, ob allenfalls auch magisch gewonnene Kräfte auf Jahwe als Geber aller Gaben zurückgeführt werden könnten; im allgemeinen leitet ja der Absolutheitsanspruch Jahwes auch Prozesse der Entmagisierung ein. Trotzdem ist beispielsweise für Exodus 17, 8–13 zu fragen, ob die emporgehobenen Arme des Moses, die seinem Volk den Sieg verschafft haben, allenfalls eine alte, magische Beschwörung meinen. Und diese Geschichte gehörte dann in die hier aufgeworfene Thematik, weil es Dokumente gibt, die zeigen, daß diese Armhaltung magisch Wirkungen der »großen Mutter« herbeiführen. Ob auch hier eine Übertragung auf Jahwe stattgefunden hat[37]?

Eine für den Zusammenhang der Umfunktionierungsprozesse besonders herausfordernde Problematik ist mit den alttestamentlichen Schöpfungsaussagen gegeben. Neumann mag recht haben, wenn er sagt, die Annahme einer männlichen Schöpfergottheit verdecke oft eine Schicht, für die es ein ursprüngliches weiblich-schöpferisches Prinzip gegeben habe[38]. Diese Ursprungssymbolik wäre gegeben mit Aussagen und Symbolen zur Weltenmutter, zum Urmeer, zum Urwasser, zum Chaos, zum Weltenei usw. Für das Alte Testament gibt es eine vieldiskutierte Problematik zur sogenannten priesterlichen Schöpfungsgeschichte (Genesis 1), die hierher gehört. Hier stellt sich in vier Punkten die Frage nach einer weiblich geprägten Ursprungssituation: Einmal in den Aussagen zum Zustand »vor der Schöpfung« in Genesis 1,2, dann zur Symbolik der »Mutter Erde«, dann in der Unterscheidung von »unterem« und »oberem« Wasser und schließlich vielleicht in einem »androgynen« Hintergrund zur Aussage über die Erschaffung des Menschen. Freilich ist sofort und für alle vier Punkte festzuhalten, daß, wenn überhaupt eine weiblich-geprägte Ursprungssituation angenommen werden darf, diese überall eine charakteristische Umfunktionierung erfahren hat; das eigentlich Mythologische und Symbolische scheint in Genesis 1 schon einen langen Prozeß hinter sich zu haben. Es ist nicht mehr lebendig, sondern bietet nur noch das Vorstellungs- und Wortmaterial zu Schöpfungsgeschichten. Darum ist das Material in einen Umfunktionierungsprozeß hineingenommen, in dem die Aussagen auf Jahwe bezogen werden.

Nun einige Einzelheiten. Eine ältere, religionsgeschichtlich orientierte Auslegung fand in Genesis 1,2 zahlreiche Anklänge an den Mythos und die ihm entsprechende Symbolik. Der Satz lautet in der Übersetzung von Gerhard von Rad: »Die Erde aber war wüste und leer gewesen, Finsternis lag über dem Urmeer, und ein Gottessturm schwebte über der Wasserfläche.« Auf archaisch-weibliche Schöpfungsstrukturen könnten folgende Elemente hindeuten: die Vorstellung vom Urmeer als dem wässerigen Chaos, Bezüge zu einer Göttin »Baau« (in tohuwabohu = wüste und leer), im Hinweis auf die ursprüngliche Finsternis und in der Aussage über das »Brüten des Geistes über den Wassern«. Das Brüten des Geistes über den Wassern könnte Bezüge auf die Schöpfung aus dem Weltenei enthalten; Beltz interpretiert:

»Beim Babylonier schwängert Marduk die Tiamat durch Winde, im biblischen Mythos schwängert die Ruach Elohims die Wasser... die archaische Umgebung stellt sicher, daß eine Tätigkeit gemeint sein muß, die beim Koitus ausgeübt wird.«[39] Die heutige Exegese beurteilt die Zusammenhänge viel zurückhaltender. Sie betont, daß es sich in Genesis 1,2 um eine Aussage über den Zustand vor der Schöpfung handelt, eine Aussage, die als »genus literarum« eine Kategorie der »Als-noch-nicht-Sätze« benutzt[40]. Für diese Aussage nimmt der Autor von Genesis 1,2 Vorstellungs- und Sprachmaterial aus Schöpfungsgeschichten seiner Zeit und Umwelt; inhaltlich ist wichtig, daß mit der Umformung des Mythologisch-Symbolischen diesem keine Eigenwirksamkeit in bezug auf die Schöpfung zukommt[41]. Auch »Urmeer«, »Chaos«, »Finsternis« erscheinen in ihrer Wirksamkeit depotenziert, sie haben keine Macht und gehören nicht in den Prozeß der Schöpfung, sondern sie dienen zur Charakterisierung des Zustandes vor der Schöpfung. Das »Tohuwabohu« meint etwas wie Nacht und Öde; »Tehom« ist das Kosmisch-Abgründige und kaum noch auf »Tiamat« und den Götterkampf der Urzeit zu beziehen. Auch um ein ursprüngliches »Brüten« scheint es nicht zu gehen, sondern um das »Vibrieren« des Gottesgeistes über dem »Urwässerigen«, dem aber keine Wirkung für den Schöpfungsvorgang zukommt[42]. Die Vorstellung von der »Mutter Erde« ist in Genesis 1,11 gegeben, wo es heißt: »Die Erde lasse sprossen...« Ähnlich scheint auch für das Meer eine Eigenwirkung gegeben (Genesis 1,20). Erde und Meer erhalten die Kraft, Lebewesen zu erzeugen, und sie werden so »vom Objekt zum Subjekt der Schöpfung«[43]. Hier sind alte Vorstellungen aus Schöpfungszusammenhängen aufgenommen. Allerdings ist die Allwirksamkeit Jahwes damit nicht aufgehoben, indem *er* es ja ist, der in seinem Wort der Erde und dem Meer diese Kraft zuspricht. Weiter habe ich die Unterscheidung der »oberen« und »unteren« Wasser der Schöpfung genannt; nach Neumann ist die »große Mutter« auch Herrin der »oberen Wasser«, also des Regens, und Herrin der »unteren Wasser«, also der Quellen, Bäche und Ströme[44]. Auch hier wird man sagen müssen, daß die Symbolik der »großen Mutter« und der ihr zugeordneten Bereiche kaum mehr anklingt; vielleicht ist das »Wasser«, das sich auf das »Chaoswasser« in Genesis 1,2 zurückbezieht, noch als »gottfeindlich« charakterisiert. Aber gerade hier setzt dann eine zeugnishafte Tendenz ein. Schmidt sagt: »Die Chaoswasser werden hier geteilt und hören damit auf, Urflut zu sein.«[45] Buber sieht in weiteren Zusammehängen eine allgemeine Entmythologisierungstendenz: Das religiöse Fruchtbarkeitsmysterium der Begegnung von »Wasser« und »Erde« sei im Glauben Israels »entsexualisiert« worden[46]; diese Tendenz könnte sich allenfalls auch in der Schöpfungsgeschichte auswirken.

Schließlich ist noch die Frage gestellt, ob ein androgyner Mythus hinter den Aussagen von der Erschaffung von Mann und Frau stehe. Diese Frage steht auch deshalb im unmittelbaren Zusammenhang mit den hier aufgeworfenen Problemen, weil zum androgynen Denken die Sicht gehört, daß auch die Gottheit oder die Götter mann-weiblich strukturiert seien. Elemente des androgynen Mythus sind: Grundlegend ist die Annahme eines Urmenschen in einer ursprünglichen Ganzheit und Herrlichkeit. Diese Ganzheit und Herrlichkeit ist dann verlorengegangen, bzw. es gab einen »Fall« aus dieser Ganzheit heraus in die Verschiedenheit. Die »tragische Phase« des Mythus wird oft beklagt und betrauert, indem der Mensch sich jetzt als »zerspalten« oder »zerschnitten« empfindet. Schließlich aber ist der Mythus auf die Wiederherstellung der Ursprünge und die Erneuerung des Urbildes angelegt. Die im Mythus enthaltene Problematik des Mann-Weiblichen denkt von Ursprüngen eines Einsseins der Geschlechter her, wobei dieses Einssein in keiner Weise modern-personal, sittlich oder rechtlich zu verstehen ist, sondern das Einssein meint ein Ineinanderverwachsensein, eine »organische« Zweieinheit. Nach dem Fall aber sehnen sich Mann und Frau nacheinander (Ätiologie der erotischen Sehnsucht). Erst die Endzeit als Wiederherstellung der Ursprünge überwindet die tragischen Momente des mann-weiblichen Gegenübers.

Soviel zum Mythus und seinen charakteristischen Elementen. Sollten Genesis 1,17 und Genesis 2 androgyne Hintergründe haben, so sind diese durch zeugnishafte Tendenzen beinahe ganz eliminiert und uminterpretiert. Aus dem Mythus stammen könnte die Struktur der mann-weiblichen Einheit als einer Struktur des Ineinanderverwachsenseins. Weiter könnte die Erschaffung der Frau aus der Rippe des Adam tragische Momente der Zerspaltung enthalten. Und schließlich könnte der Ausruf Adams: »Diese ist nun endlich Gebein von meinem Gebein und Fleisch von meinem Fleische...« als Ätiologie der erotischen Sehnsucht etwas mit dem androgynen Mythus zu tun haben. Aber der Mythus ist korrigiert und umfunktioniert, vielleicht auch verdrängt[47].

Die von mir für die Schöpfungsgeschichten genannten Aspekte müßten auf die zahlreichen Schöpfungsaussagen des Alten Testaments ausgeweitet werden. Gunkel hat das Material zusammengestellt[48]. Es handelt sich um zahlreiche Stellen, hauptsächlich in den Psalmen und bei den Propheten, aber auch im Hiobbuch, wo Anklänge an mythologische Namen und Wesen in Schöpfungsaussagen festzustellen sind, dann aber vor allem auch Zusammenhänge mit Aussagen über das Meer, über Wasserungeheuer, über Drachen und Drachenkampf usw. Oft wird man an alte weibliche Symbolik erinnert, aber überall ist der Zusammenhang blaß, wenig konturiert; das Hauptinteresse der Zeugnisse liegt in der Allwirksamkeit Jahwes. Gegenüber Gunkel sind zahlreiche Differenzierungen gemacht worden; im besonderen wird deutlicher unterschieden zwischen einem allgemeinen mythologisch gefärbten Material aus Schöpfungsvorstellungen und hymnisch-weisheitlichen Traditionen[49].

Weibliche Züge Jahwes

Im Zusammenhang mit den Hinweisen auf weibliche Symbole, die im Rahmen der Jahwereligion auf Jahwe bezogen werden oder von der Wirksamkeit Jahwes gleichsam aufgesogen wurden, ist jetzt auf eine Gruppe von Bibelworten einzugehen, die dem Bilde Jahwes weibliche Züge geben. Der Vorgang darf freilich inhaltlich nicht überbewertet werden, indem es weithin eher um Probleme einer bildhaften Sprache als um Inhalte geht. Relativ oft wird in den Psalmen mit dem Bilde gearbeitet, in dem Jahwe als schützende Vogelmutter charakterisiert ist. Anrufe an Jahwe lauten: »...im Schatten deiner Flügel wollest du mich bergen« (Psalm 17,8 b), »...bei dir ist mein Leben geborgen, und in den Schatten deiner Flügel flüchte ich...« (Psalm 57,2 b), »Denn du bist meine Hilfe geworden, und unter dem Schatten deiner Flügel frohlocke ich« (Psalm 63,8), »Mit seinem Fittich bedeckt er dich, und unter seinen Flügeln findest du Zuflucht« (Psalm 91,4; 61,5; 131,2 usw.). Das Bild hat seinen »Sitz im Leben« im Kult. Dort rechnet man mit der Gegenwart Gottes über den Flügeln der Keruben, die die Lade schmücken; Schutz und Geborgenheit sucht also der Gläubige unter den Kerubenflügeln[50]. Gelegentlich finden sich auch anderweitig solche Bilder. Vielleicht kann hier Jesaja 31,5 beigezogen werden: »Wie schwebende Vögel, so wird der Herr der Heerscharen Jerusalem beschirmen, schirmen und retten, verschonen und befreien.« Roellenbleck spricht zusammenfassend von der Vorstellung der Vogelmutter-Gottheit und ordnet dieser Vorstellung auch Aussagen wie Deuteronomium 22,6ff. zu, wo Angaben zum Schutze der Vogelmutter formuliert sind[51]. Nach Roellenbleck ginge es aber um dieselbe Vorstellung auch in Genesis 1,2 (s. oben), und schließlich nennt er Zusammenhänge, wo die »ruach« (Geist) deutlich weibliches Gepräge hat – etwa im Bild der Taube als dem Heiligen Geist[52].

Abgesehen von der Vorstellung der Vogelmutter-Gottheit gibt es andere Bilder der Gottheit, die weibliche Züge annimmt. Jesaja 49,15 wird gegen das Gefühl, Gott habe Zion verlassen, die folgende Aussage gestellt: »Wird auch ein Weib ihres Kindleins vergessen, daß sie sich nicht erbarmte über den Sohn ihres Leibes? Und ob sie gleich seiner vergäße, so will ich doch dein nicht vergessen.« In Jesaja 66,13 findet sich die auf Gott bezogene Formulierung: »Wie einen seine Mutter tröstet, so will ich euch trösten...« Auffallend ist Deuteronomium 32,18; hier ist das Volk folgendermaßen angesprochen: »Des Felsen, der dich gezeugt, gedachtest du nicht und vergaßest des Gottes, der dich geboren.« Hier wurde also die Aussage vom gebärenden Gott gewagt.

Im Rahmen der von mir geschilderten Prozesse der Umprägung und Umfunktionierung des vorgegebenen religionsgeschichtlichen Materials und vorgegebener Symbolik im Glauben Israels, also im Rahmen der Vergeschichtlichung und Verrechtlichung von Aussagen, die zu den Bereichen der Natur- und Fruchtbarkeitsreligion gehören, sind nun auch auffallende Gegenbewegungen zu nennen. Jetzt werden Bilder aus Natur- und Fruchtbarkeitsreligionen benutzt, um das Verhältnis zwischen Jahwe und seinem Volk zu charakterisieren und um vor allem das zwischen Gott und seinem Volk gestörte Verhältnis zu kritisieren und wiederherzustellen. Dabei nimmt oft das Volk, manchmal auch das Land weibliche Züge an; Jahwe scheint um ein »weibliches Gegenüber« zu ringen und bezieht sich in seinem »Eifer« auf dieses Gegenüber!

In diesem Zusammenhang muß vor allem eine prophetische Zeichenhandlung Hoseas geschildert und interpretiert werden. Seine Handlung und Kritik beruht auf der theologischen Voraussetzung, daß Jahwes Verhältnis zu seinem Volk und das Verhältnis des Volkes zu Jahwe eine Partnerschaft, ja eine Ehe ist. Wenn nun Hosea auch dieses Verhältnis teilweise in geschichtlichen und rechtlichen Strukturen sieht (s. auch unten), so verwendet er zugleich Bilder, die aus dem Bereich der Natur- und Fruchtbarkeitsreligionen genommen sind. Konkret stammt sein Bildmaterial aus der religiösen Umwelt Israels, und zwar aus der kanaanäischen Religion[53]. Auf diesem Hintergrund wären ungefähr die folgenden Bilder bei Hosea wirksam: ein eheliches Verhältnis zwischen dem Gott Baal und der Mutter Erde, eheliche Verhältnisse zwischen himmlischen, männlichen Göttern und dem als Muttergöttin empfundenen Land; ein Hieros Gamos, wobei der Regen als Sperma verstanden wird. Hoseas Aussagen sind nun immer mit seinem eigenen Eheerleben verbunden, wobei die Deutung dieses Zusammenhangs umstritten ist. Deutlich wird jedenfalls Hoseas Kritik: Das Volk hat seinen Gott verlassen wie eine untreue Frau, die Männern nachläuft! Für diese Kritik benutzt Hosea nicht allgemeines Wortmaterial von einer im moralischen Sinn verwerflichen Frau, sondern er denkt konkret an Frauen, die an kanaanäischen Fruchtbarkeitsriten, zu denen ganz bestimmte sexuelle Praktiken gehören, teilnehmen. Im Vollzug dieser Praktiken wurde im heiligen Bezirk das kostbare Gut der Jungfräulichkeit geopfert, und man erwartete nun die Gebärkraft, weil die Gottheit im Heiligtum den Mutterschoß öffnete. Von Rad formuliert: »Für das Versinken Israels in der kanaanäischen Naturreligion hat Hosea den Begriff des ›Hurens‹, des ›Weghurens von Jahwe‹ geprägt, in dem sich gleicherweise die Vorstellung von der Unlöslichkeit des Jahwebundes wie der Abscheu vor den Fruchtbarkeitsriten und der sakralen Prostitution des Baalskultes ausspricht.«[54] Bezeichnenderweise führt aber die Kritik Hoseas dort, wo er von der Wiederherstellung des gestörten Partnerverhältnisses spricht, aus dem mythologischen Denk- und Bildmaterial heraus. Hosea kündigt das Heil folgendermaßen an: Gott läßt sein Volk in einem Erziehungsprozeß noch einmal dort beginnen, wo die klassische Zeit der Begegnung zwischen Gott und seinem Volk stattfand, nämlich in der Wüste. Für diesen »geschichtlichen« Ort der Begegnung ist wichtig, daß es in den »Tagen der Jugend« des Volkes (Hosea 2,15) die Versuchungen durch die Fruchtbarkeitsreligionen noch nicht gab. Die Heilsverkündigung spricht nun von der Entfernung der Baal-Namen und vom Bundesschluß zwischen Gott und seinem Volk, wobei dieser Bundesschluß als Verlobung bezeichnet wird (Hosea 2,19 und 20). Die Kategorien dieses Bundesschlusses bzw. dieser Verlobung zwischen Gott und seinem Volk sind vorrangig geschichtlich und rechtlich: Gott verlobt sich seinem Volk in Gerechtigkeit (sedek), Recht (mischpat), Liebe (chesed), Erbarmen (rahamim). Zusammengefaßt ist die Verheißung im Begriff der Treue (emuna)[55]. Zuletzt benutzt Hosea allerdings noch einmal naturhafte, mythische Kategorien – in der Form sind es Liebeslieder: Jahwe liebt Israel, er ist für Israel »wie der Tau«, Israel soll blühen wie die Lilie, usw. (Hosea 14, 5–8). Von Rad sagt: »Es ist merkwürdig, daß derselbe Prophet, der so intensiv heilsgeschichtlich denkt, doch zugleich das Verhältnis Jahwes zu Israel in den Horizont eines fast pflanzlich naturhaften Gedeihens und Blühens hinausverlagern kann, in dem alle Dramatik der Heilsgeschichte wie in einer großen Stille ausmündet.«[56]

Die Wiederkehr des verdrängten Weiblichen

Es ist schließlich der dritte Aspekt der von mir skizzierten Systematik darzulegen. Es geht jetzt um Zusammenhänge, die auf Verdrängungen hinweisen und die dann im Sinne eines Gesetzes von der »Wiederkehr des Verdrängten« zu bedenken sind. Ich habe über die hermeneutische Problematik dieser Betrachtung einiges im Kapitel über den Dialog zwischen Theologie und Tiefenpsychologie gesagt.

Ein einigermaßen deutlich faßbares Problem ergibt sich für Zusammenhänge, die sich an der Sophiavorstellung orientieren; es geht um die Vorstellung von der Weisheit als einer himmlisch-göttlichen Person oder als einer sogenannten Hypostase. Die Sophiavorstellung erscheint zunächst unisraelitisch und ist deshalb als theologische Reaktion bestimmter Kreise in Israel auf eine allgemeine religiöse Problematik der Umwelt Israels zu sehen, wobei allerdings dem allgemein weisheitlichen Denken in Israel ein hoher Stellenwert zukommt[57]. Hinter den speziellen Problemen der Sophiavorstellung, die wir im folgenden kommentieren, steht nicht ein inhaltlich festgeformter Mythos, sondern ein »mythologisches pattern«[58].

Für unseren Zusammenhang ist wichtig, daß sich in Aussagen über die Sophia verdrängte Vorstellungen von weiblichen Gottheiten bemerkbar machen. Vieldiskutiert ist ein Text im alttestamentlichen Buch der Sprüche[59], nämlich in Kapitel 8, 22–31. Hier gibt es Aussagen über die Schöpfung der Weisheit am Anfang der Werke Gottes, wobei die Weisheit dann in einer Aussage über sich selber folgendermaßen formuliert: »... da (am Anfang) war ich als Liebling (? hebräisch »amon«, Übersetzung unsicher) ihm (Gott) zur Seite, war lauter Entzücken Tag für Tag und spielte vor ihm allezeit, spielte auf seinem Erdenrund und hatte mein Ergötzen an den Menschenkindern...«[60] Es erfolgt hier eine mythisch-spekulative Divinisierung der Weisheit: Sie ist Mitschöpferin und Throngenossin Gottes! Boström vertritt dann zu der Formel der »einladenden Weisheit« eine herausfordernde These, nämlich es stehe hinter der »einladenden Weisheit« die Gestalt der Himmels- und Liebesgöttin, also eine religionsphänomenologische Gestalt, die sonst vom Glauben Israels strikte abgelehnt wurde[61]. Von Rad hat sich dieser These – mit unwesentlichen Modifikationen – angeschlossen, indem er sagt: »Wie persönlich die Weisheit in das Leben des einzelnen treten will und wie intim sie ihn anredet, das haben erst die Forschungen Boströms gezeigt; es ist nämlich deutlich geworden, daß die einladende Weisheit als die konstruktive Gegenspielerin der Aphrodite parakyptusa verstanden werden muß. So wie die Frauen, die im Dienste der Wollustgöttin öffentlich die Männer zu sich rufen, um das Opfer ihrer Keuschheit darzubringen, so wirbt und lockt auch die Weisheit die Männer zu sich, wobei freilich das Mahl, zu dem sie lädt, das Hochzeitsmahl geworden ist. Schwester und Geliebte möchte sie dem Manne werden (Sprüche 7,4). Merkwürdiger Vorgang! Blut und Leben hat die personifizierte Weisheit zu einem guten Teil von ihrer vitaleren Gegenspielerin, der Liebesgöttin Astarte empfangen.«[62] Die wiederkehrende Astarte hat – wie Symbole, die dem Unbewußten angehören – ambivalente Strukturen: Sie ist in einem positiven Aspekt Liebling, Schwester, Vertraute, Mitschöpferin und Throngenossin Gottes und ist – in einem negativen Aspekt – die fremde, verbotene, als Hierodule lockende und verführende Frau; in einem weiteren Sinn gehört Sophia denn auch zur guten Schöpfung, zur Erlösung *und* dann auch zu Sünde und Sündenfall; sie ist also Prinzip der Erlösung und Prinzip des Falls. Das urbildliche Verhältnis zwischen Gott und der Weisheit gehört zur Hieros-Gamos-Vorstellung. Abbildhaft gilt dann für den Weisen, daß dieser in einer Synusie mit der Weisheit steht; sein Erkennen erscheint in Kategorien des sexuellen Begehrens[63].

Die eben beschriebenen Zusammenhänge wurden verschiedentlich auch wieder mit traditionellem Gedankengut zusammengebracht, vielleicht um sie abzuschwächen. So gibt es beispielsweise die Verbindung der Weisheit-Sophia mit dem Gesetz als Weg zu Gott. Dann gibt es den Mythos der Weisheit, die in einem Descensus vom Himmel zur Erde die Menschen und darin zugleich ihren Ort und ihre Wohnung sucht, aber nicht findet. Dieser Mythos erfährt dann auch die Ausformung, daß die Weisheit auf Erden ihre Ruhestatt sucht, woraufhin ihr Gott Israel als ihr Land zuweist[64].

Die Problematik der Sophia führt gelegentlich schon zum Hieros-Gamos-Motiv und zur Syzygievorstellung, also zur Vorstellung von der paarweisen Verbindung von Göttern. Diese Vorstellung ist nun zu thematisieren. Ich knüpfe hier an Ausführungen an, die ich zu Hosea dargelegt habe, indem bei diesem Propheten die Vorstellung der Ehe Jahwes mit Israel eine charakteristische Rolle spielt. Die Vorstellung der Ehe zwischen Jahwe und dem Volk wurde für die allegorische Deutung der erotischen Lyrik des Hohen Liedes benützt, und sie ermöglichte so auch die Aufnahme dieser Lyrik in den Kanon[65]. Die Rabbinen haben dann den Bundesschluß am Sinai als Eheschluß zwischen Jahwe und Israel interpretiert, wobei die Thora als Ehevertrag zu verstehen sei[66]. Das eigentliche Hochzeitsfest wurde oft auch in die Endzeit verlegt.

Es gibt gute Gründe zu der Annahme, daß die eben angesprochenen Zusammenhänge im Hintergrund Verdrängungen enthalten[67]. Das Hieros-Gamos-Motiv ist religionsphänomenologisch sehr verbreitet und geht religionsgeschichtlich in die Ursprünge menschlicher Kultur zurück. In der Umgebung Israels und auf Israel einwirkend gab es die Vorstellung vom Hieros-Gamos der Fruchtbarkeitsgötter mit der Erde, wobei der Regen als Sperma der Gottheit verstanden wurde, der das Land befruchtet. Kultische Prostitution wäre dann Nachvollzug dieses Mysteriums, um Anteil an der Fruchtbarkeit zu bekommen. Der Jahwekult stand – wie oben dargelegt – in heftigen Abwehrkämpfen gegen solche Vorstellungen; diese haben sich aber doch in verdrängten Schichten des Bewußtseins gehalten; Niederwimmer formuliert: »...in der Tiefe blieb auch Israel pagan, Jahwe hatte nur über das Bewußtsein gesiegt...«[68] Nach dem Gesetz von der Wiederkehr des Verdrängten spielten nun solche Motive doch wieder ihre Rolle. Im einzelnen ist wichtig, daß durch ein eher heterodoxes Judentum das Hieros-Gamos-Motiv an das Urchristentum vermittelt wurde. Epheser 5,25 ff. hat das Motiv wieder aufgenommen und neu interpretiert. Hier erscheint die Ekklesia (Kirche) als himmlische Braut des Retters (Soter). Dabei wird die Syzygie nicht – wie in der Gnosis – im Erkenntnisakt des Gnostikers nachvollzogen, sondern wichtig wird das Urbildliche und Vorbildliche dieses Geschehens im Himmel: Die Kirche erscheint als die durch den Soter gereinigte Braut. Aus diesem Vorbild werden dann paränetische Konsequenzen gezogen: Wie Christus die Kirche liebte, so sollen auch die Männer ihre Frauen lieben. Nach Niederwimmer ist dieser Appell so zu verstehen, daß Mann und Frau die sarkische Einheit des Urmenschenpaares darstellen sollen[69]. Jedenfalls ist die Ehe von Mann und Frau mit dem Zentrum des Heilsgeschehens verbunden und wird durch dieses begründet. Sozialethisch hat das die folgende Konsequenz: »Insofern die patriarchalischen Vorrechte des Mannes im Urbild Christus wiederkehren, kann man geradezu von einer christologischen Rechfertigung des Paternalismus sprechen.«[70] Diese gesellschaftliche Konsequenz zeigt allerdings auch eine Korrektur des Hieros-Gamos-Motivs: Während religionsphänomenologisch die Götterehen eine die sexuelle Einheit überhöhende Struktur bilden, ist hier die irdische Ehe im Rollenverhalten von Mann und Frau und gerade nicht die sexuelle Einheit thematisiert. Liegt hierin vielleicht doch ein Ansatz zu einem personalen Verständnis der Beziehung zwischen Mann und Frau in der Ehe, ohne daß dieser schon konsequent auf sozialethische Implikationen hin ausgeformt wäre[71]?

Es ist im Urchristentum eine Art Remythologisierung der Messiasgestalt erfolgt, die wichtigen Schichten des Judentums so nicht möglich gewesen wäre. Die Exklusivität Jahwes hat sich ursprünglich polemisch gegen das Hieros-Gamos-Motiv gewandt, und die Vorstellung vom Messias als dem endzeitlichen Bräutigam des erretteten Volkes läßt sich weder alttestamentlich noch allgemein-jüdisch nachweisen. Jesus wird dann schon in einigen Gleichnissen als Bräutigam der endzeitlichen Hochzeitsfeier verstanden, und mit Epheser 5,25 ff. erfolgt die Wiederaufnahme des Hieros-Gamos-Motivs. Wie auf Grund eines Gesetzes von der Wiederkehr des Verdrängten die Weisheit als Partnerin Jahwes verstanden werden konnte, so ist jetzt in der Struktur der Weisheit die Kirche die Braut Christi. Das verdrängte Motiv der heiligen Brautschaft Götter ist wieder manifest geworden!

Das Motiv spielt dann in der Apokalypse eine wichtige Rolle. Hier ist das Bild der himmlischen Throngenossin Gottes verbunden mit der Symbolik der präexistenten und überirdischen Gottesstadt Jerusalem; Gegenbild ist die dämonische »Dirne Babylon«[72]. Wiederum werden ambivalente und polyvalente Strukturen zu den Aussagen benutzt, Strukturen, die aus der Symbolforschung bekannt sind. Christus als der endzeitliche Retter ist in Apokalypse 21,1 ff. »Bräutigam« der Himmelsstadt, in Apokalypse 12,1 ff. »Sohn« und »Geliebter«. Die weibliche Himmelserscheinung ist »Throngenossin«, »Braut«, »Mutter«, »Muttergöttin« und in der Gegenspielerin »Dirne«, »Dämon«.

Schließlich stellt sich die Frage nach Verdrängung von Gehalten einer Religiosität, in der das Weibliche eine wichtige Rolle spielt, im Rahmen der israelitischen Festtheologie. Es gab bestimmte Mythologien, die in festlichen Begehungen und Bräuchen ihre Sprache fanden. Nun gibt es die Frage, ob hinter dem in der Umwelt Israels verbreiteten Neujahrsfest ein gemeinsames Muster stand, das vielleicht auch ein Thronbesteigungsfest Jahwes beeinflußt hätte. Im Sinne eines religionsphänomenologischen Musters waren nach Ruether die folgenden Elemente für dieses Fest wichtig: Es ging um Tod und Auferstehung des Kosmos, der Natur, der Vegetation. In diesem Drama spielte der König als Repräsentant der Gemeinschaft die Rolle des Gottes, der stirbt und aus der Unterwelt wieder aufersteht. Ihm zur Seite steht oft eine weibliche Gestalt, die Jungfrau und Mutter, Frau, Schwester, Geliebte ist. Sie folgt dem sterbenden Gott in die Unterwelt und holt ihn aus der Gewalt dieser Gegenwelt zurück. Der Gott-König vereinigt sich nun mit ihr, und aus der Verbindung entsteht das göttliche Kind, das die Vegetation des neuen Jahres repräsentiert. Dieses Ereignis wird mit den Freudengesängen der Festgemeinde gefeiert[73].

Kornfeld beschreibt das mythologische Muster folgendermaßen: Die Göttin-Mutter ist zugleich Braut, Geliebte oder Schwester eines jungen Gottes oder Helden. Dieser stirbt durch ein Attentat, durch ein Unglück oder durch eine Krankheit. Sein Tod provoziert das Ende der Vegetation, und sein Tod wird von der Göttin beweint. Diese steigt dann in die Unterwelt hinab und holt den toten Gott neu ins Leben zurück, oder das neue Leben wird garantiert durch das göttliche Kind, das sie empfangen hat. So kommt es zur Wiedergeburt des Lebens in der Natur, zur neuen Fruchtbarkeit[74]. Ruether vertritt nun die These, es habe der Jahwe-Glaube im Rahmen der Vergeschichtlichung der naturbedingten Festvorstellungen die Rolle der weiblichen Gottheit eliminiert und damit auch das Zusammenspiel von Kult und Natur zerstört. Die alten Naturfeste seien zwar übernommen worden, aber sie wurden mit neuen Sinngehalten gefüllt, etwa mit Bezügen auf die Ereignisse der Wüstenwanderung oder mit Bundesschlüssen[75]. Nach Ruether sei die Rolle der weiblichen Gottheit im Festdrama verdrängt worden, aber die Göttin sei dann als »Symbol für Israel«, als »Braut Jahwes im Bund« wiedergekehrt – jetzt allerdings aus ihrer führenden Rolle verdrängt und dem »männlichen« Herrn der Heerscharen »untergeordnet« und von ihm völlig »abhängig«[76]. Ruether sieht dann im Inkarnationsdenken des jungen Christentums und in seiner Annahme einer »guten Schöpfung« Korrektive zu den Verdrängungen des Weiblichen, Korrektive aber, die nicht durchgedrungen seien. Auch das junge Christentum verband sich schließlich mit einer dualistischen Weltverneinung.

Beiträge der »wilden Exegese«

Abschließend muß noch darauf hingewiesen werden, daß die besprochenen Zusammenhänge auch in einer »wilden Exegese« eine große Rolle spielen, nämlich in einer psychoanalytisch-orientierten Exegese mit eigenen hermeneutischen Voraussetzungen[77]. Diese »wilde Exegese« ist – kurz zusammengefaßt – darin im Nachteil, daß sie die differenzierte Bemühung der Fachexegese, der alttestamentlichen Theologie, der biblischen Religionsgeschichte und Archäologie kaum zur Kenntnis nimmt, sie ist dagegen darin zu beachten, wie sie von manifesten Textgestaltungen zurückfragt nach verborgenen, verdrängten und unbewußten Inhalten. Sie weiß darum, daß – wie die Träume – manifeste Aussagen der Texte oft auf einer Zensurierung beruhen, und sie kennt die Gesetze dieser zensorischen Instanz. Konkret: Diese Exegese weiß um den Mechanismus, daß Verdrängtes wiederkehrt, – sie weiß um symbolische Aussagen und um die Wandlung der Symbole, sie weiß um psychosoziale Auswirkungen gerade verborgener Inhalte.

Ich gebe Beispiele dieser »wilden Exegese«, soweit sie Beiträge zum Thema der »Suche nach dem verdrängten Weiblichen bzw. der Suche nach der Mutter« formuliert. Efraim M. Rosenzweig findet den Ersatz für den vom Jahweglauben verdrängten Kult der Muttergöttin in den Größen »Volk Israel« und »Land Israel«. Weibliche Eigenschaften, die sonst auf die »große Mutter« oder auf Göttinnen angewandt werden, werden jetzt als Epitheta des Volkes oder Landes verwendet. So ist das Land fruchtbare Mutter, und es gibt einen Zusammenhang zwischen Land – Boden – Mutter; Materie und also »alttestamentlicher Materialismus« gehören mit der »Mater« zusammen[78]. Roellenbleck, auf den ich schon Bezug genommen habe, vertritt die These, »...daß vielfach hinter der Gestalt Jahwes die Magna Mater hervorschimmert...«[79]; im Prozeß der Entwicklung der Religion in Israel habe aber die Konzeption der männlich-geistigen Gottheit den Ausgleich zu weiblichen Gottheiten gestört und den Bezug nicht mehr zugelassen. Nach Roellenbleck bleibt im Unbewußten der Hebräer ein Konflikt, der dann auch Ursache eines sich verstärkenden Dualismus wurde[80]. Von Fromm nenne ich nur einen Gesichtspunkt: Er sieht im Arbeitsverbot am Sabbat das Verbot des inzestuösen Bezwingens der Natur, weil für ihn Arbeit Auseinandersetzung mit der Natur ist[81]. E. Jones sieht den Ersatz für die verdrängte Muttergöttin hauptsächlich in Aussagen über den (weiblichen) Heiligen Geist[82]. Gynz-Rekowski sieht das Kollektivum Volk als Femininum. Israel ist für ihn die »Anima Gottes«. Weiter vertritt er ausführlich die spezielle These, die Lade Jahwes bilde das weibliche Gegenüber zum vermännlichten Jahwe. Für ihn ist die Lade alten Symbolen zugeordnet bzw. hat diese Symbole in sich integriert: Lade – Höhle, Lade – Berg – Kultstätte, Lade – Kasten – Thronsessel usw.[83]. Jung hat in seinem Buch »Antwort auf Hiob« ebenfalls die Sicht vertreten, das Volk Gottes stehe zu Gott im Verhältnis der Anima zum Animus. Jung sieht die Hiobproblematik im Unsicherwerden Jahwes sich selber gegenüber, nämlich in der Unsicherheit Jahwes gegenüber den emotionalen, unbewußten Eigenschaften in sich. Darin eingeschlossen wäre die Unsicherheit Jahwes in der Treue seinem Volk gegenüber[84]. Gott tritt nun in einen Wandlungsprozeß ein: Darin wird er seine Ambivalenz überwinden und eine neue Stufe der Reflexion erreichen. Gott sieht im Streit um Hiob, daß Hiob ihm überlegen ist, und so will Gott Mensch werden. Im Prozeß der Wandlungen Gottes spielt Sophia als Gotteseigenschaft des Lichten und Freundlichen eine wichtige Rolle; Gott sieht auch, wie wichtig das Weibliche für seine Ganzheit ist. Darum erwählt Gott in seiner Menschwerdung Maria als sein Gefäß, bzw. es kommt zu einem Mysterium der mann-weiblichen Vereinigung, zu einem Hieros Gamos. Maria wird im Prozeß der Mariologie mit Recht zur Himmelskönigin und zur Gemahlin Gottes. Dieser Prozeß im Rahmen des römischen Katholizismus erlebt seinen Höhepunkt in der Dogmatisierung der Assumptio der Maria. Der Protestantismus ist als bloße Männerreligion entlarvt, die die metaphysische Repräsentation der Frau ablehnt[85]. Dies die Sicht von Jung.

Mann-weibliche Gottesbilder

Sterbende Symbole

In Anwendung des hermeneutischen Zirkels ermächtigen die zum biblischen Material angestellten Überlegungen zu folgenden Möglichkeiten: Es gibt erstens Möglichkeiten, mit der Religion des Weiblichen und mit den Symbolen des Weiblichen kritisch-entmythologisierend umzugehen. Die Instanz, von der her kritisch argumentiert wird, ist mit dem Anspruch Jahwes gegeben, der eine zwingende Macht der Symbole des Weiblichen angesichts seiner Allmacht nicht zuläßt. Die große Lektion ist hier mit den Bemühungen um die Selbsterhaltung des Jahwismus angesichts der Bedrohung durch die Religiosität der Umgebung Israels gegeben. Hier wurde grundsätzlich die Freiheit errungen, mit Symbolen des Ursprünglichen und Weiblichen kritisch umzugehen, auch wenn sich diese kritische Möglichkeit dann nicht in allen Bereichen ausgewirkt hat. Weiter gibt es modellhafte Möglichkeiten zur Umfunktionierung weiblicher Symbole, wofür die kritische Instanz wieder das auf die Zeit und Situation bezogene Gottesverständnis ist. Hier geht es nicht um die Eliminierung weiblicher Symbolik, sondern um den Versuch, Israels Gott auch die Rolle von Macht und Mächtigkeit spielen zu lassen, die anderweitig weiblicher Symbolik zukam; hier entstand im alttestamentlichen Bereich so etwas wie ein Rollenspiel Gottes, wobei Gott die »Magna mater« zu spielen hatte. Und schließlich: Indem sich biblische Zeugen und Redaktoren relativ frei einmal entmythologisierend-eliminierend betätigen und einmal interpretierend-umfunktionierend bis hin zu kühnen Neuaussagen, ist meines Erachtens im Rahmen des hermeneutischen Zirkels die Freiheit gegeben, schöpferisch neue Symbole zu schaffen. Auch hier wäre die Problematik mit der Gottesfrage als der kritischen Instanz zu verbinden, wobei aber zu berücksichtigen ist, daß die Gottesvorstellung jetzt der »anthropologischen Wende«, der Horizontalisierung und Säkularisierung unterliegt; mit dieser Wende formuliert sich dann auch die von meinem Ansatz her gemeinte »Theologie der Befreiung«, konkret die Theologie der Befreiung zum mann-weiblichen Leitbild mit seinen Implikationen.

Das eben formulierte hermeneutische Programm ist nun in seinen Vollzügen darzustellen. Symboldeutung ist zuerst Symbolkritik. Die biblisch schon gewonnene grundsätzliche Freiheit von Zwängen der Ursprungssymbolik ist dort wieder verfehlt worden, wo Symbole ein paternalistisches System, patriarchalische Herrschaft und ein patriarchalisches Weltbild unterstützen und stabilisieren. Ein Festhalten am Vorrang solcher Symbolik gegenüber Symbolen des Weiblichen schafft und erhält Ungerechtigkeiten gegenüber der Frau, läßt sie nicht zu sich selber kommen und verschließt ihr die ihr gemäßen Wege in die Zukunft.

Die biblischen Zeugnisse enthalten einen Vorrang der männlichen Symbolik gegenüber der weiblichen, sie lassen Beziehungssymbole und Symbole der Wandlung – um androzentrischer Gesichtspunkte willen – zurücktreten. Der eben genannte Vorrang wirkt sich in einer männlich-geprägten Gottesvorstellung aus, die auch für das Weltbild und für gesellschaftliche Probleme wirksam ist. Das alles ist nun kritisch und unter veränderten Bedingungen zu bedenken.

Erstens: Wenn die männlich-geprägte Gottesvorstellung, wenn vielleicht sogar der Vorrang männlicher Symbolik wegen der Selbsterhaltung des Jahwismus angesichts seiner Gefährdung durch die Religiosität der Umgebung Israels seinen Sinn hatte, so hat doch diese Prägung und hat doch eine einseitige paternalistische Symbolik *heute* ihren Sinn verloren. Heutige Gottesvorstellungen, die sich auf die Bedingungen unserer Zeit und Bewußtseinslage beziehen, sind in keiner Weise mehr von einer Bedrohung durch weibliche Elementargottheiten oder durch Fruchtbarkeitskulte gefährdet. Das einst für den Jahwismus bedrohliche Gegenüber durch weibliche Symbolik, Fruchtbarkeitsgöttinnen, Götterehen, sakrale Prostitution ist in den geschichtlichen Wandlungen zur säkularen, aufgeklärten und urbanen Welt untergegangen. Gewiß gibt es einen bleibenden Ort archaischer Symbolik in den Träumen des Menschen und im künstlerischen Gestalten; aber dieser Ort steht in seiner »Primitivität« auch *vor* dualistischen Aufspaltungen und historisch bedingten Abwehrhaltungen gegen das Weibliche. So kommt dem Abwehrkampf des Jahwismus und seiner Selbsterhaltung keine eigentliche Geschichtsmächtigkeit und Geschichtsnotwendigkeit mehr zu. Unter den Bedingungen epochaler Wandlungen hat im Gegenteil eine männlich-geprägte Gottesvorstellung ihren Sinn und ihre Berechtigung verloren. Ein Festhalten an männlich-geprägten Gottessymbolen bezieht sich nicht mehr auf die heutige Bewußtseinslage. Die Sprache männlich-geprägter Gottessymbole wird undeutlich und verstummt; es geht hier um »sterbende Symbole« im Sinne von Tillich. In dieses Verstummen und Sterben hineingenommen sind Aussagen über die Väterlichkeit, das Herrsein, das Königtum, das Hirtentum Gottes. Das Festhalten an alten Symbolen ist heute sowohl tiefenpsychologisch wie ideologiekritisch hinterfragbar und kritisierbar. Die Tiefenpsychologie wird – auf einen kurzen Nenner gebracht – solche Religiosität und Symbolik als Regression bezeichnen und darlegen, daß hier der Mensch kindlich, unreif und womöglich neurotisch gemacht wird. Die Ideologiekritik wird das Festhalten an einer einseitig männlich geprägten Gottesvorstellung als machtstabilisierend bezeichnen und sagen, daß es im Sinne der Vorurteilsforschung leicht Vorurteile gegen die Frau unterstützt. Diese Kritik geht in Appelle über. Etwa im Sinne des Prinzips der »großen Weigerung« oder der »Negativität« (Marcuse) wird man männlich-geprägte Gottesbilder ablehnen.

Mann-weibliche Gottesbilder in der Tradition

Zweitens: Wenn das Sterben der männlich-geprägten Gottesbilder zum Erlebnis unserer Epoche gehört, werden über Jahrhunderte hin geschichtsmächtige Symbole zu einem Ende kommen. Damit erhebt sich die Frage nach Gegenbildern. Dazu wird man sofort sagen müssen, daß solchen Gegenbildern im Rahmen christlicher Traditionen, die eben nun doch ganz einseitig patriarchalisch geprägt sind, bisher wenig Bedeutung zukam. Es kann in einer kurzen Skizze angedeutet werden, wo sich solche

Gegenmodelle finden. In der Einordnung der aufgeworfenen Gesamtproblematik wären diese Gegenmodelle wohl weithin als Wiederkehr verdrängter Gehalte anzusprechen. Anzuknüpfen ist an meine Darlegung zur Bibel, im besonderen zu den Stichworten der Sophia, des Hieros Gamos, des Motivs Christus-Nymphios (Bräutigam), der Androgynität. Diese Motive sind in jeweils verschiedenen Ausformungen und Neuinterpretationen im Rahmen gnostischer Strömungen geschichtswirksam geworden. Weiter ist hier die jüdische Mystik zu nennen. Scholem weist beispielsweise auf die Theorie der Sabbatianer hin, daß für jeden Aspekt der Trinität ein besonderer Messias zu erwarten sei, wobei zuletzt auch ein weiblicher Messias sichtbar würde[86]. Die Wirkungsgeschichte solcher Ideen setzte sich dann in der deutschen Mystik fort (Böhme, Johann Georg Gichtel, Gottfried Arnold, Swedenborg, Friedrich Christoph Oetinger) und in der russischen Religionsphilosophie (besonders Solowjew). Ich verweise hier auch auf die Romantik und auf das von C. G. Jung und seiner Schule Erarbeitete. Heute kommt etwa im Zusammenhang mit Idealen der Hippiebewegung und mit dem Interesse für östliche Menschenbilder und Meditationspraktiken dem indischen Tantrismus eine gewisse Bedeutung auch für das abendländische Denken zu. Der Tantrismus ist aber geprägt von einer Struktur des Mann-Weiblichen, die auch die Gottesvorstellungen prägt; hier gibt es die Vorstellung, das ganze Sein sei davon bestimmt, daß es ein weibliches, kreatives Prinzip gebe, das zugleich im Männlichen wirke, wobei sich das Mann-Weibliche in der Sexualität verbindet. So ist der Tantrismus eine völlig undualistische, lebensfreudige und erotisch-geprägte Weltanschauung und Religion[87]. Der indische religiöse Denker Keshab Candra Sen (geb. 1938) wirft in seinen Christusreden dem Westen vor, dieser könne sich die vollkommene religiöse Persönlichkeit überhaupt nicht vorstellen. Gegen den verarmten und soldatischen Christus des Westens stellt er die Christusvorstellung, die Männliches und Weibliches verbindet. Und ein Schüler von Sen Mozoomdar sagt: »Wo Christus nur mit den maskulinen Vollkommenheiten identifiziert wird, da nimmt die Religion einen schroffen, abstrakten und kämpferischen Aspekt an.«[88] Die Möglichkeit eines weiblichen Messias kennt die religiöse Gemeinschaft der Shakers, die am Ende des 18. Jahrhunderts aus einem Zweig der Quäker entstanden ist[89]. Die Shakers glauben an einen Vater-Mutter-Gott. Sie begründen diesen Glauben mit der Androgynität des Menschen, der ja Ebenbild Gottes ist. Auch Christus ist für sie ein duales, mann-weibliches Wesen. Das heißt: Er hat sich ein erstes Mal im männlichen Jesus inkarniert, und er hat sich ein zweites Mal in Ann Lee, der Gründerin der Gemeinschaft, inkarniert. Dem Würdetitel Jesus »Elder Brother« entspricht die verehrende Aussage über Ann Lee »Elder Sister«. Erlösung vollzieht sich für die Gemeinschaft nicht endzeitlich, sondern in der Bekehrung, und darum ist ihre Gemeinschaft schon das Reich Gottes auf Erden. Die Vollkommenheiten der Gemeinschaften sind: Zölibat, Sündenbekenntnis, Gütergemeinschaft, Weltentsagung, Gleichheit der Geschlechter[90]. Die Idee des weiblichen Messias ist auch bei Franz von Baader nachweisbar. Franz von Baader beklagt den Verfall der Gemütskräfte der Menschen, durch die die Frauen ihre Macht über die Herzen der Männer verloren hätten. Damit entstehen nach von Baader zwei Frauentypen: Frauen, die eine herzlose Sinnlichkeit als Waffe benützen, und Frauen, die – weil sie doch nicht Männer werden können – zwitterhaft und gespenstisch ihre Weiblichkeit verleugnen. Und nun argumentiert Franz von Baader folgendermaßen: »Wären die S. Simonisten nicht gar so graß und flach gewesen, so würden sie recht daran gehabt haben, eine Restauration des Menschengeschlechts durch das Weib prophezeit zu haben. Gleichsam eine zweite Ankunft des Christs...«[91] Schließlich ist die entscheidende Erlösungsgestalt in Strindbergs »Traumspiel« weiblich. Obwohl sie als Tochter Indras charakterisiert ist, hat sie viele Züge eines weiblichen Messias: Sie inkarniert sich als Mensch, sie nimmt menschlich-weibliche Grundsituationen auf sich (Heirat, Geburt eines Kindes), und sie wird von den »Rechtdenkenden« verurteilt[92].

Drittens: Vielleicht deutet sich heute eine Änderung der Bewußtseinslage an; der Vorrang männlicher Symbole und männlich-geprägter Religiosität im Rahmen des Christentums wird kritisch befragt; für einige ist die Aussage vom »Tode Gottes« Aussage über das Sterben der patriarchalisch geprägten Gottesbilder und Gottesvorstellungen.

Das Messias-Paar, Jesa Christa

Beispiele einer kritisch gewordenen Bewußtseinslage finden sich in theologisch-essayistischen Versuchen von Theologen und

Schriftstellern. Kurt Marti stellt drei Überlegungen zur Diskussion[93]. Einmal ist die Frage zu stellen, ob unter sich verändernden gesellschaftlichen Voraussetzungen Gott sich nicht auch anders denn in einem männlichen Messias inkarnieren könnte. Mit Hinweisen auf Franz von Baader, den ich schon erwähnte, skizziert er die Vorstellung eines Messias-Paares als »Inbild gemeinsamer (das heißt mann-weiblicher) Befreiung«. Die Utopie eines Messias-Paares signalisiert nach Marti das Ende der einseitigen Geschlechterherrschaft, vielleicht das eschatologische Ende von Herrschaft überhaupt. Weiter spielt bei Marti die Vorstellung eines weiblichen Messias in einem lyrischen Text eine Rolle, wobei inhaltlich eine sozialkritische Argumentation mitschwingt: »...wer kennt schon die not eines überaus dicken mädchens? ...ach wäre ein gott/ ach wäre ein gott/ der fleisch wird im fleisch eines überaus dicken mädchens...«[94] Schließlich interpretiert Marti die Trinität als »voll demokratisierte, das heißt sozialisierte Kommune, in der alle alles miteinander teilen«[95]. Er betont dabei die Offenheit der Trinität nach außen und in der Beziehung und bezeichnet die »dreieinige Liebeskommune« als das zulänglichste Bild des einen Gottes, das es gibt.

Ernst Eggimann hat in der Zeitschrift »Kontakt« einen Essay veröffentlicht: »Wenn Jesus ein Mädchen wäre...«[96] Eggimann stellt die Erlösergestalt als »Jesa«, »Jesa Christa« vor. Im experimentellen Denkversuch stellt Eggimann fest, daß mit der Überlegung, ob »Jesa« schön sei, schon die Vorurteile gegen die Frau in ihm zur Geltung kommen: Eine schöne, weibliche Rettergestalt wäre sofort dem Verdacht ausgesetzt, daß die Männer ihrer Botschaft aus erotischer Faszination folgen und die Frauen eben deswegen sie ablehnen. Eggimann konstruiert dann Vergleiche: Die weibliche Messiasgestalt könnte Jeanne d'Arc oder Angela Davis gleichen. Hätte dann das Christentum einen anderen Weg genommen? Jeanne d'Arc und Angela Davis eignen sich wohl einmal mehr eher für ein Christentum der Fahnen und Kreuzzüge als für das mit der Jesusbotschaft Gemeinte! Eggimann berichtet dann von seiner Abneigung, die er schon als Jugendlicher empfunden habe, wenn der Gott der Israeliten männlich dargestellt wurde, ja wenn die Engel der Bibel, die er sich zuerst weiblich vorstellte, sich dann doch als männlich entpuppten. Der so männlich gedachte Himmel erschien ihm als Vergewaltigung der Schöpfung, und unter solcher Herrschaft mußten die Frauen schlecht wegkommen. Darum aber hätte im Judentum eine weibliche Heilandsgestalt und eine weibliche lehrende Frau keine Chance gehabt. Und heute? Eggimann weist auf das Beispiel Indiens, wo der Götterhimmel mann-weiblich bestimmt ist und wo es Frauen als Lehrerinnen der Weisheit in einem Kreis von Jüngern und Jüngerinnen gibt. Aber das alles hat die Stellung der Frau in Indien nicht verändert! »Aber vielleicht wäre heute die Zeit reif, daß Gott eine Tochter schickt...« Der Autor fürchtet, es komme angesichts der von Männern technisch bestimmten Welt zum Verlust der Seele auch der Verlust des Leibes. Und er meint, die göttliche Tochter würde hier ihre Botschaft bringen. Sie würde nicht zulassen, daß die Menschen als Sklaven der Produktion sich immer mehr amputieren lassen. Sie würde uns auslachen, wenn wir mit einem Porsche uns männlicher fühlen. Sie würde das Zusammensein wieder als schön erscheinen lassen, und sie würde vor allem die Selbstverwirklichung der Frau unterstützen. Die Gesellschaft würde menschlicher: »Vater, sende uns eine Tochter!«

Matriarchale Elemente in der Trinitätslehre

Ich wende mich im folgenden wieder theologischen Ansätzen zu. Franz K. Mayr stellt Erwägungen zur Trinitätslehre unter dem Thema »Patriarchalisches Gottesverständnis« an[97]. Er konstatiert für das antik-griechische Gottesverständnis einen Vorrang des patriarchalen Pols gegenüber dem matriarchalen Pol; dieser Vorrang hat sich auch im Menschenbild ausgewirkt (Gott = Vater, Mensch = Mann). Geschichtlich bezieht sich der Vorgang der zunehmenden Patriarchalisierung auch auf den Übergang vom mythischen zum rational-kritischen Weltverständnis. Mayr beschäftigt sich dann vor allem mit Augustin. Indem Augustin die Gottebenbildlichkeit des Menschen einseitig nur in ihrem individuellen Aspekt herausarbeitet, kommt es zu einem Verlust der sozialen und kommunalen Charakteristika des Menschenbildes und damit auch zur Vernachlässigung und Verneinung der matriarchalen Aspekte des Menschenbildes. Mayr findet dann allerdings in Augustins psychologischer Trinitätslehre eine Gegenmöglichkeit, die freilich von Augustin nicht voll entfaltet wurde. Nämlich: Indem in den »Spuren der Trinität« (vestigia trinitatis), die sich in der psychischen Struktur des Menschen andeuten, auch die menschliche Liebesfähigkeit ihre Rolle spielt, kommen auf dem Wege der Analogie matriarchale Elemente mit ins Spiel. Diese Elemente sind aber bisher für das christliche Gottesverständnis nicht ausgenützt worden. Abschließend deutet Mayr neue Möglichkeiten an: Die Rückgewinnung matriarchaler Elemente für die christliche Theologie wäre vor allem mit Hilfe der Pneumatologie möglich, und daraufhin wäre die Trinitätslehre umzugestalten. Seine Zielvorstellung ist die der »Analogie der menschlichen Familie für das Mysterium des dreieinigen Gottes«[98].

Weiter gehören hierher Vorschläge, die mit den theologischen Bemühungen um die weibliche Freiheitsbewegung in den USA gegeben sind. Als Ansatz ist beispielsweise das programmatische Schlagwort von der »Selbsttranszendierung der Frau« zu nennen. In diesem Zusammenhang spielt auch die Bezeichnung Gottes als »sie« eine Rolle. Ich gebe im folgenden Hinweise auf ein Papier von Carol Christ und Emma Trout[99]. Die Autoren weisen auf den Mangel unserer Sprache hin, mann-weibliche Strukturen, die man dann auf Gott beziehen könnte, zu entwikkeln (Sie-Er, Vater-Mutter, Tochter-Sohn, Bruder-Schwester). Die Sprache also zwingt uns schon, Gott entweder männlich oder weiblich zu denken, und unter den Bedingungen unserer Sprache und Kultur ist der als männlich gedachte Gott von vornherein auf die soziale Höherwertung des Mannes und die Unterdrückung der Frau ausgerichtet. In ihren Zielvorstellungen treten die Autoren für eine sprachlich noch nicht exakt artikulierbare Doppelvorstellung ein, die auf einer Freiheit göttlicher Rollen von geschlechtsspezifischen Strukturen beruht. Gott könnte so als Vater-Mutter *oder* als Vater *oder* als Mutter, Gott könnte als »Er« *oder* als »Sie« erlebt werden. Es könnten sich so Männer und Frauen mit dieser Gottesvorstellung identifizieren, ohne daß es zur Selbstvergötzung eines Geschlechtes käme. Die von den Autoren vorgeschlagene Doppelvorstellung unterstreicht – so argumentieren die Autoren – das Metaphorische jeder Aussage über Gott, und deshalb ist der Verlust der anschaulichen Beschreibung Gottes sinnvoll. – Weitere Beispiele diskutiere ich im Kapitel über die »Theologie des Weiblichen«.

Gott – Identifikationsangebot für die Frau

Viertens: In Auseinandersetzung mit den eben skizzierten Positionen geht es im folgenden darum, meine Vorschläge darzulegen. Vorauszusetzen ist die Einsicht in den wirkenden Zirkel zwischen Gottesbildern, Gottessymbolen einerseits und den Menschenbildern und gesellschaftlichen Zuständen. Und das bedeutet grundlegend: Ein einseitig männlich geprägtes Gottesbild und der Vorrang männlicher Gottessymbolik unterstützen auf der Ebene der Menschenbilder den Vorrang des Mannes (Mann gleich Mensch!), und weiter stabilisieren das einseitig männliche Gottesbild und der Vorrang männlicher Gottessymbolik gesellschaftlich-paternalistische Zustände. Die hier durchzuführende Kritik zielt auf Zersetzung solch wirkender Ursprungssymbole und fordert neue Gottesbilder, die den mann-weiblichen Ausgleich individuell und gesellschaftlich unterstützen und die dem Leitbild der Gleichrangigkeit der Geschlechter eine echte Chance geben. Für die Dimension der Symbole und Religiosität bedeutet das, daß wirkende und zwingende Elementarsymbole abgelöst werden durch Symbole der Beziehung und Wandlung.

Hier ergibt sich eine Zwischenbemerkung im Blick auf die von mir skizzierte Gegentradition (Sophia, Hieros Gamos, Christus-Nymphios, Androgynität, dann Gnosis, Kabbala, deutsche Mystik, Idealismus und Romantik, russische Religionsphilosophie, aber auch C. G. Jung und Tantrismus etc.). Diese Tradition hat einen wirkenden Bezug auf gesellschaftliche Zustände kaum je gefunden. Die an sich sicher interessanten spekulativen Möglichkeiten zur Religion und Symbolik des Weiblichen haben die Wirklichkeit der Frau unverändert gelassen, manchmal ihren Status sogar verschlechtert: Männerstandpunkte, die in einem spekulativen Sinn von der »ewigen Frau« fasziniert waren, oder Männerpositionen, die in Auseinandersetzung mit Anima-Problemen standen, haben sich von den Problemen der wirklichen Frau oft abgewandt oder haben die Frau weiter diskriminiert. Nur in einem indirekten Sinn mochten solche Traditionen gewisse kritisch-utopische Momente enthalten, die sich gesellschaftlich auswirkten; indem eine Gleichstellung mann-weiblicher Symbole oder eine Aufwertung weiblicher Symbolik gegenüber der männlichen auf der Ebene der Spekulation erfolgt, konnten manchmal Impulse ausgelöst werden, die sich später – unter einer veränderten Bewußtseinslage – anthropologisch und gesellschaftlich auswirkten.

Nun geht es also darum, die Probleme in eigener Verantwortung darzulegen. Einzusetzen ist für den biblischen Horizont mit Beziehungsaussagen wie Gott-Volk, Gott-Land, Gott-Sophia, dann auch Gott-Schöpfung, Gott-Menschheit und entsprechend Christus-Frau bzw. Christus-Anima, Christus-Kirche, Christus-Menschheit usw. Kritisch aufzulösen wäre dabei eine Struktur der Autorität und Abhängigkeit, das heißt eine Struktur, in der das Volk, das Land, Sophia, die Schöpfung und Menschheit als von Gott passiv-abhängige Größen gesehen sind. Ebensolches gilt für die Kirche und die Menschheit in Abhängigkeit von Christus. Die Struktur ist nicht als Struktur der Abhängigkeit und Passivität, sondern strikte als Beziehungsstruktur zu sehen. Sie signalisiert Gott als Gott in einem Beziehungsreichtum, wobei sich dieser Beziehungsreichtum als Geschichte, Begegnung und Prozeß gestaltet. Das heißt: Gott ist Gott in der Geschichte, in Begegnungssituationen und in Prozessen mit seinem Volk, mit seinem Land, mit Sophia, mit der Schöpfung, mit der Menschheit. Ebenso ist Christus der, der in seiner Geschichte, in Begegnungssituationen, in Prozessen mit seiner Kirche und mit der Menschheit handelt und wirkt.

Die biblischen Ansätze sind systematisch aufzunehmen und zu gestalten. Hier bieten sich vor allem Interpretationen zur Trinitätslehre an, um zu einem systematischen Problembewußtsein zu kommen; die Trinitätslehre vermag Gott als Gott in einem echten Beziehungsreichtum auszusagen. Ich erinnere daran, daß die aktuelle Debatte über die Trinitätslehre stark von dem Satz beeinflußt ist: »Gottes Sein ist im Werden« (Jüngel). Damit ist eine unauflösbare Verbindung der Trinitätsaussage mit der Soteriologie gegeben. Nämlich: Indem sich Gottes Sein im Geschick Jesu offenbart, ist Gottes Sein verkoppelt mit der Zuwendung Gottes zum Gottlosen; Trinitätsaussage steht im wirkenden Zusammenhang mit der spezifisch christlichen Befreiungsaussage.

Ich beziehe nun diesen Zusammenhang auf die hier aufgeworfenen Probleme. Die Trinitätslehre versteht Gott als lebendigen Gott, wobei seine »innere Lebendigkeit« als Vater, Sohn und Geist angelegt ist auf Lebendigkeit, Wille zur Beziehung und Partnerschaft »nach außen«. Der »innere Beziehungsreichtum« in Gott gestaltet sich in einem Beziehungsreichtum »nach außen«. Das hat nach alten Traditionen immer auch anthropologische Implikationen; Trinität spiegelt sich in »vestigia trinitatis« in der Dimension des Menschen. Indem nun Gott als Gott in einem Beziehungsreichtum zu charakterisieren ist, wäre daraufhin das Sein des Menschen analog auch als Sein in einem Beziehungsreichtum zu verstehen. Wenn oben Gott als Gott in seinem Willen zur Geschichte, zu Begegnungen und Partnerschaft zu verstehen war, so wäre jetzt daraufhin auch der Mensch als Existenz, Geschichte und Struktur der Partnerschaft zu sehen. In der Sprache der Schöpfungstheologie heißt das: Der Mensch ist Ebenbild Gottes, Ebenbild darin, daß er in geschichtlichen und personalen Bezügen – in einem Beziehungsreichtum! – existiert. Damit entsprechen sich das trinitarische Sein Gottes und das anthropologische Sein des Menschen. Auch wenn ich hier in eigener Verantwortung formuliere, kann ich mich für den angesprochenen Zusammenhang auf Karl Barth berufen[100]. Für Barth ist das Geschöpf »Abbild und Nachbild... Träger der göttlichen Lebensform«, wobei im Gott-Mensch-Gegenüber »ein reales, aber einmütiges Sichbegegnen und Sichfinden, ein freies Zusammensein und Zusammenwirken, ein offenes Gegeneinander und Füreinander...«[101] anzunehmen ist. Der Übergang zur Problematik der Geschlechter und der Frau ist beinahe nahtlos gegeben, und er wurde wiederum von Karl Barth formuliert. Nach Barth bildet sich das Gott-Mensch-Gegenüber auf der anthropologischen Ebene in der menschlichen Existenz von Ich und Du ab. Diese Existenz ist – nach Barth – zuerst für Gott konstitutiv und dann auch für den von Gott geschaffenen Menschen, wobei folgendes gilt: »Man denke sie weg, so hat man sowohl das Göttliche aus Gott als auch das Menschliche aus dem Menschen weggedacht.«[102] Nach Barth ist die anthropologische Konkretion der Existenz im Gegenüber gegeben, indem der Mensch Mann und Frau ist, wobei für Barth eben das Mann-Frau-Sein die sachgemäße Charakterisierung der Gottebenbildlichkeit bedeutet. Von Barth aus weiterschreitend, kann nun ein kritisches Prinzip formuliert werden, das sich so bei Barth nicht findet. Nämlich: Gottesbilder, die den Beziehungsreichtum Gottes, den die Trinität meint, nicht einholen, sind kritisch zu zersetzen. Und: Indem die Gottesvorstellung in einem wirkenden Verhältnis zur Anthropologie steht, sind von diesem Ansatz her Aussagen über das mann-weibliche Gegenüber kritisch zu prüfen: Entspricht die mann-weibliche Struktur als »Spur der Dreieinigkeit« der gemeinten lebendigen, personalen, prozeßhaften Existenz im Gegenüber? Dem kritischen Prinzip entspricht eine positive Aussage, die ich als These zur Diskussion stelle: Existenz im Gegenüber, modellhaft konkretisiert in der Beziehung, Begegnung und gemeinsamen Geschichte von Mann und Frau, die das Leitbild der Gleichrangigkeit der Geschlechter impliziert, ist »vestigium trinitatis«.

Gottes Beziehungsreichtum

Mit dieser Sicht ist meines Erachtens das oben dargelegte Interesse an der Aussage vom Sterben der männlich-geprägten Gottesbilder, das dort auf Grund der »Sprache der Zeit« und der heutigen Bewußtseinslage – also kairologisch – zu fordern war, von innertheologischen Voraussetzungen verifiziert. Dabei befinde ich mich formal insofern in Übereinstimmung mit Ansätzen des Alten Testamentes, als ich – ebenso wie diese Ansätze – die Gottesvorstellung zu einem kritischen und entmythologisierenden Umgang mit den Symbolen und der Religiosität des Weiblichen benütze. Allerdings gehe ich, nun inhaltlich gesehen, von der leitenden Vorstellung des Beziehungsreichtums Gottes aus, und hier entsteht dann eine Kritik jener alttestamentlichen Ansätze, die das Gottesbild einseitig vermännlichen und – im wirkenden Zirkel von Gottesbild, Anthropologie und Gesellschaft – vom Vorrang männlicher Gottessymbolik aus patriarchalische Herrschaftsformen stabilisieren.

Der leitende Gesichtspunkt des Beziehungsreichtums Gottes, der sich anthropologisch spiegelt, erlaubt einseitig männliche Ausformungen der Gottesvorstellung ebensowenig wie den Vorrang männlicher Symbole. Damit sind Bilder, die aus der männlichen Erfahrung, aus männlichen Rollen konstruiert sind, für Gottesaussagen untauglich und unzureichend. Mit dem Sterben dieser männlich geprägten Bildwelt sterben auch Vorstellungen wie Gott als Herr, Vater, König, Patriarch, Hirt. Und es ist nun Raum gegeben für den Aufbau einer Bild- und Symbolwelt aus mann-weiblicher Erfahrung, aus der spannungsvollen und reichen Geschichte mann-weiblicher Begegnung – also durchaus auch mit erotischen Strukturen. Hier sollen neue Gottesnamen und Gottesbilder entstehen, die dann umgekehrt ein reifes, bewußtes, mündiges, erotisch-reiches Existieren im Gegenüber von Mann und Frau unterstützen und anregen. Hier sollen neue Gottesnamen und Gottesbilder entstehen, die das Leitbild der mann-weiblichen Gleichrangigkeit unterstützen und ihm zu einer gesellschaftlichen Wirkung verhelfen. Die gleichen Überlegungen ergeben sich für die Probleme von Herrschaft und Macht. Soweit männlich geprägte Gottesbilder und Symbole Herrschaft und Macht des einen Geschlechts unterstützt und stabilisiert haben, unterstehen sie nun grundsätzlicher Kritik. Das kritische Prinzip ist wieder mit der Gottesvorstellung in der oben dargelegten Sicht vom Beziehungsreichtum Gottes gegeben. In diesem Beziehungsreichtum sollen und dürfen sich Mann und Frau *gleichrangig* wiederfinden. Der Beziehungsreichtum unterstützt die gleichrangige Begegnung von Mann und Frau. Gottesbilder und Gottessymbole, die Herrschaft des einen über den anderen, also des einen Geschlechts über das andere, setzen, sind abzulehnen. Umgekehrt sollen auch hier neue Namen und Bilder entstehen, die die Selbstfindung der Frau ebenso ermöglichen wie die des Mannes. Und so sollen Namen und Bilder entstehen, die die Utopie herrschaftsfreier Räume unterstützen; in solchen Räumen werden sich dann die Geschlechter in einer Geschichte nicht-repressiver Beziehungen finden.

Für die von mir geforderten und – wie ich meine – theologisch legitimierbaren neuen Namen, Bilder und Symbole gibt es die schon genannten Modelle: Messias-Paar (F. von Baader, Marti), weibliche Inkarnation (Marti usw.), Jesa Christa, Familie als »vestigium trinitatis« (Mayr), Liebeskommune als »vestigium trinitatis« (Marti), Gott als Vater-Mutter, Bruder-Schwester, Er-Sie, Gott als Identifikationsmöglichkeit für Mann und Frau (USA-Vorschläge), Christus als Animus. Diese Modelle liegen auf verschiedenen Ebenen und wären im einzelnen noch genauer zu bedenken, sie liefern aber jedenfalls ein brauchbares Diskussionsmaterial. Von meinen Ansätzen her möchte ich nur noch einige Direktiven für die weitere Diskussion formulieren. Mit dem Stichwort »Beziehungsreichtum Gottes« habe ich Argumente für eine kritische und konstruktive theologische Bemühung beigebracht. Wenn es um einen kritischen und konstruktiven Umgang mit Symbolen geht, so müßte ein theologisches Programm Ausformungen erfahren, die dem Dialog mit nichttheologischen Positionen dienen. Hier wird es zunächst um Vermittlungsmöglichkeiten zwischen dem oben formulierten theologischen Stichwort und dem grundlegenden Instrumentarium der Symbolforschung gehen. Ich meine, das Stichwort lasse sich in Symbolen der Wandlung und Beziehung vermitteln. Im besonderen scheint es mir möglich, das im Stichwort »Beziehungsreichtum Gottes« angelegte Gefälle auf »Gottes Existenz im Gegenüber« hin mit Hilfe der Animus-Anima-Struktur in der Dimension einer neuen Symbolik auszusagen. Anschließend an Traditionen entstünden dann Aussagen über das Volk Israel als Anima Gottes, über Sophia als Anima Gottes, es ginge um Vorstellungen eines mann-weiblichen Messias-Paares im Animus-Anima-Verhältnis usw. Die symbolische Verwendung etwa des Hohen Liedes, aber auch Aussagen einer »religiösen« Erotik werden von der Animus-Anima-Struktur her kritisch zurechtgestellt, indem eine Symbolik der zwingenden Ursprünge hier nicht möglich ist, sondern es um eine Geschichte der Beziehung, Partnerschaft und Existenz im Gegenüber geht. Zusammenfassend gesagt: Im Beziehungsreichtum Gottes stünden Aspekte des Männlichen und Aspekte des Weiblichen zueinander im Verhältnis der Animus-Anima-Struktur. Mit dieser Struktur ist aber auch die anthropologische Ebene beschreibbar, die ich oben als »vestigium trinitatis« interpretiert habe. Von hier aus könnte nun ein Umgang, könnte ein konstruktives Spiel mit neuen Symbolen ausgelöst werden.

Weiter wird die Vermittlungsproblematik sprachkritisch und sprachphilosophisch anzugehen sein. Hier werden sprachlich neuartige Möglichkeiten etwa der aktuellen Literatur eine Rolle spielen müssen. Ich denke an Möglichkeiten, ein Sprachinstrument in der Polarität des »Großen Abstrakten« und des »Großen Realen« zu entwickeln[103]. Für unseren Zusammenhang müßte die Gottesvorstellung abstrahiert, gewissermaßen struktural werden; ihre Offenheit könnte im Sinne von Carol Christ und Emma Trout ein Geschehen der Identifikation und der Identitätsfindung unterstützen, indem sich sowohl der Mann wie die Frau als auch Mann und Frau gemeinsam wiederfinden. Die Gegenmöglichkeit wäre gegeben, indem beispielsweise Gott als Frau oder in einer Rolle der Frau erscheint; hier wären sprachliche oder symbolische Gestaltungen auf Schocks, auf seelische Zugriffe, auf Blasphemie aus. Weiter gibt es – auch sprachlich – beispielsweise die Möglichkeit der Aussagen auf dem »Wege der Negation« (via negationis): Negativaussagen (Gott nicht..., Gott nicht Mann!) könnten das Gemeinte umkreisen, aber die positive Deutung wäre freigegeben oder müßte erst gefunden werden. Mit diesem Prinzip wäre das Prinzip der »Großen Weigerung« zu verbinden (Marcuse): Einmal mehr wären Bilder, Vorstellungen, sprachliche und symbolische Aussagen zu Gott abzulehnen. Damit ist auch immer die alte Tradition des Bilderverbotes aktualisiert. Schließlich gibt es das sprachliche Prinzip der Verfremdung des Vertrauten. Hier werden Sprachbilder und Symbole entwickelt, die eine Zustimmung dessen, der mit ihnen umgeht, nicht ohne weiteres ermöglicht, sondern diese Zustimmung wird hier gestört und zerstört. Damit soll im Sinne der Verfremdungstheorie, die Brecht für das Theater geschaffen hat, eine neuartige kritische Haltung provoziert werden[104]. Für unseren Zusammenhang könnte das heißen, daß traditionelle Gottesbilder und Gottessymbole von verfremdeten Aussagen zu Gott abgelöst werden, um kritische Haltungen zu schaffen (vgl. das oben geschilderte Beispiel von Eggimann »Jesa«, »Jesa Christa«).

Nachdem bisher dargelegt wurde, daß Interpretation von Symbolen Symbolkritik bedeutet, ist nun in einem weiteren Schritt darzulegen, daß der interpretierende Umgang mit Symbolen diese *umfunktioniert* und in neue Bezüge stellt. Es geht damit um die Aufnahme von biblischen Zusammenhängen, in denen beispielsweise Elementarsymbole des Weiblichen in die eine, umfassende Gottesmacht und Gotteswirklichkeit, die für den Glauben Israels entscheidend waren, *integriert* wurden. Es geht weiter um jene Zusammenhänge, in denen Jahwe gewissermaßen die Rolle der Magna Mater spielte. Und es ist schließlich ein Gesetz der Wiederkehr des Verdrängten zu berücksichtigen; Beispiel dafür ist die Problematik der Sophia.

Kritik der Dualismen

Ich argumentiere im folgenden wieder im Rahmen des hermeneutischen Zirkels. Die Anknüpfung an literarische Prozesse und Interpretationen der biblischen Zeugen und Redaktoren ermächtigt heutige Theologie, weibliche Symbolik positiv zu interpretieren. Dabei geht es einmal mehr um einen interpretierenden Umgang mit solcher Symbolik, damit Regressionen vermieden werden, durch die man neu wieder unter den zwingenden Charakter der Ursprünge käme. Das Ziel der integrierenden Interpretation ist erreicht, wenn einsichtig gemacht werden kann, daß weibliche Symbolik theologisch und anthropologisch Selbstfindung, Ganzwerdung, Reifung des Menschen unterstützt, und zwar so unterstützt, daß dabei sowohl die individuellen wie die gesellschaftlichen Aspekte menschlicher Existenz berücksichtigt werden.

Hier ist wohl zunächst der Ort zu einer kritischen Klärung auf einer mehr anthropologischen Ebene, nämlich im Blick auf Probleme des Dualismus bzw. auf Probleme der symbolischen Überhöhung der Dualismen, die beinahe immer auch das Gegenüber des Männlichen und Weiblichen betreffen[105]. Besonders wichtig ist, daß sich für das Gegenüber des Männlichen und des Weiblichen charakteristische Zuordnungen ergeben. So entspricht dem Pol des Männlichen das Stichwort des »heiligen« im Gegensatzpaar »heilig–profan«, Lévi-Strauss nennt aber zugleich auch die Gegensatzpaare »roh–gekocht«, »Zölibat–Ehe«, »überlegen–unterlegen«, »stark–schwach«, »Himmel–Erde«, »oben (Obere)–unten (Unterlegene)«. Schließlich steht die physische Welt gegen die moralische. Im Dualismus, der sich aus der Struktur Mitte–Kreis ergibt, steht im Bau von Dörfern das Männerhaus in der Mitte, usw.

Die angegebenen Dualismen sind beinahe durchgehend hierarchisch strukturiert, indem nicht Gleichwertigkeit der Pole herrscht, sondern Über- und Unterordnung; als Konkretion dieser Hierarchisierung ergeben sich bestimmte Heiratsvorschriften (Wer darf wen heiraten? Wer darf heiraten?), die den weiblichen Pol beinahe immer benachteiligen. Gegenüber weiten Bereichen der Ethnologie und Religionsphänomenologie ist im Blick auf das Alte Testament zu sagen, daß dieses einerseits an dualistischer Symbolik partizipiert, diese aber in zahlreichen Zusammenhängen verläßt. Hier, wo sich Gegenpositionen andeuten, ist entweder ein »primitives« und ganzheitliches Menschenbild vorauszusetzen, oder es geht schon um Glaubensreflexion. Ich habe im exegetischen und biblisch-theologischen Teil beispielsweise darauf hingewiesen, daß es Zusammenhänge gibt, wo weibliche Symbolik (Schöpfungssymbolik, Symbole des Pflanzlichen, des Werdens und Vergehens, des Dunkels und der Dämonen, der Unterwelt usw.) integrierend auf die eine Gotteswirklichkeit und die eine Gottesmacht bezogen wurde. Hier deuten sich grundsätzlich Möglichkeiten an, die jenseits dualistischer Strukturen stehen. Weiter enthält das Alte Testament ein Menschenbild, das nicht auf dichotomischen Hierarchisierungen beruht; dieses

Menschenbild ist einerseits wieder »primitiv«, indem es noch vor den spätantiken und christlichen Traditionen steht, die dualistisch geprägt sind. Andererseits hat die Nichtabwertung des Leibes und der Materie alttestamentlich einen bedeutsamen theologischen Stellenwert: Das Gotteshandeln vollendet sich immer in den Bereichen der Geschichte, der Materie, des Leiblichen und durchbricht so Setzungen und Determinationen, die für weite Bereiche der Religionen charakteristisch sind. Es gibt in diesem Kontext vielleicht erstmals auch die Möglichkeit, die Unterscheidung zwischen »heilig« und »profan« aufzuheben. Allerdings wird man auch hier sagen müssen, daß die sozialethischen und gesellschaftlichen Implikationen dieser neuen Möglichkeiten nicht erreicht werden. Trotzdem liegt für mich in diesen biblischen Ansätzen die Ermächtigung, ein Jenseits von Dualismen und Dichotomie zu suchen.

Im Rahmen des hermeneutischen Zirkels ergeben sich für die heutige Problemlage die folgenden Möglichkeiten: Das Suchen nach einem neuen Menschenbild ist sinnvollerweise verbunden mit dem Suchen nach einer neuen, undualistischen Symbolik des Leibes und der Materie. Und weiter geht es auch heute darum, Symbole des Werdens, des Schöpferischen und der Innovation zu gestalten, ebenso wie Symbole der Ekstasen, der Feste und des Eros. In einer undualistischen Ganzheit sollen die Fülle und Intensität des Lebens erfahrbar werden. Die undualistische Weltschau postuliert auch, daß das kulturelle Schaffen des Menschen sich so auf Umwelt und Natur beziehe, daß diese nicht mehr geschädigt und zerstört werden. Mit anderen Worten: Es soll eine technisch und urban gewordene Welt positive Bezüge zur Erde und zum Boden finden. Ich meine, das alles gehöre zum Programm einer undualistischen Weltsicht.

In diesem Kontext ist auch die Befreiung der Frau zu sehen, die von dualistischen Strukturen bedroht war und der damit die offene und ihr gemäße Zukunft versperrt wurde. Diese Strukturen haben seelische Projektionen geschaffen und diese wiederum eine gesellschaftliche Wirklichkeit, die selber zerspalten und von Verdrängungen bestimmt ist; hier gibt es Unterscheidungen von Klassen und Rassen, hier gibt es Arbeitsteilung als Form von Herrschaft, hier gibt es geschlechtsspezifische Unterscheidungen als Herrschaftsinstrument, hier gibt es den Sexismus. Dualismen sind so Ausdruck einer umfassenden Entfremdung!

Die von mir skizzierten Zusammenhänge und Analysen

stellen an die Theologie herausfordernde Fragen: Wo sind im Rahmen des Theologengesprächs Ansätze, die dualistische Strukturen, dualistische Symbole und eine dualistische Sprache überwinden? Wo ist hier das kritische Selbstbewußtsein, daß Theologien oft ideologische Überhöhungen einer dualistischen Wirklichkeit und ihrer gesellschaftlichen Konsequenzen waren? Eine in dieser Fragestellung bewußte Theologie wird sich selber als *ganze* Theologie verstehen und gestalten. Einen Denkanstoß dazu gibt es in Ausführungen eines Sexismus-Kongresses des Ökumenischen Rates der Kirchen. Nelle Morton versteht unter einer ganzen Theologie folgendes[106]: Theologie, die Geschichte und Natur wieder zusammenfügt; Theologie, die Leiblichkeit als Ganzes und als »gut« wiederfindet; Theologie, die nicht nur westlich, männlich, abstrakt geprägt ist; Theologie als mann-weibliche Ganzheitserfahrung, als Erfahrung jenseits der Rassen- und Klassentrennung; Theologie eines Gottesdienstes, der die Elemente des Schöpferischen, der Feier, der Ekstase enthält; Theologie einer androgynen Symbolik usw.[107]. Weiter ist in diesem Zusammenhang daran zu erinnern, daß im nordamerikanischen Theologengespräch die Thematik einer »dionysischen Theologie« eine gewisse Rolle spielt[108]. Sam Keen stellt eine »Inkarnationstheologie« gegen Strukturen der »Fremderlösung«; das Freiheitsangebot der Inkarnationstheologie dient der Ganzwerdung des Menschen. Keen ist beeinflußt von Norman O. Brown. Ein wichtiges Stichwort von Keen ist das der »Visceral-Theology«. Keen argumentiert dann auch von der »Stimme des Leibes« und der »Sprache der Sinne« her, wobei diese für ihn die Charakterisierung »heilig« erhalten. Seine Zielvorstellung ist die einer Religion, in der das »Hören« vom »Berühren« abgelöst wird (»touching«); ein Glauben als Fürwahrhalten wird abgelöst vom »Tanzen« als Anbetung und Auferstehung des Körperlichen. In den Zusammenhang solcher theologischen Überlegungen gehören auch Postulate von Harvey Cox[109]. Ich nenne hier nur einige Stichworte: Cox zeigt die theologische Relevanz der Zuordnung von Phantasie und Religion, Phantasie und Mythos, Ritual, Vision und Utopie. Er spricht vom »Tanz vor dem Herrn«, vom »Christus-Harlekin«, »Glaube als Spiel«, »Christentum als Komödie«. – Die drei genannten Ansätze zeigen Möglichkeiten, theologisch Dualismen zu überwinden und Theologie jenseits der Dualismen als ganze Theologie zu betreiben.

Gott im weiblichen Rollenspiel?

Nach den Ausführungen zum anthropologischen Horizont, wo sich vordringlich die Probleme der Dualismen stellten, geht es im folgenden um die spezifisch-theologischen und soteriologischen Gesichtspunkte. Das leitende Theologumenon, auf das ich mich auch hier beziehe, ist die oben dargelegte Sicht vom Beziehungsreichtum Gottes im Rahmen der Trinität bzw. vom mann-weiblichen Beziehungsreichtum als Abspiegelung der Trinität. Für die folgenden Zusammenhänge müssen nun verschiedene biblische Aspekte zur Geltung kommen, die ich im biblisch-theologischen Teil besprochen habe. Es gab hier Beispiele, wo Gott in Sprachbildern des Weiblichen dargestellt wurde. Es deutete sich dann die Möglichkeit an, Jahwe in der Gestalt der »magna mater« darzustellen oder Wirkungen weiblicher Gottheiten auf Jahwe zu übertragen. Und schließlich gab es den Aspekt, wo weibliche Gottesstrukturen verdrängt wurden und sich dann – nach dem Gesetz der Wiederkehr des Verdrängten – wieder zeigten. Ich berücksichtige nun die eben genannten Aspekte, indem ich – im Rahmen der Möglichkeiten des hermeneutischen Zirkels – den Satz formuliere: Es gibt Möglichkeiten eines »Rollenspiels Gottes«, in dem Gott in Rollen des Weiblichen gestaltet werden kann und in dem Gott in Rollen des Weiblichen erfahren werden kann. Dem Ansatz dieses Abschnittes gemäß geht es dabei um Versuche der Integration weiblicher Symbolik und weiblicher Religion.

Ich interpretiere zunächst den dynamischen Begriff des Rollenspiels, wobei ich mich nicht so sehr auf einen soziologischen Rollenbegriff beziehe, sondern auf den Begriff der Schauspielerrolle[110]. Der theologische Ansatz liegt in der Argumentation, die ich oben darlegte: Die Gottesproblematik ist im Beziehungsreichtum Gottes zu sehen. Für unseren Zusammenhang heißt das: Gott ist in einer Fülle von Rollen, die er spielt, zu sehen. Vergleichsweise kann auf Traditionen hingewiesen werden, die ohne Schwierigkeiten hier einbezogen werden könnten. Die Fülle der verbalen Gottesbilder (Gott-Hirte, Gott-König usw.) und der christologischen Würdetitel deutet auf eine Fülle von Rollen Gottes oder Rollen Christi. Interpretierend spricht man denn auch vom Rollenspiel Christi; Sölle formuliert: »In dieser veränderten Welt braucht Gott Schauspieler, die seinen Part übernehmen.«[111] Damit deuten sich auch neue Würdetitel Christi an (Christus als Schauspieler). Weiter fallen einem hier Möglichkeiten der Dichtung und Kunst ein. Die literarische Chiffre »Narr in Christus« hat viele Traditionen, die heute von Theaterdichtern wie Brecht und Dürrenmatt aufgenommen werden. Bildnerisch hat beispielsweise Rouault Christus als Clown dargestellt, und der Christus-Harlekin wird bei Harvey Cox zu einer entscheidenden Aussage über Christus unter den Bedingungen unserer Zeit[112]. Wichtig scheint mir aber auch der fundamentale Ansatz der »Schwarzen Theologie«; Gott ist hier »schwarz«, bzw. er spielt die Rolle des »schwarzen Gottes«, wobei zu diesem Rollenspiel eine sozialethische Implikation gehört: Indem Gott selber schwarz ist, ist er der Befreier der Schwarzen! Im Kontext solcher Ansätze formuliere ich nun den Satz, es gebe Gott in Rollen des Weiblichen. Dazu sind im folgenden interpretierende Überlegungen anzustellen.

Formal ist zuerst die Morphologie der Existenz in einer Fremdrolle mit dem konkreten Beispiel des Schauspielers zu beschreiben, wobei ich hier Anregungen von Dilschneider aufnehme. Kennzeichnend ist dafür – nach Dilschneider – das Mysterium der Inkorporation und das Mysterium der Metamorphose. Inkorporation bedeutet für den Schauspieler: Es geht im Rollenspiel nicht um ein Abbilden oder Darstellen dessen, der gespielt wird. Die Aufgabe des Schauspielers besteht vielmehr darin, in einem schöpferischen Suchen, Finden und Gestalten der vom Autor gemeinten Person zur Existenz und Wahrheit zu verhelfen. Der Schauspieler wird über alle Zeiten und Distanzen hinweg dem, dessen Rolle er spielt, gleichzeitig (Prinzip der Simultaneität). Dilschneider faßt die verschiedenen Aspekte der eben geschilderten Problematik mit dem Satz eines Interpreten zusammen: »Er (der Schauspieler) wird nicht Wallenstein oder Lear, Macbeth oder Faust – diese werden in ihm, sprechen aus ihm ... Er verwandelt sich nicht in Napoleon, Cäsar oder Timon von Athen – diese verwandeln sich in ihn ...«[113] Schließlich gehört zur Inkorporation des Schauspielers eine bestimmte, für ihn charakteristische Dialektik. Der Schauspieler kommt in seinem Werk zweimal vor. Einmal als Subjekt, als der, der sich mit Hilfe des Regisseurs formt. Und einmal als Objekt, also gewissermaßen als Material und Instrument der Einformung. Weiter geht es dann um das Mysterium der Metamorphose. Es ist hier daran zu erinnern, daß nach klassischen Theatertheorien der Gestaltwandel des Schauspielers auch als Wandel und Läuterung seiner Persönlichkeit verstanden wurde. Solche Vorstellungen spielen bis heute eine Rolle, wenn es in psychologisch orientierten Spielformen und Theaterspielen um die Identitätsfindung dessen, der spielt, geht. Allerdings betont die Theatertheorie Brechts, daß sich der Schauspieler der Distanz zwischen sich und seiner Rolle bewußt sein müsse; Brecht postuliert einen Schauspielertypus, der imstande ist, diese Distanz mit Hilfe von Verfremdungen und Schocks zu betonen. Im weiteren soll ja nach Brecht die Verfremdung des Vertrauten auch den Zuschauer aus falschen Identifikationen herausreißen und ihn so kritisch zurüsten[114].

Die formale Schilderung des Rollenspiels ist nun mit dem Satz zu verbinden, Gott spiele auch Rollen des Weiblichen. Das bedeutet: Rollen, Prozesse, Bilder zeigen Gott in einem wirkenden Geschehen, in dem der Frau zur Existenz und Wahrheit verholfen wird; Gott ist jetzt darin Gott, daß er der Frau und ihren Problemen »gleichzeitig« ist. Rollen, Prozesse und Bilder Gottes sind transparent auf Symbole des Weiblichen hin. Wege Gottes und der Weg der Frau, Wirklichkeiten Gottes und die Wirklichkeit der Frau beziehen sich dialektisch aufeinander. In diesem Geschehen sucht die Frau ihre Geschichte, bzw. sie formt sich in geschichtlichen Selbstbekundungen Gottes! Ein Gottesgeschehen – ein Rollenspiel Gottes – ermöglicht ihr, den ihr zustehenden Weg zu suchen, zu finden und zu gestalten. Und weiter: Das Prinzip der Metamorphose, des Gestaltwandels dessen, der Rollen spielt, erinnert daran, daß Gott in geschichtlichen Veränderungen zu sich selber kommen will, wobei freilich Gott mit diesen Veränderungen nicht einfach identisch ist: Er geht in sie ein, er geht aber nicht in ihnen auf. Das gilt auch von Gottesbildern, Gottesvorstellungen, Gottessymbolen; Gott geht in sie ein, aber er geht nicht in ihnen auf. Die Wirklichkeiten, die hier ineinanderschwingen, sind in ihrer Beziehung, in ihrer Dialektik und in ihrer Distanz zu bedenken. Zum Problem der Frau gilt damit: Gott spielt zwar die Rolle der Frau in geschichtlichen, symbolischen, bildlichen Ausformungen. Gott geht in solche Rollen ein und sucht so auch seine Identität, aber es gibt in dieser Rolle auch die Distanz. Es kommt nicht zu einer Vermischung der Rolle Gottes und der Rolle der Frau. Es geht im Gegenteil um eine kritische Unterscheidung: Die Frau soll ja in diesem Geschehen, in diesen Prozessen und in entsprechenden Symbolen *ihre* Existenz und Wahrheit finden!

Für die bisherigen Darlegungen habe ich jeweils an Möglichkeiten der biblischen Traditionen angeknüpft, wobei ich freilich mit Hilfe des hermeneutischen Zirkels diese Traditionen so interpretiert habe, daß sie unter den Bedingungen unserer Zeit neu ausgesagt wurden. Es muß nun aber – in einer Kehre der Argumentation – darauf hingewiesen werden, daß es Bereiche gibt, die schöpferisch Symbole des Weiblichen und Beiträge zur Religion des Weiblichen gestalten, die theologisch nicht in die Polarität der biblischen Traditionen und heutiger Interpretation eingebracht werden können. Mit anderen Worten: Es gibt nicht nur die Ermächtigung zur theologischen Interpretation aus der Offenheit der biblischen Traditionen, sondern es gibt auch eine Ermächtigung zur theologischen Bemühung aus der Wirklichkeit unserer Zeit heraus: Es gibt Anrufe der Stunde, an denen die Theologie nicht vorbeigehen sollte (Kairologie). Für unsere Problematik erweisen sich Bereiche wie Märchen, Traum- und Assoziationsmaterial der Psychoanalysen, unbewußte Prozesse im Gruppengeschehen, Mythen des Alltags, Mythen der Kunst usw. als wichtig gerade für eine neue Symbolik und Religion des Weiblichen. Es muß im folgenden der Versuch unternommen werden, diese Bereiche auf unsere Thematik hin zu bedenken.

Angebote der Kunst – Angebote jenseits der Dualismen

Weil sich diese Untersuchung nicht auf alle Bereiche beziehen kann, wähle ich im folgenden vor allem die zeitgenössische bildende Kunst und die Dichtung aus, wobei die anderen Bereiche grundsätzlich ebenso wichtig wären.

Ich deute zuerst einen allgemeinen Horizont an. Schlagworte der sechziger Jahre, die die Kunstszene und Kunstkritik beunruhigten, deuten schon Zusammenhänge mit unserer Thematik an. Die Dokumenta 1972 thematisiert die Aussage »Individuelle Mythologie«, und immer wieder wird in den sechziger Jahren das Wort »Kunst ist Leben – Leben ist Kunst« gebraucht. Die mit solchen Schlagworten verbundenen Kreationen und Darstellungen der Künstler lassen Grundsymbole des Menschlichen, verschüttete Urerfahrungen des Menschlichen auftauchen. Kreationen erweisen sich als neue, individuelle Symbole. Nicht zufällig spielen dabei die das Dasein bestimmenden Vorgänge eine entscheidende Rolle: Geburt – Kindheit – Erwachsenwerden – Liebesvereinigung – Hochzeit – Sterben – Tod. Ich konkretisiere mit einigen Beispielen: Stan Brackhage filmte die Geburt seiner Kinder; Claes Oldenburg rief schockierende Wirkungen hervor, indem er Eßbares und Sexualität kombinierte; Joseph Beuys entwickelte eine Art Obsession in bezug auf Eßwaren, die für ihn zum künstlerischen Symbol wurden; bei Vostell und Kienholz werden Autowracks und Situationen bei Autounfällen zum Todessymbol; in Happenings, Living Theatre und Abreaktionsspielen erhalten der Schrei, der rituelle Tanz, die Zerfleischung, die Orgie, aber auch Kombinationen zwischen Sexualität und Kreuzigung eine neue, herausfordernde Funktion (Nitsch, Mühl, Brus); im Umgang mit einfachen Materialien werden Abreaktionen von kindlichen Trieben und Partialtrieben sichtbar; in Transvestitenkunst wird die Rollendetermination des Männlichen und Weiblichen aufgehoben, verändert und vertauscht; Arrabal spricht vom göttlichen Orgasmus und vermischt in seinen Theaterstücken Sexualität und Religion, usw.[115].

In diesem Horizont entstehen heute Beiträge zur Symbolik und Religiosität des Weiblichen. Ich nenne zuerst Beispiele der bildnerischen Kunst im 20. Jahrhundert[116]. Für die erste Hälfte des 20. Jahrhunderts nenne ich drei ausgewählte Künstler des französischen Raumes. Matisse gestaltet aus der Sensibilität seiner Ornamente und Arabesken Frauenakte, die formal seinen Gestaltungen von Blumen und Engeln entsprechen, Beiträge also zu einer Kunst jenseits aller Dualismen. Rouault vermag mit expressiven Malmitteln auszudrücken, daß der Heilige in eine Beziehungsstruktur mit der Hure, der Clown in eine Beziehungsstruktur mit Christus gehört; auf formaler Ebene ist so ausgesagt, daß die Gnade ein Jenseits aller Dualismen schafft. Mit dem Stiersymbol hat Picasso die Ambivalenzen zwischen chthonisch-triebhaften und lichten, zärtlichen Aspekten der erotischen Begegnung bewältigt. Das Stiersymbol partizipiert an alten religiösen Traditionen, indem im Stier ebenso wie in der Mann-Frau-Begegnung Opfervorstellungen, Tod und Tötung eine wichtige Rolle spielen[117]. Symbolik drängt sich aber deutlich auch im »naiven« Künstlertum hervor. Rousseau malt, ohne sich dessen bewußt zu sein, seine Anima in kitschig-glühenden Farben und stellt sie in Urlandschaften: Urwälder, Wüste, Paradies. Séraphine Louis gestaltet in wuchernden pflanzlichen Blumengebilden und Blumenbäumen vaginale Symbole; das Mysterium der Vagina ist hier die Gegenkraft gegen die kleinlich-frustrierende Umgebung der Künstlerin. Wie Navratil zeigt, gibt es dieselben Möglichkeiten, wenn psychisch Kranke künstlerisch aktiviert werden[118]. Sprachlich und bildnerisch wird die Anima bewältigt, die als das blonde junge Weib erscheint; obszöne Worte haben hier magische Kraft. Umfassend und differenziert ist das Symbolmaterial des Weiblichen bei Chagall: die schwangere Madonna, deren Kind im Leibe sichtbar ist; die Madonna als Bäuerin; die Madonna mit Mond und Kuh kombiniert; der Fisch-Phallus mit dem Himmel kombiniert usw. Symbole des Weiblichen aus archaischen Schichten finden wir schließlich bei Miro, aber auch bei Arp oder Nicky de St. Phalle.

Für die Situation in der zweiten Hälfte des 20. Jahrhunderts nenne ich zuerst den Tachismus; hier geht es um erotische Kunst, die konsequent auf Inhalte verzichtet. Jetzt ist der Malakt als solcher Sexualakt! Die weiße Fläche der Leinwand steht für Jungfräulichkeit oder Bett, in der Explosion der Farben gibt es das Ausströmen der Gefühle, im Bespritzen der Leinwand erfolgt – nach Antonio Saura – »...ein Akt des Besitznehmens«. Differenzierte Möglichkeiten ergeben sich aus bestimmten Trends, die erstmalig in einem Museum thematisiert wurden. Ich nenne hier das Motiv und den Mythos der »Junggesellenmaschine«[119]. Duchamps hat mit einem Bildtitel das Thema gegeben: »La mariée mise à nu par ses célibataires...« (Gestaltungen von 1915–1923). Er steht in der Tradition, die die Beziehung der Geschlechter in der Form einer Maschine darstellte; auch Freud bezeichnet ja die Psyche als Apparat. Mit Junggesellenmaschinen gestalten verschiedene Künstler Ambivalenzen von der Allmacht der Erotik und ihrer Verneinung, Ambivalenzen zwischen Torturen und erotischem Spaß. Harald Szeemann interpretiert die Maschinen auch als »Verweigerung der Frau«, die von der Geschlechterrolle unabhängig mache[120]. Bazon Brock sieht im Mythos der Junggesellenmaschine den religiösen und theologischen Gegenmythos zur Jungfrauengeburt. Während die Jungfrauengeburt Symbol für die Menschwerdung Gottes oder der Götter ist, ist die Junggesellenmaschine Symbol der Gottwerdung des Menschen[121]. Interessant sind schließlich neuartige, verschlüsselte Möglichkeiten, wo Stoffe in Objekten auf Primärhandlungen, Kindheitssexualität, Partialtriebe hinweisen, indem man im Umgang mit solchen Stoffen auf der Ebene der Gefühle und des Haptischen mann-weibliche Erfahrungen provozieren kann. – Ich breche die Hinweise auf bildnerische Probleme ab. Es drängt sich nun ein Ausblick auf Gebiete wie Literatur, Film,

Ballett auf. Weil ich mich dafür nicht kompetent fühle, möchte ich mich hier mit einigen Bemerkungen begnügen.

Erstens: Da das Verhältnis des Schriftstellers zur Sprache – abgesehen von allen Inhalten und Themen – ein erotisches ist, schafft der Schriftsteller aus den Dimensionen des Schöpferischen und der Erfahrung neue sprachliche Symbole; er ist hierin dem wissenschaftlichen Umgang mit Symbolen oft überlegen. Zweitens: Der Schriftsteller leistet einer neuen Symbolik auch darin Dienste, daß er in mutigen Experimenten tabuisierte Sprache zur Offenheit von Sprachspielen und sprachlichen Symbolen bringt. Hierher gehört der sprachliche Umgang mit Worten wie Fuck, Scheiße, Schlitz, Vögeln usw. Dieser Umgang vermag Möglichkeiten der Alltagssprache, der Trivialliteratur und der Untergrundliteratur aufzunehmen, wobei dann eine neue Symbolik der Geschlechter sich nicht mehr dualistisch und elitär von Alltagserfahrungen abhebt. Drittens: Im Umgang mit Sprache und in sprachlichen Konstruktionen steht der Schriftsteller in Bezügen sowohl zu den Ursprüngen wie zur Dimension der Zukunft. Die Ursprungsbezüge sind – indem man mit Sprache *umgeht* – ihres Zwangscharakters entkleidet: Archaische Sprachformen werden gleichsam im Spiel benutzt und dadurch umgestaltet, faktisch entmythologisiert. Und indem Sprachgestaltung, wie oben gesagt, auch erotische Aspekte hat, geht es hier nicht mehr um ein Ausgeliefertsein an Triebabfuhren, sondern um eine auf erotische Utopien hin angelegte Sensibilisierung des Geschlechtlichen und der Begegnung der Geschlechter. Sprachliche Utopien rüsten so kritisch zu und wirken sensibilisierend.

Eine letzte Bemerkung. Für unseren Zusammenhang ging es auch immer um die Frage neuer Symbole im Blick auf spezifisch theologische und christliche Traditionen; so spielten Stichworte wie Rollenspiel Gottes in weiblichen Rollen, weiblicher Messias usw. eine Rolle. Für diesen Zusammenhang gibt es nun in einer säkular gewordenen Kunst und Dichtung nur wenige Beispiele. Möglicherweise wird eine Epoche einer sogenannten neuen Religiosität hier wieder Beiträge leisten. Trotzdem kann hier ein Beispiel genannt werden, nämlich die Filmschöpfung Pasolinis »Teorema«. Pasolini hat hier die Fabel geschaffen, in der ein »göttlicher Jüngling« Gast einer oberitalienischen Industriellenfamilie ist. Der göttliche Jüngling ermöglicht jedem, dem er begegnet, die erhoffte und ersehnte nichtrepressive Kommunikation und die Erfüllung seiner erotischen Wünsche. Als Animus-Figur bringt er vor allem auch die weiblichen Mitglieder der Familie zu ihrer Identität und Authentizität. Nach dem Verschwinden des Jünglings kommt es zu einer umfassenden und katastrophalen Krise, in der die Erlösten in den Zustand der totalen Entfremdung zurückfallen. Statt Kommunikation gibt es nun nur noch Zustände der Ich-Einsamkeit und des Autismus, statt Bewältigung des Lebens durch kreative Arbeit gibt es die Flucht aus der Gesellschaft und Gruppe. Pasolini schafft in Bild und Gegenbild so etwas wie eine Christologie für unsere Zeit, in der auch erotische Grundprobleme der mann-weiblichen Begegnung undualistisch gelöst werden.

Es ergibt sich nun die Frage nach dem Dialog zwischen Theologie und solch moderner, durch Kunst und Dichtung geschaffenen Symbolik des Mann-Weiblichen. Die Theologie ist meines Erachtens in folgenden Punkten dialogisch herausgefordert: Erstens sind durch Künstler und Dichter Aussagemöglichkeiten jenseits aller Dualismen erreicht. Die Orientierung auf formaler Ebene, an Spielvorgängen, an abstrahierenden und konstruierenden Techniken, an Materialprozessen usw. erlaubt dualistische Unterscheidungen zwischen Form und Inhalt, Leib und Geist nicht mehr. Zweitens: Solche Kunst hat sowohl Bezüge zu den archaischen Ursprüngen, und zugleich ist sie Deutung unserer Zeit und Eröffnung neuer Zukunft. Mit dynamischen Symbolen entgeht sie dem Zwang der Ursprünge, indem der spielerische Umgang mit Symbolen falschen Regressionen entgeht. Drittens: Die Abstraktheit der Symbole legt den, der damit umgeht, nicht fest, sondern fordert ihn zum je eigenen Beitrag im künstlerischen Prozeß auf. Damit ist ein Geschehen in Gang gesetzt, das hierarchisch-autoritäre Abhängigkeiten von Symbolen grundsätzlich nicht mehr zuläßt. Viertens: Die Vielzahl der Symbole bedeutet eine Relativierung. Indem es jetzt um »individuelle Mythologien« geht, sind unkritische Fixierungen in Frage gestellt. Das Angebot einer Vielzahl solcher Mythologien fordert zum freien Auswählen auf. Fünftens: Die Forderung einer sogenannten narrativen Theologie kann von künstlerischen Prozessen her unterstützt und konkretisiert werden. Es geht um ein Umgehen, Spielen, Finden und Wählen von Symbolen im Prozeß, aus dem man als Veränderter heraustritt.

6. KAPITEL

Theologie des Weiblichen

Zielvorstellungen

Selbsttranszendierung des Weiblichen

Hilft Mariologie?

Die folgende Problemskizze orientiert sich teilweise an Gesichtspunkten, die schon im Kapitel über Religion und Symbolik des Weiblichen eine Rolle spielten, teilweise werden aber auch Argumente berücksichtigt, die vor allem in der amerikanischen Frauenrechtsdebatte eine Rolle spielen. Es geht im Ganzen dieser Problemskizze um das Programm einer »Theologie der Frau« oder einer »Theologie des Weiblichen«, wobei ich dieses Programm und seine Begründungen kritisch diskutiere.

Es ist sinnvoll, vorweg Erwägungen anzustellen, ob es im Rahmen traditioneller Möglichkeiten der Mariologie und Sophiologie eine »Theologie des Weiblichen« geben könne. Ich erinnere hier an den Vorwurf, den C. G. Jung dem Protestantismus macht: der Protestantismus habe sich von den Möglichkeiten der Mariologie abgeschnitten und sei durch seine antimariologischen Affekte hoffnungslos zur Männerreligion geworden. Nach Jung versteht der Protestantismus die Zeichen der Zeit nicht, die auf eine metaphysische Repräsentation der Frau deuten. Dagegen stünde nach Jung der römische Katholizismus in einer echten Entsprechung zu unserer Zeit, indem der Katholizismus auf Grund populärer, mariologischer Bewegungen und deren psychischer Bedürfnisse es wagte, die Entwicklung mariologischer Dogmen im 19. und 20. Jahrhundert auf einen Höhepunkt zu führen; Jung versteht das 1950 proklamierte Dogma von der »Assumptio Mariae« – also von der leiblichen Aufnahme Marias in die himmlische Herrlichkeit – als Hieros Gamos! Nach Jung ist hier das kollektive Unbewußte am Werk.

Gegen Jung erheben sich viele Fragen, die ich nur andeuten kann. Zunächst ist festzuhalten, daß jedenfalls die römisch-katholische Schultheologie das Dogma von der »Assumptio« nicht als Hieros Gamos versteht; die Aufnahme Marias in die himmlische Herrlichkeit ist vor allem als vorweggenommene Eschatologie zu verstehen; Maria repräsentiert »schon jetzt« ein erlöstes Menschsein. Für die von Jung gewählte Fragestellung muß aber kritisch zurückgefragt werden: Können sich Frauen unter den Bedingungen ihrer heutigen Wirklichkeit und unter den Bedingungen ihrer aktuellen Erfahrungen mit einer in göttliche Dimensionen erhöhten Maria identifizieren? Kann ein so sehr vergöttlichtes Symbol zur Sprache heutiger weiblicher Erfahrungen werden? Und von einem religions- und ideologiekritischen Problembewußtsein aus ist zu fragen: Wird die »vergöttlichte Frau« im Himmel nicht erst recht Unrechtszustände auf Erden sanktionieren und stabilisieren? Wird die metaphysische Repräsentation des Weiblichen im Sinne von Jung nicht zum Opium, zum bloßen Jenseitstrost, der die Veränderung von Unrechtszuständen verhindert? Und schließlich muß für den Bereich der Tiefenpsychologie selber gefragt werden: Wenn – wie Jung sagt – in der mariologischen Entwicklung des römischen Katholizismus das kollektive Unbewußte am Werk ist, ist damit doch wohl zugleich die Gefahr der zurückführenden, zwanghaften Regression gegeben.

Es kann nicht verwundern, wenn es auch beeindruckende aktuelle Stimmen gibt, die sich mariologischen Aussagen verweigern. Ich zitiere hier aus einem Text einer Autorin mit einer kritischen Bewußtseinslage für mann-weibliche Bezüge. Karin Struck formuliert in ihrem Roman »Die Mutter«: »Mutterliebe sei die Mutter Maria mit dem Jesuskind. Maria spürt keine erotischen Empfindungen, wenn das Jesuskind an ihren Brüsten saugt. Maria hat ihren Leib nicht geöffnet, weder für das Sperma noch für den glitschigen Säuglingskörper. Mütterlichkeit immer vorgestellt als Geschlechtslosigkeit.« Und: »Ich will ein Wert für mich selber sein, und zugleich habe ich die größte Sehnsucht nach einer Mutter, nach Kindern aus meinem Leib, die größte Sehnsucht, eine Große Erotische Mutter zu sein. Ganz will ich sein, das ist alles...«[1] Ich diskutiere hier das Problem nicht, ob bei Karin Struck vielleicht doch auch noch eine regressive Tendenz gegeben ist. Für unseren Zusammenhang ist Karin Struck deswegen wichtig, weil sie – vielleicht ohne es zu wissen – einer Tendenz entgegentritt, die jedenfalls in der römischen Mariologie eine Rolle spielt, nämlich der Tendenz, Maria immer mehr aus der Solidarität menschlicher Sexualität herauszuheben; das Dogma von der »Unbefleckten Empfängnis« (Immaculata Conceptio) sagt, Maria sei durch ein einzigartiges Gnadenwerk aus jedem Makel der Erbschuld und Erbsünde herausgelöst, und zwar unter anderem auch aus dem der sexuellen Begehrlichkeit. Damit ist eine Charakterisierung gegeben, nach der – im Sinne des Textes von Karin Struck – echte Identifikationen zwischen

Maria und dem Geschick der Frau von heute kaum mehr möglich sind. Darum Karin Strucks Weigerung!

Heinrich Böll bleibt nicht bei einer Haltung der Weigerung stehen, sondern schafft ein Gegenbild, das mit dem Wort »subversive Madonna« charakterisiert werden kann. Die Leni in Bölls Roman »Gruppenbild mit Dame« nimmt in verschiedenen Zusammenhängen Züge einer säkularisierten Madonna an. Sie ist als weiblicher Held und Antiheld zugleich »Genie der Sinnlichkeit«, und sie hat auch deutlich anarchisch-antiklerikale Züge, entsprechend dem Christentumsverständnis von Böll. Böll hat denn auch für die Gestalt der Leni einen Zusammenhang mit seinen Kindheitserinnerungen zum Madonnenkult im Rheinland zugegeben. Jedenfalls ist nun eine Identifizierung heutiger Frauen mit der »subversiven Madonna«, also mit Leni, ohne weiteres möglich. Böll hat damit aus sprachlichen Möglichkeiten, die ihm als Schriftsteller zur Verfügung stehen, ein neues Madonnensymbol geschaffen, das eine heutige Bewußtseinslage anspricht und herausfordert.

Ich verlasse damit nichttheologische Stimmen, die ich aber als Signal für die theologische Argumentation bezeichnen möchte. Nämlich: Es scheinen sich heute nur jene mariologischen (sophiologischen) Aussagen für die Wirklichkeit der Frau zu bewähren, die echte Identifikationen zwischen Maria (Sophia) und der heutigen Frau ermöglichen. Es ist heute eine Maria (Sophia) mit »menschlichem Gesicht« gefordert. Und marianische (sophianische) Symbole sollten den Weg der Frau in die ihr gemäße Zukunft nicht verschließen. Vielleicht darf gesagt werden, daß diese Zusammenhänge im Rahmen schultheologischer Debatten schon eine gewisse Berücksichtigung erfahren. Es gibt auch im Rahmen der Mariologie eine »anthropologische Wende«. Damit wird man jetzt betonen, daß Maria wirklicher Mensch war, daß sie in vorbildlicher Weise in Vollzügen humaner Freiheit ihren Weg geht und daß sie in echt-utopischer Weise – auf einem geschichtlichen Weg – »erlöstes Menschsein vorwegnimmt«[2].

Ich wende mich nun wieder dem Problem zu, wie heute der fundamentale Ansatz zu einer »Theologie des Weiblichen« gefunden werden könnte. Die Debatte über dieses Thema berücksichtigt jedenfalls auffallend selten mariologische oder sophiologische Bezüge. Der Ansatz zu einer »Theologie des Weiblichen« wird durchgehend im Horizont menschlicher Erfahrungen gefunden, während Traditionen der Mariologie und Sophiologie zurücktreten. Mit anderen Worten: An der Dimension der Geschichte, Erfahrung und Zeit vorbei kann nicht über eine »Theologie des Weiblichen« gesprochen werden!

Meines Erachtens könnte sich – wie ich schon andeutete – eine »Theologie des Weiblichen« am besten an jenen Möglichkeiten orientieren, die mit dem programmatischen Stichwort einer »Theologie des Genitivs« gegeben sind. »Theologie des Weiblichen« wäre im Sinne dieses fundamentalen Ansatzes folgendermaßen zu verstehen: Theologie deutet die Situation der Frau heute und formuliert mit dieser Deutung theologische Sätze. Sie vernimmt beispielsweise in Ohnmachtserfahrungen der Frau, aber auch in ihrer Art, Existenz zu verstehen und zu bewältigen, und also in ihrer Sensibilität und Kreativität Anrufe, die als unbedingt zu verstehen sind. In dem allem soll es nicht zu einer falschen, triumphalistischen Integration der Frau in traditionelle Theologumena kommen, sondern es soll experimentell versucht werden, mit einer »Hermeneutik der Befreiung der Frau (und der Geschlechter)« zu argumentieren.

Ich gehe zunächst von Ansätzen aus, die im Rahmen der theologischen Begründung der Frauenbefreiung schon eine Rolle spielen. Hier wird zum Beispiel das Stichwort der »Selbsttranszendierung der Frau« als Grundlage einer »Theologie des Weiblichen« vorgeschlagen[3]. Dieser Vorschlag nimmt teilweise Tillich auf, etwa dessen Schlagwort »Mut zum Sein«. Das Stichwort soll nun aber eine Theologie aus weiblicher Erfahrung ermöglichen. Folgende Aspekte fordern ganz besonders heraus: In einem Prinzip der »Verweigerung« wird der »Tod Gottes« als Tod des großen Patriarchen und als Tod des phallozentrischen Wertsystems verstanden. Positiv soll eine neue Symbolik des Weiblichen gesucht werden, und es soll der Glaube an Gott und an die Erlösung zum Impuls weiblicher Befreiung und Selbstfindung werden. Schließlich soll eine Leitvorstellung der »Schwesternschaft« die Vorstellung der »Bruderschaft« in der Kirche ergänzen und ablösen. Ich habe einige Postulate im Kapitel über weibliche Symbolik schon berücksichtigt und verweise darauf zurück.

Ganze Theologie

Weiter wird für eine »Theologie des Weiblichen« das Postulat der »ganzen Theologie« wichtig[4]. »Ganze Theologie« ist Theologie auf Grund mann-weiblicher Erfahrung, wobei der weibliche Aspekt gegen die Diskriminierung der Frau in der heutigen Religion und Gesellschaft neu betont wird. »Ganze Theologie« ist grundlegend undualistisch: Sie versucht Mann und Frau, Natur und Geschichte zusammenzusehen. Sie fordert eine androgyne Symbolik. Konsequenzen einer solchen Theologie wären unter anderem Aufarbeitung von Religions- und Kirchengeschichte unter dem Gesichtspunkt weiblicher Rollen, weiblicher Ohnmachtserfahrungen und weiblicher Befreiung. Weiter aber auch – nun mit dem Postulat des *ganzen* Gottesdienstes – die Integration weiblicher Sensibilität und Kreativität in die Liturgien und die Integration der Frau in alle Ämter der Kirchen.

Weiter gibt es Begründungen zu einer »Theologie des Weiblichen«, die von einem trinitarischen Hintergrund her geprägt sind; hier sind traditionelle Möglichkeiten gegeben, indem der Heilige Geist als weiblich empfunden werden kann[5]. Von dieser Möglichkeit aus argumentiert eine Studie von Jay G. Williams[6]. Die Autorin knüpft an der auch von mir schon dargelegten Tradition zum Stichwort der Schechina an, also an einer Tradition zu einer Seinsweise Gottes, die besonders im jüdischen mystischen Schrifttum oft als weiblich bezeichnet wurde. Weiter legt die Autorin dar, daß die trinitarischen und christologischen Formulierungen der alten Kirche die Rolle des Heiligen Geistes kaum je definiert haben. Nach ihrer Meinung kann nun aber die Trinitätsstruktur gewissermaßen familiär verstanden werden, wobei dem Heiligen Geist die weibliche Rolle zukommt. Exegetisch ist es möglich, Aussagen zu formulieren wie: »sie« heiligt, »sie« belebt, »sie« schafft aus dem Wasser der Taufe, »sie« wäscht Sünden ab, »sie« ist die Lebensspenderin, »sie« ist die Fürbitterin[7]. Nach Meinung der Autorin setzt eine männlich orientierte Trinitätsstruktur eine nur partielle Gotteserfahrung voraus. Wenn Gott wirklich und ganz erfahren werden soll, muß im Gottesbild auch ein weiblicher Aspekt seinen Platz haben. Diese Erfahrung der ganzen Gottheit hat dann auch Auswirkungen auf die Rolle der Frau in der Gesellschaft, aber auch auf ihren kirchlichen Status, indem sie jetzt durchaus auch Priesterin sein könnte.

Hanna Wolffs Ansatz, den ich nun noch skizziere, ist von den bisherigen Ansätzen, die sich an der Gottesvorstellung orientierten, verschieden; ihr Ansatz ist jesuanisch und christologisch. Dabei ist die Autorin der Jungschen Psychologie verpflichtet[8]. Ihre Argumentation: Da Jesus eine grundsätzlich neue Gotteserfahrung hat, vermag er auch gegenüber der Frau neue, vorbildliche Haltungen einzunehmen. Seine Gotteserfahrung gibt ihm die Freiheit, sich aus der Androzentrik der Antike zu lösen. Jesus wendet sich in Haltung und Wort den Frauen völlig unbefangen zu. In seinem Gottesbild sind männliche und weibliche Verhaltensweisen in gleichem Maße integriert, was beispielsweise die Gleichnisse zeigen. Die Autorin erklärt nun diese neuen Möglichkeiten von tiefenpsychologischen Hintergründen her. Jesus hat in der Freiheit, die ihm seine Gotteserfahrung vermittelte, die Animus-Anima-Struktur bewältigt und hat seinen »Schatten«, der bei Männern oft dualistisch und antiweiblich geprägt ist, ebenso bewältigt. Darum akzeptiert Jesus die männliche Dominanz gegenüber der Frau nicht mehr, und es dürften von Jesus her patriarchalische Haltungen und Wertsysteme keine Legitimierung erfahren.

Befreiung von Mann und Frau

Weibliche Identitätsfindung

Im folgenden stelle ich nun eigene Überlegungen an; diese enthalten einen kritischen und einen konstruktiven Aspekt.

Zunächst der kritische Aspekt. Eine »Theologie des Weiblichen« bedarf meines Erachtens auch gegenüber den eben skizzierten Ansätzen einer dreifachen Präzisierung. Erstens: Die biblischen Zusammenhänge legitimieren eine »Hermeneutik aus *nur*-weiblicher Erfahrung« *nicht.* Natürlich gab es dafür zunächst zeitgeschichtliche Gründe, indem die biblische Epoche patriarchalisch geprägt ist. Trotzdem: Soweit es ein biblisches Problembewußtsein zur Anthropologie der Geschlechter gibt, ist dieses deutlich an einer Beziehungsstruktur orientiert. Es gibt hier keinen Ansatz zu einer Hermeneutik aus nur-weiblicher oder nur-männlicher Erfahrung, sondern immer eine Hermeneutik, die sich auf die Begegnung der Geschlechter bezieht. Damit ist zweitens ein inhaltlicher Gesichtspunkt gegeben: Indem sich die Menschenfreundlichkeit Gottes und Gottes Wille zur Partnerschaft mit dem Menschen auf die echte Menschwerdung des Menschen und auf die echte Humanität beziehen, gehört zum integrierten Menschsein eine authentische Begegnung von Mann und Frau. Theologie der Befreiung kann nur die Befreiung von Mann *und* Frau in all ihren Bezügen intendieren. Damit ergibt sich drittens ein sachgemäßes Gefälle der Probleme zur Ethik, zur Anthropologie und Kairologie. »Hermeneutik aus mannweiblicher Begegnung« sagt für diese Bereiche, daß sich die Frau nicht ich-einsam emanzipieren und befreien kann, sondern daß die Befreiung der Frau grundlegend und unauflöslich mit der Befreiung des Mannes verbunden ist. Das heißt: Es kann die Befreiung der Frau nur unter der Bedingung stattfinden, daß sich auch der Mann aus falschen Rollen, aus Rollen, die ihn entwürdigen, löst. Hier gilt: Identitätsfindung der Frau steht in grundlegender Wechselwirkung mit der Identitätsfindung des Mannes – personal formuliert: Das Ich wird am Du! Emanzipation der Frau in einer geschlechtsspezifischen Einsamkeit wäre ja auch deswegen nicht zu verantworten, weil damit der Mann aus seiner Verantwortung für die Frau entlassen würde, so wie es mit einer »Hermeneutik aus mann-weiblicher Begegnung« selbstverständlich auch eine unaufgebbare Verantwortung der Frau für den Mann gibt.

Die umfassende Zielvorstellung, die eben skizziert wurde, entbindet eine verantwortliche Theologie nicht von der Parteinahme für die Frau und vom Engagement für Frauenbefreiung in der Epoche ihrer patriarchalischen Diskriminierung. Sie versucht allerdings den umfassenden Problemhorizont zu beschreiben.

Die offene Gottesvorstellung

Zum kritischen Aspekt meiner Argumentation tritt der konstruktive. Ich beziehe mich hier auch auf das Kapitel über den Dialog zwischen Theologie und Religion und Symbolik des Weiblichen. Ich erinnere an meine Darlegungen zu den Zusammenhängen, die meines Erachtens zwischen der Trinitätslehre und dem Befreiungsmotiv bestehen. Ich sagte, die Trinitätslehre habe anthropologische Implikationen, die die Identitätsfindung und die Befreiung der Geschlechter unterstütze. Im Rahmen der aktuellen Debatte zur Trinitätslehre ist festzuhalten, daß mit dem Satz »Gottes Sein ist im Werden« (Jüngel) eine innere Verbindung der Trinitätsproblematik mit der Soteriologie als der Lehre von der Erlösung und Befreiung des Menschen gegeben ist. Mit anderen Worten: Indem sich Gottes Sein im Weg Jesu von Nazareth offenbart, ist Gottes Sein grundlegend an die geschichtliche Zuwendung zum Sünder, an das Angebot des »Neuen Seins« gebunden. Indem mein Standort von diesem Hintergrund her bestimmt ist, habe ich betont: Im trinitarischen Gottesverständnis gibt es eine Offenheit der Struktur, die sowohl für die Gotteslehre wie auch für die Anthropologie bedeutsame Konsequenzen hat. Für meinen Begründungszusammenhang ist das trinitarische Denken einmal wichtig in der Aussage, daß die Gottesstruktur offen ist, offen in einem Beziehungsreichtum! Dieser trinitarische Beziehungsreichtum zwischen Gott-Vater, Sohn und Heiligem Geist erschließt sodann einen Beziehungsreichtum auf geschöpflicher Ebene, indem der Mensch als Partner Gottes Gottes Sein abbildet. Wie es in Gott-Vater, Sohn und Heiligem Geist keine Über- und Unterordnung gibt, so kann es im Menschsein, das diese göttliche Struktur abbildet, keine Über- und Unterordnung geben. Abbild ist ja in keiner Weise bloß mechanische Fotografie, bloße Reproduktion des Originals, sondern wirksame Anwesenheit des Abgebildeten. Wenn Menschsein also schöpfungstheologisch Abbild Gottes ist, ist menschliches Sein in Analogie zu Gott offenes Sein, offen im menschlichen Beziehungsreichtum.

Ich wage damit die Formulierung: Der in ihrem Beziehungsreichtum offenen »Gotteskommune« entspricht nur ein freies, emanzipiertes, mündiges, demokratisches Gegenüber! Der Mensch als Partner Gottes ist in diesem Sinn nicht in einem hierarchischen Gott-Mensch-System instrumentalisiert, sondern echt freigesetzt. Für das Problem der Geschlechter und des mann-weiblichen Gegenübers heißt das: Die Offenheit und der Beziehungsreichtum des trinitarischen Gottesverständnisses setzen offene Wege der mann-weiblichen Selbstfindung; die Offenheit und der Beziehungsreichtum des trinitarischen Gottesverständnisses widersprechen determinierenden Rollendefinitionen für Mann und Frau; die Offenheit und der Beziehungsreichtum des trinitarischen Gottesverständnisses erweisen sich als ideologiekritisch in bezug auf patriarchalische und sexistische Wertvorstellungen. Mit einem Wort: Die Offenheit der trinitarischen Gottesvorstellung legitimiert Befreiungswege von Mann und Frau und legitimiert die dafür notwendigen Strategien. Für Einzelheiten verweise ich auf die Argumentation im Kapitel über Religion und Symbolik des Weiblichen.

Mit dem von mir skizzierten theologischen Ansatz lassen sich wesentliche Postulate, die für eine »Theologie der Frau« und für eine »ganze Theologie« formuliert wurden, aufnehmen, ohne daß die Theologie aus der Hermeneutik der mann-weiblichen Begegnungsstruktur heraustritt und damit den Versuch einer »ich-einsamen« Selbstfindung der Frau ideologisch unterstützt.

Ich deute im folgenden noch die Konsequenzen dieses Ansatzes im Rahmen des theologisch-systematischen Gestaltskreises an. Zahlreiche dogmatische Loci erfahren neue Akzentsetzungen und bedürfen der Präzisierung.

Für die Schöpfungstheologie ist von der durch die neuere hauptsächlich alttestamentliche Exegese erarbeiteten Position auszugehen: Schöpfung wird im Rahmen umfassender Aussagen zur Offenbarungs- und Heilsgeschichte gesehen; Schöpfung ist damit Zuwendung Gottes zu seinem Partner, dem Menschen, unter besonderen Bedingungen. So kommt es zu einer Wechselwirkung zwischen dem universalen Handeln Gottes an der Welt und an der Natur und dem partikularen Handeln Gottes an seinem Volk. Eine »entkosmologisierende« Theologie erscheint damit verfehlt, und eine Theologie des Kosmos ist gegen viele dahingehende Tendenzen heute neu zu gewinnen[9].

Im Rahmen der Schöpfungstheologie erfahren jetzt Leib, Natur, Materie, Fest, Spiel, Eros eine neue, positive Wertung. Dieses Schöpfungsverständnis steht kritisch gegen ein leibfeindliches, naturfeindliches, materiefeindliches, erosfeindliches, entweltlichtes Christentum. Dieses dualistische Christentum trug ja mit zur Instrumentalisierung und Zerstörung der Natur bei. Zielvorstellungen einer neuen Schöpfungstheologie sind: Hominisierung der Welt durch schöpferisches Geschichtshandeln, wobei das Mensch-Welt-Verhältnis partnerschaftlich und nicht als Herr-Knecht-Verhältnis oder als Subjekt-Objekt-Verhältnis verstanden wird. Dieses Schöpfungsverständnis ermöglicht ein Ja zur ganzen Wirklichkeit und zur Fülle des Lebens. Es impliziert so auch Chancen der Frau und Chancen des der Frau gemäßen Weges. Nur eine Humanität, die die Bedingungen des Leiblichen, des Natürlichen, des Materiellen und des Erotisch-Festlichen einholt und integriert, gibt der Frau und der mann-weiblichen Begegnung jene Chancen und jene Würde, die Identität von Mann und Frau ermöglichen.

Die mit der Schöpfungslehre in manchem eng verbundene Lehre vom Bösen, von Sünde und Schuld wird jetzt von der Last dualistischer Traditionen befreit. Mit einer Hermeneutik mann-weiblicher Begegnung und mann-weiblicher Identitätsfindung werden – gegen viele individualistische Mißverständnisse – neue Dimensionen der Mächtigkeit des Bösen sichtbar. Jetzt kommt für die Lehre vom Bösen und von der Sünde beispielsweise die soziale Dimension zur Geltung. Im Rahmen dieser Lehre kommt es damit zu neuartigen Analysen repressiver Strukturen. So wird etwa die Vorurteilsforschung theologisch relevant, und zwar vor allem auch dort, wo sie zeigt, daß Gruppen nur auf Grund von Feindbildern Bestand haben bzw. daß Gruppen nur mit Hilfe einer Sündenbocktheorie existieren können. Diese Analysen werden die Theologie zum Postulat der institutionellen Metanoia führen, also zu einem Verständnis von Sünde und Buße, das jenseits des individualistischen Aspekts liegt. In solchen Zusammenhängen erweisen sich Analysen der Situation der Frau in einer Welt des Mannes als äußerst brisant. Das Vorurteil, das die Frau trifft: die Frau als die »ganze andere«, die Frau als »nur die Frau«, die Frau als Sündenbock, die Frau als Verführerin und Hexe, die Frau als die Unreine usw. – das alles deutet darauf hin, daß die Frau unter bestimmten Machtstrukturen Opfer ist und daß der Ruf zur Metanoia gegenüber ihren Problemen am Platze ist; damit wird auch klargestellt, daß bestimmte Wert- und Ordnungssysteme, bestimmte Legitimationszwänge repressiv sein können und dann eben vor allem auch die Frau treffen.

Indem Christologie, Soteriologie und Pneumatologie theologisch als Befreiung interpretiert werden und indem ein »Neues Sein«, eine Welt jenseits der Entfremdung, als Zielvorstellung angeboten wird, erfahren heute Menschenrechtsbewegungen und Freiheitsbewegungen in ihrem Kampf gegen strukturelle und institutionelle Ungerechtigkeiten und Entwürdigungen eine theologische Legitimierung. Gottes Menschenfreundlichkeit, Gottes Initiativen zur Befreiung des Menschen stehen in einem Verweisungszusammenhang und in einem Wirkungszusammenhang mit aktuellen Freiheitsbewegungen und ihren Zielen. Und nun erweist sich die Frauenbefreiung im Rahmen dieser aktuellen Bewegung als wichtiges, herausforderndes Modell: Frauenbefreiung wird zum Testfall von Emanzipation! Es wurde von mir schon öfter darauf hingewiesen, daß beispielsweise Sexismus (Herrschaft durch Zugehörigkeit zu einem Geschlecht) in struktureller Beziehung zum Rassismus (Herrschaft durch Zugehörigkeit zu einer Rasse oder Hautfarbe) steht. So sind nun theologische und ethische Appelle sinnvoll: das »Neue Sein« als das Jenseits der Entfremdung fordert den Abbau falscher Macht und Herrschaft und fordert als positive Entsprechung »Bruderschaft«, »Schwesternschaft«, »Partnerschaft«, »Demokratie«, »Gerechtigkeit«, »Humane Verhältnisse«.

Auf dem eben skizzierten christologischen, soteriologischen und pneumatologischen Hintergrund entsteht ein charakteristisches Kirchenbild. Kirche als das inmitten der säkularen Welt »wandernde Volk Gottes« wird, im Nachvollzug der Befreiungstaten Gottes und in der Nachfolge Jesu, selber zum Zeichen. Sie entzieht sich als Exodusgemeinde falscher Herrschaft und ideologisierter Macht. Sie ist »pressure group« auf eine neue Welt hin, die im Zeichen des Lebens, des Friedens, der Freude, der Gerechtigkeit steht (vgl. die alttestamentlichen Zielvorstellungen wie »schalom« und »zedaka«). Soziologisch gesehen strukturiert sie sich auch als gegenkulturelles Phänomen. Als gegenkulturelles Phänomen soll sie freilich nicht im Sinne der Theorien Sohms »Geistgemeinde« sein, die sich dualistisch von Institutionen und von institutioneller Rechtsgestaltung abwendet, aber es soll ihre Gestalt selber – nicht minder als ihre Botschaft – Zeichencharakter tragen und darin eine offene und bessere Zukunft anbieten. So verstandene Ekklesiologie wird gegen frauenfeindliche Traditionen des Christentums stehen und sie kritisch zersetzen; Kirche ist dann Freiheitsraum, der der Frau und den Beziehungen zwischen Mann und Frau, der aber auch der Macht des Eros einen neuen Stellenwert gibt. In einer so verstandenen Kirche könnte die Frau jedenfalls nicht mehr vom Hauptstrom des kirchlichen Lebens als die »Mindere« ferngehalten werden. Auch im Blick auf die Diskriminierungen der Frau müßten Kirchen angstfreie Räume anbieten und müßten sie zu Spielräumen einer neuen Humanität werden. Kirchen wären dann Räume echter Bruder- und Schwesternschaft, Räume konkreter und materialer Demokratie.

Im Gefälle der Christologie, Soteriologie, Pneumatologie und Ekklesiologie, wie es eben dargestellt wurde, kann die Lehre von den »letzten Dingen« keinesfalls mehr den Sinn haben, daß Christen immer noch und immer nur nach der Seelen Seligkeit fragen. Eschatologie ist die umfassende Hoffnungsbotschaft, die sowohl die Personalität des Menschen angeht wie auch die Verhältnisse. Eschatologie impliziert den Glauben an ein Ziel der Geschichte gegen alle Absurdität der Geschichte. Eschatologie ist Reich-Gottes-Glaube mit der Zielvorstellung eines Reiches der Freiheit, des Lebens, der Gerechtigkeit und der Freude. Im Erwartungshorizont solcher Aussagen entsteht ein echtes Engagement für die Gegenwart. Die Offenheit einer qualifizierten Zukunft verhindert das Sich-Abfinden mit den Zuständen der Gegenwart. Hier verbindet sich ein eschatologisch strukturierter Glaube mit dem kritischen Denken der säkularen Utopien: Auf eine neue Zukunft hin soll die Welt, sollen Menschen, Zustände und Systeme verändert, verbessert und humanisiert werden. Das eschatologische und das utopische Denken bringen ein Unruheelement mit sich, das gesellschaftlich und politisch vermittelt werden muß. Damit ergibt sich aus eschatologischer Begründung die Verantwortung und Partizipation der Christen an säkularen Freiheitsbewegungen. Christliches Handeln und christliche Ethik bestehen vorrangig in solcher Verantwortung und Partizipation. Hier könnte und hier müßte nun auch eine Solidarisierung der Christen mit den Bewegungen zur Frauenbefreiung erfolgen.

7. KAPITEL

Praxis der Befreiung

Beiträge
zu einer kritischen Theorie
des Feminismus

Kritische Solidarität

An der Basis anknüpfen

Im Rahmen der theologischen Standortbestimmung entstand das Postulat, sich auch aus christlicher Motivation mit den heute aktuellen Frauenbefreiungsbewegungen zu solidarisieren bzw. diese Bewegungen durch eine emanzipatorische Bewußtseinslage zu unterstützen. Hier ist nun wieder einzusetzen, und es soll im folgenden das Postulat mit Beiträgen zu einer kritischen Theorie des Feminismus aufgearbeitet werden. Das leitende Interesse, aus dem heraus die folgenden Beiträge gestaltet werden, ist näher als »kritische Solidarität« mit den Initiativen zur Befreiung der Frau zu bestimmen. Solidarität: Eine »Theologie der Befreiung« bringt für konkrete Befreiungsvorgänge keine eigenen »christlichen« Lösungen mit, sondern sie nimmt Gestalt an, indem Christen in Solidarität mit heutigen Freiheitsbewegungen Verantwortung übernehmen, agieren und so eine echte Parteinahme für Diskriminierte entwickeln. Kritische Solidarität dann darin, daß Christen in ihrer Bestimmtheit durch die biblische Freiheitsbotschaft leitende Ideen und Interessen der Frauenbewegungen kritisch überprüfen; ihre Solidarisierung mit den Bewegungen der Frauen wird beispielsweise dann Kritik einschließen, wenn Ziele der Frauenbewegung in den Strategien verleugnet werden.

Indem Christen in solidarischen Haltungen zu den aktuellen Bewegungen zur Befreiung der Frau stehen, stehen sie zugleich in einem Prozeß der Selbstbesinnung und der Selbstkritik; das ist wohl in den theologischen Teilen meiner Argumentation deutlich geworden. Weil das Ziel der Frauenbewegungen ein umfassendes ist, sowohl in seinen individuellen wie in seinen gesellschaftlichen Aspekten, werden ihm nur neue Formen des Christentums, nur Formen eines mündigen Christseins entsprechen.

Befreiungswege der Frau. Hier ist als wichtigstes Modell wieder das des heute aktuellen Feminismus, wie er in den endsechziger Jahren in den USA entstand und wie er sich nun in Mitteleuropa ausbreitet, zu kommentieren. Dieses Modell scheint die bisher umfassendste Frauenbefreiungsbewegung auszulösen, indem es auf die politische, ökonomische, partnerschaftliche und leibliche Mündigkeit der Frau zielt und dafür die entsprechenden Bedingungen schaffen möchte. Vorweg ist darauf hinzuweisen, daß sich Befreiungsbewegungen der Frau heute in aktuelle Freiheits-, Demokratisierungs- und Menschenrechtsbewegungen einordnen. Diese finden unter den soziokulturellen Bedingungen Europas und der USA ihre Gestalt hauptsächlich in Bürgerinitiativen, die in ihrer wohl wichtigsten Zielvorstellung auf eine materiale Demokratie und damit auf Partizipation an allen gesellschaftlich-politischen Entscheidungen angelegt sind. Solche Bewegungen bieten heute Alternativen gegenüber einem bloß formalen Demokratieverständnis an, ferner versuchen sie Krisen der demokratischen Staatsform zu korrigieren, Krisen, die teils im Wesen der bloß formalen Demokratie angelegt sind, aber auch Krisen, die entstehen, indem sich die Demokratie wirtschaftlichen und technologischen Zwängen nicht gewachsen zeigt.

Im Rahmen solcher Bewegungen und Initiativen entstehen bestimmte Erfahrungen zu einer Praxis der Veränderung und der Befreiung, und in eben diese Erfahrungen lassen sich auch Initiativen zur Befreiung der Frau einordnen. Ich skizziere zuerst kurz solch allgemeine Erfahrungen, in die dann die speziellen Probleme der Frauenbefreiung einzuordnen sind.

Es ergibt sich zuerst die grundlegende Notwendigkeit, an Erfahrungen und Problemen der jeweiligen Lebens- und Existenzbasis anzuknüpfen. Es geht damit um widersprüchliche Erfahrungen des Alltags und des Lebensgeschichtlichen, die oft sozial benachteiligte Bevölkerungsschichten Ohnmachtsgefühlen ausliefern. Man denke hier an Auseinandersetzungen um Lohn- und Preisprobleme, man denke auch an Auseinandersetzungen mit Vertretern von Institutionen wie Schule, Medizin und Verwaltung.

Zur Anknüpfung an die Basis sind Überlegungen von Menne festzuhalten. Er vertritt die Auffassung, daß Postulate der Veränderung heute grundsätzlich nur noch dann Aussicht auf Erfolg haben, wenn sie sich »mit Bedürfnissen und Interessen im Nahbereich der Person und ihrer relevanten Umwelt« vermitteln lassen. Und: »Eine bis an die ›Basis‹ der Person reichende Aufarbeitung und Neustrukturierung verinnerlichter Orientierungen und selbstverständlich gewordener Handlungsweisen ist in Gang zu bringen, bestenfalls durch Ankoppelung an das Alltagswissen, die Alltagsroutinen, kurz: durch Anschluß an die alltäglichen Lebensgeschichten...«[1] Die Basisprobleme sind in diesem Sinn bewußtzumachen, und es haben sich heute schon von Basisproblemen her in Gang gebrachte Bürgerinitiativen bewährt. Solche Bürgerinitiativen erweisen sich als kollektive Gegenmachtsbildung gegen falsche Herrschaftsanwendung[2]. Weiter nenne ich die Erfahrung in Gruppen und mit Gruppen, indem die Gruppe zugleich Subjekt und Objekt einer Sensibilisierung zur Befreiung ist[3]. Die Gruppe erweist sich, wenn immer ihre Dynamik richtig erfaßt und gehandhabt wird, als hervorragendes Instrument der Begegnung, der Sensibilisierung, der Bewußtseinsänderung und des Bewußtseinstrainings. In der Gruppe kommt es zu einer neuen Selbstfindung des Individuums. Hier kann sich der einzelne – aus den Zwängen des Alltags entlassen – darstellen und entsprechende Rollen durchspielen. In der Gruppe erfolgen ein intensiver Austausch von Erfahrungen und Meinungen und eine gegenseitige Kritik. Diskriminierte erfahren in Gruppen Bestätigungen, die ihnen sonst versagt sind; so bildet die Gruppe einen echten Freiheitsraum, den die Gesellschaft sonst kaum bietet. In dem allem wird in der Gruppe schöpferisch eine Subkultur gestaltet, die in einem späteren Zeitpunkt die Chance hat, die Gesellschaft zu verändern. Soviel zu den positiven Seiten des Gruppenphänomens. Es ist aber auch die Ambivalenz des Phänomens mitzubedenken: Gruppen können sich autistisch nach außen abschließen. Sie können einem antiorganisatorischen und antiinstitutionellen Affekt erliegen. Gruppen können sich an einem Feindbild »draußen« orientieren und stabilisieren; damit ist die Gruppe dann wieder der Ort, wo die Vorurteile gerade nicht überwunden sind. Schließlich ist die Gruppe Instrument für das Agieren nach außen, und hier ergeben sich wieder charakteristische Probleme. Die nach außen agierende Gruppe wird ohne ein Minimum an Organisation, Institution und Disziplin nach außen nicht auskommen, soll sie sich im Spiel und Kampf der Interessen und Gegeninteressen der Öffentlichkeit bewähren. Damit müssen individualistische, kreativ-schöpferische und anarchische Potenzen von Gruppen sich eine Einordnung in die Organisation gefallen lassen, die auch eine rationale Kontrolle solcher Potenzen bedeutet. Umgekehrt entsteht damit das Problem, wie sich Organisationen, Institutionen und das Gebot der Disziplin die wichtigen Möglichkeiten gerade des Individuell-Schöpferischen und des Charismatischen erhalten können.

Beide Aspekte müssen offenbar in einer sinnvollen Weise aufeinander bezogen sein: Die Organisation muß offen strukturiert sein, und die Charismatiker müssen sich auf Gemeinschaft und Institutionen beziehen.

Weiter nenne ich nun für Theorien zur Praxis der Befreiung das Agieren im Raume der Öffentlichkeit bzw. das Herstellen von Öffentlichkeit. Dieses Agieren hat allerdings sehr verschiedenartige Voraussetzungen, je nach den Traditionen einzelner soziokultureller Räume. Im besonderen sind für dieses Agieren gewisse menschenrechtliche und demokratische Voraussetzungen nötig; wo etwa faschistische Herrschaften errichtet werden, ist solches Agieren erschwert oder unmöglich, wenn auch als »Widerstand« nicht einfach ausgeschlossen. Das Agieren zielt zuerst auf die Herstellung einer öffentlichen Meinung und Diskussion über Probleme, die von Interessen und Machtstandpunkten her verschleiert wurden und so der öffentlichen Diskussion entzogen waren. Weiter ist zu bedenken, daß der Raum der Öffentlichkeit in einer bestimmten Polarität zum Intimraum einerseits und zur staatlichen Macht andererseits steht; er ist offen nach beiden Seiten hin und vermag diese Räume sinnvoll miteinander zu verbinden. Im Raume der Öffentlichkeit ist das Spiel der Meinungen intendiert, gibt es Konflikte und Versuche der Konfliktregelung und Lösung, wobei der Kompromiß eine wichtige Rolle spielt. Letztlich kann Öffentlichkeit unter der Bedingung hergestellt werden, daß es so etwas wie »politische Kultur« im Sinne des anglo-amerikanischen Demokratieverständnisses gibt[4]. Der Raum der Öffentlichkeit ist aber immer bedroht: Interessen und Mächte versuchen, die Transparenz dieses Raumes zu verschließen, und zwar oft, indem sie Meinungsträger zu einem unpolitischen Privatismus verführen; ganze Menschengruppen ziehen sich dann aus dem Raume der Öffentlichkeit zurück.

Weiter gehört zur Praxis der Befreiung die Anwendung eines negativen Prinzips oder eines Prinzips der Verweigerung. Es geht damit um ein bewußtes Sich-Zurückziehen von sogenannten positiven Werten und Weltanschauungen, und zwar im Dienste von Gegenbildern und Gegenwerten, die eine neue Zukunft signalisieren. In verschiedenen Veröffentlichungen spricht besonders Marcuse über diese »Macht des Negativen« im Dienste einer Dialektik der Befreiung[5]. Verweigerung erweist sich dann als auf eine revolutionäre Veränderung bezogen. Damit steht das Problem der Revolution zur Debatte: Konsequent zu Ende geführte Kritik und Negation führt zur Revolution, verstanden als Sprung in eine qualitativ neue Welt jenseits aller Unrechtszustände. Die umfassende Problematik der Revolution kann hier nur angedeutet werden; jedenfalls ist das Phänomen nicht undifferenziert zu behandeln. Zur Verteidigung von revolutionären Umbrüchen ist folgendes zu sagen: Gegen eine elitäre, bürgerliche, liberale und kirchliche Kritik der Gewaltanwendung ist darauf aufmerksam zu machen, daß Gewaltanwendung als Gewalt »von unten« jedenfalls dort legitim ist, wo ihr Gewalt »von oben« vorangeht, wobei sich diese Gewalt von oben mit gewaltlosen Mitteln nicht mehr brechen läßt. Zur Differenzierung des Revolutionsbegriffs müßten aber meines Erachtens die folgenden drei Punkte berücksichtigt werden[6]: Einmal darf die Erwartung revolutionärer Veränderungen nicht zu einem Totalglauben ideologisiert werden, und zwar in dem Sinn, daß der einmalige, revolutionäre Sprung die total neue Welt bringe. Dieser »Glaube« impliziert ein Warten auf die totale Krise, was sich für Veränderungen in vielen Einzelgebieten, die notwendig sind, lähmend auswirken kann. Demgegenüber ist Revolution als Prozeß auch der kleinen Schritte in vielen Gebieten zu sehen. Zweitens: Revolution darf nicht reine Umsturzideologie sein, weil diese oft nur neu wieder die Macht einer Elite, Partei oder Clique mit sich bringt; es gibt genügend Erfahrungen, daß solche Machtsetzungen kaum je imstande sind, beispielsweise Menschenrechte zu akzeptieren. Drittens: Es ist auch die Frage des revolutionären Subjekts neu zu stellen. Ein Dogmatismus, der sich als revolutionäres Subjekt nur das Arbeiterproletariat denken kann, ist an historischen Weiterentwicklungen gescheitert. Das revolutionäre Subjekt muß von aktuellen Basisproblemen her neu gesehen werden, und die Sicht von Marcuse, daß Außenseiter der heutigen Gesellschaft revolutionäres Potential darstellen, ist anzunehmen[7]. Abschließend ist zu betonen, daß nicht nur die revolutionäre, sondern auch die evolutionäre Entwicklung ihr gutes Recht hat, ja daß die beiden Möglichkeiten oft ineinander übergehen. Evolutionäre Veränderung wird sich auf den Ruf der Stunde und die Bedingungen der Zeit beziehen. Sie vollzieht sich in Lernschritten und zunehmenden Sensibilisierungen. Man wird heute sagen dürfen, daß Freiheitsbewegungen vordringlich auf eine entsprechende Bewußtseinslage angewiesen sind, die das Resultat einer oft langdauernden Entwicklung ist.

Frauen werden Subjekt

Und nun geht es wieder um die Probleme der Frau im Rahmen einer umfassenden Befreiungsbewegung. Ich sprach oben von der Anknüpfung an Widersprüchen der Basis, wo – wie ich auch schon sagte – das Lebensgeschichtliche eine entscheidende Rolle spielt. Die weiblichen Emanzipationsprobleme werden so zuerst an den Schwierigkeiten der Frau im Haushalt, in der Familie, im Alltag bewußt gemacht. Hier werden auch dörfliche, kleinstädtische und Quartierprobleme analysiert, hier geht es um Analysen und Postulate zu Kindergärten, zu Schuleinrichtungen, zu medizinischen Einrichtungen, zur Verwaltung.

In allem, was ich eben nur knapp andeute, zeigt sich immer wieder: Emanzipatorische Ziele müssen unter den Bedingungen der Basiswidersprüche und des Lebensgeschichtlichen ausweisbar sein; nur so kommt es dann zu neuartigen Solidarisierungen der Frauen und zum Willen zur konkreten Veränderung. Und erst diese Bezüge zur Basis und zum Lebensgeschichtlichen vermögen auch verinnerlichte Mechanismen, unbewußte Herrschaftszwänge, ideologische Verhärtungen bewußtzumachen und die entsprechende Bewußtseinslage und den Willen zur Aktion zu schaffen.

Ich verdeutliche noch mit einigen Beispielen: Es hat zunächst wenig Sinn, etwa mit marxistischen Analysen allgemein von der Entfremdung der Frau durch ihre Position in der Klassengesellschaft zu sprechen, wohl aber vermögen Appelle, die Frauen sollten den Haushalt verlassen oder Männer sollten Arbeit im Haushalt oder die Erziehung der Kinder übernehmen, sofort entsprechende Diskussionen der Frauen auszulösen und den Willen zur Veränderung zu provozieren. Oder: Es hat wenig Sinn, allgemeine Strafrechtsdebatten mit menschenrechtlichen Forderungen zu führen; aber mit konkreten Argumenten für die Fristenlösung oder für die Freigabe der Abtreibung oder mit dem Postulat, die Frau verfüge frei über ihren Körper, können sofort lebensgeschichtliche Bezüge gesetzt werden. Oder: Allgemeine Analysen der Konsumzwänge im Spätkapitalismus werden weniger interessieren als konkrete Diskussionen vor Warenhäusern über Preiserhöhungen oder Störungen von Modeschauen. Oder: Die Feststellung, daß Ehen und Kleinfamilien heute weithin Menschen neurotisieren, wird zunächst kaum weiterhelfen, dagegen stellen konkrete Probleme des heutigen Wohnens sofort dasselbe Problem in einer Dimension dar, die lebensgeschichtlich verankert ist.

Problematik und Bedeutung der Gruppe. Erfahrungen der Frauen mit Gruppen – teilweise mit Kommunen – sind heute schon so herausfordernd, daß die Gruppe als besonders wichtiges Instrument der Befreiung der Frau und als Experimentierraum der Gleichrangigkeit der Geschlechter bezeichnet werden muß. In der Gruppe finden Frauen ein neues Selbstbewußtsein, und hier machen sie Erfahrungen einer neuen Sensibilität. In Gruppen werden sich Frauen darüber klar, wie sehr die Kleinfamilie neurotisierend wirken kann und wie sehr oft Gruppenerfahrungen gegen solche Neurotisierungen Chancen haben. Wie in der Psychoanalyse können im Rahmen von Gruppenerfahrung aber auch gestörte Bezüge der Entwicklung – etwa zwischen Mutter und Tochter – aufgearbeitet werden. Und es kann die Gruppe der Ort sein, wo Frauen sich gegenseitig auf falsche Identifizierungen mit Männern aufmerksam machen, etwa indem sie sich ihr Rollenverhalten zum Ehemann, Freund, Chef oder Arbeitskollegen bewußtmachen. Die Gruppe erweist sich dann auch oft als Raum, wo Frauen endlich den Mechanismen eines Passivitätsklischees entgehen und selber agieren, um so ihre Identität zu finden. In der Gruppe wird es auch nicht mehr das bekannte Phänomen des »Verstummens« der Frau geben, das für Gruppen, in denen Männer das führende Wort haben, so charakteristisch ist. Im Raume der Gruppe kann nun auch – entlassen aus den Zwängen des Alltags – eine Sprache und Kultur der Gefühle gesucht und gepflegt werden. Hier gibt es experimentelle Möglichkeiten für eine neue Zärtlichkeit, neue Erfahrungen im Leibbezug und damit Möglichkeiten eines neuen kreativen Lebensstils. Wenn jetzt über die positiven Möglichkeiten der Gruppe gesprochen wurde, so ist nicht zu vergessen, daß auch die Frauen die Ambivalenzen des Phänomens der Gruppe erfahren: Es kann in der Gruppe zu neuen Hierarchisierungen kommen, vor allem wenn hier ein anarchisch-irrationaler Geist herrscht, der sich nicht mehr rational kontrollieren läßt. Gruppen können sich allenfalls wieder von einem Feindbild her konstituieren und stabilisieren, wobei der Mann dann der Feind ist. Damit sind aber Gruppen neu wieder Orte von Vorurteilen! Schließlich ist auch ein Sich-Abschließen der Gruppen nach außen gefährlich und für einen Raum, der menschenrechtlich und demokratisch orientiert ist, nicht zuträglich. Im Gegenteil: Die Gruppe soll ja auch der

Ort der Zurüstung zum Agieren in der Öffentlichkeit sein. Ich habe diese Probleme schon genannt, und auch die Frauenbewegungen setzen sich damit auseinander. So ist besonders auch für den Öffentlichkeitsbezug ein antiorganisatorischer und antiinstitutioneller Affekt kritisch aufzuarbeiten.

Zur Praxis der Befreiung gehört weiter das Agieren in der Öffentlichkeit bzw. die Herstellung von Öffentlichkeit. Schon für traditionelle Postulate der Frauenbewegungen (wie Öffnung aller Berufsbereiche für die Frau, gleicher Lohn für gleiche Leistung usw.) gilt, daß sie immer wieder ins Bewußtsein der Öffentlichkeit gerückt werden müssen. Es ist daran zu erinnern, daß mächtige Interessen immer neu den Versuch unternehmen, Diskussionen, die auf die Veränderung der Zustände hinzielen, einschlafen zu lassen oder abzulenken. Im Sinne dieser Interessen versucht man die Frauen wieder aus dem Raume der Öffentlichkeit auszuschalten und ihnen einmal mehr den Raum der Familie mit ihren Werten der Innerlichkeit zuzuweisen. Darum sind Privatisierungsversuche ideologiekritisch aufzuarbeiten! Für diesen eben angesprochenen Zusammenhang erweist sich eine feministische Medienkritik und Medienbeeinflussung als sehr wichtig. Indem die neue Frauenbewegung viel schärfere Sensibilisierungen etwa für antifeminine Vorurteile provoziert, indem ihre Autoritätskritik immer neue Gebiete umfaßt und indem sie Menschenrechte für die Frau in einer umfassenden Weise fordert, sind ihre agierenden Gruppen darauf angewiesen, Theorie-Praxis-Bezüge im Blick auf die Öffentlichkeitsherstellung genau zu reflektieren und zu kennen. Es ist auch damit zu rechnen, daß eine wirksamer werdende Frauenbewegung im Kampf um die Apparate und Institutionen zunehmende Konflikte auslösen wird. Dafür ist dann wieder die Problematik der Konfliktlösung und Konfliktbewältigung zu reflektieren, wobei im Rahmen demokratischer Rechtsstaatlichkeit dem Kompromiß als Mittel der Konfliktlösung eine große Bedeutung zukommt. Wenn dann die Möglichkeiten öffentlicher Diskussion erschöpft sind oder scheitern, sind die weitergehenden Aktionsmöglichkeiten auf Grund rational-ausweisbarer Entschlüsse einzubeziehen (zum Beispiel Streiks). Das Handeln im Raume der Öffentlichkeit ist auf einen umfassenden Demokratisierungsprozeß bezogen, wobei es – wenn die Frauen die ihnen zukommenden Menschenrechte erobern wollen – um eine qualitative Demokratie geht, die eine Mitbestimmung vieler und für viele Gebiete impliziert.

Weiter ergibt sich für die Frauenbefreiung dann die Frage der revolutionären Veränderung von Zuständen. Ein »negatives Prinzip« spielt hier eine vorbereitende Rolle. Dieses Prinzip vermag zu beunruhigen und kritisch zuzurüsten, wenn man sich zum Beispiel im ideologiekritischen Sinn weigert, »Bilder der Frau«, »Werte des Weiblichen«, »Positive Werte« zu akzeptieren. Die »große Weigerung« im Sinne des negativen Prinzips kann sich vor allem auch künstlerisch gestalten[8]. Indem sich Kunst von Inhalten, die ideologisch mißbraucht werden können, zurückzieht, rüstet sie kritisch zu; Kunst vermag sich so vom »geschönten Frauenbild« zurückzuziehen, und sie rüstet mit Verfremdungen des Weiblichen zu, den Suggestionen des Bildes der Frau in Illustrierten, Modeheften, Filmen und Schulbüchern nicht mehr zu erliegen. Auch die verfremdende Sprache macht resistent gegen Verhexungen und Verführungen und entbirgt so falsche Herrschaft.

Die Brücke zur eigentlich revolutionären Veränderung ist damit gegeben. Mit einer feministischen Veränderung in einem revolutionären Sinn ist folgendes gemeint. Einmal: Einsatz, Mut und Phantasie zur Veränderung von Unrechtsstrukturen, die die Frauen – über ökonomische Bereiche hinaus – in Basisproblemen wie Konsumzwängen, Bürokratie, autoritären Systemen der Erziehung, autoritären Systemen der medizinischen Betreuung usw. treffen. Hier soll es nicht um bloße Symptomkorrekturen gehen, sondern um die Veränderung der Bedingungen, durch die Unrecht entsteht. Zweitens gehört zu revolutionären Übergängen eine Solidarisierung von Gruppen angesichts von Unrecht, Diskriminierung, Elend. Erwägenswert ist die Argumentation von Marcuse, daß die Sicht von Marx, nach der das Proletariat Subjekt der Revolution ist, heute zu modifizieren wäre; Freiheitsbewegungen – und also auch heutige feministische Strömungen – müßten ein Selbstverständnis und ein Selbstbewußtsein entwickeln, das sie zum Subjekt der Revolution macht[9]. Drittens kann für Frauen der revolutionäre Übergang nicht nur Ende der Ausbeutung und Bedürfnisstillung und Selbstbestimmung im ökonomischen Bereich bedeuten. Revolutionäre Übergänge zielen vielmehr auf Erfüllung von Bedürfnissen, die zugleich ökonomisch, ethisch und sinnlich sind. Es geht um Ermöglichung von Existenz jenseits der Entfremdungszusammenhänge im weitesten Sinn, es geht um Selbstfindung des Menschen in allen Bereichen und um echte Lebensqualität. Viertens orientieren sich revolutionäre Übergänge an Utopien einer neuen Welt. Für ein feministisch-utopisches Denken formuliert Firestone die folgenden Postulate: Freiheit der Frauen von der »Tyrannei der Fortpflanzung« mit allen möglichen technologischen, psychologischen und ideologischen Mitteln. Konsequenz dieser Freiheit müßte unter anderem die »Verteilung der Kindererziehung auf die gesamte Gesellschaft, auf Männer und andere Kinder genauso wie auf Frauen« sein[10]. Weiter fordert Firestone die ökonomische Unabhängigkeit und Selbstbestimmung aller und damit auch der Frauen. Weiter wäre die vollständige Integration von Frauen und Kindern in die Gesamtgesellschaft zu erreichen. Für die Kinder bedeutet das, daß sie auch mehrere Bezugspersonen zu ihrer Identitätsfindung haben können und daß sie sich diese frei wählen[11]. Schließlich soll das Sexualverhalten von traditionellen Tabus befreit werden. Es sollen Homosexualität, Sexualität der Kinder und der alten Menschen einen neuen Stellenwert bekommen. Das Ziel ist eine natürliche, polymorphe Sexualität, die die Vorherrschaft der genitalen (und damit männlich-dominierten) Sexualität aufhebt. Wertvorstellungen der »exklusiven Partnerschaft« oder der »idealen Liebe« gehören dann der Vergangenheit an[12]. Es ist natürlich zu fragen, ob und wieweit die Zielvorstellungen von Firestone realutopisch und also realisierbar sind; ich habe hier darüber informiert, um sich ergebende Möglichkeiten einer neuen Welt zu zeigen.

Lektionen der Tiefenpsychologie

Neben der revolutionären Veränderung behält, wie ich schon betonte, die evolutionäre ihr gutes Recht, und es gehen beide Möglichkeiten ineinander über und ergänzen sich. Darum ist es auch sinnvoll, daß Frauengruppen im Rahmen der Frauenbefreiung in permanenten Bemühungen um eine neue Bewußtseinslage der Frau und in entsprechenden Lernprozessen stehen. Hier werden, wie ich schon andeutete, die verschiedensten Gebiete bearbeitet: künstlerische, medizinische, pädagogische, psychologische.

Eine der wichtigsten Bemühungen um eine neue Bewußtseinslage dürfte die tiefenpsychologische sein, und darum erscheint es mir notwendig, die Lektion der Tiefenpsychologie zu thematisieren. Eine neue Bewußtseinslage zu den Problemen des Weiblichen wird nicht an dieser Lektion vorbei gewonnen werden können.

Um den Rahmen meiner Ausführungen nicht zu sprengen, kann ich nur an wenige Punkte, die mir besonders wichtig scheinen, erinnern. Es ist beispielsweise darauf hinzuweisen, daß im Rahmen der Selbstfindung und Befreiung der Frau Probleme eines spezifisch weiblichen Masochismus aufgearbeitet werden müssen[13]. Der weibliche Masochismus ist im Unterschied zum männlichen Masochismus, der pubertär und »moralisch« bedingt ist, eindeutig frühkindlich geprägt. In frühen Phasen der Entwicklung des Mädchens werden bestimmte Erziehungserwartungen an das Mädchen geltend gemacht; damit es Liebe, Fürsorge und Zuwendung erfährt, entscheidet es sich – weithin noch unbewußt – gegen eigene Aktivitäts- und Aggressionsbedürfnisse; es wird, um die gewünschte Zuwendung zu bekommen, passiv und paßt sich an. Solche Anpassungen erfolgen hauptsächlich auf Grund von mütterlichen und von väterlichen Erwartungen und auf Grund mütterlicher und väterlicher Autorität. So ist bekanntlich die Ödipusphase charakterisiert durch die Wegwendung des Mädchens von der Mutter und die Bindung an den Vater; dieser Prozeß ist zugleich ein eminent prägender Anpassungsprozeß und steht wieder im Zeichen einer masochistischen Anpassung. In all diesen Vorgängen wird das Mädchen auf ein bestimmtes Passivitätsschema hin erzogen, durch das es sich nun eindeutig von der Haltung und Prägung des Knaben abhebt; dieses Passivitätsschema entspricht auch nach gesellschaftlichen Erwartungen der Rolle der Frau und des Weiblichen. Will nun die Frau ihre Identität finden, muß sie diese Prägungen aufarbeiten; das Problem des weiblichen Masochismus ist denn auch nicht zufällig ein Hauptproblem weiblicher Psychoanalysen und weiblicher Gruppengespräche.

Anknüpfend an eben Gesagtes ist weiter darzulegen, daß die Frau immer wieder ihre Mutter- und ihre Vaterproblematik aufarbeiten muß. Zur Mutterproblematik: Es geht hier um die Aufarbeitung von Ängsten und Bedrohungen, die in der primären Mutter-Kind-Beziehung gegeben sind[14]. Unbewältigte Bindungen an die Mutter wirken sich auf den ganzen Weg der Frau aus; diese Bindungen lassen die Frau nicht oder nur unter großen Schwierigkeiten autonom werden. Ein bestimmtes Anpassungsverhalten gegenüber Autoritäten, aber auch gegenüber dem

Mann ist schon in der frühen Mutter-Kind-Beziehung angelegt. Wieder ist dieses Verhalten begründet in der Angst vor dem Verlust von Zuwendung und Liebe. Nach Marina Moeller-Gambaroff beruht ein Rückzug der Frau von ihren körperlichen und sexuellen Bedürfnissen auf frühkindlichen Einflüssen der verbietenden und neidischen Mutter[15]. Weiter ist die Vaterbeziehung des Mädchens aufzuarbeiten. Das Mädchen erlebt ja – wie ich schon darlegte – den Einbruch des Gegengeschlechtlichen in frühen Phasen seiner Kindheit als etwas durch und durch Neuartiges und »Numinoses« (Neumann). Dieses Erleben ist so stark und prägend, daß das sich entwickelnde Weibliche, wenn ihm später ein Prozeß der Bewußtwerdung nicht gelingt, zeit seines Lebens vom Vater oder von Vater-Imagines konstelliert wird. Die Frau bleibt dann immer die unreife Tochter des Vaters und das Kind. Sie verkümmert dann in ihrer Weiblichkeit und hat Schwierigkeiten mit männlichen Partnern, weil sich zwischen ihr und ihren Partnern immer ein Vaterbild befindet. Die eben angesprochene Vaterproblematik führt, wie die Schule von C. G. Jung nachweist, zur sogenannten Animus-Anima-Problematik. Nach Jung trägt der Mann in sich ein »Bild der Frau«, das Jung Anima nennt. Dieses Bild ist von der Mutterbeziehung her geprägt. Umgekehrt trägt das Mädchen ein männliches Bild, den Animus, in sich. Im Animus sind, wie ich schon andeutete, Vaterbeziehungen und Vaterprägungen virulent. Damit wirken sich auch hergebrachte Autoritätsvorstellungen aus, die mit dem Vaterbild im Mädchen verinnerlicht sind. Und so wachen dann das Mädchen und die Frau auch selber über einem bestimmten Rollenverhalten, das ihnen eingepflanzt wurde. Im weiteren, gesellschaftlichen Horizont heißt das: Die Frau wacht selber darüber, daß ihr patriarchalisches Gefängnis erhalten bleibt[16].

Die angesprochenen Probleme Masochismus, Passivitätsschema, Mutter- und Vaterbindungen, Animus-Anima-Bezüge weisen, soweit sie für den hier angesprochenen Zusammenhang wichtig sind, alle auf Probleme der weiblichen Sozialisation und der damit verbundenen Autoritätsstrukturen hin. Damit ist wieder die früher angesprochene Über-Ich-Problematik gegeben, für die noch einmal betont werden muß: Eine reife Bewußtseinslage der Frau und die dieser entsprechenden Haltungen können nur realisiert werden, wenn es der Frau gelingt, Über-Ich-Bindungen abzulösen und den Weg der Reifung zu betreten. Die Über-Ich-Instanz ist – und das ist wohl ihr wichtigster Aspekt –

sowohl für die individuelle Biographie eines Menschen von größter Bedeutung wie auch für seine sozialen Bezüge, denn Erwartungen der Gesellschaft werden durch diese Instanz an das Individuum in einer wirksamen Weise herangetragen und in ihm verinnerlicht.

Ich kann hier nicht weiter ausholen. Es ist aber abschließend noch darauf hinzuweisen, daß das früher zur weiblichen Sexualität Dargelegte hier mutatis mutandis wieder aufzunehmen wäre. Die Selbstfindung und Befreiung der Frau hängt entscheidend mit einer Neugestaltung ihrer Sexualität zusammen; Mündigkeit der Frau ist vor allem Mündigkeit in ihrem Leibbezug. Auch hier ist die Lektion der Tiefenpsychologie entscheidend[17].

Kritik feministischer Postulate

Wenn im folgenden einige Postulate des aktuellen Feminismus kritisiert werden, sollen damit in keiner Weise die Argumente für die Solidarisierung mit Wegen und Zielen des Feminismus relativiert werden. Es soll nun aber um die Frage gehen, ob heutige Frauenbewegungen das Leitbild der Gleichrangigkeit der Geschlechter, ob sie den Einsatz für Menschenrechte für Mann und Frau, ob sie den Abbau gesellschaftlicher Vorurteile unterstützen, oder ob in diesen Bewegungen vielleicht doch auch Postulate und Haltungen eine Rolle spielen, die umfassende emanzipatorische Zielvorstellungen verletzen oder gefährden. Solche Verletzungen oder Gefährdungen müßten den Feminismus als Freiheitsbewegung »von innen her« in Frage stellen.

Erste Überlegungen seien in Anknüpfung an das feministische Postulat »Nur Frauen können Frauen helfen« formuliert. Im Sinne dieses Postulates werden heute Männer programmatisch von Frauenbewegungen ausgeschlossen. So haben Männer etwa zu Selbsterfahrungsgruppen der Frauen keinen Zutritt. Weiter wird ihnen der Zutritt zu Frauenlokalen und künstlerischen Aktivitäten verwehrt. Auch das öffentliche Agieren steht mehr und mehr im Zeichen des Ausschlusses der Männer, denen vorgeworfen wird, daß sie in öffentlichen Aktionen sofort wieder die Führungsrollen übernehmen und daß dann die Frauen einmal mehr auf Dienstleistungen beschränkt werden[18]. Die Parole spielt sinngemäß vor allem dann eine entscheidende Rolle, wenn es um Aktionen der Frauen gegen Konsumzwänge und wenn es um Probleme medizinischer Dienste geht. Die größte Herausforderung liegt wohl dort, wo Frauen, um sexuell autonom zu werden, lesbische Haltungen und entsprechende Programme vertreten. Hier ist – wie lesbische Frauengruppen sagen – die Frauenbefreiung die Theorie und das Lesbisch-Sein die Praxis[19]. Schließlich zeigt vor allem auf der emotionalen Ebene die Parole »Nur Frauen können Frauen helfen« auch die Problematik des Männerhasses[20]. Diese Problematik bedeutet in ihrem grundsätzlichen Aspekt: Weibliche Ohnmachtserfahrungen und weibliche Diskriminierung können nur noch mit Haß gegen das andere Geschlecht bewältigt werden. Dabei führt die depressive Verarbeitung solcher Erfahrungen zu Verbitterung und Resignation, manchmal verbunden mit äußerer Anpassung. Ihre aggressive Verarbeitung hat unter heutigen Bedingungen vorläufig beinahe nur Möglichkeiten der verbalen Anklagen, der emotionalen Ausbrüche, die leicht als hysterisch eingestuft werden können. Auch hier setzen dann bestimmte gesellschaftliche Vorgänge ein, um die Frau wieder zu einem Anpassungsverhalten zurückzuführen. Vorgänge, die oft die Menschenwürde der Frau mißachten! Die andere mögliche Aufarbeitung des Hasses, die es auch gibt, nämlich die kreative, kann unter den angesprochenen Bedingungen kaum gestaltet werden; wenn sich die positive Möglichkeit mit Mut und Phantasie verbindet, könnten so Veränderungen der bestehenden Zustände eingeleitet werden[21].

Ich versuche nun das Postulat »Nur Frauen können Frauen helfen« zu kommentieren. Es hat sich sicher strategisch weithin und oft bewährt. Es hilft den Frauen, aus Zwängen und Mechanismen der Männerbezüge und der Männeridentifikationen auszubrechen und so ihre eigene Autonomie zu finden. Es hilft den Frauen auch, neuartige Erfahrungen zu machen, auch Erfahrungen, die ihnen zeigen, daß sie das, was man bisher als geschlechtsspezifische Männerleistung betrachtete, auch und qualitativ ebensogut leisten können. Mit dieser Parole können weibliche Lernprozesse durchgeführt werden, die von der Begegnungssituation mit Männern entlastet sind; damit hat ein neues, angstfreies Selbstbewußtsein der Frau eine echte Chance. Und schließlich können sich Frauen kritisch darüber Klarheit verschaffen, daß und wie sehr sie bisher Herrschaftsmechanismen ausgesetzt waren, die sie auf Grund von Erziehungsdruck und Rollenerwartungen in sich verinnerlicht haben. Hier überall hat das Postulat seine Berechtigung.

Männerhaß?

Kritisch sind aber meines Erachtens vier Punkte zu bedenken. Erstens der latente und offene Männerhaß. Sofern Frauen den Männerhaß nicht in einem kreativen Sinn umsetzen können, droht hier wieder eine Vorurteilsbildung. Männerhaß gestaltet sich dann in einem Feindbild: Der Mann als Feind der Frau. Und Männerhaß gestaltet sich in einer Sündenbocktheorie: Die Männer sind an allem schuld! Es ist ein gesellschaftlich bekanntes Phänomen, daß sich Gruppen mit Hilfe eines Feindbildes stabilisieren und daß sie sich mit Hilfe eines Feindbildes relativ geborgen fühlen. Faktisch ist damit aber gefährlichen Vorurteilen die Türe geöffnet. Die permanente Orientierung am Außenfeind deutet darauf hin, daß innere Konflikte nur in der Struktur des Vorurteils bewältigt werden können[22]. Vorurteilsbildung kann ja nun wohl zunächst durch Aufklärung und Bereitschaft zur Selbstkritik bekämpft werden; wenn Vorurteile allerdings in tiefen seelischen Schichten verankert sind, erweisen sich aufklärende Bemühungen oft als nutzlos. Eine Auflösung von Vorurteilen kann dann nur mit Hilfe eines langsamen Prozesses der Bewußtseinsveränderung erfolgen; ein Angebot zu solchen Veränderungen ist sicher mit Psychoanalysen und Gruppentherapien gegeben. Werden solche Verarbeitungen und Veränderungen abgelehnt, ist der Verdacht gegeben, daß man eigenen, inneren Konflikten ausweicht und daß man diese verdrängt. Solche verdrängte Konflikte führen dann ein gefährliches Eigenleben und entwickeln verschiedene, lebensfeindliche Symptome, meistens zunächst Ängste. Solche Ängste verhindern eine echte Selbstfindung und eine Bewältigung der sozialen Bezüge. Von einem psychoanalytischen Standpunkt aus meint nun Marina Moeller-Gambaroff, es sei die Problematik des Männerhasses der Frauenrechtlerinnen in den eben angesprochenen Problemhorizont einzubeziehen. Die Männerfeindschaft dieser Frauen wäre ein symbolischer Ersatz für latente Konflikte. Um welche Konflikte könnte es sich handeln? Die Psychoanalytikerin nimmt eine Beziehung zu frühkindlichen Ängsten, zu Ängsten aus der primären Mutter-Kind-Beziehung an. Und es hätte nun – nach Meinung der Psychoanalytikerin – eine Verschiebung des ganzen Gefühlskomplexes auf den Mann stattgefunden[23]. Die durch den Mann und die Männerwelt erfahrenen Kränkungen der Frau ließen in den Frauen frühkindliche Kränkungen durch die Mutter oder durch omnipotente Mutterbilder wieder aufleben. Die Psychoanalytikerin weist darauf hin, daß die omnipotente Mutter das Mädchen beispielsweise mit einem Masturbationsverbot belastet habe; sie wertet Masturbation als einen Versuch des Mädchens, sich – natürlich unter frühkindlichen Bedingungen – von der Mutter zu emanzipieren. Die Folge dieses mütterlichen Verbotes und Unterdrückungsversuchs ist eine angstbesetzte Sexualität für die Frau[24]. Marina Moeller-Gambaroff bringt nun diese frühkindlichen Prozesse in einen Zusammenhang mit Haltungen heutiger Feministinnen. Sie stellt hier nämlich eine relativ feindliche Haltung gegen Körperbezüge und Sexualität fest. In Alice Schwarzers Analyse des heute herrschenden Sexualverhaltens empfindet sie eine Einengung der Sexualität auf primitive und brutale Formen und bei Verena Stefan eine Tendenz zu Regressionen. Sie wirft dann den Feministinnen vor, solche feindlichen Haltungen gegen die Sexualität nicht genügend zu reflektieren, sondern sie im Gegenteil sogar zu ideologisieren. Faktisch sei damit nämlich eine nichtbewältigte Mutterbindung mit im Spiel; die Mutter erreicht noch einmal, daß sich die Töchter von ihrem Leibbezug abwenden oder diesen mißachten. Die erhobenen Vorwürfe stehen auch in weiteren Bezügen der Frauenbefreiung: Einengung der weiblichen Körperbedürfnisse deuten auf Mutterbindungen und lassen die Frauen nicht autonom werden! Und die auf die Männer verschobenen Bindungen, signalisiert im Männerhaß, lassen die Frauen noch einmal nicht autonom werden. Frauen, die ihren Männerhaß nicht bewältigen, tragen faktisch unaufgearbeitete Widerstände gegen die Freiheit und Autonomie der Frau in sich! Darum: »Solange das Feindbild Mann unreflektiert tradiert wird, arbeitet die Frauenbewegung selbst – wenn auch unbewußt – dem Patriarchat zu.«[25] Soviel in Anknüpfung an Argumente von Marina Moeller-Gambaroff. Ergänzend weise ich darauf hin, daß natürlich – wie ich dargelegt habe – auch Vaterbindungen in der Frau diese so belasten, daß sie zur Gegnerin der Frauenbefreiung werden kann; bei Marina Moeller-Gambaroff ist das Problem der Vaterbindung ausgeklammert.

Neues Hierarchieverhalten?

Zweitens: Auch die eben ausgesprochenen Zusammenhänge implizieren manchmal, daß das Autoritätsproblem, das wesentlich mit Mutter- und Vaterbindungen zusammenhängt, in Frauengruppen schwer zu bewältigen ist. Frauen und Frauengruppen erliegen dann ihrerseits einem Hierarchieverhalten von Frauen, in dem nun Frauen Frauen instrumentalisieren. Ein Beispiel, dem in diesem Zusammenhang immer ein Testcharakter eignet, ist das Problem der Konfliktregelung. Wirkliche Befreiung ist nicht mehr möglich, wenn jetzt Frauen die Struktur von Herrschenden und Beherrschten stabilisieren; die Bedingungen von Herrschaft werden nicht geändert und nicht humanisiert, es hat bloß ein Wechsel in den Führungspositionen stattgefunden. Iring Fetscher urteilt hier mit Recht: »Die zum Kampf gegen die dämonisierte Männerwelt verkürzte Emanzipationsbewegung bleibt im Teufelskreis, dem sie zu entgehen sucht, befangen. Sie reproduziert die deshumanisierenden Entstellungen, gegen die sie sich zur Wehr setzen möchte.«[26]

Die eben erhobene Kritik muß freilich in den richtigen Bezügen gesehen werden. Nämlich: Auch Frauen kommen ja aus einer Welt und aus gesellschaftlichen Bedingungen, die die Autoritätsfrage bisher kaum in einem humanen Sinn gelöst haben. Die individuelle und gesellschaftliche Erziehung kennt wenige Alternativen zu einer repressiven Autorität, bzw. es werden kaum herrschaftsfreie Räume angeboten. So kann man nun nicht erwarten, daß Frauengruppen ein Problem lösen, das anderswo nicht lösbar erscheint. Freilich wird sehr viel daran liegen, daß sich Frauen hier um Alternativen bemühen, um nicht ein weiteres Mal ihre Befreiung selber zu gefährden.

Drittens: Die Parole »Nur Frauen können Frauen helfen« verführt leicht zu einem determinierenden Definieren, auch zu Bildern und Symbolen zum »Wesen der Frau«. Solches Definieren und Bildermachen macht Sprache zur Herrschaftssprache und läßt eine offene, herrschaftsfreie Sprache nicht zu. Hier schleichen sich dann über die Dimension der Sprache leicht Vorurteile (Vor-Urteile) ein! Es erfolgt dann wieder und einmal mehr eine Zweiteilung der Welt in »männlich« und »weiblich«, und diese Charakterisierungen sind nicht auf das Gegengeschlechtliche hin offen. Es erfolgt dann leicht auch die moralisierende Unterscheidung, die unter feministischen Vorzeichen lauten wird: männlich = schlecht, weiblich = gut! Die »Chance der Nichtdefinition« bzw. des Offenlassens dessen, was männlich oder weiblich ist, ist dann nicht wahrgenommen[27].

Viertens: Das Postulat »Nur Frauen können Frauen helfen« kann dazu verführen, die Notwendigkeit des umfassenden mann-weiblichen Emanzipationsprozesses zu mißachten. Es gibt – wie ich später nochmals betonen werde – einen unaufgebbaren inneren Zusammenhang zwischen der Emanzipation des Mannes und der Emanzipation der Frau. Es gibt dafür den gemeinsamen »Lernprozeß Solidarität« (H. E. Richter) und darin eine Verschränkung mann-weiblicher Rollen. Der grundsätzliche und ideologisierte Ausschluß des Mannes aus den Prozessen der Emanzipation läßt weite Möglichkeiten des Humanen verarmen und verkümmern. Und die Ablehnung der mann-weiblichen Solidarität wird letztlich auch die Frau schädigen.

Hier läßt sich nun auch die herausfordernde Problematik, die durch Programme lesbischer Frauen gestellt ist, einordnen. Vorweg scheint es mir wieder nötig, um eine Haltung der Solidarität einzunehmen, positive Aspekte lesbischer Programme zu akzeptieren: Wenn sich Frauen mit erotischen Möglichkeiten der Begegnung von Frau zu Frau Selbstbewußtsein und Authentizität vermitteln können, dann ist es sinnvoll, den Mann »auf Zeit« von erotischen Begegnungen auszuschließen; die erotisch selbstbewußte Frau wird später dem Manne wieder als selbstbewußte Partnerin gegenübertreten und wird neuartige Möglichkeiten ihres Körperbewußtseins und ihres Körperbezugs wahrnehmen. Weiter ist aber nun auch kritisch zu argumentieren, und zwar vor allem dann, wenn lesbische Programme ideologisiert werden. Das Gegenüber von Frau zu Frau läßt die erotischen Möglichkeiten, die im Humanum liegen, nun wohl doch verarmen. Indem sich ein exklusives, den Mann ausschließendes Gegenüber von Frau zu Frau gestaltet, ist ein Prozeß der Reifung am »andern« ausgeschlossen. In der Sprache der personalen Begegnung formuliert bedeutet das, daß dem weiblichen Ich nicht ein gegengeschlechtliches Du gegenübertritt, sondern dem Ich begegnet wieder ein gewissermaßen schon bekanntes Ich. Wie der ich-einsame Weg nicht die Fülle erotischer Begegnungen vermittelt, so ist diese reiche und reife Möglichkeit der Ich-Du-Begegnung ausgeschlossen oder wenigstens reduziert, wenn es nur um das unmittelbare Gegenüber von Frau zu Frau geht.

Abschließend ist zum Postulat »Nur Frauen können Frauen

helfen« zu sagen: Es kommt ihm ein strategischer Stellenwert zu, und es kann im Rahmen einer Strategie der Selbstbehauptung des Weiblichen eine wichtige Rolle spielen. Das Postulat trägt dann Wichtiges zu einer neuen Bewußtseinslage der Frauen bei. Wenn es aber ideologisiert und absolut gesetzt wird, ist es abzulehnen, und zwar – wie ich meine – auch im Interesse der Frauen selber.

Weibliche Kultur?

In Anknüpfung an schon Erwähntes und weiter sind dann Postulate und Schlagworte wie »weibliche Kultur«, »weibliche Kunst«, »weibliche Sensibilität«, »Gestaltung auf weibliche Weise« zu diskutieren[28]. Im Zeichen dieser Schlagworte gestalten sich in der Frauenbewegung künstlerische Bewegungen und Alternativen zum bisherigen Kulturbetrieb; manche dieser Phänomene sind durchaus als Subkulturen zu interpretieren, die die Zukunft des kulturellen Schaffens beeinflussen werden.

Ich sehe zunächst in programmatischen Forderungen der eben genannten Schlagworte positive Möglichkeiten. Mit diesen Schlagworten können Bewußtwerdungsprozesse eingeleitet werden, in denen deutlich wird, daß es so etwas wie eine »koloniale Herrschaft der männlichen Kultur« gibt, wie ein »Manifest der vierten Welt« betont[29]. Im Rahmen solcher Bewußtwerdungsprozesse spielt einmal mehr ein Prinzip der Verweigerung eine wichtige Rolle. Kultur, Kunst, kulturelle Sensibilität weigern sich, unter den Bedingungen des heutigen Kulturbetriebs zu arbeiten, weil dieser vorrangig unter männlichem Einfluß steht und patriarchalische Herrschaftsstrukturen stabilisiert. Darum kann es dann sinnvoll sein, Alternativen zum Kulturbetrieb zu schaffen. Solche Alternativen sind: nichtprofitorientierte Kunst; Kunstgalerien (Frauengalerien), die auf Profit verzichten; Gruppenkunst, die Vorstellungen vom individuellen Kunstschöpfer kritisieren; »Kleinkunst«, etwa weibliche Volkskunst als Kritik einer hochstilisierten Kulturszene, die letztlich doch ökonomisch abhängig ist, usw. Weiter ist eine Gesellschaft, die Lebensqualität vor allem auch in vermehrter Freizeit findet, zu fragen, warum das kulturelle Freizeitangebot an die Frau doch wieder viel gefährdeter ist als das Angebot an den Mann. Weiter ist nochmals zu erwähnen, daß sich Frauenkunst gegen ein geschöntes Frauenbild wenden wird; Frauenkunst wird auch die Frau in ihren Entfremdungen darstellen. In diesen Beispielen sehe ich eine sinnvolle Kritik des heutigen Kulturbetriebs und Kulturangebotes; selbstverständlich steht solche Kritik oft ebenso im Dienste der Probleme der männlichen Künstler wie der Künstlerinnen. Positive Möglichkeiten entstehen dann dort, wo deutlich wird, daß Kultur aus »weiblicher Sensibilität« und aus einem spezifisch weiblichen Körperbezug geschaffen wird. Und weiter sehe ich wichtige Möglichkeiten dort, wo Material- und Objektkünstlerinnen aus einem Bezug der Unmittelbarkeit zu ihren Materialien arbeiten, wobei allerdings auch hier Möglichkeiten männlicher Künstler zu entdecken wären. Und schließlich kann sich »weibliche Kunst« auf Lebens- und Basisprobleme der Frau beziehen: Ihr Nähen, ihr Gestalten für das Kind, ihre Bemühungen im Haushalt, Kleider und Mode können zur Kunst »erklärt« werden und so eine kulturelle Bedeutung erlangen. Dasselbe wäre vom Spiel der Sexualität zu sagen. Freilich gibt es mutatis mutandis auch hier neue Möglichkeiten für den männlichen Künstler.

Nun sind aber Postulate wie »weibliche Kultur«, »weibliche Kunst«, »Gestaltung aus weiblicher Sensibilität« auch kritisch zu kommentieren. Zunächst ist grundsätzlich festzuhalten: Ein geschlechtsspezifisch aufspaltbares kulturelles Schaffen kann es – wenn die kulturellen Zustände nicht total korrumpiert und Entfremdungen ausgeliefert sind – doch wohl nicht geben, ebensowenig wie es geschlechtsspezifische Unterschiede der Intelligenz gibt. Mutatis mutandis gilt auch vom kulturellen Schaffen die sowohl soziologisch wie psychologisch begründbare Tatsache, »... daß Schichtzugehörigkeit, Bildungsniveau, gesellschaftlicher Status und Lebenssituationen das Verhalten des Menschen und seine Urteilsfähigkeit entscheidender beeinflussen als seine Geschlechtszugehörigkeit«. Und: »In den Vergleichen zwischen Jungen und Mädchen gleichen Alters und gleicher Schichtzugehörigkeit konnten geschlechtsspezifische Intelligenzunterschiede nicht nachgewiesen werden.«[30] Indirekt wird diese Tatsache auch darin unterstützt, daß Untersuchungen zur geistigen Entwicklung des Kindes (Sprechen, Denken, Logik, Symbolisieren, Erkennen, Haltungen und Urteile) keine geschlechtsspezifischen Unterscheidungen vornehmen. Es ist also zu betonen, daß Mann und Frau für schöpferische Vorgänge zunächst grundsätzlich dieselben Chancen haben und daß die Frau als schöpferische

Potenz gegenüber dem Manne nicht minderwertig ist. Diese Einsicht ist festzuhalten und zu unterscheiden von der Einsicht, daß unter bestimmten gesellschaftlichen Bedingungen hier Unterschiede entstehen; das eine ist also die grundsätzliche Gleichwertigkeit von Mann und Frau, und das andere ist die Situation durch gesellschaftsbedingte Entfremdungen. Darum müssen nun geschlechtsspezifische Definitionen zu einer sogenannten weiblichen Kultur kritisch geprüft werden; ein geschlechtsspezifisch-abschließendes Definieren könnte einmal mehr repressive Konsequenzen haben; ich habe darüber oben – als es um das Problem der Sprache ging – geschrieben. Ich plädiere also einmal mehr für die Chance der »Nicht-Definition«.

Und ein zweites: Wenn ein Kunstwerk sich als Sprache einer Ideologie brauchen läßt, wenn es sich also um ideologisierte Frauenkunst handelt, wird dieses Kunstwerk leicht den immanenten Formkanon verletzen, der ein Kunstwerk zum Kunstwerk macht. So müßte denn eine inhaltlich orientierte Frauenkunst oder eine inhaltlich orientierte Kultur aus weiblicher Sensibilität ideologiekritisch in Frage gestellt werden. Damit soll freilich nicht abgelehnt werden, daß heute Künstlerinnen und kulturell Schaffende Lernprozesse anbieten und vermitteln, durch die man imstande ist, zwischen einem humanen und einem von Macht und Herrschaft korrumpierten Kulturbetrieb zu unterscheiden. Und soweit Männer vorrangig in einen solch korrumpierten Kulturbetrieb integriert sind, soll hier durchaus auch feministische Kritik ihr Recht haben! Und ein dritter Aspekt: Feministische Künstlerinnen kommen bisher hauptsächlich aus bürgerlichen Mittelschichten oder aus dem Bereich der Akademiker, und ihre Kunst spiegelt ihr Herkommen. Damit ergeben sich aber kritische Fragen: Was sagt solche Kunst der Arbeiterin, der Hausfrau, der Bäuerin? Soll solche Kultur Bevölkerungsschichten angeboten werden, die wenig Chancen zu kultureller Bildung haben und denen der Zugang zu experimenteller Kunst bisher versagt blieb? Und: Soll spezifisch feministische Kunst Bevölkerungsschichten angeboten werden, die teilweise auch ein kulturelles Schaffen unter eigenen Bedingungen vorzuweisen haben? Jedenfalls scheint das Anliegen einer geschlechtsspezifischen weiblichen Kultur hier sekundär und elitär. Feministische Kultur müßte eigene und neue Vermittlungs- und Bildungsformen finden, um in den gemeinten Gruppen anzusprechen; solch neuartige Vermittlungsformen scheinen bisher völlig zu fehlen.

Eine neue Zukunft für Mann und Frau

Rollenerwartungen sind modifizierbar

Sowohl die theologische Motivierung zu Initiativen zur Befreiung der Frau wie auch ein allgemeines emanzipatorisches Denken auf Grund säkularer Befreiungsvorstellungen führen schließlich zu einer grundlegenden Problemverschränkung. Nämlich: Die Emanzipation und Befreiung der Frau ruft nach der »Emanzipation des Mannes«. Eine Veränderung der bestehenden patriarchalischen Verhältnisse wird nicht durch neue Wege der Frau allein erreicht, sondern durch solidarische Anstrengungen von Mann und Frau. Es gibt zwar – wie ich oft dargelegt habe – gesellschaftliche Entfremdungen, die hauptsächlich und in besonderem Maße die Frau treffen, es gibt aber umfassendere Entfremdungen, die Mann *und* Frau treffen. Und so ist zuletzt nur eine umfassende Veränderung der bestehenden Verhältnisse auch eine Chance für die Frau.

Das Postulat der Problemverschränkung der Emanzipation der Frau mit der Emanzipation des Mannes ergibt sich auch aus folgender Überlegung: Die mit sich nicht identische Frau findet den Weg, der ihren Bedürfnissen entspricht, nicht, und zugleich vermag sie nicht zur wirklichen Partnerin des Mannes zu werden. Gleiches gilt für den Mann: Wenn er in traditionellen Rollen verharrt, schädigt und entwürdigt er sich selber und vermag zugleich auch die Partnerschaft mit der Frau nicht zu realisieren. Das alles fordert eine umfassende Befreiung des Menschen. Das alles fordert Wege in der Solidarität von Mann und Frau, Phantasie und Mut für eine neue Welt[31].

Für die eben postulierte Problemverschränkung ist allerdings eine Präzisierung nötig[32]. Die Befreiung hier des Mannes und die Befreiung dort der Frau sind nicht einfach identisch; es handelt sich um zwei Befreiungsvorgänge, die sich nicht einfach gegenseitig kopieren könnten. Die Befreiung der Frau hat andere soziokulturelle Bedingungen als die Befreiung des Mannes; die Phänomene der Entfremdung sind hier und dort verschieden. Darum sind auch die Strategien zur Befreiung verschieden. Was sich Mann und Frau aber vermitteln können, ist eine gegenseitige Sensibilisierung. Die für ihre Befreiung kämpfende Frau soll einen schärferen Blick auch für die Entfremdungen des Mannes bekommen, ja sie wird die Unfreiheit von Randgruppen im allgemeinen als Herausforderung annehmen müssen. Und: Auch Männer sollten Vorurteile heutiger Gesellschaften grundsätzlich und in allen Formen bekämpfen. So entsteht dann in den Befreiungsbewegungen eine Konvergenz, ein gegenseitiges Sich-Verstehen und eine Solidarisierung zur Veränderung auf eine humanere Welt hin.

Ich konkretisiere im folgenden die von mir postulierte Problemverschränkung an einem mir besonders wichtig scheinenden Punkt. Ich meine: Eine neue Zukunft müßte bestimmt sein von der Bereitschaft des Mannes, von Erfahrungen der Frau zu lernen, und von der Bereitschaft der Frau, von Erfahrungen des Mannes zu lernen. Ich meine: Eine neue Zukunft stünde damit im Zeichen des Austausches von männlichen und weiblichen Erfahrungen. Ich postuliere also eine möglichst große Offenheit der Geschlechter auf die jeweilige Gegenmöglichkeit im andern Geschlecht hin. Das schließt eine ganz bestimmte Relativierung des Männlichen und des Weiblichen ein. Ich schließe mich damit im Blick auf die Zukunft von Mann und Frau einer These von Richter an, der sagt: »... die Frau wird ein Stück weit männlicher, der Mann ein Stück weit weiblicher werden.«[33] Um damit nicht in eine Argumentationsphase zurückzufallen, wo Definitionen des »Männlichen« und des »Weiblichen« eine – wie gezeigt wurde – irreführende Rolle spielten, argumentiere ich mit Überlegungen zum Austausch von Erfahrungen, die man in traditionellen Vorstellungen eher als Erfahrungen der Frau oder des Weiblichen oder eher als Erfahrungen des Mannes empfunden hat; abschließende Definitionen sind aber nicht gemeint.

Ich setze hier die Einsicht voraus, daß handwerkliche Geschicklichkeit, Fähigkeiten des Arbeiters, Intelligenz und Kreativität Mann und Frau grundsätzlich in gleicher Weise zur Verfügung stehen, wenn entsprechende soziokulturelle und gesellschaftliche Bedingungen gegeben sind. Das heißt für mich auch, daß traditionelle Erwartungen zu einer spezifisch männlichen oder spezifisch weiblichen Geschicklichkeit oder Intelligenz oder Kreativität unter entsprechenden soziokulturellen und gesellschaftlichen Bedingungen im Sinne des oben von Richter zitierten Satzes *verändert* werden können. So gibt es beispielsweise tatsächlich den Weg der Frau »... vom Kochtopf an die Werkbank«[34]. Damit werden Erfahrungen möglich, wo sich der Mann lernend oder spielerisch »weiblicher« und die Frau »männlicher« zeigt, als bisher angenommen wurde. Mit anderen Worten: Ich interessiere mich für Öffnungen der Geschlechterrollen auf gegengeschlechtliche Möglichkeiten hin, ich interessiere mich für ein »Spiel« oder ein »Umgehen« mit Rollen, wo Geschlechtsdeterminierung kritisch relativiert wird und neue – vielleicht utopische – Möglichkeiten signalisiert werden.

Ich interpretiere im folgenden herausfordernde Beispiele aus dem Bereich der bildnerischen Kunst und der Literatur und dann aus dem Bereich der Tiefenpsychologie, Sozialisationsforschung und der Gruppendynamik; diesen Bereichen könnten andere zugeordnet werden. Zunächst Herausforderungen im Bereich der bildnerischen Kunst und der Literatur. Im bildnerischen Schaffen werden Entscheidungen auf formaler Ebene und im Gebrauch von Materialien, die früher oft geschlechtsspezifisch unterschieden wurden, mehr und mehr von solchen Unterscheidungen befreit. Beispiele: Der Umgang mit textilen Materialien, den man früher als spezifisch weiblich empfunden hat oder den man sich als für »Frauen und Kinder« sinnvoll vorstellte, erweckt heute auch das Interesse männlicher Künstler: Sie entdecken das Abenteuer, das in Prozessen der textilen Materialien steckt. Sie entschließen sich zum Weben, Flechten, Nähen und Applizieren. Und die traditionelle Arbeitsteilung, die auf Herrschaftsstrukturen hindeutet, nämlich daß Männer schöpferische Konzepte für Tapisserien entwerfen und Frauen die Konzepte dann handwerklich ausführen – diese Arbeitsteiligkeit wird relativiert. Und wenn es schließlich so etwas gab wie ein von Gefühlen her bestimmtes einfühlend-liebendes Verhältnis zu textilen Materialien, das man als »weiblich« empfand, so entwickeln heute auch Männer eine solche Unmittelbarkeit zu diesen Materialien. Bestimmte geschlechtsspezifische Rollenunterscheidungen kommen damit zu ihrem Ende oder erfahren wenigstens eine Relativierung[35].

Eine Gegenmöglichkeit zum eben Dargelegten ist dort zu sehen, wo Frauen nun eine rationale, strukturalistische, konstruktive Kunst mit entsprechenden formalen Entscheidungen und mit entsprechenden Materialien entwickeln; geschlechtsspezifische Klischees waren hier von der Vorstellung geleitet, solch »kühle Kunst« sei Männerkunst! Marie Schlei formuliert zum Thema »Frauen und rationale Kunst« programmatisch: »Das Thema soll nicht verblüffen, sondern selbstverständlich werden.«[36] Und dann vertritt die Autorin folgende Argumentation: »Diese Frauen wollen die Welt, ihre Welt, mitentwerfen und mitgestalten; sie befassen sich mit realen Dingen wie Zahlen, Serien, Programmen, Statistiken, Serienprodukten, mit der Datenverarbeitung und mit Technologien als den heutigen Mitteln der Macht.«[37] Dieselbe Tendenz ist damit gegeben, daß Frauen in ihrem künstlerischen Gestalten mit kühlen, künstlichen Materialien – etwa mit Plexiglas und Polyester – umgehen, und weiter wird die »weibliche Zurückhaltung« gegenüber Schweißbrennern, Blechscheren, Hammer und Säge ebenso abgebaut wie nun die Arbeit am Konstruktionstisch oder im Film- und Fotolabor auch für Frauen in Anspruch genommen wird. In diesem Zusammenhang sei auch an die bedeutsame Epoche russischer, nachrevolutionärer Kunst erinnert; im Konstruktivismus der zwanziger Jahre haben Frauen eine große Rolle gespielt. Wie ihre männlichen Kollegen haben sie die Macht der Maschine positiv bewertet, und sie traten zusammen mit ihren männlichen Kollegen für eine Arbeiter- und Industriekunst ein. Das Schlagwort einer »Kultur der Materialien« beschäftigte Männer und Frauen gleichermaßen[38].

Offene Geschlechterrollen – Modelle der Kunst

Man kann für die im folgenden zu beschreibenden Phänomene anknüpfen am heutigen Modeverhalten der Geschlechter, soweit sich dieses Verhalten – unter den heutigen ökonomisch-gesellschaftlichen Bedingungen – überhaupt von Konsumzwängen befreien kann. Es gibt bekanntlich die weitverbreitete Jeansmode, durch die traditionelle Geschlechterunterscheidungen nivelliert werden. Und wenn man Kleidung mit McLuhan als »Ausweitung der Haut« definieren kann, deuten sich neuartige Spiele mit Kleidern an, die ebenfalls geschlechtsspezifische Unterscheidungen relativieren. Das Phänomen erhält eine besonders herausfordernde Gestalt in der Tendenz der künstlerischen Travestie[39]. Durch Verkleidung und Umkleidung überschreitet der Transformer mit Hilfe von künstlerischen Möglichkeiten, mit Selbstdarstellungen und Körpersprache die vorgegebene Geschlechterrolle. Auffallend ist, daß vor allem Männer Frauenrollen spielen. Männliche Künstler übernehmen Schminkrituale und weibliche Kosmetik, sie richten sich Boudoirs ein, sie täuschen weibliche Geschlechtsmerkmale vor, sie übernehmen weibliche Körperhaltungen usw. Das Transformertum gestaltet sich weithin als Subkultur und hat darin gesellschaftliche und gesellschaftskritische Bezüge. Ich schließe mich für die Analyse des Phänomens hauptsächlich Gorsen an[40]. Nach Gorsen ist für dieses Phänomen heute eine Tendenzwende gegeben, indem es sich nicht mehr nur der traditionellen Möglichkeiten des Theaters und eines Bohemienmilieus bedient, sondern indem es sich als Kunst, Selbstdarstellung und Körpersprache – auch im Film – an die Öffentlichkeit wendet. Gorsen interpretiert es mit der Formulierung »Geschlechterentspannung als Formprinzip und ästhetisches Verhalten«. Er macht allerdings auch auf Ambivalenzen aufmerksam, die nur zum Teil bewältigt werden. Nämlich: Das Transformertum ist doch immer noch an Entfremdungen der bestehenden Gesellschaft gebunden und zeugt von »falschem Bewußtsein«, wo es sich an Zwängen der Warenhauswelt und des Showgeschäfts orientiert. Andererseits enthält es echt utopische Elemente, und zwar eben vor allem dort, wo es ein Jenseits der determinierenden Geschlechterrollen signalisiert. Hier entstehen Fragestellungen der Zukunft: Gibt es gegenüber Mann und Frau ein Drittes? Gibt es vielleicht einmal weitere Geschlechter? Jedenfalls: Das sogenannte Männliche geht hier eine Symbiose mit einem Rollenverhalten der Frauen ein.

Das Geschlecht austauschen – Modelle der Literatur

Theater und Literatur, Oper und Ballett benützen immer wieder das Motiv der Geschlechterrelativierung und des Geschlechtertausches[41]. Ich wähle aus den zahlreichen Angeboten vier literarische Beispiele aus. Dieter Kühn kündigt seine Geschichte »Deon – D'Eon« mit der Überschrift an: »Wie Charles Geneviève D'Eon (1728–1810) als Mädchen aufwächst, als Junge erzogen wird, wie er eine Rolle als Liebhaber spielt, als Hofdame, als Husarenoffizier, als Botschafter und Abenteurer, und wie er schließlich 15 Jahre als alte Frau mit einer alten Frau lebt.« Der ironisierende Stil verbindet sich hier mit einem scharfen Blick für Sozialisationserwartungen und entsprechende Erziehungsmaßnahmen, die die Frau zur Frau und den Mann zum Mann machen. Das Buch setzt folgendermaßen ein: »Ist er nicht ein entzückendes Mädchen? Ja, da seufzen die Frauen, wenn ihnen dieses hübsche Kind in den entzückenden Mädchenkleidern vorgeführt wird, und es macht einen so bezaubernden Knicks und gibt mit so typisch niedergeschlagenen Augen reihum die Hand, das Händchen, das süße kleine Händchen...« Und später: »Da ist Grazie. Da ist vorläufige Keuschheit. Da ist Abglanz von Heiligenschein. Da ist jedenfalls Weiblichkeit...« Und später: »Mädchenhafte Mädchen spielen Mädchenspiele. Geneviève darf beispielsweise nicht Bockspringen...« Die Gegenposition wird folgendermaßen beschrieben: »Ein Junge kann auf vielfache Weise zu einem Jungen erzogen werden. Beispielsweise zeigt sich ein Junge als Junge daran, daß er sich beherrschen kann...« Ein Junge ist dann auch im Rechnen besser als die Mädchen, er betreibt Sport, er sammelt zum Beispiel Messer usw. D'Eon beschließt sein Leben als Frau: »Wenn man 18 Jahre als Frau gelebt hat, ist man Frau genug, um als Frau mit einer Frau leben zu können... Er unterhält sich nur noch mit alten Frauen, fürchtet sich wie alte Frauen, häkelt wie alte Frauen, macht sorgfältige Klistierspritzen an alten Frauen« usw.[42]. Bertolt Brecht erzählt die Geschichte vom »Arbeitsplatz«[43]. Um in der katastrophalen Situation einer Krise durch ihre Arbeitslosigkeit nicht unterzugehen, nimmt eine Frau die Papiere ihres eben verstorbenen Mannes an sich und kleidet sich mit seinen Kleidern, um sich so für eine Arbeit zu melden, die ihrem Mann nach langer, entwürdigender Zeit von Arbeitslosigkeit endlich angeboten wurde. Sie wird Wächter in einer großen Fabrik! Und sie wird ein guter Wächter: »Die nächtlichen Rundgänge durch die Fabrikhöfe, Maschinenhallen und Lagerräume verlangen Zuverlässigkeit und Mut, Eigenschaften, die seit jeher männliche genannt werden. Daß die Hausmann diesen Anforderungen gerecht wurde... beweist, daß Mut, Körperkraft, Besonnenheit schlechthin von jedem, Mann oder Weib, geliefert werden können, der auf den betreffenden Erwerb angewiesen ist.«[44] Und Brecht kommentiert dann: »In wenigen Tagen wurde die Frau zum Mann, wie der Mann im Laufe der Jahrtausende zum Manne wurde: durch den Produktionsprozeß.«[45]

Irmtraud Morgners utopisch-phantastischer Roman enthält die Geschichte einer Geschlechterumwandlung, wobei die biologische Utopie gesellschaftskritisch benützt wird. Valeska fallen eines Morgens Änderungen an ihrem Körper auf, und wie sie sich genauer betrachtet, ist das Wunder eingetreten: »Da entdeckt sie den Zuwachs. Er lag eingeklemmt auf den geschlossenen, auch plötzlich schütter bewachsenen Oberschenkeln. Valeska spreizte sie sogleich, um nichts zu demolieren... Das Glied lag schräg zur linken Leistenbeuge hin, glattgehäutet, unbeschnitten, zwei Sommersprossen vor der Spitze...«[46] Nach der ersten Überraschung erfolgt die innere Auseinandersetzung: »Valeska fiel in unmäßiges Gelächter. Angesichts des Gewächses, worauf Legionen von Mythen und Machttheorien gründeten. Beweisstück für Auserwähltsein, Schlüssel für privilegiertes Leben, Herrschaftsszepter: etwas Fleisch mit runzliger, bestenfalls blutgeblähter Haut. Valeska fehlte die entsprechende Rollenerziehung für den ernsten, selbstbewundernden Blick in die Mitte: das Vorurteil. Auch erwies sich zu allem Überfluß, daß die physischen Unterschiede zwischen Mann und Frau gegenüber den kulturellen gering waren. Valeska hatte es geahnt...«[47] Valeska flüchtet sich dann vor ihrem Partner, indem sie überstürzt eine Reise nach Moskau antritt. Schon auf der Reise stiftet das Durcheinander mann-weiblicher Rollen zahlreiche Verwirrungen; in Moskau erzählt sie ihrer Freundin Shenja die Verwandlung, und Shenja ist hingerissen. Shenja interpretiert das Ereignis sofort positiv und zukunftsweisend: Ungewöhnliche Erscheinungen müßten einem Forscher geradezu wünschenswert erscheinen: »Weil mit allen bisherigen Theorien im Widerspruch stehend: das heißt herausfordernd. Anstachelnd. Inspirierend...«[48] Shenja ist dann auch die erste Partnerin der verwandelten Valeska: »...Liebe in der kommunalen Wohnung. Gedankenlos. Nachdem beide erfreut waren, fiel Valeska ein, daß die erstmals erprobte Apparatur ohne herrscherliche Gefühle und Unterwerfungsvorstellungen funktioniert hatte. Shenja war nicht verwöhnt, also begeistert.«[49] Erlebnisse in Männergesellschaften zeigen noch einmal das deprimierende Bild einer männischen Welt, einer Welt der Vorurteile und Imponierhaltungen. Sie wagt schließlich die Rückkehr zu ihrem Partner: »Rudolf stand vor ihr. Trat ein wie gewöhnlich. Küßte Valeska wie gewöhnlich. Legte seine und ihre Kleider ab wie gewöhnlich. Später fiel Valeska ein, daß sie Angst haben mußte. Später fiel Rudolf auf, daß die nackte Valeska verkleidet war. Da erkannten sie, daß sie notfalls die Bilder entbehren konnten, die sie sich voneinander und die andere für sie gemacht hatten. Da wußten sie, daß sie einander liebten...«[50] Valeska schreibt dann die Geschichte der Verwandlung für andere auf. Und zwar, wie sie sagt, aus erpresserischen Gründen: Es könnte, so glaubt sie, das Erlebnis des Austausches mann-weiblicher Erfahrungen dem Frieden dienen. Und es könnte die vorübergehende Verwandlung der Frauen den Frauen den Glauben an sich nahelegen[51].

Die DDR-Literatur bietet mit einem Sammelband »Blitz aus heiterem Himmel« mehrere Essays an, die sich am Problem der Geschlechterumwandlung orientieren[52]. Ich erwähne hier nur den Essay von Christa Wolf, weil er formal sehr differenziert ist und in der praktischen Lösung des Problems – im Gegensatz zu Irmtraud Morgner – pessimistisch argumentiert. Die Verwandlung einer Frau in einen Mann wird zuletzt rückgängig gemacht, weil das Experiment dort scheitert, wo der neugeschaffene Mann eine Beziehung zu einer Frau anbahnt. Bei Christa Wolf wird der biologische Mann, der aus einer Frau entstanden ist, zum Manne durch die Sprache, bzw. es ergeben sich gerade hier – in der Dimension der Sprache – zahlreiche Schwierigkeiten. So schafft der neugeschaffene Mann das eigentlich männliche »Ich-Sagen« nicht, das ein Produkt der Tradition und der Verhältnisse ist. Und es ergeben sich auch im Bereich nicht-verbaler »Sprache« Schwierigkeiten, weil der durch Geschlechterverwandlung entstandene Mann die Erinnerungen an sein Frau-Sein mit sich führt. Darum kann er beispielsweise nie wie ein von Traditionen und Verhältnissen geprägter Mann auf eine Frau sehen und einer Frau begegnen – die Erinnerungen sind da, und die »männliche Naivität« und das männliche Überlegenheitsgefühl in einer Begegnung mit der Frau sind nicht möglich; daran scheitert dann die Begegnung zwischen Mann und Frau. Das neue Wesen befindet sich im »Unschärfebereich des Niemandslandes« zwischen Mann und Frau oder im Bereich der Doppelprägung durch männliche und weibliche Erfahrungen; der Computer hält denn auch das neue Wesen für zwei Personen!

Mann-weiblicher Erfahrungsaustausch – psychologische Aspekte

Die Beispiele zeigen, wie Schriftsteller ihren sprachlichen Freiraum ausnützen, um Utopien des Austausches mann-weiblicher Erfahrungen zu gestalten. Wenn Dichtung Wirklichkeit »verdichtet«, so deutet sich damit eine neue Zukunft an, eine Zukunft, in der Frauen auch Erfahrungen, Arbeit, Sprache, Gefühle der Männer kennen, und eine Zukunft, in der Männer auch

Erfahrungen, Arbeit, Sprache und Gefühle der Frau kennen.

Weitere Ansätze zu der aufgeworfenen Problematik gibt es im Bereich der Tiefenpsychologie, der Sozialisationsforschung und der Gruppendynamik. Hier sei zunächst noch einmal an die Animus-Anima-Problematik erinnert, die die Jungschule beschäftigt und über die ich in verschiedenen Zusammenhängen schon gesprochen habe. Das Bewußtwerden dieser Struktur fordert die Aktivierung und Aufarbeitung des weiblichen Seelenaspektes im Mann und des männlichen Seelenaspektes in der Frau. Es geht um das Ziel der Selbstwerdung, ein Ziel, das – nach der Sicht Jungs und seiner Schule – wesentlich in der Vereinigung von Gegensätzen wie »gut« und »böse«, aber eben auch in der mann-weiblichen Gegensatzvereinigung besteht. Das Ziel wird mit Hilfe von Psychoanalysen erreicht, wo zum Beispiel Träume vom Austausch von mann-weiblichen Erfahrungen und Haltungen eine Rolle spielen. Das Ziel wird aber auch erreicht, wenn in Kunst und Religion androgyne Symbole wie Hermaphroditen geschaffen oder wenn solche Symbole meditiert werden[53].

Weiter deutet sich ein Problembewußtsein für die von mir aufgeworfene Fragestellung an, wenn Einsichten von Freud zur Kindheitssexualität, die ich in verschiedenen Zusammenhängen besprochen habe, neu bedacht werden. Freud geht in entsprechenden Zusammenhängen von der Annahme einer frühkindlichen Bisexualität aus. In Weiterführung dieser Ansätze von Freud wird nun argumentiert, es sei für die Sozialisation des Menschen wichtig, wenn der Knabe Erfahrungen des Mädchens mitvollziehe und wenn das Mädchen Erfahrungen des Knaben kennenlerne. Helmut Kentler formuliert – wie ich meine mit Recht – Postulate, nach denen die Phasen der Kindheitssexualität (Oralität, Analität, Genitalität) sozial durchformt werden müßten, wobei nach Kentler jeweils die gegengeschlechtliche Rolle einerseits des Mädchens und andererseits des Jungen in der Erziehung mitberücksichtigt werden müßte. Traditionelle, geschlechtsspezifische Erziehungserwartungen wären zu relativieren und abzubauen. Kentler nennt Klischeevorstellungen, nach denen es den Jungen verboten ist, mit Puppen zu spielen oder auf Schmerzen mit Tränen zu reagieren oder sich von Gefühlen leiten zu lassen. Er betont auch, daß die Erziehung zur männlichen Härte weithin mit den Ängsten der Väter vor ihrer eigenen latenten Homosexualität zusammenhängt[54]. Die Postulate von Kentler fordern »Gegen-Bilder« zu heutigen Erziehungsvorstellungen: Knaben müßten nun eben auch mit Puppen spielen dürfen, sie dürften auf Schmerzen auch mit Tränen reagieren, und sie sollten eine Sprache der Gefühle sprechen. Weiter erscheinen Schulprogramme sinnvoll, nach denen die Knaben am Handarbeitsunterricht teilnehmen und die Mädchen auch Werkunterricht haben. Ich nehme aber noch einmal die Argumentation von Kentler auf. Er weist auf Zusammenhänge zwischen der Härteerziehung der Knaben und der Härte und Aggressivität des heutigen Lebensstils hin; nach Kentler ist der Knabe und dann der Mann »...unterentwickelt im Geben und Nehmen von Zärtlichkeit«[55]. Das traditionelle Bild des Mädchens und dann der Frau ist zu charakterisieren mit »...Mädchen sollen weinen und sich trösten lassen – Mädchen sollen in jedem anderen Mädchen eine Konkurrentin sehen«[56]. Die Bewußtmachung der ursprünglichen Bisexualität der Geschlechter hätte nach Kentler schließlich die Implikation, daß der Mann »die Frau in sich nicht mehr zu verdrängen braucht«. Und: »...beide, Mann und Frau, können ihre Verpuppung in geschlechtsspezifischen Rollen aufbrechen und sich menschlich begegnen.«[57]

Ich versuche die aufgeworfene Fragestellung in einem weiteren Bereich zu formulieren. In Aussagen, die man zunächst wohl als neurotisch bezeichnen wird, spielt die Orientierung oder Fixierung am Gegengeschlechtlichen eine bestimmte Rolle. David zitiert die Aussage eines Patienten in der Analyse: »Sind nicht alle Männer wie ich und sehnen sich heiß danach, eine Frau zu sein?«[58] Hier ist auch das für viele wohl überraschende, weil verdrängte Phänomen des männlichen Vaginaneides zu nennen[59]. Das Phänomen deutet in neurotischen Zusammenhängen auf eine Ablehnung der männlichen Rolle und auf Neid gegenüber der Frau, die mit ihrem Körper so viel erreicht. Es fragt sich aber nun, ob diese »krankhaften« Phänomene nicht auf anthropologische Möglichkeiten hinweisen, die bisher kaum erkannt wurden, und zwar unter anderem deshalb, weil Erfahrungen des Gegengeschlechtlichen gesellschaftlich streng tabuisiert sind. David meint, es sei vielleicht der ursprünglichen Bisexualität der Geschlechter zu verdanken, daß eine intersubjektive sexuelle Realität entstehe[60]. Und er vertritt auch die Überzeugung, daß es eine Kommunizierbarkeit sexueller Erfahrungen gebe; allerdings ist nach David diese Kommunizierbarkeit »verraten« und verdeckt durch das »Überhandnehmen mythischer Vorstellungen« vom anderen Geschlecht[61]. Nach David wäre es jetzt an der

Zeit, Konsequenzen aus der bisexuellen Struktur als Voraussetzung eines freieren, wirklichkeitsnäheren Sexuallebens zu ziehen[62].

Ich verlasse die Hinweise auf die Ausführungen von David und formuliere noch in eigener Verantwortung. Die eben skizzierten Postulate zu einem freieren und wirklichkeitsnäheren Sexualleben wären meines Erachtens im Sinne früherer Formulierungen zu konkretisieren. Ich habe öfter von der Aufwertung der Partialtriebe gesprochen, und damit ist jetzt zu sagen, es könnten Erfahrungen mit Partialtrieben zwischen Mann und Frau ausgetauscht werden. Weiter wäre wieder darauf hinzuweisen, daß der ganze Körper der Frau Träger des sexuellen Empfindens und der sexuellen Lust ist. Diese Erfahrung müßte dem Manne vermittelt werden, um ihn vom Vorrang der genitalen Sexualität zu befreien. Und schließlich erinnere ich noch einmal an das Schlagwort der Gesamterotisierung der Wirklichkeit: Weite Gebiete menschlicher Existenz – wie etwa die Arbeit oder das kreative Gestalten – könnten als erotisch bestimmt erlebt werden; indem die Frau Beziehungsaspekte gegenüber den Sachaspekten wichtig nimmt, ja indem für sie Erotik und Wirklichkeit einander direkt beeinflussen, könnte ihre Art, die Wirklichkeit zu bestehen, auch für den Mann – soweit er sich diese Zusammenhänge noch nicht bewußt gemacht hat – wichtig werden.

Es bleibt schließlich die Frage, wie und wo es – abgesehen vom Bereich der Erziehung – zur Einübung dieser Kommunikation zwischen Mann und Frau kommen könnte. Es erhebt sich ja doch wohl die Frage, ob eine verfehlte Erziehung unkorrigierbar sei. Ich meine, es gebe nun doch Möglichkeiten einer »Nacherziehung« hauptsächlich im Bereich gruppendynamischer Angebote. Die mir auch wichtigen Möglichkeiten des kreativen Schaffens und des Umgangs mit Kunst, die in einem gewissen Sinn auch »nacherziehen«, klammere ich jetzt aus und verweise auf frühere Zusammenhänge meiner Darlegungen.

In gruppendynamischen Angeboten gibt es schon Anweisungen zum lernenden »Durchspielen« von gegengeschlechtlichen Rollen. In Selbsterfahrungsgruppen sollen jetzt Männer weibliche Rollen erlernen und erleben, und ebenso sollen Frauen männliche Rollen erlernen und erleben[63]. Das heißt konkret: Der Mann wird sich, sicher oft gegen starke innere Widerstände und Barrieren, die sozialisationsbedingt sind, auf eine »Sprache der Gefühle« einüben. Testfragen lauten etwa: »Wann habe ich zum letzten Mal geweint? Möchte ich häufiger weinen?« Oder es könnte sich der Mann spielend auf folgende Fragen einüben: »Wie ist mir zumute, wenn ich versuche, diese oder jene Episode im Leben meiner Frau zu spielen?« Oder: »Wie ist mir zumute, wenn ich eine Situation im Leben meiner kleinen Schwester spiele?« Umgekehrt gibt es Spielangebote an die Frau: Sie spielt »ihren Mann«, »ihren Chef«, »ihren Freund«, »ihren kleinen oder großen Bruder«, »ihren Vater« usw. Gemeint ist in dem allem ein Versuch, spielend und lernend zu kommunizieren und sich in gegengeschlechtliche Rollen einzufühlen.

Epilog: Warum ich als Mann über Probleme des Weiblichen schreibe

Es bedarf heute – besonders angesichts feministischer Argumentation – legitimierender Überlegungen, wenn man als Mann über Probleme des Weiblichen und der Frauenemanzipation schreibt. Es gehört zum Selbstverständnis des aktuellen Feminismus, daß Frauen über Frauen schreiben, daß nur Frauen Frauen helfen können, daß Frauen endlich ihre Bedürfnisse verbalisieren. Frauen betonen denn auch, daß sie in Selbsterfahrungsgruppen unter sich sein wollen, um Männerfixierungen zu entgehen. Und wenn es um Strategien geht, betonen sie, daß sie »ihre« Aktionen durchführen. Frauen sagen Männern immer öfter: »Kümmert euch um euch selbst!« Wie legitimiert sich der über Frauen schreibende Mann?

Natürlich könnte man jetzt darauf hinweisen, daß es alte Traditionen männlicher Autoren gibt, die sich mit der Befreiung der Frauen solidarisieren. Solche Solidarisierungen gab es dort, wo man Frauenbefreiung im Kontext bürgerlicher Freiheitsbewegungen etwa menschenrechtlich begründete. Und solche Solidarisierungen entstanden im Kontext von marxistischen Analysen und Utopien; Entfremdungen der Frau wurden hier im Rahmen der Klassenprobleme thematisiert. Daß es für die Solidarisierung des Mannes mit der Frau auch theologische Motivationen gab, beweist Schleiermacher, der im »Katechismus der Vernunft für edle Frauen« den Frauen ein selbständigeres geistiges Leben eröffnen wollte. Schleiermacher stand im Zusammenhang mit zahlreichen Männern der Romantik, die aus »Einfühlung« in Lebenszusammenhänge des Weiblichen ihre Existenz gestalteten und so zur Anerkennung und Entfaltung des Weiblichen Entscheidendes beitrugen. Heute beschäftigen sich vor allem westliche, marxistische Theoretiker mit dem Feminismus, dem sie im Rahmen aktueller Freiheitsbewegungen einen großen Stellenwert zumessen; ich nenne hier Iring Fetscher und Herbert Marcuse. Und schließlich schreibt heute Elis Pilgrim über den Untergang des Mannes; Pilgrims Argumentation beruht auf starken Identifizierungen mit dem Weiblichen[64].

Trotzdem ist die Frage nach der Legitimation des Mannes gestellt, der über Probleme des Weiblichen schreibt. Ich versuche im folgenden noch etwas zu dieser Legitimationsfrage zu sagen, wobei ich zurückverweise auf das früher zur Problemverschränkung der Frauenbefreiung mit der Befreiung des Mannes Gesagte: Diese Problemverschränkung weist dem Manne eine unaufgebbare Verantwortung für den Weg der Frau in die ihr gemäße Zukunft zu. Im folgenden ist aber – angesichts der Legitimierungsfrage an den Mann – zusätzlich zu theoretischen Überlegungen zu betonen, daß es die Lektionen des Lebens und die Herausforderung durch aktuelle Situationen sind, die nach einer intensiven Auseinandersetzung der Männer mit den Problemen des Weiblichen rufen. Ich argumentiere im folgenden mit drei Thesen.

Erstens: Beobachtungen und Erfahrungen zeigen, daß nur die »starke«, sich selbst bewußte und mit sich selber identische Frau die wirkliche Partnerin des Mannes ist. Hier liegt eine entscheidende Anfrage an den Mann vor: Vermag er die starke Frau als Partnerin zu akzeptieren?

Die vom Manne abhängige Frau, die mit Vorurteilen belastete Frau, die unsichere Frau bewirkt entweder eine Verunsicherung des Mannes, oder sie bewirkt verhärtete Männerstandpunkte, die den Mann eigentlich entwürdigen. Die angepaßte oder verunsicherte Frau trägt mit dazu bei, daß Mann und Frau in falsche Abhängigkeiten geraten; angepaßtes und verunsichertes Menschsein führt leicht in einen sadomasochistischen Zirkel. Damit ist dann ein Teufelskreis eröffnet, in dem Mann und Frau sowohl in ihrer Beziehung zueinander wie auch in ihrer Selbstfindung immer größeren Entfremdungen ausgesetzt sind. Darum ist als Gegenüber des Mannes die emanzipierte Frau zu fordern, darum ist gerade die selbstbewußte, ihrer selbst sichere Frau die Partnerin, die der Mann braucht.

Zweitens: Der Weg zu einem mündigen und reifen Menschsein ist immer ein Weg, wo ein Ich die Begegnung mit dem Du bewältigt. Daß die Bedingungen dieser Begegnung immer auch ökonomische, gesellschaftliche und institutionelle sind, muß gegen ein abstraktes, nur-personales Denken betont werden; diese Bedingungen sind zu berücksichtigen und erlauben oft nur kleine Schritte! Trotzdem geht es dann um Versuche, Ich-Du-Begegnung zu realisieren. Und für diese Versuche gilt: Ein Geist der Konkurrenz zwischen Ich und Du, ein Geist des Neides und der Rivalität und der gegenseitigen Vorwürfe, läßt die gemeinte Begegnung nicht zu. Und: Ein falsches Sich-Bilder-Machen vom Gegenüber bedroht ein reifes und mündiges Menschsein! Darum: Der ich-einsame Weg, der Weg in der Ich-Isolierung und die Ablehnung des Weges in der Solidarität von Ich und Du, läßt jeweils auch die eigene Selbstfindung nicht zu. Und das fordert auch die Solidarität von Mann und Frau. Das fordert die Verantwortung füreinander, und es fordert Lernschritte miteinander und zueinander.

Im Rahmen der Ich-Du-Begegnung entsteht immer eine anspruchsvolle Bemühung um die echte Unmittelbarkeit. Vor allem: Begegnung ist nur möglich, wenn man zum Abschied von den Bildern des Gegenübers bereit ist. Konkret: Ich vermag als Mann nur dann der »wirklichen Frau« zu begegnen, wenn ich von allen Bildern zum »Wesen der Frau«, wenn ich von allen abschließenden Definitionen, von sekundären Rationalisierungen, von Vor-Urteilen Abschied nehme, bzw. wenn ich bereit bin, Lernschritte dazu einzuleiten. Bilder, Vor-Urteile, sekundäre Rationalisierungen verstellen die Begegnung vom Ich und Du und verhindern zugleich meine Selbstfindung und Reifung. Bilder, Vor-Urteile und sekundäre Rationalisierungen haben eine oft verborgene, aber darin um so stärkere Macht. Sie machen beispielsweise Sprache zur Herrschaftssprache, indem sie das Männliche gegen oder über das Weibliche stellen. Solche Bilder unterstützen auch eine Arbeitsteilung, wo die Frau zurückgestellt und diskriminiert wird. Und solche Bilder prägen Hierarchisierungen in Religion und Symbolik, Hierarchien, die dem Weiblichen das ihm Zukommende verweigern. Hier ist überall eine anspruchsvolle Bemühung gefordert, konkret eine »Haltung dee Weigerung«. Hier geht es ëm die Chance der »Nicht-

Definition«. Hier ist ein Weg zu betreten, auf dem der Mensch wirklich Mensch werden soll und wo er nicht mehr dafür da ist, »Grundsätze zu verwirklichen«. Unter der Chance der Bilderlosigkeit können sich Mann und Frau wirklich begegnen und können sich in einer menschenwürdigen und reifen Weise begegnen.

Anmerkend sei erwähnt, daß Haltungen der Weigerung gegen prägende Bilder und gegen das Bilder-Machen auf anthropologischer Ebene nicht in eine »leere« Abstraktheit versetzen, wo ein innovatives Bemühen um neue Bilder und Symbole nicht möglich wäre. Diese innovative Bemühung ist im Gegenteil als Ergänzung zu Haltungen der Weigerung, die eben beschrieben wurden, zu fordern. Allerdings: Die neuen Bilder werden offen sein, die neuen Symbole werden Symbolprozesse einleiten; gemeint ist jetzt ein »Umgang« und ein »Spielen« mit Bildern und Symbolen, um der Gefahr des Zwingenden und Magischen, das in Bildern und Vor-Urteilen liegt, zu entgehen.

Drittens: Ich vermag meinem männlichen und »männischen« Rollenverhalten nur dann kritisch gegenüberzutreten, wenn ich die Bedürfnisse der Frauen und wenn ich ihre Anstrengungen zur Befreiung und Selbstfindung kenne. Der »ich-einsame« Weg des Mannes und sein Verharren in männlichen Klischeevorstellungen und in einer männlich-geprägten Welt stabilisieren immer neu falsche Männerstandpunkte und Männerherrschaft. Und solche Herrschaft erfährt dort ihre vielleicht mächtigste Unterstützung, wo der Mann unbewußt seinen männlichen Weg geht und wo er naiv überzeugt ist, diese Welt gebe der Frau das ihr Entsprechende. Hier stellen sich umfassende Aufgaben der Aufklärung, um den Mann bewußter, selbstkritischer und reifer zu machen.

Eine Diagnose der vom Manne geprägten Welt führt zu Einsichten, die den Mann nachdenklich machen müßten. Nämlich: Der sichere, unangefochtene, sich stark fühlende Mann pflegt weiter und weiter ein Imponiergehabe und fühlt sich darin wohl; faktisch ist dieses Imponiergehabe oft lächerlich und etwa von tiefenpsychologischen Standorten aus leicht als unreif zu qualifizieren. Weitere Einsichten: Der mit Arbeit, Leistung, Erfolg, Karriere, Besitz und Sexualverhalten sich bestätigende Mann empfindet sich als »wirklicher Mann« und ist von seinem »Erwachsensein« überzeugt; faktisch gefährdet er gerade mit seinem Leistungssystem zunehmend sich selber und seine Umwelt, indem seine Haltungen auch zahlreiche aggressive und zerstörende

Konsequenzen haben. Weitere Einsichten: Immer noch erwartet der durch Arbeit, Leistung, Erfolg, Karriere, Besitz und Sexualverhalten sich ausweisende Mann, daß zu seiner Unterstützung eine Frau oder Frauen da sind: Diese müssen ihn für seine Leistungen aufbauen, bestätigen und – wenn Schwierigkeiten auftauchen – trösten und pflegen; faktisch ist damit die Frau diskriminiert, und sie reagiert – oft zur Verwunderung des Mannes oder zu seiner Empörung – depressiv oder heute auch aggressiv. Und schließlich: Durch Männerstandpunkte wird eine umfassende, aber oft verschleierte phallo-patriarchalische Ideologie aufrechterhalten und gestärkt, eine Ideologie, die sich mit einer den Menschen entfremdenden, nichtpersonalen Autorität in Institutionen wie Schule, Kirche, Medizin und Kulturbetrieb verbindet; diese Ideologie verhindert mit ihren Ansprüchen und Verschleierungen echte Spielräume des Menschlichen und der Entfaltung; sie treibt auch jene, die sie durchschauen, zunehmend in Resignation und Pessimismus.

Eine Anmerkung: Die eben angedeutete Diagnose der männlich geprägten Welt ist in ihrer Kürze und Undifferenziertheit wohl auch mißverständlich. Die männlich geprägte Welt hat ja durchaus ihre Ambivalenzen! Es gibt eine zunehmende Verunsicherung des Mannes: Teilweise ist er an seiner eigenen Welt unsicher geworden und erkennt ihre Gefahren, teilweise verunsichern ihn zunehmend die neuen Wege und Aufbrüche der Frauen. Weiter gibt es männliche Ängste, die ihn heute durchaus nicht mehr ohne weiteres als den Sicheren erscheinen lassen; es gibt Männerängste auch vor Frauen, etwa die ungelösten Mutterprobleme, die auf Frauen übertragen werden, usw. Hier ergeben sich durchaus auch Appelle an die Frauen, solche Verunsicherungen zur Kenntnis zu nehmen und für heutige mann-weibliche Beziehungen zu bedenken. Und schließlich sind immer wieder jene Entfremdungen zu nennen, die Mann *und* Frau treffen. Das alles wirft seine bedrohlichen Schatten auf eine immer noch männlich-strukturierte Welt. – Es kann aber hier die umfassende Problematik des heutigen Mannes, die sich mit dem eben Gesagten andeutet, nicht thematisiert werden.

Jedenfalls ist im Blick auf unkritische, unreife, unaufgeklärte Männerstandpunkte mit all ihren institutionellen Legitimierungen die schöpferische – nicht die zerstörende – Verunsicherung des Mannes zu fordern. Der Mann muß meines Erachtens in seinem Imponiergehabe, in seinen vom Unbewußten her gesicherten Ego-Burgen, in seinen ideologischen und institutionellen Legitimierungen verunsichert werden. Aus solch schöpferischer Verunsicherung heraus könnten Schritte in eine neue Welt entstehen. Der Mann müßte für die Erfahrungen und Wege der Frau offen sein. Er müßte bereit sein, die Bedürfnisse der Frau wirklich kennenzulernen. Und dann müßte er den Mut und die Phantasie für eine neue Welt haben, in der auch die Institutionen verändert sein werden, damit sie endlich Spielräume zur Entfaltung des Männlichen und des Weiblichen und des Menschlichen anbieten. Schließlich müßte eine Bewußtseinslage jenseits prägender Ideologien, Bilder und Vorurteile entstehen, damit sich Mann und Frau wirklich begegnen können.

Ich schreibe also über Probleme des Weiblichen, weil es mir auch um Selbsterkenntnis und Selbstbefreiung geht. Ich bin zur Überzeugung gekommen, daß Selbsterkenntnis ihre Chancen nur in der offenen und unmittelbaren Begegnung von Mann und Frau hat, in einer Begegnung jenseits aller Bilder und Definitionen zum »Wesen der Frau«. Und Selbstbefreiung bedeutet dann auf Grund solcher Erkenntnis: Ich betrete jetzt einen Weg der Reifung, der durch mehr Sensibilität, mehr Emotionalität, mehr Selbstkritik und mehr Solidarität mit den Frauen gekennzeichnet ist. Allerdings ist es mir nicht möglich, Selbstkritik ohne Gesellschaftskritik zu betreiben. Die Bemühungen um ein kritisches Sich-selber-Gegenübertreten stehen meines Erachtens nur dann in den richtigen Bezügen, wenn zugleich beharrliche Bemühungen unternommen werden, angesichts gesellschaftlicher Zwänge eine Haltung aus emanzipatorischem Denken zu realisieren.

Anmerkungen

Bücher, die in verschiedenen Kapiteln verwendet werden, sind im jeweiligen Kapitel wieder neu zitiert.

Zum 1. Kapitel – Die Herausforderung

1 Zur Einführung vgl. J. Menschick: Grundlagentexte zur Emanzipation der Frau, Köln 1976. R. Nave-Herz: Das Dilemma der Frau in unserer Gesellschaft: Der Anachronismus in den Rollenerwartungen, Neuwied und Berlin 1972.

2 Einsicht in diese Zusammenhänge verdanken wir wesentlich der Freudschen Linken. Man wird diese auch deshalb nicht einfach als ideologisiert abqualifizieren dürfen, weil sie von einer kognitivistischen Erziehungspsychologie, die die Vorstellungen des Kindes über Geschlechterrollen, über anatomische Unterschiede, über Geburt, über sexuelle Beziehungen, über mann-weibliche Wertungen und Werte berücksichtigt, aufs Ganze bestätigt wird; die kognitivistische Erziehungspsychologie arbeitet dabei hauptsächlich mit empirischen Methoden. Vgl. zum Problem den Überblicksartikel von H. Grundmann: Bemerkungen zur Entwicklung der Geschlechtsidentität und Geschlechtsrolle im frühen Kindesalter, in: Zur Situation und Kreativität der Frau – Forum für aktuelle Kunst, Innsbruck 1976.

3 K. Millett: Sexus und Herrschaft. Die Tyrannei des Mannes in unserer Gesellschaft, München 1971, S. 30.

4 A. Schwarzer: Der »kleine Unterschied« und seine großen Folgen. Frauen über sich – Beginn einer Befreiung, Frankfurt a. M. 1975, S. 178.

5 E. Fischer: Wir sind gar nicht emanzipiert, in: Neues Forum, Wien, Juli/August 1976, S. 2.

6 Abdruck des Manifests im Aufsatz von U. Linnhoff: Die neue Frauenbewegung in der Bundesrepublik und – zum Vergleich – in den USA, in: Vorgänge: Womens Lib in der Bundesrepublik, 8, 1974, S. 70f.

7 Vgl. den Sammelband: Frauenfeindlichkeit, Sozialpsychologische Aspekte der Misogynie, Hgb. Schmidt, Schmerl usw., München 1973.

8 Vgl. Ph. Chesler: Frauen – das verrückte Geschlecht, Reinbek 1974.

9 S. de Beauvoir, Le deuxième Sexe, 2 Bände, Paris 1949.

10 Op. cit. Band 1, S. 30f.

11 Op. cit., ebd.

12 Op. cit., ebd.

13 Vgl. dazu A. Stüttgen: Kriterien einer Ideologiekritik, Mainz 1972, S. 36. Wissenschaftstheoretisch scheint es mir möglich, hier auch eine neue Wirkung des alttestamentlichen Bilderverbots zu sehen. Max Frisch hat das Bilderverbot auf die anthropologische Ebene bezogen und betont, daß das Sich-Bilder-Machen echte Begegnung nicht erlaube; nach Frisch sieht die Liebe davon ab, sich vom Nächsten ein Bild zu machen. Was Frisch für personale Begegnungen sagt, gilt auch in anderen Dimensionen, wenn es zu abschließenden Definitionen kommt: Solches Definieren verhindert die Offenheit der Begegnung, es läßt Wege in die Zukunft nicht zu! Zu Frisch vgl. sein Tagebuch 1946–1949, aber auch die Werke »Stiller« und »Andorra«. Zusammenfassend vgl. E. Stäuble: Max Frisch, Zürich 1957, S. 18ff.

[14] Zur Sprache vgl. Zeitschrift: alternative 108/109, Berlin 1976: Das Lächeln der Medusa – Frauenbewegung. Sprache. Psychoanalyse. Hier auch Informationen über das Treffen schreibender Frauen in München, Mai 1976. R. Nave-Herz, op. cit.: Über die Arbeitswelt der Frau, S. 42ff., das Bild der Frau in den Massenmedien, S. 69ff. usw.

[15] V. Stefan: Häutungen, München 1975, S. 3.

[16] Vgl. F. X. Krötz, in: Neue Stücke, Frankfurt a. M. 1972.

[17] Vgl. zum folgenden vor allem den Bericht über die Situation der Frau in Österreich, Hgb.: Bundeskanzleramt, Wien 1975, Heft 1: Das Rollenbild der Frau, S. 42ff. Das entsprechende Thema wird für die Bundesrepublik Deutschland behandelt im Buch von V. McRae: Frauen – eine Mehrheit als Minderheit. Materialien zum Thema Sexismus, Gelnhausen–Berlin 1975, S. 40ff.: Das Rollenbild der Frau im Lesebuch.

[18] Zitiert bei Verena McRae, op. cit., S. 42.

[19] Die Beispiele stammen alle aus dem Österreich-Bericht.

[20] Watzlawick behandelt unter dem Stichwort der gestörten Kommunikation als wichtiges Beispiel die Störung, die entsteht, wenn Inhalts- und Bezugsaspekte der Sprache durcheinandergebracht werden, vgl. P. Watzlawick, J. H. Beavin, D. Jackson: Menschliche Kommunikation. Formen, Störungen, Paradoxien, Bern 1974, S. 79ff. Der Bezug auf die Geschlechter ist diskutiert bei W. Schmidbauer: Die Emanzipation des Mannes – Kritik des Rollenklischees, in: Vorgänge 19: Emanzipation der Männer, Heft 1, 1976, S. 31f. Er unterscheidet »Gefühlsbestimmte Primärprozesse und tatsachenorientierte Sekundärprozesse«.

[21] A. Schwarzer: Der »kleine Unterschied«..., op. cit., S. 146ff.

[22] Eine in der ironischen Struktur ähnliche Gestaltung findet sich im Roman der DDR-Schriftstellerin I. Morgner: Leben und Abenteuer der Trobadora Beatriz nach Zeugnissen ihrer Spielfrau Laura, Darmstadt und Neuwied 1976, S. 169f.

[23] Stefan, Häutungen, op. cit., S. 3f.

[24] A. Schwarzer: Der »kleine Unterschied«... Vgl. ferner: M. Janssen-Jureit: Sexismus, München–Wien 1976, bes. S. 28ff., 97ff.

[25] M. und M. Vaerting: Neubegründung der Psychologie von Mann und Weib. I. Band: Die weibliche Eigenart im Männerstaat und die männliche Eigenart im Frauenstaat, Karlsruhe 1921, Frauenraubdruck Berlin, S. 146ff.

[26] Vaerting, op. cit., S. 146f., 158.

[27] Vgl. Vaerting: op. cit., bes. S. 3ff. und oft.

[28] Vaerting, op. cit., bes. S. 162ff.

[29] Vaerting, op. cit., S. 168.

[30] E. Bornemann: Das Patriarchat – Ursprung und Zukunft unseres Gesellschaftssystems, Frankfurt a. M. 1975, S. 13f.

[31] Bornemann, op. cit., bes. S. 23ff., 31ff., 52f., 60f., 71f.

[32] Bornemann, op. cit., S. 125ff.

[33] Auch K. Millett arbeitet zahlreiche Gesichtspunkte einer feministischen Geschichtsbetrachtung auf, vgl. dort S. 31ff., 75ff. Weiter erscheinen jetzt Studien zu den Frauenbewegungen in einzelnen Ländern, vgl. z. B. S. Woodtli: Gleichberechtigung. Der Kampf um die politischen Rechte der Frau in der Schweiz, Frauenfeld 1975, E. Rigler: Frauenleitbild und Frauenarbeit in Österreich vom ausgehenden 19. Jahrhundert bis zum zweiten Weltkrieg, Wien 1976. Für eine Aufarbeitung vom zeitgeschichtlichen Standpunkt aus verweise ich auf E. Weinzierl: Emanzipation. Österreichische Frauen im 20. Jahrhundert, Wien–München 1975.

[34] Millett, op. cit., S. 7 und oft, vgl. auch M. Janssen-Jurreit: op. cit.
[35] Schwarzer: Der »kleine Unterschied«..., op. cit., S. 7.
[36] Schwarzer, ebd., S. 10.
[37] Schwarzer, ebd., S. 183.
[38] Stefan, Häutungen, op. cit., S. 42.
[39] Millett, op. cit., S. 31ff.
[40] Millett, op. cit., S. 42ff.
[41] Millett, op. cit., S. 132ff. und oft. Zu Engels vgl. F. Engels: Ursprung der Familie, des Privateigentums und des Staates, 1884.
[42] Schwarzer: Der »kleine Unterschied«..., op. cit., S. 152. Zur Auseinandersetzung mit der Freud-Schule vgl. E. Gugel: Sexualität und Identität der Frau, Gießen 1976.
[43] Schwarzer: Der »kleine Unterschied«..., op. cit., S. 57, 59.
[44] Für die Einsicht in die Bedeutung der Partialtriebe hat die Freud-Schule große Bedeutung.
[45] Vorgänge 19, Die Emanzipation des Mannes, op. cit., S. 92, auch S. 64.
[46] Vgl. dazu auch A. Grabner-Haider: Eros und Glaube. Ansätze einer erotischen Lebenskultur, München 1976. Ferner den Sammelband: Der befreite Eros, Hgb. A. Grabner-Haider und K. Lüthi, Mainz 1972.
[47] Vorgänge 19, Die Emanzipation des Mannes, op. cit., S. 92.
[48] Ebd., S. 92.
[49] Ich knüpfe für diese Verhaltensskala an bei V. E. Pilgrim: Der verunsicherte Mann, in: Vorgänge 19, Die Emanzipation des Mannes, op. cit., S. 51f. Zugleich ergänze und korrigiere ich Pilgrim, der z. B. die aggressive Verhaltensweise des verunsicherten Mannes zuwenig berücksichtigt. Vgl. auch das Buch von V. E. Pilgrim: Der Untergang des Mannes, München 1973.
[50] H. E. Richter: Lernziel Solidarität, Reinbek 1974, bes. S. 29ff.
[51] So ähnlich auch Schwarzer: Der »kleine Unterschied«..., op. cit., S. 8.
[52] H. Pataki: Fluchtmodelle. Zur Emanzipation der Frau, Wien 1972, S. 54.
[53] Vgl. den Sammelband: Maskulin–Feminin, Hgb. A. Albus, F. Böckelmann u. a., München 1972, S. 27.
[54] Dazu auch V. McRae, op. cit., S. 110f. Ähnliche Überlegungen ergeben sich auch für sozialistische Oststaaten, vgl. dazu: A. Köhler-Wagnerová: Die Frau im Sozialismus – Beispiel CSSR, Hamburg 1974, S. 133f.
[55] M. Merfeld: Die Emanzipation der Frau in der sozialistischen Theorie und Praxis, Reinbek 1972.
[56] Merfeld, op. cit., S. 54ff. Vgl. meine Darlegungen zu K. Millett, die ich früher formuliert habe.
[57] Vorgänge 19, Emanzipation der Männer, op. cit., S. 44f.
[58] Zur DDR vgl. J. Menschick: Emanzipation der Frauen in der DDR nur im Beruf? In: Kommunität – Hefte der Ev. Akademie, Berlin 1975, S. 172ff. Das Weiterbestehen sexistischer Prägungen in der DDR zeigt auch der Roman der DDR-Schriftstellerin I. Morgner, op. cit. Ferner: Frau und Familie in der DDR, in: Frau-Familie-§ 218, Zeitschrift Überbau, Gießen 1975, S. 2ff. Ferner: M. Sokolowska: Frauenemanzipation und Sozialismus, Reinbek 1974, S. 146ff. Zu China: C. Broyelle: Die Hälfte des Himmels. Frauenemanzipation und Kindererziehung in China, Berlin 1973.
[59] Zur allgemeinen Problematik von Legitimationszwängen vgl. J. Habermas: Legitimationsprobleme im Spätkapitalismus, Frankfurt a. M. 1973, S. 66ff., 96 ff.

60 W. Schmidbauer, in: Vorgänge 19, Emanzipation der Männer, op. cit., S. 35.

61 Nach J. Scharfenberg: Sigmund Freud und seine Religionskritik als Herausforderung für den christlichen Glauben, Göttingen 1968, bes. S. 99ff.: Die Therapie: Heilung durch Sprache.

62 Zur Literatur und Sprache: V. Stefan, Häutungen, op. cit., I. Morgner, op. cit., Zeitschrift: alternative... Frauenbewegung. Sprache. Psychoanalyse, op. cit. Ferner U. Erler: Die neue Sophia oder Beginn einer längst fälligen Gattung der Literatur, Starnberg 1972. Zur bildnerischen Kunst: Zeitschrift: heute Kunst, Sondernummer: Feminismus und Kunst, Düsseldorf und Mailand Nr. 9, 1975. Diese Zeitschrift informiert regelmäßig über die Lage und Angebote weiblicher Künstlerinnen. Ferner: Frauen-Kunst. Neue Tendenzen. Katalog der Galerie Krinzinger, Innsbruck 1975. Magna-Feminismus: Kunst und Kreativität, Katalog der Galerie nächst St. Stephan, Wien 1975. Magazin Kunst. Dokumentation: Frauenkunst, Nr. 4, Mainz 1975. Ästhetik und Kommunikation 25, Berlin 1976, vgl. vor allem den Artikel von S. Bovenschen: Über die Frage: Gibt es eine weibliche Ästhetik? S. 60ff. Frauen machen Kunst, Katalog der Galerie Magers, Bonn 1977. Künstlerinnen international 1877–1977, Katalog der Frauenausstellung Berlin 1977.

63 Nach: Menschenrechte für die Frau. Christliche Initiativen zur Frauenbefreiung, Hgb. E. Moltmann-Wendel, München-Mainz 1974, S. 9.

64 Vgl. dazu Moltmann-Wendel, in: Menschenrechte für die Frau, op. cit., S. 13ff. Ferner R. Epting: Für die Freiheit frei. Der Weg der Frau in Kirche und Gesellschaft, Zürich 1972. Die Verfasserin setzt sich auch mit den paulinischen Aussagen zur Unterordnung der Frau auseinander, vgl. S. 49ff. Zum allgemeinen Problem der christlichen Erosfeindschaft vgl. auch H. Ringeling: Theologie und Sexualität, Gütersloh 1968. Als römisch-katholische Autorin ist zu nennen M. Daly: Kirche – Frau – Sexus, Olten 1970.

65 Vgl. dazu auch D. S. Bailey: Mann und Frau im christlichen Denken, Stuttgart 1963.

66 Für den Raum der Theologie muß darauf hingewiesen werden, daß sich trotz einiger guter Ansätze Barths vor allem in der Schöpfungslehre Barth und seine Schule als retardierendes Moment für die Probleme der Frau auswirken können: Vgl. Kirchliche Dogmatik III/1, Zürich 1945, bes. S. 204ff., 329ff. Band III/2, Zürich 1948, S. 242ff. Band III/4, Zürich 1951, S. 127ff. Die Kommentierung der Stellen, wo Paulus die Unterordnung der Frau behandelt, wird durch Barth und seine Schule unkritisch durchgeführt, vgl. z. B. auch E. Kähler: Die Frau in den paulinischen Briefen, Zürich 1960. Das von Barth entwickelte »Prinzip Liebe« wird sich konkret wohl wenig emanzipatorisch auswirken, wenn es nicht durch eine interpretierende Anstrengung für den Dialog mit den Humanwissenschaften umgeformt werden kann. Zur Auseinandersetzung mit Barth vgl. vor allem H. Ringeling: Die Frau zwischen gestern und morgen. Der sozialtheologische Aspekt ihrer Gleichberechtigung, Hamburg 1962, bes. S. 73ff. Ringeling: Theologie und Sexualität, op. cit., bes. S. 220ff. Eine gewisse Selbstkorrektur formuliert Ringeling im Aufsatz: Fragen der Theologie an die Anthropologie zur Geschlechtlichkeit des Menschen, in: Freiburger Zeitschrift für Philosophie und Theologie, Freiburg 1974/1.

67 Zur ganzen Tradition vgl. den Überblick von Ph. Potter: Le sexisme dans le monde d'aujourd'hui: Discrimination à l'égard des femmes. Vorbereitungspapier, Vervielfältigung Genf 1975. Auf diese Konferenz bezieht sich auch das Ar-

beitsbuch von V. McRae, op. cit. Weiter ist zu vergleichen: Lutherische Rundschau Heft 1/2, Stuttgart 1975, mit Aufsätzen von E. Zabolai-Csekme, N. Morton, E. Moltmann-Wendel u. a. Anlaß dieses Bandes war das Jahr der Frau.

68 Vgl. G. Müller-Fahrenholz, Hgb.: Accra 1974. Berichte, Reden, Dokumente. Beiheft zur Ökumenischen Rundschau 27, Korntal 1975.

69 Vervielfältigt vom Sekretariat für Glauben und Kirchenverfassung, Genf 1975.

70 Vgl. Bericht aus Nairobi 75. Ergebnisse – Erlebnisse – Ereignisse, Hgb. H. Krüger und W. Müller-Römheld, Frankfurt a. M. 1976.

71 Nairobi 1975, op. cit., S. 71, 82ff., 89ff.

72 Vgl. K. Rahner, H. Vorgrimler: Kleines Konzilskompendium 1966, S. 423ff., Nr. 29, S. 476.

73 Op. cit. Ferner z. B. S. Cunneen: Geschlecht: weiblich, Religion: katholisch, München 1971. Der Sammelband von E. Moltmann-Wendel, op. cit., enthält auch katholische Beiträge.

Zum 2. Kapitel – Die Antwort

1 P. Tillich: Systematische Theologie, Band 1, Stuttgart 1956, S. 12ff., 15ff., 73ff. H. G. Gadamer: Wahrheit und Methode, Tübingen 1960, bes. S. 286ff. Zur Theologie des Genitivs vgl. mein Buch: Theologie als Dialog mit der Welt von heute, Wien–Freiburg, 1971, S. 37ff.

2 Op. cit., S. 12.

3 Op. cit., S. 15.

4 Op. cit., S. 246, 251 usw.

5 Op. cit., S. 350, 360, 361ff.

6 Op. cit., S. 254f., 282f., 275.

7 Vgl. u. a. auch A. Hollweg: Theologie und Empirie. Zum Gespräch zwischen Theologie und Sozialwissenschaften in den USA und Deutschland, Stuttgart 1971.

8 Die Formel stammt von E. Jüngel, vgl. seine Interpretationen zu Barths Trinitätslehre, in: Gottes Sein ist im Werden, Tübingen 1965.

9 Die Formel ergibt sich als Zusammenfassung eines Programms, das zunächst einen ganzen Theologenkreis charakterisierte, vgl. die programmatische Schrift: Offenbarung als Geschichte, Hgb. W. Pannenberg, R. Rendtorff usw., Göttingen 1970^4.

10 Vgl. mein Buch: Theologie als Dialog mit der Welt von heute, Freiburg–Wien 1971, S. 37ff., 52ff.

11 Näheres in meinem Buch: Theologie als Dialog, op. cit., S. 27ff.

12 Vgl. mein Buch: Theologie als Dialog, op. cit., S. 52ff.

13 Vgl. F. Gogarten: Verhängnis und Hoffnung der Neuzeit. Säkularisierung als theologisches Problem, Stuttgart 1958.

14 Mit diesen Schlagworten analysiert W. Philipp den Übergang, vgl. sein Buch: Die Absolutheit des Christentums und die Summe der Anthropologie, Heidelberg 1959, bes. S. 271ff.

15 Vgl. dazu auch A. Stüttgen: Kriterien einer Ideologiekritik. Ihre Anwendung auf Christentum und Marxismus, Mainz 1972.

16 Das ist die These Philipps, op. cit., zum Absolutheitsanspruch des Christentums.

[17] Die Aufarbeitung der Probleme schreitet nicht den ganzen Gestaltkreis theologischer Aspekte ab, sondern es geht um Modelle an mir wichtig scheinenden Einzelproblemen; weitere Arbeiten wären erwünscht.
[18] J. Moltmann: Der gekreuzigte Gott. Das Kreuz Christi als Grund und Kritik christlicher Theologie, München 1972, S. 19.
[19] Op. cit., S. 21.
[20] Vgl. H. G. Gadamer, op. cit., S. XVII., XIX., 250ff., 290ff., 324ff.
[21] K. Rahner: Reflexionen zur Problematik einer Kurzformel des Glaubens, in: Diakonia/Der Seelsorger, Nr. 1, Mainz und Wien 1970, S. 4ff., bes. S. 11ff.
[22] Vgl. mein Buch: Theologie als Dialog, op. cit., S. 20ff.
[23] Rahner, op. cit., S. 13.
[24] Vgl. D. Bonhoeffer: Widerstand und Ergebung. Briefe und Aufzeichnungen aus der Haft, München 1959, S. 259.
[25] Vgl. G. von Rad: Weisheit in Israel, Neukirchen 1970, bes. S. 75ff.
[26] Vgl. bes. J. Moltmann: Der gekreuzigte Gott, op. cit., S. 138ff.
[27] Zum emanzipatorischen Wirkungszusammenhang zwischen christlicher Botschaft und heutigem anthropologischen Engagement vgl. auch H. Ringeling: Kritisches Christentum. Wirkungen und Folgen religiöser Gesellschaftskritik, München 1972.
[28] Vgl. J. Habermas: Legitimationsprobleme im Spätkapitalismus, Frankfurt a. M. 1973.
[29] J. Moltmann, in: Schöpfertum und Freiheit in einer humanen Gesellschaft – Marienbader Protokolle. Gespräche der Paulusgesellschaft, Wien 1969, S. 152. Vgl. ferner zu den Ansätzen einer emanzipatorischen Theologie: H. J. Kraus: Reich Gottes – Reich der Freiheit. Grundriß Systematischer Theologie, Neukirchen 1975. H. Ringeling: Kritisches Christentum, op. cit.
[30] G. Gutiérrez: Theologie der Befreiung, München 1973.
[31] Vgl. E. Moltmann-Wendel, Hgb.: Menschenrechte für die Frau. Christliche Initiativen zur Frauenbefreiung, München 1974.

Zum 3. Kapitel – Ich-Du-Begegnung

[1] F. W. Menne: Kirchliche Sexualethik gegen gesellschaftliche Realität, München–Mainz 1971.
[2] Op. cit., S. 207f.
[3] Op. cit., S. 262.
[4] H. Ringeling: Fragen der Theologie an die Anthropologie zur Geschlechtlichkeit des Menschen, in: Freiburger Zeitschrift für Philosophie und Theologie 21 (1974), S. 281.
[5] Grundlegend für die Entstehung dieses Wissenschaftszweiges ist J. Bloch: Handbuch der gesamten Sexualwissenschaft, Berlin 1912.
[6] Vgl. dazu: Psychoanalytische Interpretationen biblischer Texte, Hgb. Y. Spiegel, München 1972.
[7] Vgl. dazu die folgende ausgewählte Literatur: H. Ringeling: Die Frau zwischen gestern und morgen, Hamburg 1962. S. Keil: Sexualität. Erkenntnisse und Maßstäbe, Stuttgart 1966. H. Ringeling: Theologie und Sexualität, Hamburg 1972. Sammelband: Recht auf Lust? Hgb. A. Grabner-Haider, Wien-Freiburg 1970. A. Grabner-Haider: Eros und Glaube. Ansätze einer erotischen Lebenskultur, München 1976. Schalom Ben-Chorin: Bruder Jesus. Der Nazarener in

jüdischer Sicht, München 1967. Die biblischen Artikel in: Menschenrechte für die Frau. Christliche Initiativen zur Frauenbefreiung, Hgb. E. Moltmann-Wendel, München 1974.

8 Vgl. H. W. Wolff: Anthropologie des Alten Testaments, München 1973, bes. S. 243ff.: Mann und Frau.

9 Vgl. das Urteil von Ringeling: Theologie und Sexualität, op. cit., S. 28f.

10 Recht auf Lust, op. cit., S. 11ff.

11 D. S. Bailey: Mann und Frau im christlichen Denken, Stuttgart 1963.

12 Op. cit., S. 37ff.

13 Vgl. dazu Wolff, op. cit. S. 248ff.

14 Wolff, op. cit., S. 245f.

15 Ben-Chorin, op. cit., S. 121f.

16 Menschenrechte für die Frau, op. cit., S. 140f.

17 Op. cit., S. 127ff.

18 H. Böll: Zur Problematik theologischer Literaturkritik, in: Internationale Dialog-Zeitschrift 2 (1969), S. 292f.

19 K. Barth: Kirchliche Dogmatik III/2, Zürich 1948, S. 340, vgl. auch III/2, S. 264ff., 318ff., IV/3, S. 284.

20 D. Bonhoeffer: Ethik, München 1953, S. 93ff.

21 S. H. Pfürtner: Kirche und Sexualität, Hamburg 1972, S. 286. Vgl. ferner K. E. Logstrup: Das Proprium des christlichen Ethos, Zeitschrift für Ev. Ethik 11 (1967), S. 135ff. F. Böckle: Was ist das Proprium einer christlichen Ethik? Zeitschrift für Ev. Ethik 11 (1967), S. 148ff.

22 A. Comfort: Der aufgeklärte Eros – Plädoyer für eine menschenfreundliche Sexualmoral, München 1963, S. 129.

23 G. von Rad: Theologie des Alten Testaments, Band I, München 1957, S. 196ff.

24 Vgl. zum folgenden K. E. Logstrup: Die ethische Forderung, Tübingen 1959. J. A. T. Robinson: Christliche Moral heute, München 1964.

25 P. Tillich: Systematische Theologie, Band 1, Stuttgart 1956, S. 180f.

26 Vgl. dazu auch Ringeling, op. cit., S. 208f.

27 K. Barth: Kirchliche Dogmatik, III/2, op. cit., S. 340.

28 Vgl. A. Nygren: Eros und Agape, 1. Teil, Gütersloh o. J. (1930), 2. Teil: Gütersloh 1937, 2. Aufl. Gütersloh o. J. (1954).

29 Theol. Wörterbuch z. NT. Hgb. G. Kittel, Band 1, S. 23, Artikel »Agape«.

30 Vgl. zum Zusammenhang H. Lindinger: Gott ist Liebe. Ein Beitrag zum tiefenpsychologischen und theologischen Verständnis von Eros und Agape, in: Ev. Theologie 33 (1973), S. 164ff. Lindinger bringt auch die wichtigsten Zitate zu S. Freud.

31 Vgl. dazu D. Sölle: Phantasie und Gehorsam – Überlegungen zu einer künftigen christlichen Ethik, Stuttgart 1968, S. 45f.

32 K. Ledergerber: Die Auferstehung des Eros. Die Bedeutung von Liebe und Sexualität für das künftige Christentum, München 1971, S. 182ff.

33 Recht auf Lust, op. cit., S. 120.

34 G. Barczay: Revolution der Moral? Zürich 1967. S, 218.

35 Barczay, op. cit., S. 218f.

36 Grundlegend für die Orgasmusforschung und die Orgasmusprobleme sind W. H. Masters und V. E. Johnson: Die sexuelle Reaktion, Frankfurt a. M. 1967, M. J. Sherfey: Die Potenz der Frau. Wesen und Evolution weiblicher Sexualität, Köln 1974, S. Fisher: Der Orgasmus der Frau. Psychologie, Physiologie, Phanta-

sie, Stuttgart 1973, P. H. Gebhard, J. Raboch, H. Giese: Die Sexualität der Frau, Hamburg 1968, S. Hite: Hite-Report. Das sexuelle Erleben der Frau, München 1976. Wichtig sind auch Ausführungen in der Zeitschrift Emma, Köln Sept., Okt., Nov. 1977: Es handelt sich hauptsächlich um Auszüge aus dem amerikanischen Buch: N. Friday: My secret garden.

37 Op. cit., bes. S. 47ff.

38 Vgl. die oben zitierten Nummern der Zeitschrift Emma.

39 Recht auf Lust, op. cit. Aufsatz von E. Ell: Erziehung zur Lustfähigkeit, S. 109ff.

40 Recht auf Lust, op. cit., S. 117.

41 Vgl. meinen Beitrag im Sammelband: Recht auf Lust, op. cit., S. 201ff. Ferner den Sammelband: Der befreite Eros. Ein Dialog zwischen Künstlern, Kritikern und Theologen, Hgb. A. Grabner-Haider und K. Lüthi, Mainz 1972; dort meinen Beitrag: Erotische Kunst und die Probleme eines offenen, christlichen Humanismus, S. 109ff. Ferner A. Grabner-Haider: Eros und Glaube, op. cit.

42 Vgl. Ledergerber, op. cit., S. 188ff. Ferner: G. Condrau u. a.: Die Zukunft der Monogamie, Tübingen 1972.

43 Op. cit., S. 190.

44 Op. cit., S. 190.

45 Op. cit., S. 189, 191.

46 Vgl. dazu Ringeling, op. cit., S. 170.

47 Theologie und Sexualität, op. cit., S. 170.

48 Die sexuelle Revolution, Frankfurt 1969, S. 160.

49 Vgl. dazu A. Plack: Die Gesellschaft und das Böse – Eine Kritik der herrschenden Moral, S. 150.

50 Plack, op. cit., S. 135.

51 Ringeling, op. cit., S. 178f.

52 Vgl. Bonhoeffer, op. cit., S. 216f.

53 Op. cit., S. 145f.

54 Vgl. Barczay, op. cit., S. 147.

55 Dynamische Sexualmoral, Zürich-Einsiedeln 1972, S. 196ff.

56 Op. cit., S. 152, Vgl. auch 161.

57 Zit. bei Plack, op. cit., S. 159.

58 Plack, op. cit., S. 163ff.

59 Vgl. Menne, op. cit., S. 14, 17 usw.

60 Pfürtner, op. cit., S. 272, auch 270.

61 W. Reich: Die sexuelle Revolution, Frankfurt a. M. 1969, auch: Massenpsychologie des Faschismus. Zur Sexualökonomie der politischen Reaktion…, Kopenhagen – Prag – Zürich 1933.

62 Vgl. dazu auch den Sammelband: Der befreite Eros, op. cit. Dort z. B. den Beitrag von Kurt Marti: Das erotische Verhältnis des Schriftstellers zur Sprache, S. 31ff.

63 Th. Adorno: Noten zur Literatur I, Frankfurt a. M. 1965, S. 77.

64 B. Brecht: Gesammelte Werke 2, Stücke 2, Frankfurt 1967, S. 440.

65 Zit. bei Schmalstieg, in: Der befreite Eros, op. cit., S. 61f.

66 Ebd., S. 62. Vgl. Die pornographische Phantasie. The Pornographic Imagination, S. Sontag: Kunst und Antikunst. 24 literarische Analysen, Reinbek 1968, S. 39ff. Josephine Mutzenbacher: Geschichte einer wienerischen Dirne, München 1971.

67 Vgl. F. Paepcke: Sprache in einer evolutiven Welt. Sprachverhalten in Pro-

test und Werbung. In: Acta Teilhardiana, Supplementa II: Evolutive Anthropologie, München 1971, S. 127ff.

68 Ebd., S. 128f.

69 Vgl. Schmalstieg, Der befreite Eros, op. cit., S. 66f.

70 H. Cox: Das Fest der Narren. Das Gelächter ist der Hoffnung letzte Waffe, Stuttgart 1971, S. 68, 181ff.

71 H. Böll, op. cit., S. 292f.

72 Vgl. dazu Aspekte der USA – Theologie nach F. Buri: Gott in Amerika, Band 2: Religion, Theologie und Philosophie seit 1969, Bern-Tübingen 1972, S. 21ff.

Zum 4. Kapitel – Das Mädchen im Patriarchat

1 Vgl. dazu Y. Spiegel, Hgb.: Psychoanalytische Interpretationen biblischer Texte, München 1972. Ferner: Thesen zum Verhältnis von Theologie und Tiefenpsychologie, in: Wege zum Menschen, 10, Göttingen 1972, S. 361ff.

2 Vgl. weitere Einzelheiten bei H. Ringeling: Die Frau zwischen gestern und morgen. Der sozialtheologische Aspekt ihrer Gleichberechtigung, Hamburg 1962, S. 83ff.: Die Stellung der Frau in der Bibel.

3 Zu den Resten mutterrechtlicher Gesellschaftsorganisation vgl. Theol. Wörterbuch zum NT, Band 5, Art. pater, S. 961.

4 Vgl. K. Niederwimmer: Jesus, Göttingen 1968, bes. S. 49ff., 53ff.

5 Vgl. Niederwimmer, op. cit., S. 51f., 80ff.

6 Vgl. Niederwimmer, op. cit., S. 52 und dann 53ff.

7 Vgl. dazu A. Holl: Jesus in schlechter Gesellschaft, Stuttgart 1971.

8 Vgl. auch Niederwimmer, op. cit., S. 82f.

9 Vgl. J. Scharfenberg: Religionspsychologie nach Freud, in: Wege zum Menschen 11/12, Göttingen 1975, S. 433ff. P. Ricœur: Hermeneutik und Psychoanalyse. Der Konflikt der Interpretationen, München 1974.

10 Nach Scharfenberg: Religionspsychologie, op. cit., S. 446.

11 Op. cit., S. 36ff.

12 Ricœur, op. cit., S. 38f., 103ff., 125ff. usw.

13 Ricœur, op. cit., S. 31ff.

14 Ricœur, op. cit., S. 36ff.

15 Vgl. bes. E. H. Erikson: Kindheit und Gesellschaft, Stuttgart 1971.

16 Vgl. bes. H. Kohut: Narzißmus. Eine Theorie der psychoanalytischen Behandlung narzißtischer Persönlichkeitsstörungen, Frankfurt 1974.

17 H. Faber: Religionspsychologie, Gütersloh 1973, bes. S. 139ff. Zur Kritik Fabers vgl., die Bemerkungen von Scharfenberg: Religionspsychologie, op. cit., S. 437ff., 445ff.

18 Vgl. dazu grundlegend E. Neumann: Die große Mutter. Der Archetyp des großen Weiblichen, Zürich 1956.

19 Vgl. E. Neumann: Die große Mutter, op. cit., S. 99ff.

20 Y. Spiegel: Beratung in vaterloser Gesellschaft, in Ev. Theologie, Januar/Februar 1975, S. 15ff., bes. 18f.

21 Op. cit., S. 18.

22 Vgl. dazu auch F. Heer: Eine Religion der Geschlechtsangst? in: Recht auf Lust? A. Grabner-Haider, Hgb. Wien 1970, S. 9ff.

23 Vgl. M. Erni: Das Vaterbild der Tochter, Einsiedeln 1972, S. 286ff.

[24] E. Neumann: Zur Psychologie des Weiblichen, Zürich 1953, S. 15.
[25] Op. cit., S. 21.
[26] Op. cit., S. 35.
[27] Vgl. Faber, op. cit., S. 268ff. und dessen Buch: Gott in vaterloser Gesellschaft, München 1972.
[28] Grundlegend immer noch A. Mitscherlich: Auf dem Weg zur vaterlosen Gesellschaft, München 1963.
[29] Vgl. auch J. Habermas: Technik und Wissenschaft als Ideologie, Frankfurt 1968, S. 83.
[30] Zum Problem des Narzißmus vgl. grundlegend H. Kohut, op. cit.
[31] Vgl. dazu K. Laermann: Kneipengerede, in Kursbuch 37, Oktober 1974, S. 168ff.
[32] Faber, op. cit., S. 282.
[33] Spiegel, op. cit., S. 19f.
[34] Op. cit., S. 286ff.
[35] A. Vergote, Religionspsychologie, Olten 1970.
[36] Vgl. dazu J. Scharfenberg: Sigmund Freud und seine Religionskritik als Herausforderung für den christlichen Glauben, Göttingen 1968, bes. S. 168ff., P. Pass: Das Vaterschicksal des Menschen. Zur Deutung biblischer Gottesaussagen bei Sigmund Freud, Dissertation Innsbruck 1974, Ch. Link: Theologische Perspektiven nach Marx und Freud, Stuttgart 1971, S. 78ff. Die Hauptaussagen Freuds finden sich in den Werken: Totem und Tabu, 1912/3. Die Zukunft einer Illusion, 1927. Das Unbehagen in der Kultur, 1930. Der Mann Moses und die monotheistische Religion, 1939.
[37] Vgl. dazu auch H. Marcuse: Triebstruktur und Gesellschaft, Frankfurt 1967, S. 72.
[38] Ricœur, op. cit., S. 315ff.
[39] Vgl. dazu auch Scharfenberg, op. cit., S. 177f.
[40] Vgl. Ricœur, op. cit., S. 343.
[41] Vgl. Ricœur, op. cit., S. 347f.
[42] Vgl. dazu J. Scharfenberg: Symbole des Glücks in theologischer und tiefenpsychologischer Sicht, in: Perspektiven der Pastoralpsychologie, Hgb. R. Riess, Göttingen 1974, S. 11ff.
[43] Vgl. T. Altizer, W. Hamilton: Radical Theology and the Death of God, Indianapolis – New-York 1966, S. 42ff.
[44] Op. cit., S. 19ff.
[45] Op. cit., S. 31. Vgl. auch W. Kühnholz: Das Neue Testament–Dokument eines Trauerprozesses, in: Wege zum Menschen, 1975, S. 385ff., bes. S. 390ff. Kühnholz bezieht den »Inkorporationstypus« des Abendmahls auf Oralität.
[46] Op. cit., S. 291.
[47] Op. cit., S. 291.
[48] Op. cit., S. 292.
[49] Vgl. dazu G. Theissen: Wanderradikalismus. Literatursoziologische Aspekte der Überlieferung von Worten Jesu im Urchristentum, in: Zeitschrift für Theologie und Kirche, Tübingen 1973, S. 245ff.

Zum 5. Kapitel – Die große Mutter

1 Vgl. besonders E. Neumann: Zur Psychologie des Weiblichen, Zürich 1953. Ders.: Die große Mutter. Der Archetyp des großen Weiblichen, Zürich 1956.

2 Zur Literatur vgl. besonders S. Kreitler: Symbolschöpfung und Symbolerfassung, München–Basel 1965. S. K. Langer: Philosophie auf neuem Wege. Das Symbol im Denken, im Ritus und in der Kunst, Frankfurt 1965. A. Lorenzer: Sprachzerstörung und Rekonstruktion. Vorarbeiten zu einer Metatheorie der Psychoanalyse, Frankfurt a. M. 1973, bes. zu »Symbol und Klischee«, S. 34ff., 88, 106ff., 121ff. A. R. Lindesmith und A. L. Strauss: Symbolische Bedingungen der Sozialisation, Teil 1, Düsseldorf 1974. M. Eliade: Das Heilige und das Profane. Das Wesen des Religiösen, Hamburg 1957. P. Tillich: Symbol und Wirklichkeit, Göttingen 1966. H. Ott: Symbol und Wirklichkeit. Über das symbolische Sagen und die Wirklichkeit des Unsagbaren, in: Theol. Literaturzeitung 8, 1974, S. 561ff. P. Ricœur: Hermeneutik und Psychoanalyse. Der Konflikt der Interpretationen, München 1974.

3 Vgl. dazu besonders Ricœur, op. cit., S. 162f., 173f., 198ff.

4 Zu diesem Ergebnis vgl. auch Kreitler, op. cit., S. 104f. Die Verfasserin versucht auch eine empirische Verifikation dieses Ergebnisses, indem sie mit Schizophrenen, Künstlern und Repräsentanten von Bevölkerungsgruppen experimentiert.

5 Vgl. zu dieser Wende in der Symbolauffassung auch J. Scharfenberg: Symbole des Glücks in theologischer und psychologischer Sicht, in: Perspektiven zur Pastoraltheologie, Hgb. R. Riess, Göttingen 1974, S. 11ff., bes. 19ff.

6 Die große Mutter, op. cit., bes. S. 39ff.

7 Neumann, op. cit., S. 123ff., 147ff.

8 Neumann, op. cit., S. 203ff.

9 Neumann, op. cit., S. 267ff.

10 Op. cit., S. 305ff.

11 Vgl. dazu W. H. Schmidt: Alttestamentlicher Glaube und seine Umwelt, Neukirchen 1968, S. 117ff.

12 So H. Ringgren: Israelitische Religion, in: Die Religionen der Menschheit, Stuttgart 1963, S. 38f. Zur Gesamtproblematik vgl. auch Ch. de la Saussaye: Lehrbuch der Religionsgeschichte, Hgb. A. Bertholet und E. Lehmann, 1. Band, Tübingen 1925, S. 642ff. Ferner O. Eissfeld: Kanaanäisch-ugaritische Religion, in: Handbuch der Orientalistik, Abt. I/8: Religionsgeschichte des alten Orients, Hgb. B. Spuler, Leiden 1964, S. 76ff. Ferner: Wörterbuch der Mythologie, Band 1: Götter und Mythen im Vorderen Orient, Hgb. H. W. Haussig, Stuttgart 1965, S. 237ff. Auch Schmidt, Umwelt, op. cit., S. 124f. Schließlich die entsprechenden Zusammenhänge bei E. L. Ehrlich: Die Kultsymbolik im Alten Testament und im nachbiblischen Judentum, Stuttgart 1959.

13 Vgl. dazu auch W. Kornfeld: Artikel »Prostitution sacrée« in: Supplement aus: Dictionnaire de la Bible 47, 1972, col. 1356ff.

14 Artikel: Anath, Elephantine in: Die Religion in Geschichte und Gegenwart, 3. Aufl. Tübingen 1956ff. Ringgren, Israelitische Religion, op. cit., S. 85.

15 Kornfeld, op. cit., col. 1372. Zum theologischen Verhältnis »Jahwe und Baal« vgl. auch M. Buber: Der Glaube der Propheten, in: Werke, 2. Band: Schriften zur Bibel, München–Heidelberg 1964, bes. S. 310ff.

16 W. Beltz: Gott und die Götter, Biblische Mythologie, Berlin–Weimar 1975,

S. 90.

17 Vgl. dazu auch O. Böcker: Dämonenfurcht und Dämonenabwehr. Ein Beitrag zur Vorgeschichte der christlichen Taufe, Stuttgart 1970, S. 35ff., 40ff., 124ff., 130ff.

18 Für die religionsgeschichtlichen Zusammenhänge, aber auch für das Alte Testament ist die Problematik thematisiert in der Schrift von A. Bertholet: Das Geschlecht der Gottheit, Tübingen 1934.

19 Ich beziehe mich hier auf die Ausführungen von G. von Rad: »Die Krisis durch die Landnahme«, in: Theologie des Alten Testaments, Band I, München 1957, S. 32f., auch Band II, München 1960, z. B. S. 361f.

20 Theol. des AT, Band 1, op. cit., S. 36

21 Theol. des AT, Band 1, op. cit., S. 36.

22 Schmidt, Umwelt, op. cit., S. 73, 168.

23 H. Faber: Gott in vaterloser Gesellschaft. Analysen und Perspektiven zur Unkirchlichkeit, München 1972, S. 40ff.

24 E. Roellenbleck: Magna Mater im Alten Testament. Eine psychologische Untersuchung, Darmstadt 1949, Neudruck 1974, S. 28.

25 Bertholet, op. cit., S. 24f.

26 Theol. des AT., Band 1, op. cit., S. 37.

27 Op. cit., S. 9.

28 Vgl. zur Fragestellung, Schmidt, Umwelt, op. cit., S. 73f.

29 Vgl. dazu auch H. Ringeling: Theologie und Sexualität, Gütersloh 1968, S. 19, 21, 25. Auch Roellenbleck nimmt einen solchen wirkenden Zusammenhang zwischen Gottesbild und Stellung der Frau in Israel an; er meint, daß die Stellung der Frau in Babylon und Ägypten besser gewesen sei als in Israel, vgl. op. cit., S. 155.

30 Vgl. dazu Ringgren, op. cit., S. 85.

31 Vgl. dazu auch Roellenbleck, op. cit., S. 34f.

32 W. H. Schmidt: Das erste Gebot, München 1969, S. 24.

33 Vgl. zu diesem Abschnitt auch Roellenbleck, op. cit., S. 43ff., 47ff., 58ff., 78ff.

34 Ehrlich, op. cit., S. 82.

35 W. Beltz, op. cit., S. 75f., 76f.

36 Vgl. z. B. Ehrlich, op. cit., S. 52f.

37 So Neumann, op. cit., S. 118f.

38 Neumann, op. cit., S. 136, 204.

39 W. Beltz, op. cit., S. 50. Weiter ist zur religionsgeschichtlichen Auslegung immer noch das eindrucksvolle Buch von H. Gunkel wichtig: Schöpfung und Chaos in Urzeit und Endzeit, Göttingen 1895, vgl. bes. S. 7ff.

40 C. Westermann: Genesis. Biblischer Kommentar (Altes Testament), Neukirchen 1924, S. 141.

41 So auch W. H. Schmidt: Die Schöpfungsgeschichte der Priesterschrift, Neukirchen 1967, S. 87.

42 Vgl. dazu G. von Rad: Das erste Buch Mose (Das Alte Testament Deutsch), Göttingen 1958, S. 34ff. H. Schmidt, Schöpfungsgeschichte, op. cit., S. 76ff.

43 Schmidt, Schöpfungsgeschichte, op. cit., S. 108f., 162, 170.

44 Neumann, op. cit., S. 129f.

45 Schmidt, Schöpfungsgeschichte, op. cit., S. 103, vgl. auch Ehrlich 14f.

46 Buber, op. cit., S. 315.

47 Vgl. zum Mythus E. Benz: Adam. Der Mythus vom Urmenschen, München

1955, bes. Einleitung S. 11ff. W. A. Schulze: Das androgyne Ideal und der christliche Glaube, Dissertation München 1940.

48 Gunkel, op. cit., S. 82ff.

49 Vgl. Schmidt, Schöpfungsgeschichte, op. cit., S. 21ff., 32ff.

50 Vgl. dazu A. Weiser: Die Psalmen I/Psalm 1–60 (Das Alte Testament Deutsch), Göttingen 1950, S. 43.

51 Roellenbleck, op. cit., S. 40.

52 Roellenbleck, op. cit., S. 43.

53 Vgl. dazu G. von Rad: Theol. des AT., Band 2, op. cit., S. 149ff. H W. Wolff: Dodekapropheton I. Hosea. Biblischer Kommentar. (Altes Testament), Neukirchen 1965, bes. S. 14ff. Einzelheiten des Bezugs und die Deutung des Bildes der Ehe des Hosea sind umstritten. Gegen von Rad und Wolff vertritt z. B. Rudolph, aber auch andere, eine eigene Sicht. Vgl. W. Rudolph: Hosea. Kommentar zum Alten Testament, Gütersloh 1966, bes. S. 42f.

54 G. von Rad: Theol. des AT, Band 2, op. cit., S. 152.

55 Vgl. zum Vorrang der geschichtlichen und rechtlichen Vokabeln auch A. Weiser: Das Buch der zwölf kleinen Propheten I. (Das Alte Testament Deutsch), Göttingen 1949, S. 20f. Auch H. W. Wolff, op. cit., S. 14ff.

56 G. von Rad: Theol. des AT, Band 2, op. cit., S. 157, vgl. auch Wolff, op. cit., S. 302ff.

57 Vgl. dazu G. von Rad: Weisheit in Israel, Neukirchen 1970.

58 So K. Niederwimmer: Askese und Mysterium. Über Ehe, Ehescheidung und Eheverzicht in den Anfängen des christlichen Glaubens, Göttingen 1975, S. 138.

59 W. Vischer: Der Hymnus der Weisheit in den Sprüchen Salomos 8, 22–31, in: Ev. Theologie, 1962, S. 309ff. G. Boström: Proverbiastudien. Die Weisheit und das fremde Weib in Sprüche 1–9, 1935, S. 15ff. Ch. Kayatz: Studien zu Proverbien 1–9, Neukirchen 1966.

60 Übersetzung nach der Zürcher-Bibel.

61 Vgl. Boström, op. cit., S. 15ff.

62 Von Rad, Theologie des AT, Band 1, op. cit., S. 442.

63 Vgl. dazu auch Niederwimmer, op. cit., S. 138f.

64 Vgl. dazu Wilckens im Theol. Wörterbuch zum NT, Band VII, S. 508f.

65 Vgl. dazu Jeremias im Theol. Wörterbuch z. NT, Band IV, S. 1094f.

66 Stauffer, Theol. Wörterbuch zum NT, Band I., S. 652.

67 Niederwimmer, op. cit., S. 135ff. auch S. 58ff.

68 Niederwimmer, op. cit., S. 136.

69 Niederwimmer, op. cit., S. 152.

70 Niederwimmer, op. cit., S. 157.

71 Ich kritisiere in meiner Frage eine Tendenz Niederwimmers, der ein personales Verhältnis ausschließt.

72 Niederwimmer, op. cit., S. 187f. Vgl. auch Strathmann, Theol. Wörterbuch zum NT, Band VI, S. 530ff.

73 Ich folge in dieser Aufzählung der Elemente R. R. Ruether: Frauenbefreiung und Wiederversöhnung mit der Erde, in: Menschenrechte für die Frau. Christliche Initiativen zur Frauenbefreiung, Hgb. E. Moltmann-Wendel, München–Mainz 1974, S. 216ff., bes. S. 220. Die Darstellung von Ruether wird bestätigt im Lexikon-Artikel von Kornfeld, op. cit., col. 1357. Nach Kornfeld ist die Göttin-Mutter, die zugleich Braut, Geliebte oder Schwester des jungen Gottes oder Helden ist, die entscheidende Figur im Ablauf des ganzen Dramas. Der

Tod des jungen Gottes bewirkt das Ende der Vegetation, und der Gott wird von der Göttin-Mutter beweint.

74 Kornfeld, op. cit., col. 1357.

75 Vgl. dazu auch Ringgren, op. cit., S. 179ff. Hier befindet sich Ringgren in Auseinandersetzung mit Mowinckels Theorie eines Thronbesteigungsfests Jahwes und mit den Positionen von Rads und Weisers, die ein Bundesfest voraussetzen.

76 Ruether, op. cit., S. 221.

77 Zum ganzen Problem vgl. den instruktiven Einleitungsartikel von Y. Spiegel, in: Psychoanalytische Interpretationen biblischer Texte, Hgb. Y. Spiegel, München 1972, S. 9ff.

78 E. Rosenzweig: Historische und psychoanalytische Bemerkungen über Volk und Land Israel mit besonderer Berücksichtigung des Deuteronomiums, in: Psychoanalytische Interpretationen biblischer Texte, op. cit., S. 185ff.

79 Op cit., S. 9.

80 Op. cit., S. 57f., 153ff.

81 E. Fromm: Der Sabbath, in: Psychoanalytische Interpretationen biblischer Texte, op. cit., S. 174ff.

82 E. Jones: Eine psychoanalytische Studie über den Heiligen Geist, in: Psychoanalytische Interpretationen biblischer Texte, op. cit., S. 200ff.

83 G. von Gynz-Rekowski: Symbole des Weiblichen im Gottesbild und Kult des Alten Testamentes, Zürich 1963, S. 9, 15f., 18, 20ff., 33ff., 44ff.

84 C. G. Jung: Antwort auf Hiob, Zürich 1952, S. 48ff.

85 Jung, op. cit., S. 52ff., 57, 59f., 156ff., 160ff.

86 G. Scholem: Die jüdische Mystik in ihren Hauptströmungen, Zürich 1957, S. 355. Vgl. auch H. Graetz: Geschichte der Juden, Band X, Leipzig 1896, S. 490f.

87 Vgl. dazu den Katalog »Tantra« (Deutsch), Stuttgart o. J. Der Katalog bezieht sich auf eine Tantraausstellung, die 1971 in London organisiert und die dann in verschiedenen Städten des Kontinents gezeigt wurde.

88 Diese Hinweise und das Zitat sind entnommen dem Buch von H. Wolff: Jesus der Mann. Die Gestalt Jesu in tiefenpsychologischer Sicht, Stuttgart 1975, S. 20ff. Hanna Wolff argumentiert dann im Sinne der Jungschen Psychologie mit der Fragestellung: »Hat Jesus die Anima integriert?«

89 Vgl. Religion in Geschichte und Gegenwart (RGG), 3. Auflage, Band VI, col. 2f.

90 Vgl. auch den Katalog der Ausstellung der Neuen Sammlung München, o. J., mit dem Aufsatz von W. Fischer: Gestaltungsweise und Lebensform. Zum Funktionalismus der Shaker, S. 17ff. Der Aufsatz knüpft an die Aussage von Engels an, der die Shaker als lebenden Beweis für die Realisierbarkeit des Kommunismus betrachtete.

91 Franz von Baader, Ges. Werke, ed. Hoffmann-Hamberger, Band 15, Brief 321, S. 637: Franz von Baader an Dr. von Stransky. Die S. Simonisten haben mit S. Simon ihre Ursprünge im utopischen Sozialismus, der auch Ideen zur vollkommenen Gesellschaft und zum vollkommenen Menschen entwarf; ein Zweig der Bewegung verband Religiosität mit Sexualität. Hier gab es auch ein Priestertum beider Geschlechter. Vgl. RGG, 3. Auflage, Band V, col. 1317.

92 Vgl. A. Strindberg: Ausgewählte Dramen, 4. Band, München 1926, S. 169ff.: Ein Traumspiel, 1901.

93 K. Marti: Das messianische Paar, Vervielfältigung Bern, o. J.

[94] K. Marti: Leichenreden, Neuwied und Berlin 1969, S. 45f.
[95] Vervielfältigung Bern, op. cit.
[96] Kontakt, Oktober 1972, S. 11f.
[97] F. K. Mayr: Patriarchalisches Gottesverständnis? Historische Erwägungen zur Trinitätslehre, in: Theologische Quartalsschrift 152, 1972, S. 244ff.
[98] Op. cit., S. 252.
[99] Das Papier lag einer vom Ökumenischen Rat der Kirche initiierten Frauenkonferenz in Berlin, 1974, als Arbeitsmaterial vor.
[100] K. Barth: Kirchliche Dogmatik, Band III, 1. Teil: Die Lehre von der Schöpfung, Zürich 1945, S. 206ff.
[101] Op. cit., S. 207.
[102] Op. cit., S. 207.
[103] Diese Polarität spielt zunächst in der bildnerischen Kunst eine wichtige Rolle, wo dieses Denkprinzip auf Kandinsky zurückzuführen ist. Das »große Abstrakte« ist Prinzip einer kühlen, formalen, geometrischen, strukturalistischen Kunst. Das Gegenprinzip gestaltet mit expressiven Verdichtungen, mit Schocks, die seelische Tiefenschichten angreifen usw. Vgl. meinen Aufsatz: Erfahrung mit Kunst als Fundort für Theologie, in: Zeitschrift für evangelische Ethik 19, Gütersloh 1975, S. 73ff.
[104] B. Brecht: Gesammelte Werke 15, Schriften zum Theater I, Frankfurt 1967, S. 341, 355, 378.
[105] Vgl. zum folgenden auch C. Lévi-Strauss: Strukturale Anthropologie (Deutsch) Frankfurt a. M. 1967, S. 152ff. Auch C. Lévi-Strauss: Les structures élémentaires de la parenté, Paris 1949.
[106] N. Morton: Auf dem Weg zu einer ganzen Theologie, in: Lutherische Rundschau, Stuttgart 1975, S. 16ff.
[107] Op. cit., S. 2f.
[108] Vgl. dazu F. Buri: Gott in Amerika, Band 2: Religion, Theologie und Philosophie seit 1969, Bern–Tübingen 1972, S. 21ff.
[109] H. Cox: Das Fest der Narren. Das Gelächter ist der Hoffnung letzte Waffe, Stuttgart 1971.
[110] Die Bedeutung dieser Kategorie zeigt sich z. B. in der Christologie, wo Sölle Christus als Schauspieler Gottes interpretiert, vgl. D. Sölle: Stellvertretung. Ein Kapitel Theologie nach dem »Tode Gottes«, Stuttgart 1968, S. 190f. Dilschneider benutzt den Begriff für seine Interpretationen der neutestamentlichen Aussage vom »In-Sein« der Christen »in Christus«, vgl. O. A. Dilschneider: Christus Pantokrator. Vom Kolosserbrief zur Ökumene, Berlin 1962, S. 173ff. Ich beziehe mich im folgenden auf einige kategoriale Bestimmungen, die Sölle und Dilschneider erarbeiten.
[111] Op. cit., S. 190.
[112] Op. cit., S. 181ff.
[113] Dilschneider, op. cit., S. 175.
[114] B. Brecht: Gesammelte Werke 15, Schriften zum Theater I, op. cit., S. 341, 355, 378.
[115] Vgl. dazu U. Kultermann: Leben und Kunst. Zur Funktion der Intermedia, Tübingen 1970. Katalog: Dokumenta 5. Befragung der Realität – Bildwelten heute, Kassel 1972. P. Gorsen: Sexualästhetik. Zur bürgerlichen Rezeption von Obszönität und Pornographie, Reinbek 1972.
[116] Vgl. dazu den Sammelband: Der befreite Eros, Hgb. A. Grabner-Haider und K. Lüthi, Mainz 1975. Ich beziehe mich auf meinen Artikel: Erotische Kunst

und die Probleme eines offenen, christlichen Humanismus, S. 109ff.

117 Vgl. im Sammelband: Der befreite Eros, op. cit., den Artikel von A. Scheidegger: Erotik in der bildenden Kunst – Pablo Picasso, S. 165ff.

118 Vgl. im Sammelband: Der befreite Eros, op. cit., den Artikel von L. Navratil: Die sexuelle Thematik und deren »Bewältigung« in einer schizophrenen Psychose, S. 193ff.

119 Katalog Junggesellenmaschinen..., Reihe: Museum der Obsessionen, Kunsthalle Bern, 1975.

120 Katalog Bern, op. cit., S. 7.

121 Katalog Bern, op. cit., S. 75ff.

Zum 6. Kapitel – Theologie des Weiblichen

1 K. Struck: Die Mutter, Frankfurt 1975, S. 114, 107. H. Böll: Gruppenbild mit Dame, Köln 1971; zu Böll vgl. R. Matthaei (Hgb.): Die subversive Madonna. Ein Schlüssel zum Werk Heinrich Bölls, Köln 1975, S. 123ff. Ferner H. Schnedl-Bubenicek: Relationen. Zur Verfremdung des Christlichen in Literarischen Texten der Gegenwart, Dissertation Salzburg 1977, S. 15ff.

2 Vgl. z. B. K. Rahner: Die unbefleckte Empfängnis, in: Schriften I, Einsiedeln 1962, S. 223ff., K. Rahner: Zum Sinn des Assumpta-Dogmas, in: Schriften I, Einsiedeln 1962, S. 239ff. Einige Möglichkeiten der ostkirchlichen Theologie zeigt P. Evdokimov: Die Frau und das Heil der Welt, München 1960.

3 M. Daly: Beyond God the Father. Toward a Philosophy of Women's Liberation, Boston 1973.

4 Vgl. N. Morton: Auf dem Weg zu einer ganzen Theologie. Veröffentlichung des Ökumenischen Rates der Kirchen, deutsch in: Lutherische Rundschau, Stuttgart 1975, S. 16ff.

5 Vgl. dazu auch E. Benz: Ist der Geist männlich? Logos-Sophia-Heiliger Geist, in: Antaios VII, Stuttgart 1966, S. 452ff.

6 J. G. Williams: Jahwe, Woman and the Trinity, in: Theology Today, October 1975, Princeton, S. 234ff.

7 Op. cit., S. 240.

8 H. Wolff: Jesus der Mann. Die Gestalt Jesu in tiefenpsychologischer Sicht, Stuttgart 1975.

9 Vgl. das Heft: Zur Theologie der Natur, Ev. Theologie, Jan./Februar 1977, München, mit Beiträgen von K. M. Meyer-Abich, K. Stock. H. Dembowski, J. Hübner, G. Altner.

Zum 7. Kapitel – Praxis der Befreiung

1 F. W. Menne: Interkulturelle und globale Sensibilisierung, in: Evangelische Theologie, 6, München 1974, S. 562ff. bes. S. 569.

2 Vgl. auch F. Vilmar: Strategien der Demokratisierung, Band 1: Theorie der Praxis, Darmstadt 1973, S. 131f., 135.

3 Zum Stichwort Sensibilisierung vgl. F. Menne, Hgb.: Neue Sensibilität – Alternative Lebensmöglichkeiten, Darmstadt 1974, zum Problem der Gruppe: S. 13ff., auch 38ff.

4 Vgl. dazu Vilmar, op. cit., S. 196f.

[5] Vgl. zuletzt H. Marcuse: Konterrevolution und Revolte, Frankfurt 1973.
[6] Vgl. auch Vilmar, op. cit., S. 32f., 252f., 289f.
[7] Vgl. Konterrevolution und Revolte, op. cit.
[8] Vgl. H. Marcuse: Kunst und Revolution, in: Konterrevolution und Revolte, op. cit., S. 95ff.
[9] Vgl. H. Marcuse: Konterrevolution und Revolte, op. cit., S. 7ff.: Die Linke angesichts der Konterrevolution.
[10] S. Firestone: Frauenbefreiung und sexuelle Revolution. The Dialektik of Sex, Frankfurt a. M. 1975, S. 220.
[11] Op. cit., S. 221.
[12] Op. cit., S. 222ff.
[13] Vgl. H. Deutsch: Psychologie der Frau, Bern 1950, S. 223ff. usw.
[14] Vgl. dazu auch M. Moeller-Gambaroff: Emanzipation macht Angst, in: Kursbuch 47: Frauen, März 1977, S. 3ff.
[15] Moeller-Gambaroff, op. cit., S. 22.
[16] Zur Animus-Anima-Problematik, vgl. z. B. C. G. Jung: Aion – Untersuchungen zur Symbolgeschichte, Zürich 1951, S. 27ff. E. Harding: Der Weg der Frau – eine psychologische Deutung, Zürich 1959, bes. S. 53ff. E. Bertine: Menschliche Beziehungen – eine psychologische Studie, Zürich 1957, S. 151 usw. Auf gesellschaftliche Bezüge macht E. Neumann aufmerksam. Vgl. E. Neumann: Zur Psychologie des Weiblichen, in: Umkreisung der Mitte, Band 2, Zürich 1953, S. 15, 51ff. usw.
[17] Vgl. dazu auch J. Chasseguet-Smirgel, Hgb.: Psychoanalyse der weiblichen Sexualität, Frankfurt a. M. 1974.
[18] U. Linnhoff: Die neue Frauenbewegung. USA–Europa seit 1968, Köln 1974, S. 66ff.
[19] Vgl. dazu auch I. Kuckuc: Der Kampf gegen Unterdrückung. Materialien aus der deutschen Lesbierinnenbewegung, München 1975.
[20] Vgl. dazu P. Kearon: Man-Hating, in: Frauenoffensive, Journal Nr. 1, Dezember 1974, S. 28f.
[21] Vgl. dazu D. Sölle: Gibt es einen kreativen Haß? in: H. E. Bahr, Hgb.: Politisierung des Alltags, Darmstadt 1972, S. 253ff.
[22] Moeller-Gambaroff, op. cit., S. 2ff.
[23] Moeller-Gambaroff, op. cit., S. 3f.
[24] Moeller-Gambaroff, op. cit., S. 18ff.
[25] Moeller-Gambaroff, op. cit. S. 2.
[26] I. Fetscher: Probleme und Problematisches bei Feministinnen, in: Merkur, Stuttgart, Mai 1976, S. 477.
[27] Vgl. dazu auch M. Gerhardt: Wohin geht Nora? Auf der Suche nach der verlorenen Frau, in: Kursbuch 47: Frauen, op. cit., S. 77ff., bes. S. 85.
[28] Vgl. zum Bereich der bildnerischen Kunst: heute Kunst, Sondernummer: Feminimus und Kunst, Düsseldorf und Mailand, Nr. 9, 1975. Die Zeitschrift »heute Kunst« informiert regelmäßig über Probleme von Frauen in der Kunst. Ferner: Frauen-Kunst, Neue Tendenzen, Katalog der Galerie Krinzinger, Innsbruck 1975. Magna-Feminismus: Kunst und Kreativität, Galerie nächst St. Stephan, Wien 1975. Magazin Kunst – Dokumentation Frauenkunst, Nr. 4, Mainz 1975. Frauen machen Kunst. Katalog der Galerie Magers, Bonn 1976. Künstlerinnen international 1877–1977, Berlin 1977. Zur Performance-Kunst, in der weibliche Künstlerinnen eine hervorragende Rolle spielen, vgl. G. F. Schwarzbauer: Performance, in: Kunstforum international, Band 24, Nr. 6, Mainz 1977,

S. 39 ff., Interviews, S. 55 ff., Bilddokumentation, S. 68 ff.
29 The Fourth World Manifesto, von E. Burris u. a., in: Frauenoffensive 1974, op. cit., S. 38 ff., 50 ff.
30 Ch. Maack: Der gelebte Selbstbetrug – Die Situation der Frau in Ehe und Familie, in: Vorgänge Nr. 8, Weinheim 1974, S. 37.
31 Diese Sicht vertritt auch das Editorial der Zeitschrift: Vorgänge, Thema: Emanzipation der Männer, Nr. 1, op. cit., 1976, S. 27 ff.
32 Vgl. dazu E. Moltmann-Wendel: Freiheit, Gleichheit, Schwesterlichkeit. Zur Emanzipation der Frau, München 1977, S. 72.
33 H. E. Richter: Lernziel Solidarität, Reinbek 1974, S. 58.
34 Dies der Titel eines Artikels von M. Held, in: Emma. Zeitschrift von Frauen für Frauen, Köln, Mai 1977, S. 28 ff. Es handelt sich um eine Reportage über die Umschulung der Frauen infolge der wirtschaftlichen Rezession. Geschilderte Berufe sind: Feinmechanikerin, Werkzeugmacherin, Automateneinrichtung, Elektrogerätemechanikerin, Informationselektronik usw.
35 Vgl. dazu meinen Essay: interpretationen zu textiler kunst im Ausstellungskatalog: contemporary textile art from austria, Washington 1975.
36 Circular 6 – Zeitschrift für Kunst und Gestaltung, Bonn Dezember 1975, Januar 1976, S. 3.
37 Circular, op. cit., S. 3.
38 Vgl. dazu den Artikel von H. Wirth: Frauen im russischen Konstruktivismus, in Circular, op. cit., S. 15. Ferner L. Vachtova: Die Frau in der russischen Avantgarde, in: Künstlerinnen international 1877–1977, op. cit., S. 30 ff.
39 Vgl. den Ausstellungskatalog Luzern–Bochum: Transformer – Aspekte der Travestie, Hgb.: J. C. Ammann, Luzern 1975. Ferner den Sammelband: Maskulin–Feminin, Hgb. A. Albus, B. Böckelmann usw., München 1972.
40 Vgl. Sammelband Maskulin-Feminin, op. cit., S. 91 ff.: P. Gorsen: Intersexualismus und Subkultur. Ferner Ausstellungskatalog Transformer, op. cit., keine Seitenzahlen, Artikel von P. Gorsen: Die Geschlechterentspannung als Formprinzip und ästhetisches Verhalten. Versuch einer Standortbestimmung im Kapitalismus.
41 Ich verdanke hier einige Hinweise Ingrid Rencher.
42 D. Kühn: Siam-Siam, Zweites Buch, Frankfurt a. M. 1974, S. 39 f., 41, 43 ff., 77 ff.
43 B. Brecht: Der Arbeitsplatz oder im Schweiße deines Angesichts sollst du kein Brot essen, in: Prosa 1. Geschichten, Gesammelte Werke, Band 11, Frankfurt a. M. 1967, S. 224 ff.
44 Op. cit., S. 226.
45 Op. cit., S. 226 f.
46 I. Morgner: Leben und Abenteuer der Trobadora Beatriz nach Zeugnissen ihrer Spielfrau Laura, Darmstadt und Neuwied 1976, S. 656 f.
47 Op. cit., S. 658.
48 Op. cit., S. 666.
49 Op. cit., S. 667.
50 Op. cit., S. 681.
51 Op. cit., S. 682 f.
52 Blitz aus heiterm Himmel, mit Beiträgen von G. de Bruyn, Ch. Wolf, G. Gloger, E. Anderson, R. Schneider, S. Kirsch, K. H. Jakobs, A. Auer, Rostock 1975.
53 In diesem Zusammenhang sei erwähnt, daß Traditionen, die von einem

Reinkarnationsdenken bestimmt sind, Möglichkeiten des Austausches männlicher und weiblicher Existenzformen kennen; unter bestimmten lebensgeschichtlichen Voraussetzungen und nach dem Ablauf entsprechender Epochen kommmt es zur Wiedergeburt des Individuums unter gegengeschlechtlichen Bedingungen: Der Mann wird als Frau und die Frau als Mann wiedergeboren. Der Sinn des Geschlechtertausches liegt darin, daß das Individuum umfassendere Erfahrungen integrieren soll.

54 H. Kentler: Die soziale Dimension der Sexualität, in: Sexualmedizin, Wiesbaden, November 1975, S. 678ff.

55 Kentler, op. cit., S. 689.

56 Kentler, op. cit., ebd.

57 Kentler, op. cit., ebd.

58 Ch. David: Zu einer männlichen Mythologie über die Weiblichkeit, in: Chasseguet-Smirgel, op. cit., S. 80.

59 Vgl. Maskulin–Feminin, op. cit., S. 44ff.

60 David: Zu einer männlichen Mythologie, op. cit., S. 71.

61 ebd.

62 David: Zu einer männlichen Mythologie, op. cit., S. 95f.

63 Vgl. besonders den Aufsatz von A. Wagner: Bewußtseinsveränderung durch Emanzipations-Gesprächsgruppen, im Sammelband: Frauenfeindlichkeit. Sozialpsychologische Aspekte der Misogynie, Hgb. Schmidt, Schmerl usw., München 1973, S. 143ff., bes. S. 157ff.

64 V. E. Pilgrim: Der Untergang des Mannes, München 1973.